广州改革开放40年大事记

1978.12—2018.6

中共广州市委党史研究室 编

中共党史出版社
广州新华出版发行集团
广州出版社

图书在版编目（CIP）数据

广州改革开放40年大事记：1978.12—2018.6 / 中共广州市委党史研究室编. —北京：中共党史出版社；广州：广州出版社，2018.12
ISBN 978-7-5098-4915-6

Ⅰ. ①广… Ⅱ. ①中… Ⅲ. ①改革开放—大事记—广州—1978-2018 Ⅳ. ①D619.651

中国版本图书馆CIP数据核字（2018）第269385号

书　　名　广州改革开放40年大事记：1978.12—2018.6
　　　　　Guangzhou Gaige Kaifang 40 Nian Dashiji: 1978.12—2018.6
出版发行　中共党史出版社　广州出版社
责任编辑　安胡刚　蚁燕娟
复　　审　潘　鹏　杨珊珊
终　　审　姚　鸿　高旭正
社　　址　中共党史出版社：北京市海淀区芙蓉里南街6号院1号楼
　　　　　（邮编：100080　网址：www.dscbs.com）
　　　　　广州出版社：广州市天河区天润路87号广建大厦9-10楼
　　　　　（邮编：510635　网址：www.gzcbs.com.cn）
设计排版　广州六宇文化传播有限公司 Guangzhou Liuyu Culture Communication Co., Ltd.
经　　销　新华书店
印　　刷　佛山市华禹彩印有限公司
　　　　　（地址：佛山市南海区罗村联和工业区西二区三路1-1号
　　　　　邮编：528226）
开　　本　787 mm × 1092 mm　1/16
字　　数　490千字
印　　张　29　20面前插
印　　数　1-2000册
版　　次　2018年12月第1版
印　　次　2018年12月第1次印刷
书　　号　ISBN 978-7-5098-4915-6
定　　价　110.00元（精装）

编委会

1978 年底，广州在全国率先放开价格的河鲜贸易货栈。

1979 年，广州改革开放后最早的个体户之一，容志仁在西华路开办“容光”小食店，大受欢迎。

1979 年，广州在全国出租车行业中率先实行扬手即停、计程收费、24 小时昼夜服务。

1983 年 2 月 6 日，白天鹅宾馆全面营业。图为白天鹅宾馆外观。

1984 年，电影《雅马哈鱼档》宣传海报。

1984 年 5 月，西湖路灯光夜市开业。图为西湖路工业品灯光市场。

1984年12月，全国首批国家级开发区——广州经济技术开发区获批设立，并举行奠基仪式。

1985年1月，广州市委在南华西街召开两个文明建设现场会。

1988 年，广州成立外商投资管理服务中心（通称为“外经贸一条街”）。

1988 年 8 月，洛溪大桥正式通车。

1993年，获广州市人民政府授予荣誉市民的华侨、华人和港澳同胞在市政府前合影。

1996年5月，广州日报报业集团举行成立挂牌典礼，成为全国第一家报业集团。

1999 年 6 月 28 日，广州地铁一号线正式运营。

2008 年，广州成功创建国家园林城市。

2010年，广州圆满完成“十年大变”工程，城市面貌实现“大变样”。

2010 年 11 月 12 日夜晚，第十六届亚运会开幕式在广州海心沙举行。

2010年10月，正式完成的城中村改造典范——猎德村。

2011年东濠涌综合整治一期工程完工。

2012年3月，首届岭南民俗文化节、第八届广州民俗文化节暨黄埔“波罗诞”千年庙会在南海神庙举行。

2013 年 11 月，广州恒大足球俱乐部首次夺得亚洲冠军联赛冠军。

2015 年 4 月 21 日，举行中国（广东）自由贸易试验区挂牌仪式。

广州港南沙港区集装箱专业码头。

2017 年广州马拉松赛。

2017 年，广州美丽乡村——莲麻村丰收景象。

在 2017 年广州《财富》全球论坛上，广州亿航智能公司的 1180 架无人机在珠江上空表演了一场精彩的无人机表演。

2017年，升级改造后的珠江两岸夜景。

2018年，广州市在中共三大、农讲所旧址等红色旧址开办新时代红色文化讲习所。

2018 年广州国际龙舟邀请赛。

广州的立交桥、人行天桥上随处可见的“空中花廊”。

珠江新城新貌。

碧水蓝天新广州。

前 言

1978年，以党的十一届三中全会为标志，波澜壮阔的改革开放以恢宏的气势在中国大地上徐徐展开。勤劳勇敢的中国人民，在中国共产党的带领下，找到了一条符合中国国情的发展道路。40年春风化雨，40年砥砺前行，中华民族比历史上任何时候都更接近国家富强、民族复兴的百年梦想，社会主义在中国大地上焕发出强大的生机和力量，中国特色社会主义拓展了发展中国家走向现代化的途径，为解决人类问题贡献了中国智慧，提供了中国方案。

改革开放的40年，同样是广州历史上最辉煌的阶段。作为改革开放的前沿地，广州人民在党中央、国务院和中共广东省委、省政府的正确领导下，抓住机遇，先行先试，勇于进取，开拓创新，不断推进改革，扩大开放，在经济建设和社会发展各方面取得了举世瞩目的辉煌成就，广州的综合经济实力、城市建设、人民生活都走上了新的台阶。

为了从历史的角度回顾和展示广州党组织领导人民不懈探索实践的改革开放历程，总结改革开放的宝贵经验，探索社会主义发展的规律，我们编纂了这本《广州改革开放 40 年大事记（1978.12—2018.6）》。它以 40 年的改革、开放、开拓、创新、发展为主线，通过对 40 年的重大事件、重大决策、重要人物、重要组织、重要会议的记载，全面、系统、客观地记录改革开放各阶段的进程和面貌，存留改革开放的足迹和印记，为党委和政府决策提供原始记录和参考，为改革开放的历史研究提供第一手的资料。

回顾改革开放 40 年来，我们所取得的一切成就和进步，都得益于改革开放这一伟大实践，都得益于中国特色社会主义这一伟大的理论。在纪念改革开放 40 周年之际，中共广州市委党史研究室谨以这部《广州改革开放 40 年大事记（1978.12—2018.6）》，向我们党领导的中国特色社会主义伟大事业献上祝福：祝福我们的改革开放事业在习近平新时代中国特色社会主义思想指引下乘风破浪，再铸辉煌；祝福中华民族在历尽沧桑之后早日实现国家富强、民族振兴、人民幸福的伟大中国梦。

中共广州市委党史研究室

2018 年 10 月

凡　例

一、本书记述时间上限为1978年12月党的十一届三中全会召开，下限至2018年6月30日，主要记载广州市改革开放以来各领域发生的重大事件，牢牢把握“改革”和“开放”两个关键词，力求客观准确地记述广州地区改革开放40年历史进程中的大事、要事、新事、特事。

二、本书采用编年体，按时间先后顺序记载，适当采用纪事本末体，对时间跨度不大、内容不太复杂的事件和事物，采取适当集中记事的办法；对于较为复杂、内容较多、时间跨度较大的事件和事物，则分立条目分别记述。

三、同一项事件在多个时间点出现的，主体工作在某个年度，集中在某个年度写；分阶段推进的工作，分阶段设条。

四、书中以公历纪年，每个条目详列其具体月、日。条目查不到准确时间，或该条目为综合概述年、月、旬情况的，则该条目附于该年、季度、月、旬末，分别标为“是年”“是季度”“是月”“上旬”“中旬”“下旬”等。如遇多个条目时间标记相同的，第一条注明具体时间，其余均标以“是日”。

五、在对大事条目进行编辑筛选的过程中，编辑人员把握以下三条原则：一是存真求实原则。客观记述，剔除空话、套话，实事求是地反映事物的本来面貌。可以说明事件的重要性，但不作空泛的评价。二是一事一条原则。一天发生两件或多件大事，一般依事件重要程度分两条或多条记述。三是文字简明原则。

六、书中所记述的地名、组织、机构名称、会议名称、职务称谓，均沿用历史提法；广州市的机构、单位名称按规范简称表述，如广州市人民代表大会简称为市人大，中国人民政治协商会议广州市委员会简称为市政协等；书中简称的“党”均指中国共产党，简称的县委、区委，均指中国共产党的地方组织；简称的“市委”“市政府”分别指“中国共产党广州市委员会”“广州市人民政府”。

七、书中出现的领导人第一次出现时注明其所任全部职务，此后出现只注明其主要职务。职务称谓统一放在人物名前，人物名后不加“同志”“先生”等称谓。

八、中央领导人在广州的活动情况，只记述到副总理级以上中共中央、国务院领导到广州调研的情况。

九、为使读者对每年度的发展情况有一个总体把握，每年末附录该年度主要经济数据，方便读者对年度经济社会发展情况进行总体把握，数据来源为各个年度的《广州年鉴》和《广州统计年鉴》。

目录

CONTENTS

1978 年

12 月 18 日至 22 日　中共中央在北京召开十一届三中全会。会议中心议题是根据邓小平的指示讨论把全党工作的重点转移到社会主义现代化建设上来。全会停止使用“以阶级斗争为纲”“无产阶级专政下继续革命”等错误口号，批判了“两个凡是”的错误方针，高度评价了关于真理标准问题的讨论，确定了解放思想、开动脑筋、实事求是、团结一致向前看的指导方针。全会开始全面地、认真地纠正“文化大革命”中和以前的“左”倾错误，作出了把全党工作重点转移到社会主义现代化建设上来的战略决策。全会审查和解决了党的历史上一批重大冤、假、错案和一些重要领导人的功过是非问题。全会着重提出了健全党规党法和民主集中制，加强社会主义民主与法制的任务。十一届三中全会标志着党从思想上、政治上、组织上全面地恢复和发展了马克思主义的正确路线，成为中国共产党历史上具有深远意义的伟大转折。

12 月 23 日　广州石油化工厂基本建成试产，是日生产出第一批尿素。该厂于 1970 年 8 月动工兴建，1982 年 10 月通过验收并正式移交生产。该厂是当时华南地区最大的现代化石油化工联合企业，设计能力年产合成氨 30 万吨，尿素 52 万吨。

12 月 25 日　广州在国内率先放开部分水产品市场，在黄沙水产市场办起全国第一间自由贸易、自由议价的水产品国营货栈——广州河鲜货栈。广州河鲜货栈对河鲜杂鱼实行议价购销、代购代销、产销见面、随行就市、议价成交。它对疏通商品流通渠道，减少流通环节，活跃城乡物资交流起到良好作用。

12月26日 市委发出《关于认真学习党的十一届三中全会精神的通知》。该通知指出：党的十一届三中全会决定把全党全国工作的着重点转移到社会主义现代化建设上来，这是关系到我们党和国家命运、前途的重大战略决策，在党的历史上具有重大意义。该通知要求各单位立即广泛深入地开展学习和宣传，使广大干部、职工、群众的思想和工作迅速跟上当前的形势发展。

12月26日至29日 广州市专业化工作会议召开。会议认为，按专业化协作的原则改组工业，成立专业公司（总厂），不是一般的生产形式的改变，而是加快实现四个现代化建设的迫切需要。会议听取试点单位的经验介绍，讨论试点方案、专业公司（总厂）的管理体制、扩大专业公司权限和公司（总厂）组织机构设置等问题，并确定农机工业公司等9个单位作为试点。

12月 市委宣传部召开有700人参加的关于真理标准问题的学习心得交流会。市建设局、市橡胶局、工交基建干校、越秀区委、市交通局、郊区区委6个单位的代表在会上介绍学习体会。市委第一书记焦林义在会上发言强调：要坚持实践是检验真理的唯一标准，联系实际总结1949年后29年来社会主义革命和建设的经验教训，加强调查研究，加快广州市建设步伐。

1978年冬 为解决吃饭问题，杨箕村搞起“包产到户”，从化县江浦公社禾仓大队迎福里生产队和凤院大队黄一、黄二3个生产队试行“包产量、包成本、包报酬、包上调、增产节约归己”的家庭联产承包责任制。同期，花县炭步公社大涡大队也试行“包产到户，增产全奖，减产全罚”的联产承包责任制。

△是年 广州市社会总产值为105.01亿元，国民收入为39.04亿元（以上按当年现行价计算），工农业总产值为81.69亿元（按1980年不变价格计算），职工年平均工资714元。

1979年

1月2日 市政协举行座谈会，热烈拥护《中华人民共和国全国人大常委会告台湾同胞书》，表示要努力为台湾回归祖国、完成祖国统一大业做出贡献。

1月8日 市委发出通知：根据中共中央文件精神，广州市进行“右派分子”摘帽工作。市委要求各单位做好安置、改正、回城复户和就业工作。

1月16日 市革委会发出《关于减轻农民不合理负担问题的意见（草案）的通知》。通知指出为认真贯彻中共中央文件精神，巩固人民公社集体经济、加强工农联盟、密切党和人民群众的关系，充分调动广大社员群众的积极性，加快农业发展速度，对那些应该退赔的不合理负担，要坚决兑现。

1月19日 市革委会批转市经委关于《广州市专业化工作会议情况报告》，对专业公司的管理体制、扩大公司权限、组织机构设置等问题做出规定。

2月2日至6日 市委召开各县、各区委书记会议，传达中央工作会议、党的十一届三中全会精神和省委常委四届二次扩大会议精神，着重解决工作着重点转移和加速郊县农业发展问题。会议指出，贯彻中央提出的给农民休养生息的方针，在加速农业发展过程中，做好整顿恢复工作；要坚持为城市服务，逐步把郊县农村建设成为广州的副食品生产基地。

2月6日 省委在广州召开有1000多人参加的群众大会，公开为“文化大革命”期间被打成“反革命集团”的“李一哲”案件平反，省委常委寇庆延宣读《中共广东省委员会关于处理“李一哲”案件的决定》。“李一哲”案件源于1974年11月10日，李正天、陈一阳、王希哲、郭鸿志等人以“李一哲”署名张贴的题为《关于社会主义的民主与法制——献给毛主席和四届人大》的大字报。大字报抨击了不完善的民主与法制，反对林彪、江青等人破坏社会主义民主与法制、大搞封建法西斯专政的罪行。1975年1月，省、市有关部门开展批判大字报活动。事件中的李正天、陈一阳、王希哲、郭鸿志4人在1977年3月2日被捕，1978年12月30日获释。

2月12日至22日 市委召开常委（扩大）会议。会议认真学习和贯彻中央工作会议和党的十一届三中全会、省四届二次常委扩大会议精神，研究部署把工作的重点转移到社会主义现代化建设上来。会议提出，工业建设要大力发展轻工业、支农工业和电子工业，突出抓好电力和建材工业；农业生产要贯彻为城市服务的方针，逐步建设成为城市副食品生产基地；力争在3年内使人民的衣、食、住、行及文化教育、医疗卫生条件有明显的改善；搞好“风景出口”，为国家吸收外汇，积累资金。

2月16日 经济学家卓炯在《广州日报》上发表《怎样认识价值规律的调节作用》的文章。在此前后，他陆续发表了系列文章，在肯定价值规律作用的基础上，提出市场取向的经济改革基本思路。他的文章引起理论界的广泛关注，也掀起了一场关于社会主义经济的论战。

2月24日 市中级人民法院对“文化大革命”以来以反革命罪宣判的案件进行全面复查，纠正和撤销错判的案件。其中有一批案件主要是由于反对林彪、“四人帮”，反对诬陷邓小平而被判刑的。被判刑的30多人中，彻底平反、推翻原判、宣告无罪的占90%；其余改变定罪性质，因同时兼有其他刑事犯罪而减刑或免予刑事处分的占10%。

2月 成立市委纪律检查委员会筹备小组，由省委第二书记杨尚昆任组长。市委纪委（筹）首先抓反“地方主义”案件的复查工作。当时全市有此类案件103宗，12月底复查纠正93宗。是年5月，广州市各区、县建立纪委，局和区、县属下单位建立纪检组。

3月1日 民革广州市委员会、民盟广州市委员会、民建广州市委员会、民促广州市委员会、农工党广州市委员会、致公党广州市委员会6个民主党派基层组织恢复活动。

3月2日 市委统战部召开落实党对民族资产阶级政策大会。市委统战部负责人在会上宣读省委批转省委统战部《关于落实党对民族资产阶级政策若干问题的意见》。

3月12日 应市革委会的邀请，以日本福冈市副市长武田隆辅为团长的福冈市商谈缔结友好城市先遣团抵达广州，市委第一书记、市革命委员会主任焦林义，市委第二书记梁湘会见并宴请客人。13日和14日，市革委会副主任罗范群与福冈市商谈缔结友好城市先遣团举行会谈。15日，双方签署会谈纪要。

3月24日 省委决定，中共广东省委第二书记、省革委会副主任杨尚昆兼任广州市委第一书记、市革委会主任。免去焦林义市委第一书记、市革委会主任职务。

3月26日 市委决定，撤销局、公司、工厂等单位的政治部（处）；设党委的单位，在党委下设组织部、宣传部和纪检会。

3月 广州市开放塘鱼、冰鲜鱼市场，允许计划外的塘鱼、冰鲜鱼上市，议价成交，允许渔民进城卖鱼，允许个体商贩长途贩运鱼货。

4月4日 广州—九龙直达特快客车正式通车，在广州火车站举行首列穗港直通车开行仪式。直通车在中断30年后恢复通车，南面总站迁至红磡站。

4月15日 1979年春季中国出口商品交易会在广州开幕，5月15日闭幕。交易会贯彻“出口第一、进出结合、量出为进、进出平衡”的方针，把开展对外加工装配业务及中小型补偿贸易作为一项重要的业务活动。共有104个国家和地区的客商参加交易会，出口成交额比1978年春交会增长28%，达24.32亿美元。

4月30日 以市委第一书记杨尚昆为团长的中国广州市友好访问团，应邀前往日本福冈市参加广州市和福冈市缔结为友好城市的签字仪式及参观访问。5月2日广州市与日本福冈市结成友好城市仪式隆重举行。杨尚昆和福冈市市长进藤一马分别在议定书上签字，并互赠锦旗。广州市友好访问团还访问名古屋、京都和东京等地，于5月14日离开日本。

5月20日 市革委会召开基本建设工作会议。根据中共中央“调整、改革、整顿、提高”的方针，提出要下大决心清理、调整、压缩在建项目，集中力量把那些工期短、见效快、经济合理、技术先进和属于国民经济薄弱环节以及直接关系到群众生活的项目搞上去。

5月 岭南雕塑艺术家唐大禧的作品《猛士》问世。《猛士》还有一个副题——《献给为真理而斗争的人》。《猛士》以“文化大革命”中被残酷迫害而不低头不退却的女英烈张志新为原型，塑造一个跪骑在腾空跃起的骏马上张弓搭箭、奋然疾射的矫健、刚劲的裸体少女形象。《猛士》以其表现的思想内涵和开放风格，被誉为中国雕塑史上里程碑式的作品。

6月15日至25日 市委召开常委扩大会议。会议讨论广州市贯彻国民经济“调整、改革、整顿、提高”的方针，把调整国民经济的比例关系作为整个工作的重点。会议提出建设一个“以轻工业为主，原材料工业、支农工业协调发展，科学文化、对外贸易和旅游事业发达的社会主义现代化城市”。

6月 广州调整国民经济的比例关系：在工业方面，实行优先发展轻纺工业的政策，发展一批“拳头”产品；在农业方面，按照“决不放松粮食生产，积极开展多种经营”和“为城市服务”方针，实现农、林、牧、副、渔全面发展。同时还调整固定资产投资的方向和重点，停建、缓建118个基建项目，压缩重工业中一般性加工工业投资，关停并转100多户市属工业企业，增加对轻纺工业、能源、建筑材料、农业和与人民生活密切相关的城市公用事业、住宅建设方面的投资。

△是月 东山区引进外资住宅建设指挥部成立，区委书记蔡若明兼任总指挥，区委副书记马锦文兼任副总指挥，引进外资开发房地产。10月15日，东山区引进外资住宅建设指挥部（后改称东华实业股份有限公司）与香港宝江发展有限公司签约合作兴建东湖新村住宅区，港商投资人民币1080万元，东山区提供3.1万平方公里土地，建成6万平方米的住宅，1/3归港商在香港出售，2/3由开发单位安排动迁户和对外出售。11月，广州东湖新村工程动工兴建。该项工程创造出多个全国第一：第一个商品住宅项目，第一个引进外资开发的住宅项目，第一个实施物业管理的住宅小区。

7月2日 市委统战部召开落实宗教政策大会，揭批林彪及江青集团罪行，落实党的宗教政策，恢复全市各宗教组织和活动，平反冤假错案。是月10日，市民族事务委员会恢复，并成立市革委会宗教事务处。

7 月 19 日 中国第一家中外合资的五星级宾馆——白天鹅宾馆动工。1978 年，香港富商霍英东与广东省旅游局签署协议，共同投资 5000 万美元建设白天鹅宾馆。1983 年 2 月 6 日白天鹅宾馆全面营业。白天鹅宾馆是全国第一座中国人自行设计、自行施工与自行管理的五星级宾馆，也是中国第一家敞开大门允许老百姓参观游览的高级酒店。以“白天鹅”为开端，香港资本开始源源不断进入内地，形成境内外经济合作的崭新格局。

7 月 为表彰鼓励为广州的经济社会发展做出贡献的海外侨胞、港澳同胞和国际友人，广州市人民政府决定颁发“广州市荣誉市民”称号。第一位获得此项殊荣的荣誉市民是美籍华人许志俭，以表彰他为广州市发展现代化养鸡事业做出的贡献。广州是全国第一个颁发“荣誉市民”称号的城市。

8 月 13 日 广东省广州市基层卫生研究和培训中心成立，承担联合国世界卫生组织基层卫生研究和培训中心任务。花县、从化、增城 3 县为该中心的基层点。

8 月 14 日 市工业系统在广州缝纫机工业公司、广州第一棉纺厂、广州化工厂等 88 家企业进行扩大企业自主权试点。其主要内容是：调整国家与企业的分配关系；扩大企业财权；企业的留利随利润浮动，经营效果与企业和职工的物质利益直接挂钩。于此同时，选择广州绢麻厂等 3 家企业作为“独立核算、以税代利、自负盈亏”的试点，实行税后利润留给企业支配、亏损国家不予补贴的政策。从 1980 年 7 月至 1983 年 6 月止，一定 3 年不变。

8 月 29 日至 9 月 2 日 市第五次妇女代表大会召开。出席代表 964 名。市委书记欧初作《为建设现代化的广州充分发挥妇女的“半边天”作用》的报告。大会选举产生市妇联第五届执行委员会。

8 月 市召开工业交通增产节约工作会议。市经委指示，要大力扶持和帮助集体所有制企业发展。会上提出扶持集体所有制企业的措施：对集体所有制企业要和全民所有制企业一视同仁；不允许任意平调集体所有制企业的资金、固定资产和人员；允许经营好的集体所有制企业在收入和福利上超过同行业的全民所有制企业；解决集体所有制企业所需物资的供应渠道。

△**是月** 广州乒乓球厂生产的双鱼牌硬质乒乓球，被国际乒联批准为 1979—1981 年期间国际比赛用球。这是继双喜牌乒乓球以后中国生产的乒乓球被国际乒

联选用为国际比赛用球。

9月4日 中国民航北京—广州—马尼拉空中航线开通。13日广州—福州空中航线正式开通。

9月6日至10日 市总工会第十次代表大会召开。出席大会代表1002人。大会选举产生了广州市总工会第十届委员会，通过《全市职工动员起来，为打好四个现代化第一个战役而奋斗》的工作报告。

9月14日至18日 共青团广州市第七次代表大会召开。出席大会代表998名。市委第一书记、市革委会主任杨尚昆和市委第二书记、市革委会副主任梁湘出席大会并讲话。大会确定未来任务：动员全市青年为把广州建设成为社会主义的现代化城市而奋斗。

9月22日 市革委会决定把市百货公司、市果品公司、市蔬菜公司、市海洋渔业公司、市轻工进出口公司、市小汽车公司、市广告公司、市饲料公司、东方宾馆、北京楼饭店10个点作为市财贸系统扩大企业自主权的试点单位。

9月26日 市委、市革委会发出《关于安排城市待业青年就业的通知》，要求大力发展集体所有制的工业、商业、饮食业、服务业、修理业、建筑业、园林绿化、工艺美术、城市公用事业、手工业以及与生活有密切关系的其他各项事业，以安排更多的城市青年就业；允许待业人员自筹资金、自带工具、自选场地、自由结合从事生产和开办生活服务事业，以及从事不剥削他人的个体劳动。

9月28日至10月2日 以福冈市市长进藤一马为团长的福冈市友好访问团一行40人访问广州，参观广州农民运动讲习所旧址、广州绢麻纺织厂、华南植物园、郊区萝岗人民公社。10月1日，市革委会负责人和代表团在东方宾馆举行会谈，就两市1980年开展文化、城市建设、工业、农业、水产等方面的交流活动交换意见。

10月1日 广州最早的个体户之一——容志仁在西华路司马坊口开办“容光”小食店。容志仁的小店价廉物美，干净卫生，每天来吃早餐的“熟客”有200多人，他是广州首批万元户之一。

10月10日 市委批转市委宣传部《关于召开农村宣传工作座谈会的情况和开展真理标准问题讨论的请示报告》，要求进一步把开展真理标准问题的讨论深入进行下去，把广大干部和群众的思想引导到实现四个现代化的实践上来。

10 月 15 日 1979 年秋季中国出口商品交易会在广州开幕，11 月 15 日闭幕。共有来自 97 个国家和地区的 2.4 万多名客商参加交易会。本届交易会的出口成交额超过历届交易会，有 27.08 多亿美元。

10 月 22 日 广州电子技术研究所在太原工学院机械系锻压教研室的协助下，成功研制中国第一台 C-1500 吨 V 型缠绕式高压设备，并成功用这台设备合成出人造金刚石。

11 月 5 日 广州市白云小汽车出租公司成立。19 日，市白云小汽车出租公司与香港羊城的士有限公司合作经营的首批共 70 辆出租小汽车投入营运。这是中国改革开放后第一家中外合作经营出租车的企业。它在全国率先实行“扬手即停，计程收费，电话约车，24 小时服务”的新型服务方式。

11 月 9 日 广州市国营白云农工商联合公司成立。该公司由白云农场、九佛农场、沙田果园场和黄金围农场联合组成。

11 月 16 日 新华社报道：为补充计划供应的不足，满足群众生活需要和平抑市场物价，广州市商业部门已办起 18 个行栏（信托部）和货栈（服务部）。

11 月 30 日至 12 月 7 日 市委召开区、县、局领导干部会议，重点讨论广州市国民经济的调整工作。会议提出集中主要精力搞好国民经济调整工作，继续搞好扩大企业自主权试点工作，大力开展对外经济交流活动。杨尚昆在总结讲话中认为，广州市已开始实现工作着重点的转移，并取得初步成效。

12 月 12 日 市总工会发出通知，要求做好吸收原工商业者加入工会的工作。通知指出，今后对原工商业者不要再称为“资本家”“资方人员”“私方人员”。在职的原工商业者，凡符合《中国工会章程》第一条规定，承认工会章程，都可以加入工会成为其会员。

12 月 18 日至 20 日 市委召开会议，部署把原工商者中的劳动者区别出来的工作。1956 年对私营工商业实行按行业公私合营时，有一批小商小贩、小手工业者和其他劳动者被带进公私合营，把他们统称为“私方人员”，被错误地按资产阶级工商业者对待。此项工作在 1980 年 5 月底结束，有 1.056 万人被区别出来，恢复劳动者身份。

12月19日 市委再次召开真理标准问题学习讨论经验交流会。市委第二书记梁湘在会上讲话，要求将学习讨论深入下去，并注意解决好“端正思想路线”等问题。

12月30日 22万伏的广州—新丰江二回输电线路黄埔大跨越工程建成并开始送电。这项工程是把6根过江电线在文冲船厂以西，从空中横跨黄埔水道和铁桩水道，引至南岸，全长3.38公里，是当时中国跨江最长跨距的一项架线工程，跨江高度居全国第二。

12月 广州红卫电化厂的“宝石牌”高锰酸钾、广州摄影化学材料厂的“三角牌”硫代硫酸钠和亚硫酸钠、广州第五橡胶厂的“雪花牌”皮鞋式胶鞋、广州第十橡胶厂的“狮头牌”夹布胶管和吸引胶管、广州第十一橡胶厂的120号探空气球、广州化学试剂厂的化学试剂（基准重铬酸钾、草酸、乙酸氨、硫代硫酸钠、甲醇、镍试剂、氢氟酸）等8项化工产品获化工部优质产品称号。

1979年 凭借中央赋予的“特殊政策，灵活措施”，广州市陆续恢复和新办信托贸易、水产、牛羊、禽蛋、日用百货、果品、中药材、粮油等贸易货栈，发展产销见面的议购议销。与此同时，在市区开办农贸市场，恢复个体经营，允许渔民、渔农进城卖鱼，允许长途贩运，打破长期以来单一价格、单一渠道、独家经营的流通体制。

△**是年** 广州市开始建立科技成果奖制度。每年对优秀科技成果进行一次评奖，对完成该项科研成果的单位或个人，给予精神和物质的奖励。

△**是年** 广州市全市工农业总产值为89.94亿元，其中工业总产值81.38亿元，农业总产值8.56亿元，社会商品零售总额22.75亿元。

1980年

1月1日 广州市试行在中央和省的统一领导下实行大包干办法。从1980—1984年，广州市实行“划分收支，定额上解，五年不变”的财政体制，以使地方有较大的自主权，更好地实现责、权、利三者的统一。

△是日 广州市对外贸易中心成立，并对外营业。1986年秋，广州外贸中心更名为中国（广州）对外贸易中心。1988年8月29日，中国（广州）对外贸易中心更名为中国对外贸易中心。

1月3日至6日 广州市6个民主党派和工商联召开自1966年以来的第一次代表大会，包括：民革广州市委员会第六届代表大会，民盟广州市委员会第八次代表大会，民建广州市委员会第八次代表大会，民促广州市委员会第五次会员代表大会，农工党广州市委员会第六次党员代表大会，致公党广州市委员会第五次代表大会，市工商业联合会第七届会员代表大会。

1月5日至10日 中国科学院在从化召开广州粒子物理讨论会。世界著名的美籍华裔物理学家杨振宁、李政道参加讨论会。

1月6日 广州市一座新型鸡场——白云肉鸡场第一期工程建成投产。此项工程的机械设备和良种肉鸡是从美国引进的。

1月22日 市委组织部召开市组织工作座谈会，围绕促进和确保“四化”的实现，讨论和研究选拔培养优秀中青年干部，加强各级领导班子的建设，抓好党的基层组织建设，搞好党员教育工作等问题。

1月30日 市公安局召开大会，表彰奖励与案犯英勇搏斗、光荣负伤的滨江街派出所民警卜东昌及积极参与破案的有关人员。市革委会授予卜东昌一等功臣称号。5月2日，卜东昌获共青团中央授予的“学雷锋树新风模范青年”称号。

1月 《足球报》创刊。《足球报》由广州体委与广州日报社联合主办，是全国第一份足球专业报纸。该报创刊初期为半月刊，4开4版，在广东省内自办发行。

△**是月** 广州市“右派分子”摘帽、复审改正工作结束。广州市98.89%的“右派分子”属于错划，已予以改正，并安置工作。

△**是月** 广州市郊区9个公社91大队全部实行农民退休制度，男社员60岁、女社员55岁可以申请退休。

2月1日至12日 市委第二书记梁湘率领广州市赴港参观访问小组参观访问香港，对发展广州提出设想：积极解决电力不足、电话不灵、运输不畅这3个薄弱环节；大力发展轻纺工业，提高外销产品的竞争能力；努力搞好城市建设工作；大力发展旅游业；积极吸收香港资金及其先进技术和经营管理方法，大力培养人才。

2月15日 《羊城晚报》在广州复刊。吴有恒被中共广东省委任命为总编辑兼党委书记。《羊城晚报》创刊于1957年10月1日，1966年底受“文化大革命”冲击停刊。1980年2月15日复刊后，《羊城晚报》秉承“反映生活、引导生活、干预生活、丰富生活”的方针和“贴近时代、贴近群众、贴近生活”的宗旨，连续21年保持日发行量超过百万份。

3月5日至7日 市委召开科技干部工作会议，研究进一步落实党的知识分子政策和加强科技干部的管理。会议要求认真贯彻国务院《工程技术干部技术职称暂行规定》，搞好技术职称套改和科技人员的考核晋升工作；各级党委要制订培养科技干部的五年规划（1980—1985年），切实有效地为科技人员解决工作和生活中的实际困难。

3月20日 广州市成立6个艺术团体，分别是广州国画会、广州漫画学会、广州今韵音乐社、广州集邮学会、广州粤剧老艺人艺术研究组、广州工艺美术学会。

3月23日 市委批转市编制领导小组、市委组织部《关于撤销市属各单位政治部（处）后机构设置的意见》。

3 月 25 日 市文化局主办的 1979 年广州市专业文艺团体创作剧（曲）目调演评比结束。粤剧《兰苑恩仇》获创作、演出、舞美设计 3 项一等奖；话剧《海峡情泪》获创作、演出两项二等奖；粤曲子喉独唱《刑场血泪歌》，粤曲平喉独唱《歌手春秋》《林则徐》，粤曲弹唱《琵琶壮烈歌》获创作一等奖。

3 月 28 日 广东省首次特级教师命名大会召开。全省 17 名特级教师中，广州市占 5 名，分别为广雅中学教师李郁文、越秀区劳动第一小学教师刘淑贤、东山区清水濠第一小学教师姚嘉华、海珠区滨江第二小学教师张藻芬、中山六路幼儿园教养员游丽斯。

△**是日** 市革委会与香港首位华人议员利铭泽举行合作兴建花园酒店签字仪式。同年 12 月 26 日，广州花园酒店举行奠基典礼，广州市委第一书记杨尚昆参加奠基仪式，为酒店奠基立石。1981 年 3 月，酒店正式动工兴建。花园酒店的外形由世界知名的建筑设计师贝聿铭设计，这也是出生于广州的贝聿铭唯一一次为广州建筑做设计。

3 月 东方宾馆开办全国第一家音乐茶座，演唱流行歌曲。这是改革开放后全国第一个演唱流行歌曲的音乐茶座。音乐茶座吸引广大的平民百姓前来消费。短短几年间，音乐茶座从东方宾馆延伸到广州街头，大大小小的音乐茶座增至 70 多家，每天有上万顾客进场消费。仅 1984 年一年，广州 70 多家音乐茶座的收入高达 2000 万元，平均每家入账近 300 万元。

4 月 4 日 《广州日报》报道：市房管部门认真落实国家对私有出租房屋的有关政策，先后向私房业主发还在“文化大革命”期间由房管部门“代收租、代修缮”的私有出租房屋。截至 1980 年 2 月，已发还私房 2 万多幢，面积 180 多万平方米，占私房总数的 2/3。

4 月 7 日至 14 日 市委召开全市纪律检查工作会议，贯彻党的十一届五中全会精神，讨论市纪委筹备小组《十个月来的工作情况和 1980 年工作任务的意见》。会议确定当年的任务是：通过抓党风党纪，保证党的政治、思想、组织路线的贯彻执行；协助党委监督、保证《关于党内政治生活的若干准则》等党规党纪的贯彻执行；继续抓紧历史案件遗留问题的处理和信访工作；进一步建立和健全纪检机构，搞好自身建设。

4月14日 市财政局决定，从当年起，广州市各行政机关和事业单位（包括文教、科研、卫生等事业单位）实行经费包干，年终节余的经费归本单位自己支配。留给单位支配的包干结余资金，主要用于改善工作条件，增添必要设备，补充经费来源。各单位在完成各项计划后，可从全年总结算的增收和节余中，按规定分别提取20%和30%的金额，用于集体福利和奖励个人。

4月16日 市革委会召开表彰1979年住宅建设先进集体、先进个人大会。市委第一书记杨尚昆在会上提出，本年力争高质量地超额完成40万平方米的住宅建设任务，努力改善人民群众的居住条件，努力研究适合广州地方特点的建筑材料，房屋设计要有南方特色。会上有50位先进个人分别获得一、二、三等奖。

5月1日 市委第二书记梁湘率领广州市友好访问团赴日本福冈市访问，参加广州、福冈两市缔结友好城市一周年活动。5月2日，广州市举行庆祝中国广州、日本福冈缔结友好城市一周年大会。日本福冈市副市长筒井寅吉率领的福冈市友好代表访问团全体团员、日本国驻广州总领事馆总领事田熊利忠及夫人参加大会，市委第一书记杨尚昆和福冈市副市长筒井寅吉在会上讲话。

5月17日 市委、市革委会、市政协以及各部、委、办和部门负责人收看刘少奇同志追悼大会实况电视转播。市民举行座谈，高度赞扬刘少奇不可磨灭的功绩。

5月18日至27日 广州军区在广州召开民兵组织调整改革会议，主要研究调整改革民兵组织，缩小范围，简化层次，减少数量，提高质量的问题。

5月20日 市委、市革委会召开干部会议，传达国务院有关会议精神。会议提出：全党动员，大办外贸，尽快把广州建设成为一个外贸出口基地。

△**是日** 纺织工业部召开1980年度全国丝织品质量评比会议，广州丝织印花厂生产的“玉鼎牌”印花真丝电纺、印花真丝双绉绸、印花真丝斜纹绸及广州丝绸染整厂生产的真丝玫红闪银软缎被面4个产品，被评为全国优良产品。

5月24日 市委办公会议决定，调整市区中学的管理体制，把原下放给市区管理的中学收回市教育局管理。

5月28日 市革委会决定，撤销街道革命委员会，恢复街道办事处建制。

6月2日至6日 市委召开县（区）委书记会议，贯彻落实党的十一届五中全会和省委农村工作会议精神，搞活农村经济，建立生产责任制。会议制定了开展广州农村工作的具体措施：实行让农民尽快富裕起来的政策，发展多种经营，发展社队企业；承认各种形式的生产责任制。但会议也表明，“决不能分田单干”。

6月28日 广州市国营农工商联合总公司成立。市农场管理局同时由行政单位改为企业单位，原农场管理局所属各场、公司全部转为一体化经营的企业。这是市属国营农场系统进行的一项重大改革。

6月29日 港九工会联合会会长杨光、港九洋务工会主席胡九率领600名工人抵达广州参观。下午，省、市总工会在市第二工人文化宫举行广州解放以来第一次大规模的省港工人游园联欢会。

6月 广州市首次实行跨行业调整企业，把机电行业“吃不饱”的市第三机械厂划给“吃不了”的轻工系统的市缝纫机工业公司。

7月1日 广州市试办的两所职业中学——电子职业中学和财务会计、工艺美术职业中学开始招生报名。招生对象为17周岁以下的市区初中毕业生。学制为3年。校址分别设在市第九十六中学和市第八十五中学。

7月4日 广州市第一间工农联营企业——红山联合印刷厂成立。该厂是由市东方红印刷厂和花县花山公社合资开办的独立核算企业。

7月28日 铆焊工人高德良辞掉工作，领取个体工商户营业执照成为个体户，以500元资金开办周生记太爷鸡，营业额很快达到一天上百元。

7月 广州自行车工业公司、广州缝纫机工业公司、广州绢麻纺织厂3个国营工业企业从是月始试行“以税代利、自负盈亏”的新体制。

8月1日 广州解放纪念碑揭幕。中共广东省委第一书记、广东省省长习仲勋，广州军区司令员吴克华，中共广东省委第二书记、广东省副省长、广东省军区第一政委、广州市委第一书记杨尚昆出席揭幕仪式。省委、省人民政府、广州军区、省军区、省政协、市委、市革委会以及各界人士1000多人参加揭幕仪式。纪念碑位于海珠广场中央。1959年广州解放10周年，广州市政府在海珠广场建广州解放纪念碑。“文化大革命”时期，纪念碑被拆除。1979年市委、市革委会决定重建纪念碑，纪念碑于1980年7月建成。纪念碑主体是一名解放军战士，肩背小米袋，腰围子弹带，右手持步枪，左手抱花束，昂首挺胸，像座正面镌刻解放后首任广州市市长叶剑英的题字：“1949年10月14日广州解放纪念”。

△**是日** 广东省人民政府发出《关于广州市试行“划分收支、分级包干”财政体制的通知》。决定试行：按照收支范围划分原则，确定广州市工商税收入全部上交省，固定收入留给广州市82%，上缴省18%。固定收入分成比例从1980年开始，一定两年不变。10月1日，市革委会向区、县发出相应的通知。

8月18日至20日 市革委会召开劳动就业工作会议，决定实行在政府统筹规划指导下，劳动部门介绍就业、自愿组织起来就业和自谋职业相结合的方针。会议提出加快安置待业人员的8项具体措施：各工厂企业要大力发展集体所有制企业，开办各种合作厂、社；兴办各种合作社和合作小组；发展商业、服务业和旅游业；动员老职工退休，更新劳动力；限制使用农民工；发展来料加工；加强对待业青年的技术培训；扶持和发展知青场。

8月21日至28日 市委召开县（区）委书记会议。会议传达学习中央重要文件和省委召开的地、市委书记会议精神，重点研究搞活农村经济，使农村尽快富裕起来。

8月24日 广东省经济委员会批准广州市广州轧钢厂等54个企业为第二批扩大企业经营管理自主权试点企业。连同第一批34个企业，全市试点企业共88个。

到8月止 广州市共办各类职业培训班、补习班576个，组织1.6万多名待业青年学习各种专业技术，为待业青年创造就业条件。

9月12日至16日 市教育工作会议召开。会议贯彻中央书记处对教育工作的指示和省教育工作会议精神，研究中等教育结构改革、成人教育和普及小学教育的问题。市革委会副主任罗培元作《全党重视、发挥优势、积极改革、办好广州市的教育事业》的报告。市委决定，当年增拨教育经费1069万元。

9月30日 广州市人民南路人行天桥建成投入使用。天桥位于人民南路和西堤二马路交汇处，是交通繁忙、客流量大的商业十字路口。天桥呈平面曲尺形，跨人民南路长20.2米，曲梁段长8.7米；跨西堤二马路长17.64米。桥宽4.5米，设上下楼梯4座。这是全国第一座城市人行天桥。

10 月 1 日 市革委会发出《关于县、区试行“划分收支，分级包干”财政管理体制的通知》。其基本内容是：根据各种财政收入的性质，把收入分为固定收入和调剂分成收入，把中央企业收入作为中央固定收入，把地方企业收入及地方税作为地方固定收入，把工商税作为调剂分成收入。划分收支，一定五年不变，各地可以根据自己的收入安排自己的支出。广州市从 1980 年开始贯彻中央“划分收支，分级包干”的财政管理体制。

10 月 3 日 广州市建筑工程局实行企业化扩大经营管理自主权，由行政机构改为经济机构。

10 月 9 日 广州市决定全市所有国营财贸企业试行扩大企业自主权。同时，南方大厦百货商店、妇女儿童百货商店、红书肉菜市场、海珠糕点厂、五金交电化工公司、针棉织品批发商店 6 个单位试行以税代利、独立核算、自负盈亏。

10 月 12 日 市革委会召开财贸工作会议，决定放宽政策，克服长期以来靠商业部门独家经营的弊病，允许多种经济成分并存，鼓励各行各业大办商业服务业，并提出 10 项措施。

10 月 14 日 广州市缝纫机工业公司、自行车工业公司和广州绢麻厂 3 个国营工业企业为“独立核算，国家征税，自负盈亏”的试点。

10 月 市工商局正式为在高第街经营的商贩发牌照，高第街的个体商户成了广州市乃至全国改革开放以来第一代个体户。高第街有 2000 多个商户，以批量销售为主，兼有零售、来料加工、代销等，经营方式灵活多样，商品多来自各地手工业者及区街、乡镇企业，商品销往 20 多个省、直辖市、自治区，成为广州的窗口之一，被人称为“小南方大厦”。

11 月 15 日 省委举行干部大会，会上宣布中共中央的决定：习仲勋、杨尚昆调回中央工作，免去他们在广东省、广州市的党内外职务。任命任仲夷为中共广东省委第一书记，梁灵光为广东省委常务书记兼广州市委第一书记。

11 月 22 日 市委在中山纪念堂召开县（科）级以上党员干部大会。市委第一书记梁灵光传达中央领导对广东工作的重要谈话和省委第一书记任仲夷在省委工作会议上的讲话，并结合广州市的情况作讲话，提出要“努力把广州市建设成为一个经济繁荣、高度文明、优美整洁的社会主义现代化城市，成为广东以及华南地区的经济中心、外贸中心、旅游中心和科技中心”。

11月27日 市革委会批准市建材工业局从1980年起全行业实行盈利不上交、节余留用、亏损自负的财务包干办法、行业盈亏包干办法。

12月9日 市革委会为贯彻国务院《关于严格控制物价、整顿议价的通知》，决定立即开展市场物价大检查，发动群众对违反物价管理规定的行为进行检举揭发，视情节轻重分别给予处理。

1980年 广州市职工家庭收入水平显著提高，年平均每人每月生活费收入为42.36元，居全国各城市首位。

△是年 市县、郊社队企业利用毗邻港澳的有利条件，积极开展对外来料加工装配业务，全市有51个公社承接外商来料加工业务，全年签订合同181宗，收入加工费190多万元，为农村安排1.2万多人就业。

△是年 广州市全市社会总产值为130.48亿元（按当年现行价格算），财政收入16.35亿元，社会商品零售总额31.63亿元，全民所有制职工平均工资974元。

1981年

1月11日至12日 由羊城晚报与新体育杂志社发起，在广州文化公园中心台举办首届“五羊杯”中国象棋赛。这是国内最高规格的中国象棋赛，参赛者必须是中国象棋历届全国个人赛冠军。参加这次比赛的选手为广东的杨官璘、上海的胡荣华、河北的柳大华3人。此后，每年都在广州举行一届象棋比赛。

1月 《广州日报》与市财政脱钩，实行“独立核算，自收自支，自负盈亏，照章纳税”的新财务制度：不吃国家财政补贴，有盈利不上缴，利润支配实行“三三制”，即1/3用于简单再生产，1/3用于更新设备，1/3用于改善职工生活。它标志着报社从传统的“机关”向实体企业转变。《广州日报》是全国第一家走向市场的机关报。

2月11日至19日 市委召开常委扩大会议，会上市委第一书记梁灵光作《维护政治安定，在经济调整中稳步前进》的报告。会议根据中央工作会议和省党代会精神，对以调整为中心，搞好生产建设事业，继续解放思想，进一步把经济搞活，巩固和发展整顿物价，整顿市容卫生，整顿治安交通，加强市政建设，维护政治安定等作部署。省委第一书记任仲夷到会发表讲话。

2月 广州市基督教协会（简称“市基协”）宣告成立，首届委员会由72人组成，叶肇卿为会长。市基协是不分教派、统一领导和协调所辖地区基督教会及各教堂的教务机构，与市三自会联合办公，组成“两会”（即市基协和市三自会）联合办公室，“两会”的领导成员由全市基督教代表会议选举产生，全市基督教代表会议是“两会”的权力机构。

△**是月** 广州市广泛开展“五好”（学习守法好、安全卫生好、教育后代好、家庭和睦好、邻里互助好）和“民主和睦新家庭”（热爱集体、劳动致富、计划生育、团结互助、遵纪守法）活动。

3月13日 市委召开学习中央工作会议精神经验交流会。市委书记欧初就如何进一步学习贯彻中央工作会议精神作讲话，强调各单位要紧密联系实际，总结历史经验教训，进一步清理“左”的流毒，坚决执行党的十一届三中全会以来的路线、方针、政策，增强团结，改进党风，促进生产和各项事业发展。

4月8日 中国从日本引进的第一套电子计算机控制的自动转报中心在广州市电信局建成。使用这套设备转发电报，使每份电报在局内停留时间由原来人工处理、接转时的90分钟缩为1～3分钟。

4月12日 全国第一个超级商场——广州友谊公司超级自选商场开业。由于自选商场出售很多市面上买不到的紧缺商品，而且超市的模式也大大促进了购买量，所以开业当天客流量很大，商场被挤得水泄不通。

4月16日 市委、市革委会对工业调整作出新的部署，决定采取跨行业联合等措施，集中力量加快发展自行车、缝纫机等10种“拳头”产品，推动工业结构向轻型化发展。

4月26日 市委发出通知，要求各战线、各单位要以“五讲（讲文明、讲礼貌、讲卫生、讲秩序、讲道德）四美（心灵美、语言美、行为美、环境美）”为主要内容开展文明礼貌活动。

4月 为解决城市用水紧张、自来水厂建设资金困难的问题，市政府决定给广州自来水厂实行“以水养水”政策，即自来水厂的生产利润，除缴交交通能源基金和企业留成外，全部返还留作维护和扩大再生产的资金，用于发展人民生活用水和扩大自来水再生产。这是全国自来水行业第一个实行“以水养水”、自收自支的企业。

5月16日 市委通知：经中共中央批准，许士杰任中共广东省委常委兼中共广州市委常务书记。

5月19日 广州市二商局、广州市糖烟酒公司举办的广式月饼糕点培训班在广州开课。参加学习班的有来自北京、上海、天津、哈尔滨、沈阳、西安、重庆、武汉、南京和广州 10 个城市的糕点师。

5 月 20 日至 22 日 省委常委会议听取并讨论市委关于经济调整中的几个问题的汇报，以及省市联合调查组关于广州城市建设工作的调查报告。省委提出把广州市作为全省工作的重点，充分发挥广州中心城市作用，在对外经济活动中放宽政策，给广州市更多的自主权和机动权，在经济调整中增加广州市的机动财力，加强广州市的城市建设和城市管理。

5 月 21 日 市委发出《关于学习中共中央〔1981〕中发 14 号〈转发国家科委党组关于我国科学技术交流发展方针的汇报提纲〉的通知》。

6 月 3 日至 13 日 省政府、市革委会同时召开工交工作会议，传达贯彻全国工交会议精神。省委第一书记任仲夷作《充分运用中央给予的特殊政策、灵活措施，进一步搞好调整和把工交工作搞活》的讲话。市委第一书记梁灵光在会上讲话，号召全市工交战线广大职工同心协力，把广州市经济调整、改革工作抓紧抓好，努力完成当年工交战线增产增收任务。

6 月 10 日至 25 日 1981 年羊城书市举办，来自全国各地及香港的 90 多个出版单位参加。这是中华人民共和国成立以来在广州地区举办的一次规模最大的图书展销活动。

6 月 14 日 广州运动员陈肖霞在墨西哥举行的第二届世界杯跳水比赛中获女子跳台跳水冠军，成为中国第一位跳水世界冠军获得者。同年 7 月 19 日，在布加勒斯特举行的第十一届世界大学生运动会上，陈肖霞又获女子跳台跳水冠军。

7 月 1 日 是日起，市国营饮食店全部试行提成工资制，每月按职工现行标准工资发 90%作为基本工资，其余部分作为浮动工资。

7 月 7 日至 27 日 市侨办、市侨联以广州华侨服务部名义与暨南大学合办华侨、华裔学生夏令营。参加夏令营的学生多数来自美国洛杉矶、圣弗朗西斯科（旧金山），均是第一次来中国。

7 月 8 日 《人民日报》发表了题为《重视发挥归侨干部的作用》的评论员文章，指出要在政治上充分信任归侨干部，充分发挥归侨干部的特长，扩大爱国统一战线。《人民日报》的这篇文章与市经委干部林青云有关。1981 年 6 月 15 日，林青云写信给中共中央总书记胡耀邦，提出要落实党的侨务政策。6 月 18 日，胡耀邦就林青云的信给侨联负责同志作出批示。

7月16日 市委发出通知，要求各级党组织认真学习党的十一届六中全会公报《关于建国以来党的若干历史问题的决议》和中共中央主席胡耀邦在庆祝中国共产党成立60周年大会上的讲话。

8月27日至29日 市总工会、市委组织部、市经委、市建委、市财贸办联合召开企业民主管理工作会议，传达全国企业民主管理座谈会精神，并要求全市企业认真贯彻实行民主管理，搞好广州市职代会制度。

8月 市工业战线10个工业局的729个企业中，已有453个工厂企业推行各种形式的企业内部经济责任制，占企业总数的62.14%。这对改变企业内部吃“大锅饭”的现象，提高企业经济效益发挥很大的作用。

△是月 市区245间饮食合作商店全部试行体制改革，恢复实行“独立核算、自负盈亏、自主经营”。

9月1日至3日 市革委会召开职工教育工作会议，提出今后徒工转正、技术人员晋升、领导干部任用等须具有一定文化水平等8条措施。

9月1日 东方宾馆实行经营管理责任制。这是广东省内第一家实行经济责任制的国营宾馆。

9月10日至16日 中共广州市第四次代表大会召开。出席大会代表和候补代表共764人。大会通过《中国共产党广州市第四次代表大会代表资格审查的报告》，市委第一书记梁灵光作《努力把广州市建设成为繁荣、文明、安定、优美的社会主义现代化城市》的工作报告。大会选举产生中国共产党广州市第四届委员会和市委纪律检查委员会。会议提出要把广州市建成全省和华南地区的经济中心，成为一个繁荣、文明、安定、优美的社会主义现代化城市。

9月17日 市第一个个体户和“五自”（自愿组合、自筹资金、自寻场地、自找门路、自负盈亏）集体户组成的共青团支部在荔湾区向阳街成立。

9月17日至18日 市委四届一次全会召开，选举产生了中共广州市第四届常务委员会，梁灵光当选为市委第一书记，许士杰为市纪委书记。省委第一书记任仲夷在会上作重要讲话。

9月20日至26日 广州市举行第八届运动会。在田径、射击、游泳、举重等项目的比赛中，共打破 2 项省纪录，7 项市纪录，16 项省市青少年纪录。

9 月 22 日至 30 日 市政协五届一次会议召开。会议选举薛焰为市政协主席。会议号召进一步团结各界人士，同心同德，群策群力，为实现中共十一届六中全会的伟大号召，为把广州市建设成为全省和华南地区的经济中心，成为繁荣、文明、安定、优美的社会主义现代化城市，为巩固和扩大爱国统一战线，实现台湾回归祖国、完成祖国统一大业而奋斗。

9 月 23 日至 29 日 市七届人大一次会议召开。会议总结过去的工作，部署今后的任务。大会选举范华为广州市人大常委会主任，选举梁灵光为广州市市长。此后，复称广州市人民政府，不再使用广州市革命委员会的名称和市革委会主任、副主任的职务名称。

9 月 25 日 市第一个个体户中共组织——荔湾区向阳街个体户党小组成立。

9 月 26 日 市纪委召开第一次全体会议，会议根据中央纪委召开的中南、西南地区纪律检查工作座谈会精神，确定今冬明春的主要任务：协助党委继续贯彻十一届六中全会精神；狠抓经济领域中的不正之风；进一步做好历史案件遗留问题处理工作。

10 月 1 日 为庆祝中华人民共和国成立 32 周年，广州军区组织了驻广州地区的陆、海、空三军的阅兵活动。阅兵式在广州起义烈士陵园门前广场举行，参加受阅的部队有步兵、炮兵、装甲兵、航空兵、导弹部队等共 5100 余人，以及大炮、岸舰、地空导弹和摩托化纵队。广州军区领导人和驻穗陆、海、空三军领导，广东省、湖南省、广西壮族自治区党委的领导人及广州市党政负责人参加检阅。这是中华人民共和国成立以来广州地区举行的规模最大的阅兵活动。

△是日 按市七届人大的决定，恢复广州市人民政府，广州市人民政府印章是日开始启用，广州市革命委员会印章同时作废。

10 月 15 日 1981 年秋季中国出口商品交易会在广州开幕，11 月 15 日闭幕。有 93 个国家和地区的客商 2.4 万多人次前来洽谈贸易，出口成交额超过历届交易会，为 27.35 亿美元。本届交易会首次在商品展览馆里增加贸易洽谈室，方便顾客看样成交。

10 月 16 日 法国国家巴黎银行中国代表处驻广州办事处在东方宾馆开业。

这是中国人民银行总行批准在广州设立的第一家外商银行办事处。

△**是日** 市科协召开1980年度优秀学术论文颁奖大会，给396篇优秀学术论文的作者颁发奖品。这是中华人民共和国成立以来广州市首次对优秀学术论文颁奖。

11月10日 市政府决定，成立广州市军事设施安全保卫委员会。其任务是：根据工作需要，采取不定期召开会议的形式，处理广州地区有关军事设施安全保密工作方面的一些重大问题，平时具体工作由市公安局六处负责联系和处理。

11月16日 《南方日报》报道：广州市职工教育恢复发展较快，全市职工在学人数已从“文化大革命”前的10.5万人增加到23万人。

11月25日至28日 市第一次台湾同胞代表会议召开。会上成立广州市台湾同胞联谊会，郑妈愿为会长。

11月 中国大酒店在广州率先实行全员劳动合同制，改革单纯用行政手段分配和录用工人的办法，向社会公开招聘员工。该酒店上至总经理，下至清洁工，都实行劳动合同制，打破“铁饭碗”。员工的升职、加薪、去留，完全取决于学识、才干和工作实绩。

12月4日 以市委第一书记、市长梁灵光为团长、副市长欧初为副团长的广州市友好访问团一行5人，应邀赴美国洛杉矶市进行友好访问。8日，与洛杉矶市市长汤姆·布雷德利共同签署广州市与洛杉矶市结为友好城市的协议书。至10日，访问团访问了华盛顿、纽约、芝加哥、圣弗朗西斯科（旧金山）、奥克兰等市。

12月17日至1982年1月6日 举办广州地区首届科技成果交流会，参加单位有省、市和中央驻穗的科研院所、大专院校、工厂企业及一些地、县的研究所共82个。届交流会试行有偿技术转让，制定《技术转让试行办法》。会上，40多家厂矿企业提出60多个生产技术难题，张榜招贤。这是广州科技市场的雏形。

年底 为响应全国总工会、共青团中央、全国妇联等9个人民团体关于开展以讲文明、讲礼貌、讲卫生、讲秩序、讲道德和心灵美、语言美、行为美、环境美为内容的“五讲四美”文明礼貌活动的倡议，市委发出开展以“五讲四美”为主要内容的文明礼貌活动的通知。全市70万青少年响应号召，走上街头，清除校园、工厂、街道的卫生死角，取得很好的社会反响。

1981 年　广州市采取霍英东等人提出以征收过桥费偿还投资的方案，在广珠公路 4 座桥推行收费还贷、以路养路、以桥养桥的新方法。他在中国内地首开引进外资进行交通基础设施建设和以路养路、以桥养桥的先河，并促使中国内地的桥梁建设走向市场化和产业化。

△**是年**　广州市白云米面制品厂从日本引进全国第一条方便面生产线成套设备，并于当年安装投产，产量 400 多吨，创立白云快食面的品牌，填补过去方便面依靠进口的空白，满足人们对快捷食品的需求。

△**是年**　在实行“以水养水”政策的基础上，广州对交通、园林实行“一费三养”（以固定资产投资总额的 5% 收取市政建设费，实行“以水养水”“以交通养交通”“以园养园”）的特殊政策。

△**是年**　广州市完成国民生产总值（按当年现行价格计算）143.40 亿元，工业总产值 96.9 亿元（按 1980 年不变价格计算），农业总产值 12.83 亿元，社会商品零售总额 37.48 亿元。

1982年

1月2日 广州图书馆开馆。馆址位于中山四路广州农民运动讲习所旧址西侧，建筑面积近1万平方米。该馆是一所大型综合性公共图书馆，初建时馆藏图书34万多册，设有外借图书处及6个拥有1200个阅览座位的阅览室。当年，在阅览室和中文报刊室首先实行半开架和全开架服务，并开办全国第一个港台版书刊开架阅览室。此后实行大面积开架借阅，成为全国最早实现大面积开架借阅的公共图书馆。

1月9日 《羊城晚报》公布读者投票评选1982年度广州十大最佳旅游点结果。越秀远眺（越秀公园）、白云松涛（白云山）、从化温泉、广州动物园、广州文化公园、红陵旭日（广州起义烈士陵园）、六榕花塔、中山纪念堂、流花湖公园、东湖春晓（东湖公园）入选。

1月19日 市委召开区、县、局、市直属单位党员负责同志及公司主要领导干部大会，传达1月11日中共中央关于打击走私、贩私、贪污受贿等违法犯罪行为的紧急通知。市委第一书记、市长梁灵光在会上讲话。

1月30日 《广州日报》报道：广州立德粉厂已成为全国生产立德粉产量最大，质量最好，出口量最多的工厂。其生产的主要产品立德粉的质量，已赶上世界上具有百年生产历史的联邦德国老牌产品，行销国内25个省市，并畅销38个国家和地区。

2月1日至9日 市委举行四届二次全体（扩大）会议，市委第一书记、市长梁灵光作《去年工作的回顾和今年的主要任务》的报告。会议要求认真贯彻中央提出的要实行“两手抓”精神，一手抓物质文明建设，一手抓精神文明建设的战略方针，抓紧经济调整，坚持对外更加开放，把外经搞得更活，保持物价基本稳定，加强城市建设和管理，狠抓反走私贩私、贪污受贿的斗争，加强社会综合治理，整顿社会风气，力争党风、社会治安、社会风尚的根本好转。

2月8日　经国务院批准，广州市被列为第一批中国历史文化名城。

2月20日　日本株式会社东红贸易经广东省政府批准在广州设立事务所。东红贸易是日本福冈市第一个在广州市设立事务所的贸易社团，该事务所设在东方宾馆。

△**是日**　广州市1981年度先进生产（工作）者和先进集体代表大会在市总工会礼堂召开。会上，广州市人大常委会授予徐弗等127人为广州市劳动模范荣誉称号，并颁发证书和奖章。

3月1日　是日起至4月1日为广州市第一个绿化活动月。根据广州市政府《关于1982年全民义务植树运动的通知》，此后每年3月1日至4月1日为广州市绿化活动月。

3月3日　广州地区举行第一个“全民文明礼貌月”统一活动日，党政军近百万人参加大搞环境卫生劳动，省、市党政军领导任仲夷、刘田夫、王全国、吴南生、梁灵光、许士杰、欧初等分别到东湖公园、中山一路、杨箕村地段清理卫生死角。

3月5日　由共青团广州市委组织的277支青年学雷锋服务队，在教育南路和西湖路设立300多个摊档，开展义务为市民修自行车、钟表以及裁衣服等200多项服务活动。

3月6日　市文物普查领导小组在市文化局举行第一次会议，通过《广州市文物普查实施方案》。规定普查项目包括：古遗址、古墓葬、古窑址、古建筑、寺庵、古桥、古牌坊、古石刻、水上人家文物、华侨文物、少数民族文物、革命文物、近现代国共两党革命遗（旧）址、名人纪念处等。具体普查办法是：先举办普查训练班，培训市、县、区普查专业人员；选点示范，选定越秀区为先行试点，将试点经验总结后再全面铺开。

3月8日　市召开纪念三八国际劳动妇女节暨表彰“五好”文明和睦家庭大

会，副市长王玄代表市政府在会上宣布全市500户“五好”文明和睦家庭名单，并颁发奖状和奖品。

3月16日 市七届人大常委会举行第五次会议，学习全国五届人大常委会第二十二次会议通过的《关于严惩严重破坏经济罪犯的决定》，号召全市人民立即行动起来，把这场反腐蚀斗争进行到底。

3月19日 市委组织部、统战部召开落实知识分子政策经验交流会，市委书记薛焰宣布实行改善知识分子工作、学习和生活条件的几项措施：给卫生、教育、科研系统添置急需的医疗、教学科研仪器设备；分期分批修缮校舍和解决知识分子的住房困难；解决200多名中级以上知识分子夫妻长期分居问题；一次性临时补助知识分子的特殊困难；解决高级知识分子治病、住院、配备煤气等问题；兴建广州科技活动培训中心。

3月19日至27日 市委召开统战工作会议，强调新时期统战工作仍然是中国共产党的一个重要法宝，要充分发挥广州市统一战线的优势，继续肃清“左”的影响，把统战工作做好，为改革开放发挥更好的作用。

3月30日 市民兵组织调整工作结束。全市经检查验收，共有民兵56.3万余人，其中普通民兵44万余人，基干民兵12.3万人。共编组基干民兵团12个，营120个，连395个，排2887个，班9805个；有民兵高炮团5个，高炮营13个，高炮连42个，高机连52个，基本达到减少数量，提高质量的目的。

3月 市成立文物普查领导小组，开展第二次全市文物普查工作。文物普查领导小组组长由市委宣传部副部长华嘉担任，抽调20位文博专业人员组成普查组。同时，广州市属县、区也成立第二次文物普查领导小组并成立相应的机构。

第一季度 市首座液化石油气贮配站在广州东郊建成。该贮配站可储备1200吨液化石油气，可供10万户居民使用。

4月1日 广州市花评选委员会正式发动市民投票，评选广州市市花。到4月23日止，共收到群众选票和来信10466封（张），其中红棉花得票7946张，当选为广州市市花。

4月9日 市委召开干部大会，贯彻中央近期重要指示和省委三级干部会议精神，部署当前工作，狠抓反对资本主义腐蚀，打击经济领域的严重违法犯罪活动的斗争，反对“自由化”倾向，切实加强思想政治工作。

4月16日 市委、市政府发出《关于认真贯彻执行中共中央、国务院〈关于打击经济领域中严重犯罪活动的决定〉的通知》。提出：采取坚决果断的措施，迅速开展反走私贩私、反贪污受贿的斗争，给予各种经济领域的违法犯罪行为以有力的打击。为此，市委成立贯彻中央紧急通知领导小组（1983 年 10 月改为中共广州市委打击经济领域严重犯罪活动领导小组），大张旗鼓地开展打击经济领域严重犯罪活动的斗争。

4月21日 市政府、广州警备区联合发出《关于调整全市人民防空组织及有关问题的通知》，决定将市人民防空领导小组改称为广州市人民防空委员会，由市委书记、副市长欧初任主任；区县已设人防领导小组一律改称为人民防空委员会；各级人防委办事机构改称为人民防空办公室，由地方和军队干部组成，受同级政府和军事部门双重领导。

5月14日 华南地区第一个打破部门和地区界限的专业公司——广州船舶工业公司在广州正式成立。该公司由广州造船厂等 12 个单位组成，实行工贸结合，独立进行生产和经营，实行董事会领导下的总经理负责制。

6月5日 市政府批转市安置待业人员办公室《关于广州市 3 年来劳动就业工作的情况和 1982 年工作安排的意见》。3 年来广州市共安置 412644 名待业人员。

6月7日至10日 中国对外经济贸易部和联合国工业发展组织共同在广州召开中国投资促进会议。这是在中国召开的一次较大型的国际经济合作会议。会议期间有 47 个项目签署意向书和备忘录。

6月9日 历时一个多月的广州市群众音乐大比赛结束，是晚举行颁奖大会暨获奖节目汇报演出。这是中华人民共和国成立以来广州市举行的规模最大的一次群众性音乐活动。

6月28日 广州医疗器械厂与中山医学院人工心脏研究室合作研制的 WFB－Ⅱ型序贯式体外反搏装置通过技术鉴定。29 个省市的有关专家一致评定，序贯式体外反搏是中国首先研究成功的一项冠心病、脑缺血性疾病的治疗技术新成果，其治疗冠心病、心绞痛显效率达 90%。

6月30日 市政府批转市工商行政管理局《关于整顿市区农副产品（工业品）

市场的工作方案》，提出为有利于市场、交通、卫生管理，今后市区农副产品市场应逐步向室内商场（市场）形式过渡。

6月 全市有营业执照的个体工商户发展到19460户，从业人员24726人，其中待业青年占42%。

7月10日至16日 市委召开郊县（区）委书记会议，交流完善生产责任制，发展生产，加强农村基层建设等经验，提出“决不放松粮食生产，积极开展多种经营”和“郊县农村为城市服务”的方针，决定把郊县农村办成广州的副食品生产基地，为城市提供更多的菜、肉、禽、蛋、奶、果。坚持“三个稳定”（稳定政策、稳定生产责任制、稳定粮食种植面积），抓好“三新”（推广新技术、组织新联合、开辟新的生产领域）。

7月20日至24日 市七届人大二次会议召开。市委第一书记、市长梁灵光作《政府工作报告》，提出下半年的主要任务：狠抓增产节约，努力完成1982年国民经济计划；全面整顿企业，努力提高经济效益；打击经济领域严重犯罪活动；深入开展“五讲四美”活动；改善人民生活；搞好城市建设和管理；大力发展科学、教育、文化、卫生、体育事业。大会通过《关于政府工作报告的决议》等文件。

7月26日至27日 市委召开常委扩大会议，传达和学习中央领导同志有关党的建设的指示、中央组织部印发的《整顿党的基层组织工作座谈会纪要》的通知，并就怎样搞好领导班子评议和推荐工作、端正党风和整顿党的基层组织的问题进行讨论和研究。

8月20日至24日 共青团广州市第八次代表大会召开，出席代表789名。团委书记作《做祖国南大门社会主义现代化建设的英勇突击队》的报告，提出充分发挥青年在两个文明建设中的主力军作用，提高团组织的战斗力，加强团的基层建设、思想教育、干部队伍建设和组织发展工作。

8月26日 《广州日报》报道：党的十一届三中全会以来，广州市已有750名高中级知识分子被选拔到各级领导班子，促进经济建设和科学研究事业的发展。

9月6日 《广州日报》报道：中共十一届三中全会以来，广州市工交战线与港澳商人、外国商人签订来料加工、来件装配、来样加工、补偿贸易、合作生产（经营）、合资生产项目共 5388 项，合同总金额 7.5 亿多美元，引进 25 条生产线。

9 月 22 日至 29 日 市委召开四届二次常委扩大会议，与会者听取十二大精神的传达报告，一致拥护十二大的纲领、路线，并表示坚决贯彻执行。市委第一书记、市长梁灵光在会上作关于认真学习十二大精神，抓好冬季和下年春季工作的重要讲话。

9 月 30 日 华南最大的 2 万吨级集装箱码头——黄埔新港七泊位竣工。该码头长约 250 米，年吞吐量 55 万吨。

△**是日** 由新丰、龙门至增城的 11 万伏高压输变电工程竣工并正式通电。该工程于 1981 年 10 月动工。该工程的建成，使广州得到新丰、龙门两县小水电站的电力，每年增加工业用电 1 亿度。

10 月 1 日 广东省第一条广播电视微波线路——广州至汕头广播电视粤东微波线路正式投入使用。线路全长 390 多，可同时传送一路彩色电视节目和两路广播节目。

10 月 6 日 郊区东圃公社珠村大队潘景练等 6 户社员联合与大队签订承包美溪农场合同。这是广州市第一份“一定二十年”的农业生产承包合同。

10 月 12 日 中日合作建造的 500 吨起重船在广州筑港公司船舶修造厂建成。这是当时国内建造的最大工程起重船。

10 月 21 日 据新华社报道：国家科委发明评审委员会审查批准 77 项发明，广州市医药工业研究所、中山医学院附属眼科医院、中国科学院化学研究所联合研制的“丁公滕碱Ⅱ”获三等奖。

△**是日** 1982 年广州市群众曲艺大赛结束。参加比赛的有近百支团队共 2000 多人，评出一等奖 8 个，此次曲艺赛事是历年来规模最大的一次。

11 月 3 日 市委第一书记、市长梁灵光为团长、副市长赖竹岩为副团长的广州市友好访问团一行 6 人赴马尼拉访问。5 日，在菲律宾总统府举行仪式，市长梁灵光与马尼拉市市长拉蒙·巴加特辛共同签署广州和马尼拉缔结为姐妹城市的协定。

11 月 14 日 《南方日报》报道：广州市各类职工业余文化技术学校共有

400多所，职工在学率为30%，在学人数40.4万人。

11月19日 市委组织部、统战部召开落实知识分子政策经验交流会。会议宣布广州市将采取7项具体措施逐步改善知识分子工作、学习和生活条件。

11月22日 市委、市政府下发《关于把民兵工作纳入企、事业管理计划的通知》，要求党委、支部对民兵工作实行统一领导、统一部署、统一检查、统一总结，建立“议军”制度，把民兵活动纳入生产管理计划，把民兵武器装备纳入企事业设备保养安全管理计划，把民兵活动经费纳入单位财务管理计划，把民兵“创先”活动纳入企事业“创先”活动和劳动竞赛计划。

11月30日至12月3日 第六次市妇女代表大会召开，出席大会代表966名。市妇联执委会主任作《全市妇女动员起来，为实现党的十二大的宏伟目标而奋斗》的工作报告。大会通过《关于工作报告的决议》。

12月29日 新华社报道：广州市出现400多家由待业人员自愿组合、自筹资金、自寻场地、自找门路、自负盈亏的集体企业，从业人员近5000人。

12月 著名漫画家廖冰兄漫画创作50周年纪念展览在广州市文化公园举行。漫画展共展出廖冰兄在各个历史时期的作品130多幅。此次画展共展出45天，每天有近5000人次前来观看。

年底 广州市已退还在“文化大革命”期间被挤占的华侨、港澳同胞私人自住房屋1118户，占被挤占总数的96%。

△**年底** 为适应农副产品进城的新形势，广州近郊建立6个农副产品批发市场，以进一步疏通城乡流通渠道，活跃市场。

1982年 广州全市社会总产值为148.5亿元（按现行价格计算），比上年增长9.4%；国民收入为61.32亿元，比上年增长10.01%。全市工农业总产值为119.15亿元，比上年增长8.58%；社会商品零售总额达42.15亿元，比上年增长12.45%。

1983 年

1月1日 广州市东风一至五路扩宽工程竣工并全线通行。全路长 7.27 公里，路宽达 44 米，成为广州最长最宽的马路。该路扩宽前仅有 6 米宽，从 1974 年起，分段进行扩宽。

1月6日 省委通知：经中共中央批准，叶选平任中共广州市委副书记。

△是日 广州市经济体制改革领导小组成立，欧初任组长。

1月6日至15日 市委召开农村工作会议，会议根据中央指示和全省地、市委书记会议精神，提出进一步放宽广州农村经济政策的十条措施：允许农民跨地区、跨行业搞多种形式的专业联合、服务联合；扩大市场，放手发展合作商业，适当发展个体商业；农村个体户和种植户可请帮工、带徒弟；允许农民入股办各项事业；产品灵活购销，可以出省，可以进城；价格可以有升有降；农产品可以进行长途贩运；允许农民私人购买大中型生产工具；适当扩大自留山面积；对荒山、荒坡、荒水面、荒堤围等，要放手发展开发性的专业承包。

1月 韶关地区的清远县、佛冈县划归广州市。

年初 市委、市政府作出具体的政策性规定，鼓励和引导农民把多余的资金、劳力、技术投放到开发性生产上去，开发荒山、荒地、荒水、荒滩、荒涂（简称“五荒”），推动广州农村的开发性承包事业。在政策的鼓励和扶持下，广州农村专业户发展到 9.6 万户，占农户总数的 12%。经营项目有种养、加工、运输、建筑、服务等行业，经营形式有家庭经营，联产经营，跨乡、跨区、跨县经营几种，其中跨乡、跨区、跨县联营的新经济联合体有 1.9 万个，开始形成广州农村的种养专业村，它们生产的农副产品的商品率为70%以上。

2月19日 下午，广州举办中华人民共和国成立后首次“娱乐升平庆新春”民间艺术大游行。这支由沙湾“飘色”队、八音锣鼓队、金龙队、醒狮队和彩车队等组成的游行队伍，共2400多人，从省体育场出发，经中山四路、中山五路、起义路至海珠广场结束，历时近3小时。

3月19日 是日为广州市整顿市容卫生总行动日，50万军民参加马路、街道、公共场所、机关、厂店等的整顿市容卫生、净化环境的义务劳动。

3月20日 广州华南电子计算机公司从法国引进的第一条电子计算机生产装配线投入试产。首批6台电子计算机产品，已通过性能测试，质量符合要求。该公司是国内第一家以生产电子计算机为主的专业公司。

3月21日 市委、市政府批转《广州市经济体制改革工作方案》。

△**是日** 广州地区政社分开的第一个乡政府——增城县永和乡人民政府正式成立。1983年元旦，中共中央发布《当前农村经济政策的若干问题》，正式提出对人民公社体制进行改革，实行政社分设。到年底，广州市将市郊和市属花县、从化、番禺、增城、新丰、龙门、清远、佛冈8县共132个人民公社改建为132个区公所，作为区、县人民政府的派出机关。1984年6月完成建立乡、镇人民政府的工作。至此，人民公社“政社合一”的体制结束历史使命。

3月22日至24日 市委、市政府召开农村教育工作座谈会，会议重点研究和部署农村中等教育结构改革工作，要求各区、县除保留一定数量的普通中学外，其余分期分批改为农业中学或职业学校。

3月25日至4月2日 广州市召开职工思想政治工作会议，传达贯彻全国、全省职工思想政治工作会议和宣传工作会议精神，研究加强当前改革中的职工思想政治工作和对职工进行系统的爱国主义、共产主义思想教育等问题。

4月13日至16日 市政府召开市卫生工作会议。会议提出改变过去“独家办”的状况，实行多渠道办医，允许个人办医院、设产房，名老中医自费带徒，实行责、权、利相结合原则。

4月16日 广州市国营百货零售体制改革会议宣布：广州市首批24间20人以下的国营百货零售店被批准实行经营承包责任制，实行“国家所有、集体承包、国家征税、按劳分配、民主管理”的原则，扩大了商店的商品经营权、物价自主权、财务处理权、劳动工资自主权。

4 月 18 日 《广州日报》报道：广州市肉菜市场推行多种形式的经营责任制，目前已有 19 间肉菜市场实行浮动工资制，20 个边缘蔬菜合作组实行经营承包责任制。

4 月 20 日 市政府批转市教育局《关于加快农村中等教育结构改革的意见》和市工农教育办公室《关于进一步发展广州市农民教育工作的意见》。

4 月 26 日至 28 日 市基建施工会议召开，提出实行 7 项改革：国营施工企业对国家实行计划指标包干；实行招标投标；施工单位与建设单位之间实行承包合同制；实行产值工资率；实行以施工企业下设的施工队（厂）作为基本核算单位；实行联优计酬，多超多奖，少超少奖，不超不奖。管理人员和服务人员一般实行浮动工资和职务津贴；承包队、班、组实行自由组合，民主包工，责任到人，经济包干，超额不封顶，达不到定额不保底。

4 月 27 日 经广州市人大常委会第十二次会议决定，任命叶选平为广州市代理市长，免去梁灵光的市长职务。

5 月 2 日 《广州日报》报道：最近召开的市劳动工作会议决定：今后招收职工，实行劳动合同制以代替长期沿用的固定工为主体的用工制度；对原来固定工，也要本着打破“铁饭碗”的精神，逐步加以改革；在企业推行浮动工资制度。

5 月 7 日 广州市最大的一家由私人集资开办的集体企业——一景园酒家正式营业。该酒家位于海珠广场西侧，可同时容纳 400 多人就餐。

5 月 14 日 《羊城晚报》报道：广州市统计局就全市职工家庭拥有高档耐用消费品的情况，与国内九大城市对比分析结果表明，广州市职工家庭拥有的高档耐用消费品的数量普遍多于其他城市，其中缝纫机、手表、录音机、电风扇、冰箱、彩色电视机居第一位。

5 月 15 日 经省委批准，中共广州市委作出调整，许士杰任中共广州市委书记，叶选平、朱森林、王宗春任市委副书记。

5 月中旬 市旅业公司最近决定，分期分批将现有 67 家 20 人以下的国营小旅店全部划给职工集体经营，实行国家所有，独立核算，自负盈亏。

5月 市计划委员会制定《广州市国民经济和社会发展第六个五年计划纲要（1981—1985）》（简称“六五”计划），同年7月经市八届人大一次会议通过执行。“六五”时期广州实行具有深远意义的三大战略转变：在经济和社会的发展战略上，从片面追求工业特别是重工业产值产量的增长，转向以提高经济效益为中心，注重农轻重协调发展，注重经济、科技、教育、文化、社会的全面发展；在经济体制上，从管得过多、统得过死的僵化体制，转向适应在公有制基础上有计划发展商品经济要求的、充满生机和活力的新体制；在对外经济关系上，从封闭半封闭经济开始转向积极利用国际交换的开放型经济。

6月8日 市委办公厅转发《市总工会、团市委、广州日报、广东人民出版社、市新华书店关于在职工中开展“振兴中华”读书活动的方案》。

6月25日 华南第一座预制钢筋混凝土结构的船坞，在交通部广州航道局沥滘航修站建成投产。该船坞为3000吨级，有效长度为95米，宽18米，深7.5米。

6月27日 市委、市政府发出实施《广州市各级机关机构改革方案》的通知。要求各单位根据精干的原则和革命化、年轻化、知识化、专业化的要求，调整和配备各级领导班子；改革机关领导体制，精简机构，减少层次；党政分工，政企、政事分设；机关要简政、划清职责范围和分工，加强对农村工作领导；清理各种非常设机构；紧缩机关工作人员编制，改善干部队伍结构。

7月7日 团市委、市科协、市经委联合举办青年“五小”（小发明、小创造、小设计、小技革、小建议）成果展览，共展出成果1500多项，其中40多项具有较高的经济价值和实用价值。

7月9日 《广州日报》报道：广州市实行特殊政策、灵活措施3年多来，与国外和港澳地区客商签订经济合同6800多项，金额共9亿余元。

7月10日 《南方日报》报道：商业部商业现代化市场调查组认为，广州的商业与全国各大城市比较，搞得最活。据统计，1979—1982年，广州市社会商品零售额比前29年（1949—1978）的总额还多15.1%。

7月12日至20日 市政协六届一次会议召开。会议选举罗培元为市政协第六届委员会主席。

7月13日至19日 市八届人大一次会议召开。大会选举叶选平为广州市市长，欧初为广州市第八届人大常委会主任。会议通过关于广州市政府工作报告和《广州市国民经济和社会发展第六个五年计划纲要（1981—1985）》的决议。

7月26日至29日 省经济学会、市委研究室、市计委、市社科所及城市经济学会联合召开关于发挥广州中心城市作用问题讨论会。

7月 国务院侨务办公室、劳动人事部发出《关于处理60年代初期精简的归侨职工问题的意见》，广州市按规定精神作出处理。20世纪60年代共精简干部、职工162人，其中归侨34人，直系亲属128人，已安排工作59人，办理退职退休103人，随迁回市家属70人。

8月2日 在全国色织布实物质量评比会上，广州第一染织厂生产的天鹅牌12231涤棉纬长丝提花纺、广州第七染织厂生产的握手牌7270涤棉仿麻呢、广州第一棉纺织厂生产的五羊牌印地科坚固呢获1983年度纺织工业部优质产品称号。

8月13日 市政府发出《关于确定广州市第一、二批文物保护单位的通知》。第一批文物保护单位：庚戌新军起义烈士墓、史坚如墓、四烈士墓、朱执信墓、沙基惨案烈士墓、广东人民抗英斗争烈士纪念碑、沙基惨案烈士纪念碑、广州解放纪念像、九曜石、六榕寺花塔、五仙观及岭南第一楼、镇海楼、琶洲塔、华林寺罗汉堂、纯阳观、绍武君臣冢、王兴将军墓，共17处；第二批文物保护单位：石井桥、万木草堂、冯如墓、大元帅府旧址、邓仲元墓、华侨五烈士墓、杨仙逸墓、邓荫南墓及兴中会坟场、张民达墓、海员亭、十九路军抗日阵亡将士陵园、越王井、仁威庙、莲花塔及莲花城、玉岩书院、余荫山房、十香园、古海岸遗址、屈大均墓、陈恭尹墓、梁佩兰墓，共21处。

9月6日 市经委召开商业系统各主管局负责人会议，决定从10月1日起，在全市国营商业企业全面实行利改税。

9月8日 市第一个个体户青年之家——广州郊区矿泉街个体户青年之家成立。

9月19日 中共广州市顾问委员会成立，成为广州市六套领导班子之一，在中共广州市委的领导下开展工作。第一届顾委会主任为杜祯祥。

9月23日 市委、市政府印发《关于命名广州市“五讲四美三热爱”活动先进集体标兵、先进个人标兵称号的决定》，授予南方大厦百货商店、东方宾馆、荔湾区金花街、海珠区南华西街、广州市运输公司钟落潭运输站、执信中学、广州搪瓷厂青年服务队、北京街何家祠大院8个集体为广州市“五讲四美三热爱”活动先进集体标兵，授予胡绍和、钟南山、何素兰、罗细妹、邓保文、马国铭、谭运基、余小爱、张玉珍、容志仁、周瑞芳、袁誉全、蓝月明13位同志为广州市“五讲四美三热爱”活动先进个人标兵。

第三季度 广州市一些单位先后改为经济实体的公司或总公司，包括：广州市纺织工业局、广州市冶金工业局、广州市煤炭工业局、广州市化学工业局、广州市橡胶工业局、广州市电子工业局、广州市医药工业局、广州市运输局、广州市航运管理局。市冶金、化工、电子、建材工业公司也于11月7日和12月19日先后改为总公司。

10月11日 市委召开农村科普工作会议，会议13日结束。会议要求进一步加强县（区）科协建设，没有成立科普协会的公社（场）要在年底建立起来。

10月21日 广州市超声仪器厂根据哈尔滨工业大学的科研成果试制成的UG-02型超声发生器通过部级鉴定，填补国内采用超声电火花复合应用技术的一项空白。

10月29日 广州市有9种产品获1983年全国轻工优质产品奖。这9种产品是：广州电饭煲厂的三角牌电饭煲，广州电冰箱厂的三角牌BYD100A双门电冰箱，五羊电风扇厂的五羊牌（内销）300毫米台扇和高宝牌（出口）400毫米台扇，红风制锁厂的钻石牌35毫米弹条千层锁，广州电珠工业公司的虎头牌和星球牌小电珠，新华制球厂的冠军牌32片胶黏皮制足球，长征提琴厂的金雀牌小提琴，广州乒乓球板厂的冠军牌161型乒乓球拍。

10月31日 广州市重点建设项目之一——位于北郊夏茅平岗的广州市第四煤矿，经过近6年的建设，建成投产。该煤矿是广州地区最大的立井矿，设计能力为年产量10万吨。

11月8日至11日 市政府召开会议，研究制订广州市7年经济发展规划（1984—1990）。会议根据珠江三角洲经济区建设的设想，初步确定工业发展的9个重点行业、30个重点产品，开发一批新产品，建立一批骨干企业，加强技术改造；发展多种形式的经济联合，加强专业化的分工协作。

11 月 16 日至 19 日 广州市思想政治工作问题讨论会召开。会议就开展清除精神污染问题作出部署，要求全市各级党组织切实把这件大事抓好。

11 月 18 日至 27 日 1983 年广州国际女子足球邀请赛在广州举行。这是中国首次举办的国际女子足球邀请赛。

11 月 20 日 市政府召开“食在广州”评奖表彰大会，对 460 款名菜、名点、名小食、名风味食品给予表彰奖励，市长叶选平、副市长邓汉光给获奖者颁发奖状和纪念品。大会宣布获奖的“四名”食品将列入广州 80 年代食谱。同日，广州市“食在广州”学会成立，叶选平任名誉会长。

11 月 25 日 市领导许士杰、王宗春、杨毅、邓汉光等组成的广州经济考察小组，前往日本、美国和香港地区考察。考察小组先后访问 10 个城市，考察工业、农业、商业、旅游业、交通运输、建筑、金融等十几个行业，与政府人士、外国商人、港澳商人、华侨、华裔和台湾同胞进行广泛接触。

12 月 3 日 区庄立交桥建成通车仪式举行并正式交付使用。副省长刘俊杰、市人大常委会主任欧初、市委副书记朱森林、副市长刘念祖为立交桥通车剪彩，副市长赖竹岩在典礼上讲话。区庄立交桥于 1982 年 12 月 1 日正式动工兴建，是国内首座四层双环形互通式立体交叉桥，最大的通行能力机动车每小时 7000 辆，非机动车每小时 3 万辆。区庄立交桥的建成使用，大大疏通车流量，缓解这一路口的塞车现象。1985 年区庄立交桥获建设部科学技术进步一等奖。

年底 广州市共发展个体户 58491 户，从业人员 74701 人，1983 年全年，个体工商业营业额为 1.5 亿多元。

1983 年 白云区江高镇以镇办鸡场为依托，联合 8 个村办鸡场与 1000 多家养鸡专业户，形成以场带户、科研与生产结合、与外贸部门挂钩、产供销“一条龙”的集团式合作经济组织，后人称为“江高模式”。作为一个多功能的服务系统，鸡场为家庭经营提供的服务主要包括：良种繁育供应服务，饲料生产供应服务，技术信息服务，屠宰加工服务，产品销售服务。

△是年 市委、市政府在市政建设和公益事业方面，建桥修路，改善公共交通设施，改善群众居住条件，扩大供水网，新建扩建一批商业服务网点，新建、

扩建、筹建大中小学，大搞街道绿化、美化，改善居民卫生设施，恢复“食在广州”的美誉和广开就业门路等10件好事。

△**是年** 广州全市社会总产值181.78亿元（按现行价格计算），比上年增长10.7%；国民收入74.48亿元，比上年增长8.41%；工农业总产值为137.22亿元，比上年增长10.9%。

1983年至1985年 市委、市政府开展“对广州地位和作用再认识”系列活动，先后组织“关于发挥广州中心城市作用问题讨论会”“广州经济效益问题讨论会”“关于进一步开放、发展广州外经外贸问题讨论会”“广州市第三产业讨论会”“十四个沿海城市改革与开放理论讨论会”等系列研讨会。系列研讨会得出结论：广州是珠江三角洲、广东省以至华南地区工业、科技、金融、饮食服务、交通、通信最集中，力量最雄厚的中心城市。它更重要和更基本的功能在于组织华南地区或更大地区的区域性市场，实现区域的资源要素合理配置，从而组织华南地区经济的运行，达到整个区域的最佳经济效益。这是此后制定广州经济社会发展战略的思想基础。

1984年

1月5日 在巴黎举行的第七届国际明日杂技节上，广州战士杂技团表演的“钻圈”和“抖空竹”获金奖，“钻圈”赢得了4项金奖中最负盛名的“共和国总统奖”。

1月7日 广州市召开严厉打击经济犯罪分子宣判大会，对8宗经济案的15名罪犯进行宣判。犯索贿受贿罪的罪犯——原广州卷烟二厂副厂长张英被判死刑，立即执行。

1月16日至23日 市委召开农村工作会议，传达、贯彻中央1984年1号文件和中共中央政治局委员、国务院副总理万里的讲话以及中共中央召开的全国农村工作会议精神。会议要求进一步稳定和完善生产责任制，提高生产力水平，疏通流通渠道，大规模地发展商品生产。

1月24日 国内首座大型太阳能干燥装置在广州郊区新市人民公社平沙大队（今白云区新市镇平沙村）建立。

1月29日 广州市首次举办以“美化生活、美化心灵、美化青春”为主题的集市——“美在青年中”文化咨询集市。

2月1日 邓小平出席广州地区军民春节联欢晚会。看到广东改革开放取得的成绩，特区建设走上正轨，广州引进外资成效显著，邓小平欣然提笔，为即将竣工的花园酒店题写店名。

2月9日至12日 市委召开四届四次全委扩大会议，总结1983年工作，部署1984年的主要任务。市委书记许士杰作题为《思想更解放，措施更灵活，勇于开创广州市现代化建设的新局面》的报告。会议提出，思想要更解放一些，措施要更灵活一些，继续贯彻“调整、改革、整顿、提高”的八字方针，以经济建设为中心，坚持“两个文明”一起抓，在现行体制和中央政策允许的范围内，采取灵活变通措施，千方百计把经济搞活，努力开创新局面，更好地发挥广州中心城市的作用。

2月18日至19日 市委召开常委会议，研究广州市技术改造、设备更新问题。会议要求各级领导努力把科研、引进、生产三者紧密结合起来，加快技术改造、设备更新的步伐，争取在三两年内改变生产技术、工艺、设备落后状态。

2月24日 团市委召开各行各业青年代表“争当文明青年，建设文明广州”座谈会，制定通过以文明顾客、文明乘客、文明游客、文明观众为内容的“广州市青年社会公德守则”。

2月26日 清远县龙塘公社养鸡专业户张钢明因创建省内第一间自办的养鸡技术培训所，被团中央授予“全国农村学科学用科学青年标兵”称号。

3月1日 市政府批转市城乡建委《关于广州市居民个人购买住宅的试行办法》。规定：凡在广州市有正式户口的居民均可申请购买住宅，个人购买的住宅，土地归国家所有，产权与使用权归个人所有，有继承权、转让权、出租权。

3月2日 市委部署开展整党工作。广州市市一级和市直部、委、办等单位，在3年时间内，共分5批次，自上而下开展整党。整党过程中，党员进行重新登记。

3月15日 广州市先进居委会暨先进居委会工作者表彰大会召开。会上，市政府表彰大塘街第三居委会等20个先进居委会和赵雪培等130名先进居委工作者。市长叶选平作题为《进一步做好居委工作，促进两个文明建设》的讲话。

3月18日 海珠区联星农工商总公司兴建的28层江南大酒店破土动工，1988年9月全面营业。这是中国第一家由农民与外商合办的大型酒店。

3月21日 市委召开常委会议，提出市管县5条具体措施：加快农业生产发展步伐；大力发展县、区工业，逐步把县、区工业纳入全市工业发展规划，使城乡工业布局更合理；进一步疏通和扩大城乡商品流通渠道；充分利用城市教育、科技文化力量，帮助农村搞好智力开发，提高教育、科技文化水平；进一步解决好领导体制和政策问题。

3 月 26 日至 4 月 6 日 中央书记处、国务院在北京召开全国沿海部分城市座谈会。会议决定天津、上海、广州等 14 个城市作为进一步实行对外开放的沿海港口城市。进一步开放的主要内容包括：一是扩大这些城市对外开展经济活动的权力，即扩大自主权，特别是放宽利用外资建设项目的审批权限；二是对来市（区）投资办厂的外国人士、华侨、港澳台同胞及其公司、企业，特别是对技术知识密集型的项目和新兴工业项目，给予优惠政策待遇。

3 月 28 日至 30 日 市个体劳动者代表大会第一次会议召开。会议听取和讨论关于个体工商业发展和管理的工作报告，通过广州市《个体劳动者协会章程》和向全市个体劳动者发出的《倡议书》，选举产生广州市个体劳动者协会委员会，容志仁为主任。

3 月 广州召开侨务工作会议，这是中华人民共和国成立以来广州市举行的最大规模的一次侨务工作会议。会议总结了广州市侨务工作的成绩。各级侨务部门对全市归侨、侨眷在“文化大革命”期间造成的冤假错案 1000 多宗、2000 多人全部进行平反和纠正，并落实其他各项有关政策规定；党在新时期的侨务工作的根本方针正在逐步贯彻落实，各级党委、政府对归侨、侨眷“一视同仁、不得歧视、根据特点、适当照顾”的原则进一步落实。

4 月 2 日至 6 日 广州市科技工作会议召开。市委书记许士杰作题为《依靠科学技术，促进经济发展，迎接新的技术革命》的报告。会议通过《广州市有偿使用科技三项费用暂行办法》等 10 个条例和方案。

4 月 25 日 广州市“五讲四美三热爱”活动委员会和广州军分区联合召开广州地区军民共建精神文明单位活动联席会议，驻广州陆、海、空军各大单位，广州市委、市政府及部分区县有关部门负责人参加会议。会议总结了广州地区共建活动情况，号召全市军民积极行动起来，力争年内把 100 个左右的共建点建设成各区、县、行业先进单位。

4 月 26 日 市经委、团市委、市总工会和市科协联合召开青年“五小”[①]智慧杯竞赛颁奖会暨广州市青年发明奖励基金会成立大会。广州市有 10427 名青年

---

① 五小：指小发明、小技革、小设计、小改造、小建议。

参加竞赛活动，取得成果2056项，已采纳或投产1989项。

5月7日 根据中央关于“简政放权”“层层放权”，对改革“看准一条搞一条”的指示精神，市委、市政府联合发布《关于市下放部分权限给各区县局（总公司）的通知》：下放零售商品、饮食服务业业务权；简化出国（包括赴港澳）考察人员的审批手续；下放留成外汇审批权；下放利用外资项目审批权；下放固定资产投资计划审批权；下放物资管理权。

△**是日** 市委、市政府批转《关于第一批企业扩大企业自主权的请示》，批准广东玻璃厂等70家企业为第一批扩权企业，并下放给扩权企业十大权限，包括：生产计划权，产品购销权，价格自主权，资金使用权，劳动工资管理权，机构设置权，干部任免权，固定资产处置权，技改和引进项目的审批权，对外贸易权。

5月8日 《广州日报》报道：市郊县商品生产出现四大变化：一是“三户一体”（专业户、重点户、大户，联合体）蓬勃发展，1984年1至5月，新增专业户1.5万多个，联合体4000多个，新增个体商贩3300多户；二是群众集资办企业的劲头空前高涨，不到3个月就集资1580多万元；三是农民购买农机具和交通运输工具的数量不断增加；四是多种经营发展迅速，据统计，新开发荒山366万多亩（1亩≈666.67平方米，下同），经济用材林27万多亩，新养三鸟150多万只，生猪1.7万头。

5月9日 市政府邀请美国、日本驻广州总领事馆商务领事及10家外资银行驻广州办事处代表参加座谈会。市委书记许士杰在会上表示，欢迎外国银行界、企业界到经济开发区经营、开发、合办企业，扩大广州市国际经济技术合作。市委副书记、广州经济开发区筹备小组组长朱森林就广州市拟在黄埔区兴办经济开发区的依据、经济开发区的发展方向设想、拟议中优惠政策等问题作介绍。

5月11日 省经委和有关部门决定将全省12户企业定为管理现代化试点企业，其中广州市有9户，它们是广东玻璃厂、广州第二棉纺厂、广州绢麻厂、广州重型机器厂、广州机床厂、广州第一橡胶厂、广州南方大厦百货商店、黄埔电厂和广州星群制药厂。

5月15日 国务院主要负责同志在六届全国人大二次会议《工作报告》中宣

布，国务院决定开放广州等 14 个沿海港口城市和海南岛，实行经济特区的某些特殊政策。即：外商投资办厂按规定享受更优惠的待遇；放宽利用外资建设项目和引进技术的审批权限；简化外商出入境手续；允许外商兴办独资企业，延长合资企业的合营期限；允许先进技术的产品在国内市场部分销售。对于广州，中央在扩大城市权限和给予外商投资者若干优惠方面，实行以下政策和措施：扩大对外开展经济活动的权力，广州市人民政府对每个项目总投资的审批自主权放宽到 3000 万美元以下；对来广州投资办企业的海外客商给以优惠政策待遇；批准广州兴办经济技术开发区。

5 月 23 日 市委召开全市整党动员大会。市委副书记、市委整党工作指导小组副组长王宗春作动员报告，市委副书记朱森林主持会议。市委常委，市顾委会主任、副主任，市纪委书记、副书记，市人大常委会、市政府、市政协的党员领导干部，本市第一批整党单位的党员，以及市属各区、县、局、总公司、直属大厂和直属单位的党员领导干部共 6000 多人参加会议，中央整党工作指导委员会驻广东联络员小组的同志也参加会议。

5 月 30 日 市建委召开部署改革工作的干部大会，提出广州市基建战线当前要从推广投资大包干、招标投标、推广百元产值工资含量包干办法、改革工资和奖励制度、改革用工制度和组织承包公司 6 个方面进行改革。

5 月 广州开展整党工作。此次整党分 5 批进行，时间从 1984 年 5 月至 1987 年 1 月。整党着重抓两方面的问题：一是抓以权谋私问题，特别是建房分房中的不正之风问题；二是抓官僚主义作风和“办审难”的问题。整党过程中，市委对党员进行重新登记。全市参加整党的正式党员有 268770 人，准予登记的有 266231 人，占参加整党党员数的 99.05%。与此同时，根据中共中央《关于清理领导班子中“三种人”问题的通知》和《关于清理“三种人”若干问题的补充通知》，全市定为“三种人”（在“文化大革命”中追随林彪、江青集团造反起家的人，帮派思想严重的人，打砸抢分子）的有 43 人，定为犯严重错误的有 159 人，一般性错误的有 401 人， 记录在案的有 22 人。定为“三种人”和犯严重错误的人员中，给予开除党籍的有 34 人，留党察看的有 29 人，其他党纪政纪处分的有 95 人，判处徒刑的有 2 人，不予党员登记的有 5 人。

△**是月** 西湖路灯光夜市开业。这是全国首个时装夜市，摊位最多时达到1000多档，经营者多为个体户。西湖路灯光夜市荟萃当年国内外最新的时装，是展示潮流的窗口，吸引大量市民前往，一度领先国内外时装潮流，成为广州时装的标杆。

6月2日至4日 市技术改造工作会议召开。会议要求利用广州进一步开放的有利条件，加快技术改造的步伐。广州市上年完成技改投资1.2亿元，完成技改项目35项。

6月7日 中共中央书记处书记、国务委员谷牧在广州与广东省委、广州市委进一步座谈有关广州、湛江对外开放和特区等工作问题。6月8日，谷牧在任仲夷、许士杰、朱森林、杨簩等省、市负责人的陪同下，视察广州黄埔经济技术开发区和广州绢麻纺织厂、海珠区手表装配厂、亚洲汽水厂、广州冰箱厂、广州第一橡胶厂等单位，听取广州市对建设黄埔经济技术开发区的规划情况和各个工厂的工作汇报，对经济技术开发区规划等问题提出指导意见。6月9日，谷牧参加广东省委常委举行的第二十七次会议，听取广州、湛江市委负责人关于贯彻中央书记处、国务院召开的沿海部分城市座谈会精神和今后工作意见的汇报，接着听取广东省委汇报，并发表重要讲话。他指出，广州、湛江这两个新开放城市，当前主要应抓改革，抓引进外资。体制改革很重要的一个问题就是要“松绑”。他肯定广州经济技术开发区的选址，并强调“不要急于求成、全面铺开，要一小块一小块地搞”。

6月10日 中国大酒店全面开业。中国大酒店是广州羊城服务发展公司和香港新合成发展有限公司合作经营的一家大型、多功能的现代化酒店，它由香港富商胡应湘、李嘉诚等人投资1.25亿美元兴建并负责经营管理，内有1200个客房以及带有3000个座位的餐厅。中国大酒店与白天鹅宾馆、花园酒店一起，合称三大五星级酒店，是中国对外开放的范例。

6月19日 市委、市政府决定成立广州市经济技术开发区管理委员会（简称区管委），进行开发区的具体规划、建设管理工作。朱森林任区管委会主任。7月，区管委制定《广州经济技术开发区规划大纲》。

△**是日** 市商业体制改革会议决定，全市商业改革全面铺开，并对全市商业

采取 7 条改革措施：进一步扩大企业自主权；年利润在 20 万元以下的企业可实行国家所有、集体经营，有条件的可办成集体企业，小店铺可由集体承包或租赁给个人；改革分配式、封闭式多环节的批发体制，建立开放式、少环节、多渠道的批发网络；对商办工业实行优惠政策；扶持和发展集体商业和个体商业，兴办夜市，欢迎农民进城开店设摊；供销社经营体制改官办为民办；对由国家定额补贴的亏损单位采取定额补贴，超亏不补，减亏留用。

6 月 21 日　《广州日报》报道：广州市教育部门采取 7 项措施，鼓励华侨、港澳同胞兴学育才。1979 年以来，广州地区华侨、港澳同胞捐赠办学款项有人民币 520 多万元，新建、扩建学校 40 多所。

6 月 25 日　市政府发出《关于贯彻执行中共中央、国务院批准的〈沿海部分城市座谈会纪要〉有关规定的通知》。

上半年　广州市联合办学的单位已从 1983 年的 4 个局（总公司）发展到 18 个局（总公司），职业中学由原来的 13 所 13 个专业、24 个班，发展到 18 所、32 个专业、46 个班，计划招生人数由 1983 年的 1100 多人增加到 2170 多人。

7 月 3 日　广州经济技术开发区第一期引进的工业和科研项目共 58 项。工业项目有家用电器、电子仪器仪表、轻工、纺织、装饰建材、医药、化工 7 大门类；科研项目有食品综合开发、家用电器科技开发、计算机应用与软件开发、仪器仪表技术服务、新材料研究开发、经济科技信息咨询 6 个中心。

7 月 11 日　省政府发出通知，决定在广州、湛江、佛山、江门 4 个城市进行城市经济体制综合改革试点。试点的任务是从发展城乡商品生产出发，积极搞活经济，为城市经济体制改革探索新路子，为进一步对外开放创造内部条件，为面上城市体制改革提供经验。

7 月 17 日　市委、市政府联合发出《关于切实做好落实侨房政策工作的通知》，规定限期清退“文化大革命”期间被挤占、接管的侨房。

7 月 22 日　市物价局决定，在继续保持市场物价基本稳定的前提下，采取 7 项措施改革物价管理：将原由市管的 153 种商品价格下放给各业务主管部门管理；允许企业按比例自销完成国家计划超产部分；进一步放宽日用工业品浮动价格幅度和议价商品的管理；扩大名优产品与同类产品差价等。

7月23日 市经委作出简政放权的决定，给市工交系统各局和总公司下放计划权，技术改造项目审批权，企业关、停、转、并的审批权（包括更改企业名称），固定资产处置的审批权，新组建营业性、劳务性和服务性集体企事业单位的审批权（属本行业、本系统范围内的），内联的审批权和交通管理权。

7月24日 《广州日报》报道：市委、市政府针对机关文件多会议多的突出问题，提出10条整改措施：实行面对面的领导；更多地到基层解决问题；切实按照党政分工的原则办事；充分发挥职能部门的作用；大力精简文件；整顿简报和内部刊物；认真精简会议，控制会议范围；不要邀请领导干部陪会；改进会风，讲求实效，不搞形式主义；健全市委、市政府办公制度。

7月28日 中国人民武装警察总部批准7月20日同重大盗抢罪犯作斗争而英勇牺牲的广州市公安局武警战士江宏波为革命烈士。7月30日，团市委授予江宏波“模范共青团员”称号，中共广州市委追认他为中共正式党员。

7月31日 《广州日报》报道：广州已成为中国继上海、大连之后的第三大修造船工业基地。广州船舶工业产品已大步进入国际市场，与世界20多个国家和地区的180多家企业建立业务联系。

△是日 广州运动员陈伟强在美国洛杉矶举行的第23届奥林匹克运动会上，以282.5公斤的总成绩，获60公斤级举重金牌，成为广州第一个获奥运会金牌的运动员。

7月 由广州市第一人民医院五官科医生梁赐芳等5人集资集智成立广州电子喉研究中心，这是广州第一家民营科技开发机构。

△是月 市委批准广州第一橡胶厂、广州第二橡胶厂、广东玻璃厂、广州啤酒厂和广州油脂化工厂为广州市第一批实行厂长负责制的试点单位。

8月1日 国务院电子计算机和大规模集成电路领导小组办公室在广州召开工作会议，要求全国各地推广应用华南计算机公司生产的3000系列小型计算机（又称“索拉”机）。

8月2日 《广州日报》报道：广东省政府决定，在广州、湛江、佛山、江门等城市实行外贸体制改革，做到工贸结合，搞活对外贸易。

8月3日 市体制改革领导小组办公室成立。

8 月 12 日　《广州日报》报道：广州市海珠肉菜市场改革经营管理取得突破，建成广州市第一间具有南方特点的新型副食品综合市场，在全国 10 大城市 10 大菜市场工作经验交流会上被列入全国 10 大肉菜市场行列。

8 月 14 日　市召开纪检干部大会，要求全市纪检干部抓好两件大事：一是支持改革，促进开放；二是实现党风的根本好转，以保证党的路线方针的正确贯彻和经济工作的健康发展。

8 月 23 日　市教育改革座谈会上决定下放 8 项权力：下放干部管理权；下放校内机构设置和教工管理权；扩大校长对教职工的奖惩权；给学校更多的办学权（在完成教学任务前提下可多形式、多渠道、多层次办学）；下放学生管理权；扩大学校教改权；扩大学校维修自主权；扩大学校经费使用权。

9 月 3 日　市经济委员会作出《关于集体所有制工业企业进一步放开经营的决定》。决定：企业可实行各种形式的承包责任制；企业可自行制定经营方针；企业实行管理干部职务浮动、工人劳动合同制；企业实行厂长、经理负责制；企业对计划产品，在国家政策允许范围内实行浮动价格、季节差价和地区差价，对计划外产品实行工商议价或自行议价：企业可自选工资形式，实行职务岗位工资或计件工资或全额、部分浮动工资。国营小企业可参照执行，区街工业可更进一步放宽搞活。

9 月 5 日至 23 日　广州市首届群众艺术节在文化公园举行。艺术节包括群众美术作品及摄影作品展览和音乐、舞蹈、曲艺、戏剧等专场演出。

9 月 13 日至 16 日　广州市召开商业工作会议，决定对广州市商业、饮食服务业 777 家国营小企业采取 3 种形式实行管理体制改革：实行国家所有、集体经营、照章纳税、自负盈亏办法；将企业直接转为集体所有制，可吸收入股；企业由集体或个人承包、租赁经营。

9 月 18 日　国务院发出关于广州市城市总体规划的批复。总体规划设想是，今后城市发展方向应沿珠江北岸东至黄埔地区和跨越珠江东南至番禺地区，花县新华镇、番禺县市桥镇作为广州市的卫星城。

9 月 29 日　白云山制药总厂承办广州足球队，在全国开企业承办足球队之先河。广州足球队是日起易名为白云山制药厂体协足球队。

9月 根据中共中央关于继续稳定和完善联产承包责任制的指示，广州市八县和郊区、黄埔区农村以及国营农场系统1.6万多个队（原生产队），从9月起陆续调整责任田，延长土地承包期（一般15年以上）。

10月5日 国务院同意广州市恢复国家计划单列，并赋予其相当省一级经济管理权限。中华人民共和国成立后，广州市曾于1955年至1958年、1964年至1966年间两次被划为国家计划单列市。11月14日国家计委转发广东省计委、广州市计委《关于广州市计划单列从1985年起实施的报告》。从1985年开始在国家计划中恢复广州单列户头，在国家计划中将广州市社会、经济、科技发展计划指标单列（财政收支计划除外）。11月25日国家计委发出《关于广州市财政、外汇计划单列的通知》。

10月10日 省政府批准，广州钢琴厂、广州电池厂、广州电筒工业公司、广州缝纫机厂、广州电冰箱厂、广东罐头厂、南方玉雕工艺厂7个企业（与港商合作期满后）可直接经营进出口业务。

10月10日至11日 市供销合作社联合社第二届社员代表大会召开，宣布成立广州市供销合作社联合社，选出理事会、监事会。自此，供销社由全民所有制改为集体所有制，由官办转为民办。

10月22日 市领导许士杰、叶选平、朱森林前往北京，向国务院、国家计委、国家特区办等领导部门和在京参加十二届三中全会的广东省委、省政府领导汇报计划单列和广州经济技术开发区规划、七年（1984—1990）工交发展和技改规划等问题。

10月26日 全国商业信贷工作会议确定，对经济特区、海南岛和广州等14个沿海城市的开发区实行特殊的信贷政策。

10月 广州市的商业服务网点已发展到4万多个，商业服务人员35万多人。按全市人口计算，平均每100人有商业网点1.3个，商业服务人员11人。

11月1日 市政府颁布《广州市蔬菜购销体制改革方案》，对全市蔬菜的产、供、销实行“三放三管”，即放上市任务，放价格，放流通渠道；管种菜面积和蔬菜购销网点，管对基地菜农与蔬菜公司的优惠，管与菜区社队的联系。此后，蔬菜的生产、价格、流通全面放开，市里不给区下达蔬菜上市任务。全部蔬菜不限价，不包购，产销见面，议价成交。开放流通渠道，国营、集体、个体户都可经营蔬菜。

11 月 7 日至 13 日 市委召开常委扩大会议，认真学习《中共中央关于经济体制改革的决定》，部署经济体制改革工作和当前工作。许士杰在会议闭幕时说：不讲空话，讲求实效，服务周到，促进开放，主动放权，积极改革。认真抓好技术改革，放手发展第三产业。

11 月 8 日 市科委、市体制改革领导小组决定在全市 37 个开发研究单位实行改革，逐步变靠国家事业费开支为以技术性收入为主。从 1985 年起，3 年后达到经济自立。

11 月 11 日 国家工商行政管理局在广州召开全国个体工商业和合作经营组织工作会议。广州市工商局在会上介绍发展个体经济的经验。会议要求各地学习广州市对个体户“扶上马、送一程”的经验。

11 月 21 日至 24 日 国家体制改革委员会在广州市召开东南 4 省（广东、福建、湖南、江西）经济体制改革座谈会。广州市体制改革领导小组办公室负责人在会上汇报对部分国营企业实行扩大生产经营自主权的情况。

11 月 24 日 《广州日报》报道：广州市改革商业流通体制取得可喜成果。目前，外地驻广州的工商贸易机构有 170 多个，店（点）200 多间；郊区农民进城办旅馆 18 间，饮食店 280 多间，商店 93 间；农工商公司在市内设点约 150 处，兴办贸易货栈 46 个，开设站前路等 10 个农副产品批发市场及清平等 30 多个农副产品零售市场，5 个日用工业品市场。

11 月 香港商人霍英东、澳门商人何贤等人投资建设的广珠公路上的 4 座大桥全部通车。是年，中国正式出台“贷款修路，收费还贷”的政策。

12 月 1 日 《人民日报》报道：广州市郊对 1.46 万多位无依无靠、无劳动能力的孤寡老人实行保吃、保穿、保住、保医、保葬，使老有所养，安享晚年。

12 月 5 日 国务院批复广东省人民政府《关于做好广州市对外开放工作的报告》，要求广州市充分利用有利条件，运用中央给予的权限和优惠政策，更好地利用外资，努力引进先进技术，推动科技进步，加速生产建设，进一步开拓国际市场。同时加强与腹地的协作，为广东省和中南地区的经济发展服务。批复还指出：必须把现有企业技术改造放在首位，有计划有步骤兴办经济技术开发区，在传统产品的升级换代、新产品的开发和发展在国际市场上适销对路的“拳头”产品等方面，走在沿海其他开放城市的前面。

12月18日 广州经济技术开发区举行奠基典礼。广州经济技术开发区位于广州市东郊的黄埔区，总面积为9.6平方公里。创办开发区的目的是以引进外资为主，以工业为主，以出口创汇为主，致力于发展高新科技。指导思想是：优先发展与科研生产相结合的新技术工业，协调发展教育、商业、贸易、居住、旅游等服务设施。

1984年 大型话剧《南方的风》公开演出。次年，该剧改编成电影剧本《代理市长》，由北京电影制片厂拍摄成电影。同期，广州珠江电影制片厂摄制彩色故事片《雅马哈鱼档》。

△**是年** 广州市全年社会总产值达到221.62亿元（按现行价格计算），比上年增长18.28%，其中工农业总产值164.48亿元，比上年增长17.32%；国民生产总值为97.89亿元，比上年增长13.58%；国民收入为87.35亿元，比上年增长14.57%。

1985 年

1 月 4 日　市委、市政府召开南华西街两个文明建设现场会，南华西街成为广州市创建文明街道活动的典型。会上，市内 7 个区的领导签订文明卫生评比竞赛协议书，11 条街道的负责人签订开展学习南华西街建设文明街道竞赛协议书，掀起学习南华西街创建文明街道竞赛活动。全市街道按照“经济繁荣、文化发达、道德高尚、社会安定、环境优美”的总体要求进行建设和营造。

1 月 5 日至 11 日　市计划、财政会议召开，制订广州市本年计划和“七五”计划。市委书记许士杰作题为《大鼓劲、大改革、大发展》的讲话，提出加快广州市社会主义建设，实现“四个三”的任务，即：提前三年实现工农业总产值翻一番；三年把重点行业、重点企业的主要设备更新完；三年内传统产品升级换代，新产品开发和国际市场开拓走在全国前列；三年美化广州城。

1 月 10 日　市委、市政府在国泰音乐厅举行嘉奖大会，奖励 1984 年反映城市改革的话剧《南方的风》《特区人》和电影《雅马哈鱼档》3 个文艺作品的有功人员。

1 月 19 日　广州广厦住宅建设股份有限公司成立。这是广州第一家民营建筑公司。

△是日　团市委等单位联合举办广州地区首届“羊城青年青春美评选大赛”。“青春美”的评判标准包括：仪表、品行、品德、知识、个人素质等内容。

1 月 23 日　市委、市政府召开广州市首次中外合资（合作）企业工作经验交流会。中国大酒店、广州电梯厂等 8 个单位在会上介绍经验。

1月25日至31日 国务院在北京召开长江、珠江三角洲和闽南厦（门）漳（州）泉（州）三角地区座谈会，把这几个地区开辟为沿海经济开放区，并制定优惠政策。2月18日，中共中央、国务院批转《长江、珠江三角洲和闽南厦漳泉三角地区座谈会纪要》，广州市被列入沿海经济开放区的有番禺县、增城县。

1月27日 广州市区第一个集体所有制金融企业——中国工商银行广州市大德服务部开业。它实行独立核算、自负盈亏，专为集体和个体企业以及外地客户办理存、贷、汇款，开展代收付款和票据、代保管现金等业务。

1月29日 市委、市政府在东方宾馆设立广州市对外经济贸易事务总汇（简称“广州外经一条街”）。这是全国最早设置的统一办理各项外经贸事务的机构。它集中广州市外经贸、工商行政、税务、劳动、银行、保险、海关等有关管理单位，办理外商在广州投资的有关手续，做到“在一个屋顶下把事情办妥”。

1月 广州市正在营运的大小客车有5739辆，其中出租小客车4382辆，居全国内地大城市之首。

△**是月** 广州重型机器厂成功制造国内第一台大型钛制压力容器——醋酸脱水塔，填补中国生产工业纯钛中厚板压力容器的空白。

1月和4月 广州先后放开生猪、牛肉和全部水产品的经营，实行自由购销，市场价格与价值的关系逐渐接近。对原来还保留一定数量牌价供应的蛋品和家禽，也取消了牌价定量供应，全部实行议价议销。

2月4日至8日 市委四届五次全体（扩大）会议召开。市委书记许士杰代表市委作题为《新思想、新办法、新飞跃》的工作报告，提出全面开展广州市经济体制改革的方案。围绕增强企业活力这一中心环节，许士杰提出：以“三放”（放宽政策、放权简政、放开小企业）带动“六活”（搞活企业、金融、流通、建筑、科研、联合），以提高经济效益为目标，调整多方面关系，建立各种相应的体制，把经济体制综合改革推向一个新阶段。

2月14日 市委、市政府在中山纪念堂举行尊师大会。市委、市政府决定给本市3万多名从事教学工作20年以上的教师颁发荣誉证书。

2月26日至28日 由市人大常委会主任倡议召开的重庆、西安、武汉、哈尔滨、沈阳、大连、广州7个计划单列城市人大常委会主任座谈会在广州举行。

会议研究探讨在新形势新任务下加强地方政权建设和地方立法的问题。

3月1日 中共中央书记处书记、国务委员谷牧视察华南计算机公司、白云无线电厂和花园酒店。2日，市委、市政府负责同志向谷牧汇报广州市在开放、改革、整党以及筹办经济技术开发区等方面的情况、工作部署和设想。谷牧对广州市1984年各方面的工作予以肯定，认为市委提出的3年内实现“四个三”的奋斗目标和美化广州城的意见很好，希望广州的改革和开放走在全国前面。

3月13日 国务院对外经济贸易部原则同意广州市对外经贸体制改革方案，赋予广州市相当于省一级对外经贸管理权限。

3月13日至16日 市政府在番禺召开全市商业工作会议，全面部署深入进行商业改革，组织国营商业参与市场调节。副市长王玄、邓汉光在会上讲话。

3月14日至19日 市政协六届三次会议召开。会议听取和审议市政协副主席梅日新作的《工作报告》，通过广州市政协第六届委员会第三次会议决议。决议强调，要更加坚定地为改革和开放服务，巩固和发展爱国统一战线，为完成常委会提出的各项任务而努力。

3月15日 广州市中外合资最大的项目——广州标致汽车公司在广州花园酒店举行签字仪式。该公司是由广州汽车制造厂（46%）、中国国际信托投资公司（20%）、法国标致汽车公司（20%）、国际金融公司（8%）、法国国家巴黎银行（4%）合资组成的。公司拥有2.4亿法国法郎的资本，计划每年生产3万辆标致汽车。包括标致504型一吨小货车、标致505型系列及8座小轿车和405型高级轿车，产品国产化率超过60%。后因经营不善，标致汽车公司负债达29亿元。

3月15日至19日 市八届人大三次会议召开。大会分别听取《广州市人民政府工作报告》《广州市一九八五年国民经济和社会发展计划草案的报告》《广州市一九八四年决算和一九八五年预算草案的报告》等工作报告。会议强调改革、开放、搞活要坚定不移，管理、制度、法纪绝不能放松，要以加强管理来指导、促进改革和开放。

3月18日 广州工业品贸易中心成立。中心楼高8层，面积4000多平方米，设有批发商场、零售商场、展销大厅、旅业部和餐厅等。中心在经营上采取经营与服务相结合、内贸与外贸相结合、贸易与生产相结合形式。

3月20日 市政府召开引进项目表彰奖励大会，对实行开放政策以来全市工业、农业、商业、交通运输、城建、旅游服务、文教科技、体育卫生等系统获得重大经济成果的104个引进项目进行表彰和奖励。

3月22日 市政府举行商业、服务行业创“双文明”竞赛评比活动命名表彰大会，授予上、下九路及第十甫路等8条商业街为文明商业街，南方大厦百货商店等56个单位为文明单位，谢玉萍等90名营业员为文明营业员的光荣称号。

3月27日至29日 市卫生工作会议召开。会议宣布广州市全面开展城市医疗卫生工作改革。医疗卫生系统实行院长、站长、所长负责制，各单位有权对副院长（副站长、副所长）以下干部实行聘任制，工人实行合同制；经济管理体制上全面推行责权利相结合的管理责任制。

4月9日 市政府发布《广州经济技术开发区暂行条例》《广州经济技术开发区内联企（事）业若干问题的暂行规定》《广州经济技术开发区土地管理试行办法》《广州经济技术开发区企业登记管理试行办法》《广州经济技术开发区工商税收实施试行办法》《广州经济技术开发区企业劳动工资管理试行办法》。

4月15日 1985年春季中国出口商品交易会开幕，5月5日结束。交易会接待90个国家和地区的客商2.4万多人次，出口成交额超过历届春交会，达25.73亿美元。

4月18日 广州美特容器有限公司成立。该公司是广州大型的中外合资企业之一，专门制造易拉罐产品，总投资为2680万美元，中方股份占65%，外方股份占35%。公司从国外引进铝合金二片罐生产线3条，年产铝合金罐盖5亿个，铝合金罐体2.5亿个。

4月26日至27日 市经委、市科委联合召开广州市第一次技术引进、消化、吸收工作会议。工业部门与高校、科研单位签订一批联合攻关意向书。

4月 《南风窗》杂志创刊。该杂志是综合性月刊，向国内外发行。该杂志着重介绍和宣传广州改革开放的经验、做法和新形势，反映改革开放所引起的经济工作、生活方式和精神状态的重大变化。

5月4日 团市委举行兴建英雄广场开工仪式，全市10多万青少年参与这一活动，筹集到资金13万元。

5 月 11 日 中国大酒店工会成立。这是广州市中外合作的大型酒店中的第一个工会组织。

5 月 24 日 国务院批准同意设置天河区和芳村区，两个区从广州市郊区分出成立，成为广州市辖行政区。

5 月 25 日 市侨办印发《广州市关于华侨、港澳同胞投资优惠暂行办法的若干说明》的通知，对适用范围、核定投资者身份的方式、授予“广州市爱国爱乡奖章”的条件、授予“广州市荣誉市民”称号的条件、投资为其亲友转城镇户口的手续等方面作说明。

5 月 30 日 市政府发出《关于区、县财政管理体制问题的通知》。从是年起，市属各区实行“核定收支，总额分成，一定 5 年”的财政管理体制；经济技术开发区按中央、省的规定办理；市属各县实行“核定上交定额，递增包干，一定 5 年”的体制；对收不抵支的县，实行“收入全留，定额补助”的办法。

6 月 4 日 市委召开社会治安综合治理工作会议，要求全市各级党委都要把搞好社会治安综合治理当作社会主义精神文明建设中的一项重大任务来抓。

6 月 清远县作为广州市的试点县进行综合体制改革，内容包括改区为镇，建立县、镇、村三级财政体制，实行财政包干；改革农村产业结构；抓好工企业、财贸、建筑、计划管理、物价管理、文教卫生、科技、体育及上层建筑等方面的改革。

△**是月** 鉴于经济学家卓炯在社会主义经济问题研究的探索中所作的独特理论贡献，广东省人民政府授予卓炯“特等劳动模范”称号。

7 月 1 日 为改进工作作风，提高办事效率，市政府办公厅决定从是日起，市府各委、办实行“15 天办文”办法。凡各区、县人民政府，市直单位，依照办文程序报市政府领导机关的请示、报告，从领导机关收文之日起，必须在 15 天内答复，否则视为同意，发文单位可自行办理，后果由收文部门负责。

7 月 13 日 广州市首次文明单位命名表彰大会召开。会上宣读市委、市政府《关于授予南方大厦百货商店等单位“1984 年度广州市文明单位”称号的决定》，表彰全市“五讲四美三热爱”活动委员会评选出来的 338 个文明单位；通过给全市人民的《倡议书》。全县 16 个墟镇代表签署创建文明墟镇竞赛协议书。

7月19日至20日 市政府召开工作会议。市长叶选平作《广州市1985年上半年的主要情况和下半年工作的意见》的讲话。会议决定下半年突出抓好6个方面的工作：进一步简政放权；整顿行政性公司；进一步搞好企业领导体制改革；划小核算单位，搞好企业内部的管理体制改革；搞好企业分配制度的改革；试行一部分小型国营企业通过发行股票等方式转为集体所有制企业。

8月5日至8日 沿海开放城市国外经济技术信息交流会议在从化温泉召开。会议决定在广州建立沿海开放城市、经济特区信息协作网。

8月6日 市委经济工作部召开市直属企业领导体制改革会议，宣布在市直属的15个大型国营企业中推行厂长（经理）负责制。到年底，实行厂长（经理）负责制的市属国营企业已有490家，占这类企业总数的62%。1986年，增加到524家，占这类企业总数的72%。其中成绩显著的占56.4%，比较好的占40.8%，较差的占2.8%。在推行厂长（经理）负责制的同时，又推行厂长（经理）任期目标责任制，1986年经济口有80个企业陆续进行试点。

8月23日至31日 市委召开常委扩大会议，传达贯彻省委常委扩大会议精神，以海南汽车事件为镜子，在肯定成绩的前提下着重揭露问题，总结经验教训，提高思想政策水平，奋发向上，开拓进取，努力把广州市的开放、改革推向前进。

8月28日 花园酒店全面开业。酒店由广州岭南置业公司与香港花园酒店有限公司合作建设，总投资额超过10亿港元。花园酒店位于广州市中心的环市东路，占地面积4.8万平方米，总建筑面积超过17万平方米。酒店由两座“Y”形大楼组成，楼高30层，拥有客房超过1100间。

△**是日** 广州市2.6万门程控市内电话和程控长途电话1000线交换系统开通。这是当时国内容量最大的自动电话交换系统。它的开通使用标志着广州的通信达到20世纪80年代的世界先进水平。它使广州自动电话的总容量增加了2/3，通过该系统可直接拨打国内长途电话到50多个城市以及世界14个国家和地区的387个城市。

8月 市委政策研究室、广州经济社会发展研究中心组织起草《广州经济社会发展战略设想》，内容包括整体战略及第一、第二、第三产业，精神文明建设，科学、教育、文化事业，城市建设和人民生活等分战略。它提出的20世纪广州经济社会发展的总目标和总方向是："以外经外贸为导向，以工农业为依托，以轻纺工业和第三产业为重点，把广州建设成为具有强大的内外辐射能力、高度文明、多功能的社会主义现代化中心城市。"

9 月 2 日 京、汉、穗中同轴电缆 1800 路载波工程全线开通。该通信干线全长 2720 公里，起端于北京，终端于广州，是国内规模最大、线路最长、容量最多的通信干线。

9 月 5 日 《广州日报》报道：市委、市政府派出调查组调查农村贫困地区农民的生产、生活状况。调查表明，目前广州市有 1.9 万多户共 10 万多农民尚未摆脱贫困境地，约占全市农业总人口的 1/40。

9 月 10 日 广州市隆重集会庆祝中华人民共和国成立以来第一个教师节，市委、市政府向教师代表赠送花篮。代市长朱森林在会上讲话。

9 月 11 日 市政府举行首次新闻发布会，由副市长杨资元主持。市物价局局长梁之良介绍广州市当前物价情况和市政府为加强物价管理，制止乱涨价所采取的措施。市政府已于 9 月 4 日决定建立新闻发布制度，不定期地向广州地区的新闻单位发布新闻。

9 月 16 日 《广州日报》报道：目前广州市联户和家庭企业已发展到 27410 多个，从业人员 78800 多人，出现一大批专业乡、专业村。1985 年上半年，全市区、乡、村、联户、家庭办的企业总收入逾 10 亿元。

9 月 19 日至 20 日 共青团广州市第九次代表大会召开，出席大会的代表共 796 名。大会审议并批准团市委代书记朱小丹作的《造就"四有"新人，振兴广州经济，实现共青团工作的全面活跃和全面发展》工作报告。大会选举朱小丹任团市委书记。

9 月 24 日 市委、市政府发出《关于改革教育体制，发展教育事业的决定》（简称《决定》）。《决定》提出今后加强基础教育，调整中等教育结构，发展高等教育和成人教育，增加教育投资的要求和具体做法。主要有：1988 年全地区基本实现普及九年制义务教育；调整中等教育结构，大力发展职业技术教育；发展高等教育和成人教育，从学校的建制、招生、毕业生分配、财务管理、基建管理、教学、科研和对外交流等方面扩大高等学校的办学自主权；增加教育投资，多种渠道筹措教育事业发展资金。

9月28日 《广州日报》报道：广州市积极发挥开放城市的枢纽和辐射作用，在搞好对外开放的同时，积极开展内联协作工作，已与全国26个省、市签订经济技术协作合同1893项，总投资额为14.8亿元，外地来穗兴办的企业有830家。

9月 国家经委表彰一批1984年度全国工业、交通、商业系统经济效益好的单位。广州绢麻纺织厂、广州电信局、广州五金交电采购供应站、东方宾馆被授予"先进单位"称号。

10月8日 广东华侨冰糖厂举行正式投产剪彩。该厂由花县华侨企业公司投资建设，是国内最大的生产冰糖的专业厂，厂址设于花县华侨农场。

10月14日 是日为广州解放36周年纪念日，广州起义烈士陵园正门南面的英雄广场落成。广场占地1800平方米，中心是市花"红棉"雕像，雕像基座上镶嵌老一辈无产阶级革命家聂荣臻题写的"英雄广场"4个大字。在市花的背后，环矗四组反映近百年来发生在广州地区的重大历史事件的群雕，它们分别是：《三元里抗英》《自由之魂》《省港大罢工》和《珠江农运》。同年11月，英雄广场被评为全国"五讲四美三热爱"优秀青年工程之一，受到共青团中央的表彰。

10月29日至30日 市委召开广州卫生处理厂精神文明建设现场会议。许士杰在会上宣读市委《关于学习广州卫生处理厂加强社会主义精神文明建设的决定》，张汉青就如何学习推广广州卫生处理厂的经验讲话。

11月1日 芳村区坑口乡南围村养猪专业户梁章与广州市农业局沼气站及中国科学院广州能源研究所合作建成的沼气发电机组通过验收。这是全国最小的沼气发电机组，也是广东省第一个家庭式沼气发电机组。

11月12日 广州港口机械厂制造的JD40型集装箱正面吊运机通过技术鉴定。该机属第六个五年计划期间国家重点科研项目，它填补了国内相关技术的空白。

11月16日至19日 广州市召开郊县科协工作会议。会议透露，目前广州市郊县已建立各种技术专业学会115个，会员9000多人；区镇科协122个，会员8000人；乡科协小组428个，初步形成一个城乡结合的科普网络。

11月16日至30日 市委、市政府领导朱森林、杨资元、石安海带队，市计委、市经委、市外经贸委等部门参加，就《广州经济社会发展战略设想》在北京举行一系列座谈研讨会，国务院有关部门、中央各部门几十个单位、首都学术界共 430 多人参加座谈会。与会领导和专家们对于《战略设想》中提出的广州发展的总目标、总方向，提出修改和补充。

11 月 23 日 广州市第一期领导干部法律学习班开学，这是中华人民共和国成立以来广州市第一次开办领导干部法律学习班。

12 月 1 日 广东省聂耳、冼星海纪念大会暨广州星海园落成典礼在广州星海园举行。冼星海的骨灰于 11 月 29 日从北京移放广州星海园内，并举行安放仪式。1—4 日，省市音乐工作者分别在友谊剧院、文化公园举行盛大的人民音乐家聂耳、冼星海纪念音乐会，还举办有 30 多万人参加的广东省纪念聂耳、冼星海歌咏（录音）比赛。

12 月 10 日 市委发出通知，要求市属各级党政机关认真贯彻落实中央办公厅、国务院办公厅《关于解决当前机关作风中几个严重问题的通知》精神，把改进机关作风作为当前中心任务。

△**是日** 由广州文化记者联谊会、广州市文化局联合主办，英美烟草（香港）有限公司协办的红棉杯 1985 年羊城“新歌新风新人”大奖赛在广州举行。经过 10 天比赛，评出“羊城十大歌星”和“十大新歌”。

12 月 11 日 市委办公厅、市政府办公厅转发市民族事务委员会《关于进一步帮助广州市少数民族发展经济、文化、教育事业的意见》。

12 月 20 日至 21 日 广州市振兴中医工作会议召开。为发展中医事业，市委、市政府决定成立振兴中医领导小组。会上，市政府向广州市 35 名从事中医中药工作 40 年以上的省、市名老中医颁发荣誉证书。

12 月 26 日 广州市工商业联合会举行仪式，欢迎首批中外合营企业暨个人会员入会。该会向中国大酒店、花园酒店、侨乐开发有限公司、中港空调机电工程公司等 15 家中外合营企业的代表和 24 家合营企业的董事长、总经理等颁发企业或个人会员证书。

年底 市委向全市农村推广“江高模式”。江高模式是广州市白云区江高镇在 1983 年开始组建的家禽合作经济模式。它把生产和流通衔接起来，解决家禽饲养户遇到的问题，做到产销两旺，推动全镇家禽业的发展，继而带动畜牧业兴旺发达，使畜牧业产值占全镇农业总产值的50%以上，成为白云区江高镇的支柱产业。

1985年 南华西街实现当年工业产值1亿多元，创利润1500多万元，比1979年增长15倍，首次登上全国街道榜首，同时南华西街也是"老有所养、壮有所用、青有所学、幼有所管、婴有所托、残有所辅"的文明街道。

△**是年** 广州市对行政性公司进行转轨变型的改革。这是搞活企业的重要一环，主要内容是将行政性公司改为专业性企业公司，改为开发新产品、新工艺、新技术或提供经济信息的企业性公司，或改为生产经营服务型的经济实体。

△**是年** 广州市全年社会总产值247.5亿元，比上年增长21.5%(按1980年不变价计算)；国民收入95.61亿元，比上年增长21.7%；国民生产总值115亿元，比上年增长21.87%；工农业总产值185.48亿元，比上年增长20.82%；社会商品零售额比上年增长36.07%，职工平均工资比上年增长21.09%，生产、流通、消费、效益均有较大增长。

1986年

1月1日 自零时起，市政府办公厅市长专线电话开通，代市长朱森林接到第一个市民打来的电话。市长专线电话实行24小时值班。1986年一年，市长专线电话共接到市民来电6550多次，涉及供电、供水、城市建设管理、交通、治安管理、市场管理等方面的问题。市民来电反映的问题，有近八成得到妥善解决，基本上做到件件有着落，事事有交代。

1月6日至9日 市委召开组织工作座谈会。会议提出，本年组织工作要在实现领导班子“四化”方面起带头作用；在培养新型人才方面起基地作用，在干部制度改革方面起开路作用，为实现广州市社会经济战略目标提供组织保证。

1月6日至10日 国家体制改革委员会和中国人民银行决定以广州、重庆、沈阳、武汉和常州五城市为金融体制改革试点城市。同月起，广州开始建立外汇调剂市场。5月9日，这五市农业银行达成建立资金横向融通协作网络的协议。

1月10日 市公安局110报警服务台开通，正式开展110报警服务工作。这是全国首家开通110报警服务台。它打破以往一人一电话的接警格局，是公安工作史上的一次重大变革。开通首日，110报警服务平台接到报警24起。

1月15日至20日 市委四届六次全体（扩大）会议召开。会议围绕贯彻落实党的全国代表会议精神，总结1985年工作，部署1986年的任务。会上，市委书记许士杰作题为《坚持改革，继续开拓，实现两个文明同步发展》的报告。会议作出《中共广州市四届六次全体委员（扩大）会议决议》。

1月21日 广州电讯器材厂生产的天鹅牌YY-08/A型袖珍电子计算器获

1985年“国家优质产品”称号，被授予银质奖。这是广东省电子行业第一个电子产品获国家银质奖。

1月25日 市委、市政府作出《关于加快山区经济发展步伐的决定》，提出发展山区经济的10项措施：发展造林、种果，用8年时间绿化全市；国家、集体、个人一齐上，发展联户办企业；发展小水电；搞好山区的交通和通信建设；兴修水利，提高生产水平；市财政每年安排500万元支持山区经济发展；加强山区文教卫生事业；做好产前、产中和产后服务；振兴山区经济，增加资金投放；加强领导。

1月30日 市委召开党外人士座谈会，市委书记许士杰在会上通报市委四届六次全体（扩大）会议的情况及市1985年各项工作的成绩和经验，以及当前面临的困难和1986年任务，征求意见和建议。市委决定，今后每半年举行一次党外人士座谈会，市委统战部每季度举行一次座谈会，健全同党外民主人士的协商制度。

1月 广州市被列入全国首批金融体制改革5个试点城市之一，此后，广州围绕发挥银行筹集融通资金、引导资金流向、提高资金利用率和调节社会总需求的方向，对金融体制改革作出一些探索。同月，广州建立外汇调剂市场。

2月6日 共青团广州市委和《广州青年报》评出1985年广州十大青年新闻人物。他们是广州卫生处理厂副厂长谭维芳、市公共汽车公司702号车车长潘永海、省科学院科研人员宗永强、共青团干部刘小燕、共青团员潘英强、足球运动员赵达裕、清远县养鸡专业户张钢明、中学生徐咏梅、越秀区消防中队原副中队长文庆学、广州粤剧团演员倪惠英。

2月15日 中华全国总工会书记处决定：授予广州卫生处理厂“五一劳动奖状”和全国先进集体称号，授予该厂厂长刘发“五一劳动奖章”，并号召全国职工向广州卫生处理厂学习。《人民日报》发表报道，并发表评论员文章《工人阶级最有光彩的品质》。

2月28日 时代美术电影制片厂在广州开业。它是由珠沪电影制片公司、上海美术电影制片厂、香港时代艺术有限公司合资经营。

3月5日至11日 市八届人大四次会议举行。代市长朱森林作《政府工作报告》；市计划委员会主任麦扬作《关于广州市“七五”和一九八六年国民经济和社会发展计划草案的报告》。会议通过了关于认可市八届人大常委会第十四次会议决定接受叶选平辞去广州市市长职务的决议。会议选举朱森林为广州市市长。

3 月 13 日 青年理论工作者于幼军、黎元江合著的《社会主义四百年》（上卷）出版，广东人民出版社为此举行记者招待会。该书 1986 年 8 月获全国优秀畅销书奖；1988 年 12 月获第二届全国通俗政治理论读物一等奖。

△是日 市委经济工作部、市体改办与轻工业局党委召集广州市首批试行厂长（经理）任期目标责任制的厂长、党委书记开会，讨论试点方案。会议决定广东玻璃厂、广州啤酒厂、广州油脂化工厂为首批试行厂长（经理）任期目标责任制的单位。

3 月 29 日 “羊城八景”重评结果揭晓，云山锦绣、珠水晴波、红陵旭日、黄花浩气、流花玉宇、越秀层楼、黄埔云樯、龙洞琪林入选。

3 月 31 日至 4 月 3 日 市体制改革和经济协作会议召开。会议总结几年来广州市体制改革工作的情况，提出本年经济体制改革的重点是大力推进横向经济联合，带动其他各项改革的深入。

△是月 省政府决定，授予广州卫生处理厂“广东省先进模范单位”称号，并发出关于号召全省向广州卫生处理厂学习的决定。

4 月 5 日 《广州日报》报道：市委、市政府最近试用各方推荐（自荐）、个人志愿、专家测评、组织部门考察、市委审批的办法遴选市部委办（局）级领导人才，批准任命吕锦汉、麦兆儒为市外经贸委副主任，张士勋为广州大学校长。

4 月 7 日 公安部新闻发言人宣布，全国有 71 个口岸准予中外籍人员入出境，其中有广州白云机场、广州港（包括洲头咀）、黄埔港（包括芳村）、广州火车站、番禺莲花山港。经特殊批准方可入出境的有广州大铲岛港口。

4 月 19 日 市委、市政府召开创建文明街道竞赛表彰大会。会上，授予大塘、文安、诗书、跃龙、宝岗、东湖、秀丽、洪桥、红山、员村 10 条街道文明单位称号。市区第二批 11 条街道签订开展学习南华西街创文明街道竞赛协议。

4 月 26 日 市委召开常委会，决定大力发展旅游事业，确定重点建设越秀山—象岗山游览线、莲花山游览区、南昆山避暑及高滩温泉、飞霞山游览区、东方乐园二期工程5个旅游项目。

5月3日至7日 广州市城乡横向经济联合工作会议召开。规定今后市属工业企业向郊县扩散时，应优先考虑市属郊县；并制定城市帮助落后地区发展经济的优惠政策。会上提出696个洽谈的联合项目，共签订经济联合合同、协议、意向书187个。

5月12日至14日 市政府召开村镇建设工作会议，决定一年内为村镇建设办好9件事：抓好集镇建设试点；搞好集镇建设规划；整治和修建农村公路；发展农村商品房；加快集镇自来水建设；搞好村镇绿化；改善农村办学条件；建设一批福利设施，活跃农村文化生活；坚决刹住乱占滥用土地歪风。

5月20日 广州市电风扇工业公司、广州蓄电池厂、广州电池厂、广州电筒工业公司、广州造船厂集装箱分厂被列为全国第一批机电产品出口基地企业。广州钟厂、广州造船厂被批准为扩大对外贸易自主权企业。

5月21日至28日 全国沿海开放城市、经济特区群众文化工作研讨会在广州召开。会议期间，与会代表参观南华西街、纺织街、文昌街、光扬街、一德街的文化站和东方宾馆、爱群大厦的音乐茶座等。

5月22日 市委召开市局以上党员干部动员大会，部署对市委、市纪委、市政府三套领导班子进行评议和推荐，为广州市第五次党代表大会和下一届市人代会换届提供协商参考意见。

5月30日 广州美特容器有限公司开业。1986年，该公司在边基建边生产的情况下，共生产铝合金易拉罐1.4亿个，全部出口到港澳以及中东地区等，创汇238.17万美元，生产二片罐体504万个，供国内用户急需。1986年完成产值2862万元，缴付关税30.4万元。

5月 广州市进行中华人民共和国成立以来第一次全面系统的工业污染源调查。调查为期一年，近万人参加。经调查，基本摸清广州市工业污染源包括废水、废气、废渣、噪音、电磁波、放射性排放的情况，找出主要污染源和主要污染物，为制定全市经济发展规划、环境规划提供科学依据。

△是月 广州无线电研究所的双载波制双伴音电视系统和广州橡胶工业制品

研究所的甲基丙烯酸甲酯（MMA）与氯丁胶（CR）接枝率的测定两个项目，被国家科委审定为国家级重大科技成果。

6 月 10 日至 12 日 市第二次中外合资（合作）企业工作会议召开。会议着重研究加强合营企业管理工作、思想政治工作和统战工作，扩大出口创汇能力。会议还表彰上年经营和建设取得可喜成果的中国大酒店、广州标致汽车公司等 40 个合营企业。

6 月 13 日 东方宾馆获 1986 年西班牙《世界一流酒店与旅游》杂志社等单位主办的第二届“金酒店金杯大奖”。东方宾馆开业于 1961 年，是当时广州市规模最大、设备先进的一家高级宾馆。1986 年，宾馆进行全面装修改造，改革管理体制，增加服务设施，提高服务工作水平，把东方宾馆发展成集住、吃、行、买、游（玩）为一体的高级国际旅游宾馆，每年接待大批海内外游客。

6 月 17 日至 21 日 市委召开各区、县、局、直属单位宣传部长座谈会，讨论如何创造宽松和谐的环境，促进宣传、理论、文艺、文化工作进一步发展。

6 月 23 日 市公安局发布《关于严厉打击盗窃犯罪活动的通令》，敦促有盗窃行为的人员在 8 月 1 日前尽快投案自首，争取从宽处理。至 8 月 1 日止，有 1 万多名违法犯罪分子投案自首。8 月 2 日，市公安机关依法逮捕继续作案、拒不投案自首的 148 名犯罪分子。

6 月 26 日至 28 日 市经济工作分析会召开。会议提出广州市下半年经济工作的指导思想：以提高经济效益为中心，在坚持改革、搞活企业、提高质量、增产适销对路的前提下，保持适当的速度、效益、水平、后劲，统一起来抓，努力完成 1986 年生产任务。

7 月 8 日 市政府在市府大会议厅举行仪式，授予新加坡中央包装（星）私人有限公司董事长陈德薰、广州中国大酒店总经理卜格“广州市荣誉市民”证书和证章。1979 年，广州市第一次开展授予“广州市荣誉市民”活动，但当年没有举行授荣仪式，这次同时给第一位“广州市荣誉市民”许志俭补发证书和证章。

7 月 11 日 《广州日报》报道：广州市劳动用工制度改革 5 年来，全市共安置 34.92 万人就业，改革固定工制度，实行劳动合同制；有计划地把农村剩余劳动力向城市转移，推行先培训后就业制度；改革劳动工资制度，试行浮动工资、浮动奖金制。

7月14日 当时国内规模最大、技术最先进、生产速度最快的电冰箱生产线在广州冰箱一厂试产成功。这条生产线每30秒可生产1台电冰箱。

7月16日至22日 国家体改委在沈阳召开广州、沈阳两市试行股份制试点工作座谈会。市体制改革办公室在会上汇报广州市试行股份制的7种形式。

7月18日 市委、市政府举行大会，表彰全市获国际奖的单位和个人。党的十一届三中全会以来，广州市各行各业共获得40项国际奖励，其中获金牌（金质奖、冠军）共23项，本年占6项。白云无线电厂、东方宾馆在会上介绍创名牌、创优质服务的体会。

7月19日 市政府召开外贸工作会议。要求下半年在外贸发展速度、建立出口商品生产体系、开拓远洋市场和在利用外资、引进设备、技术等4个方面有新的突破。

7月27日 广州市第一个个体劳动妇女组织——越秀区个体劳协会妇女工作委员会成立。

7月 南方大厦百货商店开始在企业内部向职工发行股票。经市人民银行和市财政局核定，其国家股金占84.66%，个人股金占15.34%。1988年3月28日，组建成立南方大厦股份集团公司。

△是月 广州市清理整顿公司工作结束。经过对4573家公司的清理整顿，保留继续营业的有3171家，占69.3%；不符合开办条件，改为非公司经营的有625家；撤销的有541家；自动歇业的有201家。

8月17日 广州市首批个体劳动者骨干政治理论培训班182位学员结业，并获“橙色证书”。“橙色证书培训计划”由广州宣传函授学院和市委讲师团制定并实施，内容是对本市大多数个体户进行政治理论、职业道德、经营方式三方面较系统的培训。

8月19日 广州市百万创汇俱乐部在花园酒店举行成立仪式。该俱乐部由年出口创汇达百万美元的生产企业、中外合资合作企业及出口创汇达500万美元的经营性企业组成，第一批加入俱乐部的成员有62个单位。

8 月 20 日 市卫生局在市儿童医院举行仪式，聘请加拿大不列颠哥伦比亚大学儿科教授、温哥华不列颠哥伦比亚儿童医院内分泌科主任谢华真医学博士为广州市儿童医院名誉院长。

8 月 20 日至 23 日 市委、市政府在中山纪念堂召开广州市农村两个文明建设一起抓经验交流会。市长朱森林宣读《中共广州市委、广州市人民政府关于学习雷坑、槎龙乡加强农村两个文明建设的决定》。清远县雷坑乡、郊区槎龙乡、番禺县旧水坑乡、增城县蓝山乡、花县三华乡、新丰县罗洞乡的党总支（支部）书记介绍经验。

8 月 21 日 市建委和市城建开发总公司越秀分公司签订合同，后者承担东风街小区开发改造工程，计划总投资 2 亿元，期限 6 年半。这是广州市第一个采用招标和土地有偿使用办法改造旧城区的试点。

8 月 24 日 广州市环市中路大北立交高架桥建成通车。高架桥全长 1045 米，宽 15 米，有 4 车道。

8 月 26 日 省委在广州市海珠区南华西街召开两个文明建设现场会，要求全省各行各业学习南华西街的经验，把两个文明建设一起抓。

9 月 5 日 市政府召开动员大会，贯彻国务院关于《国营企业实行劳动合同制暂行规定》《国营企业招用工人暂行规定》《国营企业辞退违纪职工暂行规定》《国营企业职工待业保险暂行规定》4 个改革劳动制度的文件。

9 月 6 日 首次广州地区“十大杰出公仆”评选活动揭晓。市委书记许士杰、市长朱森林、省人大常委会委员许实、市政府副秘书长黎敏、番禺县委书记黄伟宁、白云山制药厂党委书记贝兆汉、广州民办儿童福利教养院院长孟维娜、市总工会主席梁超、广州中医学院副院长李国桥、南华西街党委书记韩伟煜获“杰出公仆”称号。此次活动由南风窗杂志社和广州电风扇工业公司等 10 家企业举办，是中国内地举行第一次“民办、民提、民评、民奖”领导干部的活动。

9 月 10 日至 13 日 广州文化发展战略第三次大型研讨会召开。北京、上海和本省、市专家学者参加研讨活动。中共中央宣传部部长朱厚泽，国务院世界经济研究中心总干事宦乡，省委副书记谢非，市负责同志许士杰、朱森林、张汉青、黄菘华、黄庄平等出席大会。会议讨论《广州文化发展战略构想》。

9月21日 是日起，广州全部敞开日用工业品供应。市百货公司取消最后一张票证——沪产缝纫机购买票，从而结束近30年来凭票证购买紧俏日用工业品的状况。

9月 市对外经济贸易委员会制定《广州对外经济贸易发展战略设想》，其总体战略方针是：充分发挥广州优势，引进国外技术，多层次地开展经济技术合作，按“扬长避短、适销对路、发展港澳、开拓远洋”的方针，全面开展对外经济贸易。

10月11日 广州金融同业拆借中心成立。广州金融同业拆借中心的宗旨是：发挥广州市作为珠江三角洲金融中心的作用，广泛与广州地区及全国各地金融同业建立融通资金联系，开辟灵活融通资金新渠道，搞活金融，服务经济。广州金融同业拆借中心具有有形资金市场的特色，做到天天开放，定期集中，公开挂牌，现场交易，并通过报社、电台定期向各地发布拆借利率行情及拆借信息。

△**是日** 广州市工农服装厂设计制作的天鹅牌NQ86-S06女装羽绒大衣，在是年秋季民主德国莱比锡国际博览会上获金质奖章。这是国内羽绒服装首次获国际博览会金质奖。

10月28日 广州市首批集体金融企业——北京街、诗书街、南华西街和大塘街4间信用社开业。

10月 广州结合实际情况，着重从改善外资企业的生产经营条件和鼓励举办先进技术型和产品出口创汇企业出发，公布《广州市鼓励外商投资的实施办法》。

11月4日 省委通知，经中央批准，许士杰任中共广东省顾问委员会副主任。省委决定，谢非兼任中共广州市委书记，免去许士杰中共广州市委书记职务。

11月6日 新华社报道：经国务院批准，在广州等7个经济体制改革的综合试点城市开展法制建设试点工作。

11月14日 广州新时代粤剧团与广东运动饮料有限公司健力宝厂签署协议，易名为健力宝粤剧团，成为广州市第一个与企业结缘的戏剧团体。

11月19日 市轻工、机电、纺织三大工业系统全部撤销原有的行政性工业公司，组建成新型的企业性公司。

11 月 人民路、六二三路高架路动工。高架路位于人民路、西堤二马路以及六二三路，是交通繁忙路段。1987 年 9 月高架路建成通车，15 万市民见证这个盛况。这是中国内地第一条城市高架路系统，全线长约 7608 米。

12 月 5 日至 6 日 广州蔬菜工作会议召开。会议确定 1987 年蔬菜工作的主攻方向是加强生产、流通、科研三大建设，拓展广州、北运和出口三大市场。

12 月 6 日 广州市“友爱在车厢”活动正式启动。由市第一公共汽车公司 5 路车职工与沿线 12 个单位共同发起，目的在引导职工和市民开展“五讲四美”活动，真诚服务，相互礼让。1987 年活动推广到全市 101 条公共汽车、电车和专线车以及沿线 328 个单位，并辐射全市各行各业。

12 月 11 日至 17 日 中共广州市第五次代表大会召开，出席大会的正式代表 700 人。大会通过关于四届市委的工作报告和市顾委、市纪委工作报告等 3 个决议，原则上同意广州经济社会、文化、科学技术 3 个发展战略纲要（草案）。大会选举产生中国共产党广州市第五届委员会，计有委员 47 名、候补委员 12 名。大会还选举产生新一届中国共产党广州市顾问委员会和中国共产党广州市纪律检查委员会。大会确定广州市在 20 世纪末经济发展的总目标、总方向和今后 5 年内的基本任务是：以外经外贸为导向，以工农业为基础，以科技进步为依托，以轻纺工业和第三产业为重点，把广州逐步建成一个具有强大内外辐射能力、高度文明、多功能的社会主义现代化中心城市。

12 月 15 日 国务委员谷牧在广州会见中国政府沿海开放经济顾问兼旅游业顾问、新加坡吴庆瑞博士。16 日，谷牧考察广州经济技术开发区。18 日，考察海珠区南华西街。

12 月 16 日 是日和 20 日，《人民日报》先后发表题为《开放改革给广州带来了什么？七年胜过 28 年》《开放改革给广州带来了什么？老企业改造走在全国前头》的报道，介绍广州自党的十一届三中全会以来的巨大变化和广州老企业的技术改造和设备更新情况。

12 月 17 日至 18 日 市委五届一次全会举行，选举第五届市委常委和书记、副书记，通过了中共广州市顾委第一次全会选举产生的常委和主任、副主任；通过中共广州市纪委第一次全会选举产生的常委和书记、副书记。会议原则上通过

《中共广州市委关于加强社会主义精神文明建设的决定》。

12月19日 《广州日报》报道：全市城乡有个体户共101816户，从业人员152355人，比1985年分别增长7.9%和11.3%。本年1月至11月，广州市个体工商户营业额11.629亿元，上缴国家税收0.78亿多元，比1985年全年税收额多104万元。

12月22日至25日 全国十大城市横向经济联席会议在广州召开。来自北京、天津、上海、广州、重庆、武汉、西安、哈尔滨、沈阳、大连10个中心城市以及即将实行计划单列的青岛等市的市长在会上交流1986年城市体制改革和建设的情况，共商1987年开放、改革、搞活、发展横向经济联合的大计。

12月24日 市委发出通知，经中共广东省委批准，谢非为市委书记，肖鸣为中共广州市顾问委员会主任，曾庆申为中共广州市纪律检查委员会书记。

△**是日** 市委、市政府在广州钢铁厂召开实行厂长任期目标责任制现场会。全市已有25个企业正式实行厂长（经理）任期目标责任制。会议要求1987年底全市国营企业要全部实行厂长任期目标责任制。

△**是日** 《广州日报》报道：被列为化工部第七个五年计划期间重点科研项目彩色立德粉系列产品之一的锌钡红，由广州立德粉厂和广州第一橡胶厂共同研制成功并投入生产，为我国开发复合颜料探索一条新路。

12月25日 广州市工业普查工作结束。通过普查掌握全市每个工业企业生产设备情况、产品结构和生产能力、职工队伍、企业占地面积和房屋建筑面积、建厂以来固定资产投资额和提供利税额、原材料燃料动力和产品价格变动对经济效益的影响等600多万个数据。

12月27日 "羊城十户模范家庭"评选揭晓。中山五路昌兴时装店服装个体户陈兴昌家庭，广州石油化工总厂计量所所长、工程师黄浩辉家庭等10户家庭当选。

12月28日 市科委开始实施"星火计划"。列入1986年实施计划的有30个项目，其中属国家"星火计划"的14项，属市"星火计划"的16项。是年形成生产力的15个项目，年产值达600万元，税利142.9万元。

△**是日** 在日本举办的第七届《读卖新闻》国际漫画大奖赛中，广州漫画家

陈树斌的作品《回想》荣获单项赛冠军——“主题金奖”。这是中国漫画家参加国际漫画大赛获得金奖。

12 月 省政府批复广州市撤区建乡、镇规划。决定撤销现有的 131 个区公所，改建为 142 个乡、镇政府，1514 个小乡改为村。

1986 年 广州市全市社会总产值 317.4 亿元（现行价，增长速度按可比价计算），比上年增长 5.8%；国民生产总值 155.8 亿元，增长 5.37%。工农业总产值 193.88 亿元（按 1980 年不变价格计算），三次产业比重为 11.58 ：48.04 ：40.38。

1987 年

1 月 1 日 团市委、少工委发起名为“微笑的广州”活动。两个可爱的卡通人物——“微微”和“笑笑”出现在羊城的大街小巷。这个充满创新的活动迅速在广州掀起旋风：广州一汽发起“友爱在车厢，真诚为乘客”服务行动，紧接着，“友爱在商场”“友爱在医院”“友爱在学校”“友爱在车间”等友爱活动遍及各行各业。

△**是日** 《广州日报》扩版。《广州日报》在全国地方报纸中率先从 4 版改为 8 版。改版后的《广州日报》的编辑方针是：立足广州，面向沿海开放城市，面向全国，兼顾海外，把《广州日报》办成既有指导性，又有社会性、群众性的、开放型多功能的、适合多层次读者需要的中心城市报纸。扩版后的《广州日报》，以丰富多彩的内容，清新活泼的面目引起各界的瞩目。

1 月 5 日 珠江船舶修造厂从农村招入 50 名复退军人为企业长期合同工。这是广州首批实行“农转非、户口不迁入广州市”的合同工。

1 月 6 日 广州市农村工作领导小组成立。7 日，市能源开发领导小组成立。

1 月 13 日 经国务院批准，交通部属的黄埔港务局下放市政府管理，实行由市政府和交通部双重领导、以广州市领导为主的管理体制。

1 月 17 日 市政府办公厅转发市外事办《关于授予国外专家及友好人士以“广州市荣誉市民”称号的请示》。文件规定，应聘或应邀在广州市政府机关、经济管理部门、工商企业、基建工程、科教机构、农业、医药卫生、财政、金融等单位工作的国外专家，做出突出成绩者，以及为建立和发展友好城市交流合作做出积极贡献的友好人士，可授予“广州市荣誉市民”称号。

1 月 20 日 市政府召开商业体制改革会议，提出改革重点是放开小型企业，选择亏本、微利、边远商业、小企业试行租赁经营。会议透露目前全市实行租赁承包的小型企业不到 5%。

1 月 25 日 广（州）深（圳）铁路双线通车。这是国内第一条自筹资金改造的铁路。该工程历时 3 年，由广深铁路公司自筹 4.5 亿元改造而成。

1 月 26 日 华南影都电影院正式开业。该影院位于环市西路广园路口，以电影文娱为主，兼营服务业、商业，是国内第一座新型的综合性文化娱乐服务中心。

1 月 经国务院批准，广州市郊区更名为白云区，列入城区建制。管辖 15 个镇、5 个街道和 1 个渔业联社。

2 月 4 日 市委召开学习讨论会，学习讨论党中央有关反对资产阶级自由化的一系列重要指示，联系广州市实际，围绕“坚持四项基本原则，反对资产阶级自由化”进行讨论。与会同志一致拥护中央政治局扩大会议公报，拥护中共中央关于反对资产阶级自由化的指示，决心把反对资产阶级自由化的斗争搞好。

2 月 10 日至 13 日 市委、市政府召开农村经济工作会议，讨论制定《关于加强市带县工作，促进农村经济发展的决定》。市委、市政府决定：增加农业投资，从“六五”期间占市基本建设总投资的 2.55% 提高到 5%。从 1987 年起 4 年内，市财政拨款 2000 万元用于市乡联合办工业所需贷款的贴息；改善县的交通条件和投资环境，多渠道集资发展交通和小水电、电话；帮助农村搞活商业；从人才、科学、技术方面支援农村。

2 月 18 日 广州市首届妇女体育运动会举行，3 月 3 日结束。区、县、直属厂 69 个单位 2204 名运动员参赛。这样大规模的妇女体育运动会在全国尚属首次。

2 月 25 日 广州市粮油食品机械开发公司与马达加斯加商户签订合资经营长寿食品公司的合同。这是我国首次与非洲合资开办的食品企业，是广州市粮食系统第一次向国外输出技术和成套设备。

2 月 27 日至 3 月 5 日 中共中央政治局委员习仲勋视察广州市老干活动中心、白云山制药总厂、广州卫生处理厂、广州万宝电器工业公司、南华西街，考察珠江电影制片公司、五羊新城和天河体育中心。

3月2日至4日 市外经贸工作会议召开。会议制定《广州市关于鼓励企业利用外资的规定》和《关于进一步扩大县、区外贸进口自主经营权的意见》，公布市第二批先进技术企业和产品出口企业名单。会议决定进一步改善投资环境，扩大利用外资和出口贸易，加快广州向外向型经济转变。会议透露，到1986年底，广州市产品已进入123个国家和地区，出口到港澳以外的远洋市场的比重为40%，已办驻外企业33个。

3月4日至11日 市政协六届五次会议在广州举行。市政协副主席梁尚立作工作报告。会议通过《广州市政协第六届委员会第五次会议决议》和《广州市政协第六届委员会提案工作委员会关于六届五次会议提案审查情况的报告》。

3月5日至12日 市八届人大五次会议举行。大会听取和审议《政府工作报告》《广州市1986年计划执行情况和1987年计划（草案）的报告》《关于广州市1986年预算执行情况和1987年预算草案的报告》《广州市人民代表大会常务委员会工作报告》《广州市中级人民法院工作报告》《广州市人民检察院工作报告》以及《广州经济社会发展战略纲要（草案）》《广州文化发展战略纲要（草案）》《广州科学技术发展战略纲要（草案）》。

3月12日 天河体育中心举行1987年广州地区全民义务植树动员大会，省长叶选平向广州市市长、广州地区绿化委员会主任朱森林颁发国家绿委授予广州市的全国绿化先进单位奖牌。会后，8万军民出动植树。

3月13日 市委、市政府作出《关于加强调查研究工作的决定》，明确决定今后对重大问题要逐步做到"三不决策"，即不认真调查研究不决策，不经过咨询不决策，不制定两个以上可行性方案不决策。为了使决策民主化、科学化落到实处，市委、市政府通过充分发挥人大、政协在民主决策中的作用，发挥工、青、妇作为重要社会团体参与社会协商的作用，加强与民主党派和无党派人士的联系，以及充分发挥专家学者和各级决策研究咨询机构在民主决策中的作用等途径和办法，使之逐步形成决策民主化、科学化制度。

3月14日至15日 为解决广州市电力紧张的问题，市委、市政府领导谢非、朱森林、张汉青、杨资元等到广东玻璃厂、广州化工厂、广州发电厂以及兴建中的沙角电厂、番禺县南沙区等处实地调查。16日，市政府召开会议，研究广州市办电及当前节电紧急措施，决定把电力开源与节流工作作为广州市经济工作头等大事来抓。

3 月 17 日 市商委、市体改办、市财政局、市劳动局、市工商局、中国人民银行广州分行联合颁发《广州市国营商业小型企业租赁经营试行办法》。

3 月 20 日 国家验收委员会对黄埔港西基煤码头进行验收。该码头是国家重点建设项目之一，可靠泊 3.5 万吨级煤船，是国内泊船吨位最大的卸煤码头，年吞吐能力 647 万吨。

4 月 11 日 广州市经济建设 10 件大事（1979—1986）评选活动揭晓，评出的 10 件大事是：宾馆建设；天河体育中心建设；白云农工商公司及白云山制药总厂改革搞活；区庄立交桥建设；兴建高架路系统和建设人行天桥；2.6 万门程控电话开通使用；个体经济发展迅速；7000 辆出租小汽车日夜提供服务；万宝电冰箱年产 38 万台畅销全国；开放肉、菜价格市场，购销两旺。

4 月 18 日 市政府颁发《广州市侨属集资企业管理办法》，鼓励归侨、侨眷引进先进技术设备，兴办集体企业。

4 月 19 日 《广州日报》报道：广州市属番禺、白云、黄埔、增城、清远五县区的水上渔民 3182 户共 1.5 万人，除清远县尚有 50 户因水利工程影响暂未定居外，均已上岸定居。广州市从 1966 年开始的帮助“连家船”渔民上岸定居工作宣告结束。20 年来，全市共拨出 119.82 万元资金和大批木材、钢材、水泥用于水上渔民上岸定居。

4 月 20 日 广州市越秀区劳务市场开业。这是中国第一个劳务集市。它把市场的概念引进就业制度，第一次在劳动者与用人单位之间实现“双向选择”。

4 月 23 日 市政府作出《关于发展区街工业若干问题的决定》，提出试行目标所得税、工资与销售收入挂钩等工资分配办法、停止上缴合作基金、信贷支持、提高外汇留成比例、扩大经营对外贸易权限、用地问题、调整增加用电和职工退休金和实行按区统筹 9 项政策。

△**是日** 市商委和市体制改革办公室决定：广州五金交电站、广州百货站、南方大厦百货商店等 16 个大中型商业企业试行经营责任制。办法是：从本年起，以其 1986 年实现的利润为基数，基数利润的所得税不变，超基数增长的利润按

30%征收所得税，一定4年不变。

5月1日至6日 中共中央政治局委员、全国人大常委会委员长彭真，中共中央政治局委员国务院副总理田纪云，万里，中央书记处书记胡启立先后在广州考察中外合资企业、广州出口商品交易会和天河体育中心等。

5月8日至11日 市委召开常委扩大会议，主要研究深化改革，搞活经济，加快广州市工业企业的发展。市委书记谢非作《当前工业改革的几个问题》的讲话，市委副书记邬梦兆介绍赴佛山、江门两市学习考察情况，广州钢铁厂等4个单位介绍深化企业改革的经验，市计委、市经委、市外经贸委等单位作专题发言。市长朱森林和常务副市长杨资元就加快改革步伐，加快广州市经济建设的问题分别讲话。

5月9日 广州市纺织业同业会成立。这是广州市第一个行业性民间商会。

5月20日 市政府颁发《广州市中外合资经营企业劳动管理实施办法》，对劳动力管理、劳动报酬和保险福利、劳动保护和安全作出规定。

5月21日 由越秀企业有限公司持有50%股权的华盛国际有限公司决定在香港发行6200万新股，每股1元。公众购股票踊跃，实际认购数达8亿多港元，超额13倍。

5月26日 《羊城晚报》报道：广州市个体工商户已有10万余户，15万多人，1986年个体工商业商品零售额占全市商品零售额的11.9%；全市城乡有贸易市场289个，1986年零售额占社会商品零售额的15.9%；连续两年居全国十大城市之首。

5月28日 广州市被国家科委、国家经委、国家体改委、国防科工委、国务院科技领导小组办公室列为科技体制改革试点城市。6月14日，又批准广州市科委《关于广州市科技体制改革试点方案》。

5月30日至6月3日 全国十大城市蔬菜体制改革经验交流会在广州召开。商业部、农牧渔业部、国家物价局、国家工商局及10大城市负责人共150人参加会议。市长朱森林在会上作广州市蔬菜产销改革《放管结合、搞活流通、促进生产》的汇报发言。

6月1日 广州氮肥厂厂长陈大昭以上缴所得税递增包干的承包方式，与市政府签订厂长任期目标责任制合同书。这是广州市以经营承包方式直接与市政府签约的首家大中型企业。

6月7日 以日本福冈市新任市长桑原敬一为团长的福冈市政府友好访华团一行100人抵达广州进行友好访问。8日，广州各界代表和访华团在草暖公园举行庆祝广州市与福冈市缔结为友好城市8周年大会。9日，广州市市长朱森林和桑原敬一举行会谈，交换两市对今后交流项目的意见。

6月15日 市委、市政府发布《关于加强区、街工作的决定》，要求区、街工作要以经济建设为中心，加强城市管理，实行两个文明建设一起抓，把区、街建设成为经济繁荣、文化发达、道德高尚、社会安定、生活方便、环境优美的社会主义新城区。

6月23日 东山区政府实施城市管理任期（1987—1990年）目标责任制。这是广州市区级政府首次宣布实施城管任期目标责任制。

6月25日 市政府决定，从7月1日起，广州市电筒工业公司、广州市制伞工业公司、广州市机床工具工业公司、广州绢麻纺织厂、广州电饭煲厂、广州钢琴厂、广州钟厂、东方橡胶厂、广州指甲钳厂、永泰毛巾厂10家企业实行出口创汇的特别优惠政策。

6月 广州市已逐步形成多层次、多渠道、多形式的技术市场，建立有广州地区科研单位和高等院校等63个单位参加的技术市场信息协作网，建立科研（教育）生产联合体236个；在改革科技贷款制度中，有26个开发性科研单位实行有偿合同制。改革开放以来，广州有1445名科技人员获国家科技成果奖，4667名科技人员获省科技成果奖。

△是月 广州市体制改革领导小组、市委组织部等单位联合发出通知，在全市全民所有制企业单位实行厂长（经理）离任经济责任审计评议制度。

7月1日 是日起，广州市各专业银行打破专业分工，试行人民币业务全面交叉经营和外汇业务交叉经营。

7月9日 广州市有217个市属国营工业企业实行承包经营责任制，占市属国营企业总数的59.78%；市属商业系统有227户实行承包经营责任制，占总数的84.68%。

7月14日 国务委员谷牧视察广州经济技术开发区，要求广东要尽快形成有利于外商投资的“小气候”，为下一步更加开放、更多利用外资打开新的局面。各方协助开发区切实搞好投资环境，吸引更多的客商前来投资。

△**是日** 天河体育中心体育馆竣工并通过验收，交付第六届全国体育运动会使用。至此，天河体育中心三大工程——天河体育场、天河游泳馆、天河体育馆已全部建成。

7月17日 市纺织工业公司举行广州丝织厂租赁经营合同签字仪式。这是广州市第一间实行租赁经营的国营工厂。

7月22日 市政府召开首届科技进步奖颁奖会，奖励91项科技进步项目、23项科技攻关项目，303名科技人员获科技进步奖证书，4个科技先进单位、15名优秀科技管理人员受到表彰奖励。

8月4日 广州市外贸体制改革的试点单位——市纺织品进出口分公司和市工艺品进出口分公司，从8月4日、5日起先后实行经理任期目标责任制。

8月11日 市委、市政府发出《关于放活科技人员的若干政府规定》。主要内容包括：鼓励和支持科技人员承包、租赁、领办集体所有制企业、乡镇企业和亏损的全民所有制小企业以及承包“星火计划”，经营技术开发、技术服务、技术贸易机构等；鼓励科技人员流动；给予优惠政策。

8月18日 市八届人大常委会举行第三十一次会议，审议通过《广州经济社会发展战略纲要》《广州文化发展战略纲要》和《广州科学技术发展战略纲要》。《广州市经济社会发展战略纲要》提出从1986年到20世纪末，广州经济社会发展的战略目标是：以外经外贸为导向，以科技、教育为依靠，以工农业为基础，以轻纺工业和第三产业为重点，大力发展能源、交通运输业，为把广州建成为具有强大内外辐射能力的、多功能的和高度文明、高度民主的社会主义现代化中心城市打下基础。《广州文化发展战略纲要》《广州科学技术发展战略纲要》也分别提出今后广州的文化和科学技术发展的战略目标。

8月30日 广州市天河体育中心举行落成典礼剪彩仪式，广东省省长叶选平、广州市常务副市长杨资元出席剪彩仪式。天河体育中心立体建筑由天河体育场、天河体育馆、天河游泳馆组成，占地58万平方米，建筑面积12.5万平方米，总建设费用3亿多元。场馆设计新颖，设备先进，体现了20世纪80年代的先进水平，被公认为是具有“一流速度、一流建筑、一流设备”的体育中心，是中国改革开放后建成的第一个大型综合体育设施。

8月 杨箕村成立股份制合作经济联社。联社由股份合作理事会管理，下设经济发展公司，把集体经济折成股份，村民设置人头股、劳动工龄股和发展股，集体经济年终结算，按股分红。

9月4日 市委、市政府召开国营肉菜市场工作会议。谢非在会上讲话，指出国营肉菜市场不能丢，要充分发挥其主导作用。常务副市长杨资元在会上宣布市委、市政府决定采取的一系列扶持优惠政策。

9月6日至8日 市委召开加强党的建设工作会议。张汉青在会上作《总结整党工作，加强党的建设》的报告，谢非作《新时期加强党的建设的几个问题》的讲话。

9月12日 市政府办公厅发出《关于加快发展我市基础教育设施的几项决定》，规定凡成片开发的住宅新村，都要进行教育的配套建设，每万人口设幼儿园2～3所，中学1所；零散新建扩建的住宅，征收教育设施配套补偿费。

9月27日 广州万宝电器工业公司和电子工业部第五研究所合办的万宝电子技术开发中心签订创办合同。这是国内首家企业与科研单位合资创办的科研经济实体。

9月29日 广州市社会主义精神文明建设十件大事评选活动揭晓。南华西街两个文明建设、“微笑的广州”活动、广州卫生处理厂“宁愿一人脏，换来万人康”的精神、珠江经济广播电台闯出新路、“友爱在车厢”活动、《广州日报》改出8版、军民共建文明中山路、群众体育活动、职工读书自学活动和“美的家庭文化”活动入选。

10月14日 中国人民银行广州分行决定，从是月起，珠江水泥厂1986年发行的实物债券上市转让。这是广州市第一种上市交易的有价证券。

10月16日至17日 南华西街文明建设理论研讨会召开。这是广州市第一次由学者、专家和街道干部共同参加的街道文明建设理论研讨会。

10月20日至21日 市委、市政府召开全面推行厂长负责制工作会议，传达全国和广东省召开的贯彻全民所有制企业“三个条例”，全面推行厂长负责制工作会议精神，总结交流推行厂长负责制的做法和经验，研究和部署今后的工作。会议要求1987年底在全市国营企业中基本实行厂长负责制。

10月31日 广州市公证处为广州啤酒厂在1988年产品订货会上与客商所订的购销合同，按照法律程序实行公证。这是广州市首次为大型订货会购销经济合同实行法律公证。

10月 市内首座广告天桥——环市路天桥建成使用，广州市第一座不锈钢雕塑同时诞生。该雕塑安装在环市路天桥的螺旋形梯内侧，主题为“运动、活力”。它以写意的手法充分展示自行车运动员你追我赶、勇往直前的矫健形象，也寓意中国自行车工业飞速发展，设计者是陈令璀。

11月3日 市委发出《关于认真学习党的十三次全国代表大会文件的通知》。11日又召开会议传达党的十三大精神，并对如何贯彻作部署。

11月10日至13日 市八届人大六次会议召开。会议经过充分酝酿、讨论、协商，采用无记名投票的方式，依法选出广州市出席省第七届人民代表大会代表121人。此次选出的代表平均年龄有所降低，知识水平有所提高，并具有广泛的代表性。

11月11日 亚洲饮料集团公司成立。这是广州市第一个由集团成员投资参股，以股份制形式组建而成的跨行业、跨地区的紧密型企业集团。

11月20日至12月5日 中华人民共和国第六届运动会在天河体育中心举行。万里、田纪云、秦基伟、王首道、江华、陈锡联、黄镇、阿沛·阿旺晋美、荣毅仁、陈再道、吕正操、王光美等，省、市党政军领导林若、叶选平、朱森林、尤太忠等和国际奥委会主席萨马兰奇出席开幕式。万里致开幕词，叶选平致欢迎词。参加此次运动会决赛的有37个代表团的7500多名运动员。运动会设44个比赛项目（其中27个为奥运项目）和3个表演项目。运动会首次统计各个代表团的团体总分，并首次采用远程微机网络系统处理各项成绩、记录和资料。

11月21日 国务院副总理田纪云参观是日开幕的中美合作企业——广美香满楼畜牧有限公司，并会见该公司美方副董事长纪艾华、香港香满楼有限公司董事张紫珊。

11 月 28 日 珠江罐头食品企业集团成立。这是广州市第一家跨地区、跨行业、可自营进出口业务的股份制企业。

11 月 团市委在广大青年中开展“微笑的广州”活动，以广州青年真诚的微笑迎接参加六运会的四方宾朋。六运会期间，广州市各行各业的青年发起了有行业特色的微笑活动，如微笑迎客、微笑服务、微笑在车厢、文明礼貌年等。

12 月 5 日 珠江外资建设总公司和市城市建设开发总公司实行总经理负责制和总经理任期目标责任制。这是广州市推行总经理负责制的首批总公司企业。

12 月 8 日 国家第七个五年计划期间重点建设项目、广东历史上规模最大的市内电话工程——3.8 万门程控电话交换设备在广州开通，使广州市自动电话容量增加 53%，即由 6.4 万门增加到 9.8 万门。

12 月 10 日至 12 日 市妇女第七次代表大会召开。出席大会的代表 975 名，特邀代表 58 名（其中港澳地区代表 11 名）。市妇联主任作《团结全市妇女在党的十三大旗帜下开拓前进》的工作报告，市委副书记张汉青在会上讲话。大会通过《关于工作报告的决议》。

12 月 11 日 广东省、广州市党政军机关和各界代表举行纪念广州起义 60 周年大会。广州起义烈士纪念碑和广州起义纪念馆分别举行揭幕仪式和剪彩仪式。该纪念碑是当时全国最高的雕塑纪念碑，高 45 米。纪念碑造型独特：一只有力的巨手紧握钢枪、高举直指云天。纪念碑正面刻有邓小平手书的漆金碑名。底座刻有 4 幅反映广州起义战斗场面的浮雕。

12 月 15 日 市医疗器械研究所和广州军区总医院共同研制成功国内第一台 YCZ-1 型人体云纹测量仪。

12 月 18 日 原黄埔港务局和原广州港务局合并组成广州港务局，其港域包括原黄埔港区和原广州港区，是华南地区最大的国际贸易中枢港，黄埔集装箱码头是当时全国最大的集装箱码头。整个港域有可锚泊万吨级船的锚位 33 个，直属码头泊位 123 个，码头岸线长 10894 米，铁路专用线总长 25 公里。

12 月 21 日至 25 日 市总工会第十二次代表大会召开。出席代表 1019 人，列席代表 48 人。市总工会主席作《在加快和深入改革中充分发挥广州市工人阶级主力军作用》的工作报告。大会通过广州市工会第十二次代表大会决议。

12 月 25 日至 29 日 市委五届二次会议召开。市委书记谢非作《认真贯彻十三大精神，努力夺取改革和建设的新胜利》的工作报告，提出广州市今后的主要奋斗目标和任务为“四个加快”“一个转变”：（一）加快经济建设的步伐，从下一年到 2000 年，全市工农业总产值比 1980 年翻三番；国民生产总值达到 597 亿元（按 1980 年不变价），比 1987 年翻两番；人均国民生产总值超过 7000 元，人民生活比较富裕；（二）加快外向型经济的发展；（三）加快科技进步和人才培养；（四）加快改革的进程，经济体制改革争取在三至五年内，建立起有利社会主义商品经济发展和对外开放新体制的框架。“一个转变”即实现人的思想观念的转变。会议通过谢非代表市委所作的工作报告、《广州市 1988 年政治体制改革工作方案》《广州市 1988 年经济体制改革工作方案》的决议。

12 月 31 日 截至是日，广州市推行厂长（经理）负责制及任期目标责任制工作已基本完成。全市全民所有制企业有 746 家实行厂长（经理）负责制和任期目标责任制，实行面达 88.3%，其中经济口有 634 家，实行面达 95.5%。

1987 年 广州白云山制药总厂实行厂长负责制和厂长任期目标责任制，并建立全厂实现任期目标的连锁网络体系，先后对管理、经营、计划、分配体制进行改革，确立了以“一长三师”（厂长、总经济师、总会计师、总工程师）为主体的管理体制，实行产供销一条龙的管理方式。1987 年各项经济指标比上年大幅增长，工业总产值达 33632.37 万元，比上年增长 35%；出口创汇 361 万美元，比上年增长 80.5%；职工人年均收入 1935.84 元，比上年增长 8.18%。

△**是年** 广州市内河航运基本淘汰木质船，实现机械拖带化。过去，广州市内河航运船绝大部分为木质船，共约 4000 艘。1980 年开始，市航运部门通过集资更新改造船舶，使内河航运船只从不足 1.1 万马力增至 5 万多马力，平均每只船承载能力从 26 吨上升到 96 吨。

△**是年** 团市委在全市青少年中开通“中学生心声热线”电话。热线电话受到广大学生的欢迎，团市委也借助这一平台引导中学生正确认识自己、认识社会，走向乐观向上、积极健康的人生。这是全国第一条“中学生心声热线”，也是广

州志愿服务的开始。

△**是年** 广州市城乡集市贸易成交总额 21.9 亿元，比 1979 年增长 14.6 倍，连续 3 年居全国十大城市之首。

△**是年** 广州市全市国内生产总值 185.41 亿元（按现行价计算，增长速度按可比价计算）， 社会总产值 399.15 亿元，工农业总产值 231.48 亿元（按 1980 年不变价计算），社会商品零售总额 107.65 亿元，农、轻、重占工农业总产值的比重为 7.15 ：63.27 ：29.58。

1988年

1月1日 团市委、市青联、市学联、市少先队工作委员会联合向广州地区青少年发出关于开展1988年羊城礼貌年活动的倡议。据不完全统计，一年来全市计有数十万青少年参加礼貌年活动，有近10万少年学生获得“礼貌奖章”。

1月6日 花县被选为全国土地登记发证试点区。是日，花县召开全国颁发土地证书试点大会。这是中华人民共和国成立后广州地区实现土地国有化以来首次颁发土地证书。

1月7日 市委书记谢非、市长朱森林、常务副市长杨资元等在花园酒店举行座谈会，向中共中央政治局委员、上海市委书记、市长江泽民为团长的上海市赴粤考察团介绍广州市改革、开放的情况，并就共同关心的问题亲切交谈。座谈后，谢非、杨资元陪同江泽民等参观广英纺纱有限公司、珠江啤酒厂和万宝电器工业公司。

△**是日** 广州市行政区划作出较大调整，把龙门县划归惠州市管辖，新丰县划归韶关市管辖，清远县和佛冈县划归清远市管辖。

1月9日 市委、市政府联合召开推广广州酒家先进经验大会。张汉青在会上宣读市委、市政府《关于开展学习广州酒家先进经验的活动的决定》。

1月10日 广州电视台正式开播。该台使用34频道，覆盖范围除市区和市属4县外，可达珠江三角洲地区。试播期间每日播出新闻，首创国内电视台开台试播即每天播出即日新闻的先例。广州电视台每天播出内容有三大类：一是新闻，反映广州市及珠三角的各类信息和专题新闻；二是社会生活专题节目，反映市民的新问题、新气象、新观念，报道政府工作决策和改革的重大措施；三是文艺节目，包括歌舞、电视剧等。

1 月 18 日 中共中央宣传部、国家经委、全国总工会表彰 97 家企业为 1987 年度全国思想政治工作优秀企业，广州酒家榜上有名。曾荣获“1986 年度思想政治工作优秀企业”称号的广东玻璃厂、广州卫生处理厂、白云山制药厂继续保持该项荣誉称号。

1 月 19 日至 21 日 广州市外经贸工作会议召开。市长朱森林在会上提出，广州市要加快走国际大循环的经济发展道路，实现全市的经济朝外向型转变。1987 年全市共签订合资、合作、独资、补偿贸易及租赁合同 142 项，比 1986 年增长 18.3%，合同外资金额 2.91 亿美元。其中生产建设性项目合同投资总额比 1986 年增长 121.23%。

1 月 22 日 广州经济技术开发区正式发出第一块土地招标通告。这是继深圳之后全国内地第二次试行土地使用权公开招标出让。3 月 9 日市政府公布《广州经济技术开发区土地使用权有偿出让和转让办法》。21 日，该开发区通过公开招标方式，把第一块面积为 1.5953 万平方米的土地使用权，有偿出让给中标的广东省信托房产开发公司。这是国内第一次将工业用地用招标方式出让使用权。

1 月 23 日至 26 日 广州市商业工作会议召开。会议提出今年的努力方向：增加商品供应，保证市场稳定，要求重要商品不断档脱销，价格不暴涨猛起，品种不单调低劣。

1 月 广州市的 1924 年国民党一大旧址、1924—1927 年的黄埔军校旧址、1925—1927 年的中华全国总工会旧址、清代的陈家祠、清代的洪秀全故居被国务院列为第三批全国重点文物保护单位。

2 月 8 日至 10 日 市思想政治工作会议召开。会上，市委书记谢非作题为《以改革精神加强和改进思想政治工作》的报告。会议要求各级领导要努力探索社会主义初级阶段思想工作的新路子，强调思想政治工作要适应政治体制改革的展开，逐步理顺思想政治工作的领导体制，努力实现思想政治工作的社会化。

2 月 9 日 广州市 1985 年投入产出模型通过鉴定，这是广州市软科学研究的一项重大成果。该模型可预测和分析各项经济政策的实施效果，为制定广州市中长期社会经济发展计划提供科学依据。

2月11日 市委、市政府举行首届优秀乡镇企业家、农民企业家表彰大会。石井水泥厂厂长李根等40人、农民梁国飞等13人分别获广州市首届优秀乡镇企业家、农民企业家称号。当时，全市乡镇企业达5.89万家，从业人员52.78万多人。

2月12日 市政府召开全体扩大会议，市长朱森林作《广州市1987年主要工作情况和1988年工作的安排》的报告，提出1988年广州市的主要任务：进一步稳定经济，深化改革，根据中央把广东省作为综合改革试验区和市委五届二次全会确定的要求，继续开展双增双节运动，做到国民生产总值比上年增长10.5%，国民收入增长9.5%，工业总产值增长10%，农业总产值增长5%，社会商品零售总额增长15%，外贸出口增长10%，预算内财政收入增长6%。

△**是日** 全国首届经济改革人才奖新闻发布会公布，广州市有4名在经济改革中做出突出贡献的改革者获得银杯奖。他们是：白云山制药总厂厂长贝兆汉、珠江钢琴工业公司黎达苏、万宝电器工业公司经理邓绍深和市头甘化厂厂长刘韶安。

2月21日 市政府常务会议决定：广州市住房制度改革正式开始。12月1日，开始试行第一批出售公有旧住宅方案。

2月26日至28日 市委、市政府召开农村工作座谈会。会议向郊、县干部群众和市属有关部门提出新的任务：进一步解放思想，放宽搞活，以追赶广东“四小虎”为奋斗目标，加快郊县经济发展步伐，力争三五年内跨进广东农村经济最发达县份的先进行列。

2月29日 广州市召开“双评”（基层评议机关单位，市民评选服务单位）活动总结表彰大会。会上，常务副市长杨资元代表市委、市政府宣布授予市财政局等10个单位为“1987年度广州市直属机关为基层服务最佳单位”，授予广州酒家等70个单位为“1987年度广州市最佳服务单位”。

3月1日至2日 市外贸体制改革会议召开。会议决定，广州市外贸体制实行“自负盈亏、放开经营、工贸结合，推行代理制”十七字方针和“政企分开，权力下放；加强行业管理，联合对外”的原则。广州市向国务院承包任务，超额实行倒二八分成。会上，广州市51家企业经理接受承包任务。

3月8日 广州市首届农民运动会在增城县举行。番禺县代表团获得团体总分第一，花县第二，增城第三。

3月12日 市委举行党外人士协商会议。谢非、张汉青、肖鸣、罗培元等市领导与党外人士就广州市发展外向型经济问题共商对策。

3月24日 万宝电器工业公司、市家用电器工业公司同英国中国产品有限公司正式签订万宝系列产品出口总经销协议。这是省内家电行业首次与国际销售网建立大规模销售关系。

3月 广州证券有限公司成立。这是为规范证券业务，加强统一管理，经中国人民银行批准成立的证券公司，是国内最早成立的证券公司之一。

第一季度 广州市在131个区、县、局级以上单位开展民主评议、推荐领导干部活动，有16400多名机关干部、职工和基层领导参加，对630名市级和区、县、局级领导干部进行评议。群众对领导成员的测评分为优秀、胜任、基本胜任和不胜任4个档次。

4月1日 广州市全面推行邮政编码。邮政编码是邮电部门为实现邮政现代化而采取的一项措施。中国采用的邮政编码为“四级六码”制。即每组编码由6位阿拉伯数字组成，这6位数字分别表示省（自治区、直辖市）、邮区、县（市）邮电局和投递局（区）四级。6位数的前两位代表省（自治区、直辖市），第3位代表邮区，第4位代表县（市）邮电局，最后两位是投递局（区）的编号。

4月4日 市委书记谢非应外交部邀请，在北京向驻外使馆人员作题为《从广州情况看沿海经济发展战略》的报告。

4月8日至24日 广东省首届农民运动会举行。广州市农民体育代表团获得9枚金牌、5枚银牌和6枚铜牌，团体总分、金牌数和体育道德风尚奖均名列第一。

4月12日 市委、市政府召开有5000人参加的广州市加速发展外向型经济动员大会。会议传达国务院关于沿海地区对外开放工作会议精神和国务院批准广东作为综合改革试验区的决定，并提出广州市在实施沿海地区发展外向型经济的具体部署。会议要求各部门各行各业抓住有利时机，加速发展外向型经济。

4月27日至29日 市纪检工作会议召开。曾庆申在会上传达中纪委第二次全会及省纪委工作会议精神，指出新时期纪委的任务要集中管好党纪，协助党委管好党风。谢非强调要在改革开放中加强党风党纪建设，使广州成为全国党风最好的大城市之一。

5月5日 市委召开企业党政分开动员大会，公布《中共广州市委关于理顺企业内行政、党组织和职代会之间关系的意见》，对贯彻执行意见作具体部署。主要内容有：进一步确立厂长的中心地位，发挥厂长对企业实行全面领导的中心作用；进一步明确企业党组织的职能，发挥党组织的保证监督作用；进一步强化职代会职能，发挥职代会的民主管理作用。

5月9日 国家科委批准广州市建立广州经济技术开发区天河高新技术产业开发区。该高新技术产业区实行科工贸相结合，按自筹经费、自负盈亏、自主经营、自我发展、自愿互利的原则，发展多种所有制的高新技术产业。

5月10日 广州智囊公司成立。该公司为科技咨询公司，由几百名专家、教授、工程师、学者组成人才信息网，并聘请高等院校科研单位为该公司的科技咨询单位。

5月13日 市委、市政府召开广州市1987年度先进生产（工作）者和先进集体表彰大会，授予黎达苏等122人“广州市劳动模范”称号，珠江钢琴工业公司等358个企业为先进集体，李锦洪等683人为先进生产（工作）者，并表彰劳动竞赛中获得全面优胜的市医药总公司等20个单位。

5月14日 国防科工委科技情报局和市科委在广州联合举办全国首次军工技术转民用信息发布会。国防科工委科技情报局组织国防科技工业专业情报网站筛选出首批解密的1082项科技成果参加信息发布会。与会者来自市属区、县、省属24个县市和全国11个省市，共2000多人。会上，洽谈技术430项，签订合同8项、协议书和意向书113项，合计成交金额为85.5万元。

5月26日至28日 广州市科技工作会议召开。市委书记、市长朱森林在会上作题为《推进科技进步，加快外向型经济发展》的讲话。会议要求科研单位开展外向型技术经济活动，以建立适应外向型经济的科技体系。

5月 市政府批准南方大厦百货商店有自营小额贸易的进出口权。这是广州市首家零售企业向外向型转变的尝试。

△**是月** 广州市城镇居民口粮实行当月粮当月供应，价格在原统销价基础上每 50 公斤增加 15.80 元。食油放开和粮食调价后，由地方财政和企业分别给予补贴，干部、职工每月每人补贴 8.44 元。

△**是月** 经广东省政府批准，花县赤坭、炭步、狮岭、花东、花山、北兴、梯面、芙蓉，增城县朱村、小楼、宁西，从化县太平、神岗、鳌头、龙潭、棋杆、良口、吕田，白云区新市、石井、江高、神山、人和、蚌湖、太和、龙归、竹料、钟落潭、九佛、萝岗、同和，黄埔区长洲、南岗、大沙，天河区沙河、东圃，海珠区新滘，芳村区东漖 38 个镇列为珠江三角洲经济开发区重点工业卫星镇。

6 月 9 日至 11 日 市委、市政府召开市教育工作会议。会议指出，要加强和深化广州市教育体制改革，力争在较短时间内使广州教育成为全国先进地区之一。

6 月 14 日至 16 日 市委五届三次全会召开。会议的主要议题是：贯彻省第六次党代会和省委召开的县委书记会议精神，研究部署下半年的主要任务，加快广州市改革、开放和各项建设事业的步伐。省委常委、市委书记朱森林在会上作题为《以改革总揽全局，努力发展大好局势》的工作报告。会议提出，1988 年下半年要着重抓好 4 项工作：加快和深化改革；实施沿海地区经济发展战略；加强社会主义精神文明建设；抓好党的建设。

6 月 17 日 市政府作出《关于深化改革，进一步增强企业活力的若干规定》。提出：完善和发展承包经营责任制，进一步落实企业的生产经营自主权，扩大资金使用权；鼓励和支持企业积极发展横向经济联合；进一步落实企业内部机构设置和劳动人事权、企业分配自主权；严格执行《企业法》，尊重企业依法享受的权利。

6 月 19 日至 28 日 市政协七届一次会议在广州举行。张汉青当选为政协主席。会议还通过市政协第七届委员会提案委员会成员的名单。

6 月 20 日至 30 日 市九届人大一次会议在广州举行。会议选举赖竹岩为广州市人大常委会主任，杨资元为广州市市长。此次选举有几个特点：一是对市长、副市长和市人大常委会副主任、委员都以法律规定的最高差额数进行选举；二是选举前，安排正式候选人同全体代表见面并作自我介绍；三是当选的地方国家机关领导人出席记者招待会，回答记者的提问。

6月 市委常委会议决定，选择一批与群众有直接联系的基层单位试行公开办事制度。这是贯彻党的十三大关于加强社会主义民主建设精神，强化民主监督的重要举措。

△**是月** 国务院同意扩大广东沿海经济开发区。扩大的范围中有广州市所辖的花县和从化县。

7月4日 市委发出通知：杨资元任中共广州市委副书记，雷宇任中共广州市委常委，曹云屏任中共广州市顾问委员会副主任。

7月15日 市委召开试行开放办事制度试点工作会议。会议决定从7月开始，先在越秀区及市工商、财税、公安、交通、房管、粮食、供电、邮电、银行等81个基层执法部门、行政管理部门和公用事业单位进行公开办事制度的试点，实行“四公开”：公开办事的规章制度；公开办事的程序、手续；公开办事人员的姓名、工号、工作职责；公开办事的结果。这是市委推进政治民主化、法制化，提高工作效率的一个举措。

△**是日** 市委召开传达中央领导同志重要讲话精神报告会，市委书记朱森林就物价改革、提高经济效益以及为政清廉等问题发表讲话。市委副书记杨资元作题为《广州市改革开放以来价格工资改革的情况及进一步改革的初步设想》的报告。

7月19日 广州军区战士杂技团在荷兰海牙作首场访问演出。青年演员严志诚演出《钻地圈》节目，成功完成钻5圈（高度为2.5米）的高难度动作。后被载入美国出版的《世界之最》丛书。

7月20日 广州市九届人大常委会与市政府举行首次联席会议，就1988年下半年的工作安排交换意见。市人大常委会以加强社会主义民主和法制建设为中心任务，以执法大检查为工作重点，市政府以推进价格和工资制度改革、加快住房改革为工作重点。

7月25日 广州市经济体制改革工作会议召开。会议提出下半年经济体制改革的9项任务：推进价格和工资制度改革、深化企业改革、完善市场体系、深化金融体制改革、深化科技体制改革、改革外贸体制、加快住房制度改革、加快区县改革步伐和改善宏观管理。

8 月 6 日 市委成立政治体制改革办公室。23 日，广州市体制改革领导小组办公室改称为广州市经济体制改革委员会。

8 月 16 日至 29 日 共青团广州第十次代表大会召开，出席代表 486 人。团市委书记作《改革团的体制，推进青年事业，为振兴广州作出更大贡献》报告。大会讨论《广州市共青团体制改革规划》，选出由 74 人组成的共青团广州市第十届委员会。根据团章部分条文修正案的规定，从此次大会起，广州市团代表大会改为每 5 年举行一次。

8 月 24 日至 27 日 建设部在广州市召开全国沿海城市房地产工作座谈会。广州市代表在会上介绍近年来开发房地产的经验。建设部对广州市房地产开发的模式予以肯定。

8 月 28 日 番禺县洛溪大桥建成通车。洛溪大桥是沟通广州中心城区和番禺的陆上交通大桥，全长 1916.04 米，宽 15 米。大桥由广东省、广州市、番禺县共同集资兴建，港澳知名人士霍英东、何添和何贤也赞助部分资金。大桥在设计、施工难度、新技术应用方面都达到当时国内先进水平，大桥长度在当时全省公路桥梁中居首位，主跨高度在当时国内通航桥中最高，跨度在当时同类桥中居世界第六、亚洲第一。

8 月 29 日至 31 日 市委召开区县局以上领导干部会议，传达省委召开的厅局以上党政领导干部会议精神，研究部署广州市党政机关开展保持廉洁、遵纪守法教育的工作。市委书记朱森林在会上作题为《切实抓好廉政工作，使党政机关成为廉洁、高效、遵纪守法的机关》的讲话。

9 月 1 日 市政府在广州钢铁厂召开“深化企业改革，加快技术改造”现场会，提出“内部改革学广重，技术改造学广钢”，并就今后广州市大中型企业开展“双改”工作作出部署。

9 月 2 日 市委发出《关于在全市党政机关中认真开展保持廉洁遵纪守法教育的通知》。19 日，市委、市政府联合发出《关于保持党政机关和领导干部清正廉洁的若干规定》。

△**是日** 市经济体制改革领导小组成立，撤销广州市体制改革领导小组。

9月7日至9日 市委召开党外人士民主协商座谈会，到会的有党外人大常委会副主任、副市长、政协副主席，各民主党派、人民团体、宗教界、少数民族、文史馆、参事室的负责人共50多人，市委常委、秘书长邬梦兆传达中央主要负责同志在中共中央政治局第九次会议上的讲话，市委副书记、市政协主席张汉青和市委副书记、市长杨资元分别介绍广州市的改革状况和经济形势，与会人士就上述问题进行协商谈话，共同探讨对策。

9月9日 广州市200多种轻工产品在首届全国轻工业出口产品展览会上参展。14日，在全国首次召开的轻工业产品出口创汇先进企业"金龙腾飞"奖和优秀出口产品颁奖大会上，广州市获"金龙腾飞"金奖6个，银奖10个，铜奖54个；获出口创汇金牌奖18个，银牌奖28个，铜牌奖60个。

9月12日至14日 由省高教局、市委研究室、广州经济社会发展研究中心、市委组织部、市教委、市计委、市经委、市科委、市科协和市人事局10个单位联合发起组织的振兴广州教育研讨会成立，并举行第一次会议，研究和制订振兴广州教育的战略对策和总体规划。

9月20日至24日 市委召开广州市组织工作会议。市委常委、秘书长邬梦兆作《认真贯彻全国全省组工会议精神，把我市组织工作提高到新水平》的报告，市委副书记张汉青作《努力做好组织工作，保证党的基本路线的贯彻执行》的讲话。会议还讨论修改《关于广州市全民所有制企业引入竞争机制，改革人事制度的暂行规定》《关于广州市局以上党政领导干部开展培训的意见》《关于对市、区、县、局级单位领导干部实行民主考评意见》和《关于建立领导干部回避制度的暂行规定》。

9月23日 江南大酒店试业。酒店30层高，由联星农工商总公司与香港传统投资有限公司合资建设，是全国第一间由农民集资兴建的大型酒店。

10月7日至13日 市委五届四次全体（扩大）会议召开。市委书记朱森林代表市委作工作报告。会议要求突出抓好5项工作：治理经济环境，坚决压缩社会总需求；整顿经济秩序，克服新旧体制转换中的混乱现象；抓好多方面的配套改革，推动全面改革的深化；努力发展生产，增加有效供给；加强党的领导，发挥政治优势，保证中央决策的实施。

10 月 15 日　市委在越秀区礼堂召开广州市公开办事制度现场会，对越秀区及市属 81 个基层单位公开办事制度试点工作表示肯定，推广介绍越秀区委、区工商局、财政局等单位公开办事制度的经验，并决定从第四季度起，在全市范围内逐步推行公开办事制度。

10 月 20 日　市政府发出《关于认真贯彻国务院关于清理固定资产投资在建项目、压缩投资规模、调整投资结构的通知》。同日，市政府审批停建 13 个楼堂馆所项目。

10 月 21 日　市纪委举行第四次全体扩大会议。会议传达了乔石在中纪委三次全会上和王宗春在省纪委二次全会的讲话，并就如何保证党的十三届三中全会精神贯彻落实作出具体部署。

10 月 24 日至 27 日　广州市农业生产工作会议召开。会议要求广州市农业要贯彻服务城市、富裕农民的方针，进一步抓紧粮食、蔬菜、畜牧及水产品等主要农副产品的生产，确保 1989 年增加城市市场的供应。

10 月 26 日　是日为广州市第一个环卫工人节，市政府在市委礼堂举行庆祝大会。根据市九届人大常委会第三次会议决定，每年 10 月 26 日为广州市环卫工人节。

10 月 27 日至 28 日　市九届人大常委会举行第四次会议。会议审议并同意市长杨资元在会上作关于《广州市贯彻执行中共十三届三中全会精神，治理经济环境、整顿经济秩序、全面深化改革》的报告，通过《广州市人民代表大会常务委员会关于在治理经济环境、整顿经济秩序、全面深化改革中加强监督工作的决议》和《广州市保护消费者合法权益的规定》。

10 月 28 日　广州市发出《关于贯彻中共中央、国务院〈关于清理整顿公司的决定〉的通知》，决定实行清理整顿各类公司，取消公司的政府行政职能，公司在财务和物资上与各党政机关彻底脱钩，党政机关工作人员不得到公司（企业）兼职等措施。此外，还采取措施整顿金融秩序和整治外经贸环境和秩序。

△**是日**　广州钢铁厂与香港粤海企业（集团）有限公司合资成立广州钢铁有限公司，成为全国首家中外合资的钢铁联合企业。广州钢铁有限公司是广州市较早实行财政包干的企业之一。1987 年，广州钢铁厂的钢产量达 33 万吨，盈利

5000万元。

11月2日至5日 市宣传工作会议召开。会议传达全国宣传部长会议和市委五届四次全会精神，讨论和部署广州市开展形势教育工作。

11月9日 市第三次政府法制工作会议召开。会议要求运用法律机制治理社会秩序、流通领域秩序，加强市场建设和管理，保障市民“菜篮子”的利益。

11月19日 国内首次实行的旅游涉外饭店星级评定工作在广州开展。广州市是全国第一个实行评定饭店星级工作的试点城市。

11月21日 市政府办公厅印发《广州市私营企业登记管理规定》，明确解释私营企业为“企业资产属于私人所有，雇工8人以上的营利性经济组织”，分为独资企业、合伙企业和有限责任公司3种，规定私营企业由市或县工商行政管理局登记发照和管理。

11月24日至26日 市委、市政府召开市中小学德育工作会议。会议决定，学习和推广潮州经验，动员社会各方面力量，进一步加强和改进广州市中小学德育工作。

11月26日至29日 市委、市政府召开市农村工作会议，传达全国农村工作会议精神，研究发展农业，特别是在明后两年搞好农业生产，增加农产品有效供给的问题。市委常委、副市长黄伟宁代表市委、市政府作《充分重视农业、努力争取明后年农业丰收》的讲话。

11月 在西安举办的全国“星火计划”成果展览交易会上，广州市有17个项目获奖，其中金牌奖5项、银牌奖7项、铜牌奖5项。

12月8日 市政府在广州铝材厂召开破“三铁”（铁交椅、铁工资、铁饭碗）深化企业内部改革现场会，推广该厂优化劳动组合的经验。

12月8日至9日 市九届人大常委会举行第五次会议。会议审议通过进一步实施《广州市城市总体规划》的决议；审议并原则同意市政府办理九届人大一次会议关于《充分发挥我市华侨、港澳同胞众多优势，为加快发展外向型经济服务》议案的实施方案；审议同意广州市与新西兰奥克兰市建立友好城市关系。会议补选杨资元、赖竹岩为广东省第七届人民代表大会代表。

12月13日 在北京召开的全国优秀商业企业家、优秀企业经理表彰会上，广州酒家经理温祈福获“中国商业优秀企业家”称号。

12月14日至17日 市工业经济工作会议召开。会议总结广州市1988年工业生产情况，分析当前生产的形势，部署1989年工业生产工作。

12月18日 由珠江电影制片公司文学部编辑王静珠自筹资金开办的王氏影视剧本有限公司开业。这是中国首家经营电影电视剧本的私人企业。

12月22日 历时近4个月的广州改革开放十大成就评选活动揭晓。自11月17日开始至12月12日止，评委会共收到131815张选票。按得选票数量排列，它们的顺序是：1. 多种形式筹集资金，加快路桥和电信建设；2. 率先开放肉菜市场，主要副食品坚持放开供应；3. 17万“个体大军”活跃在城乡，集市贸易繁荣兴旺；4. 10年解决90万人就业，根本改变“就业难”状况；5. 住宅建设10年超过前29年3倍，居民住房条件有明显改善；6. 多层次集资建车队，出租小汽车全国首创“扬手即停”、昼夜服务；7. 涉外宾馆、商店率先向全社会开放，接待国际游客每年250多万人次；8. “微笑”“友爱”深入人心，羊城盛开文明花；9. 提高政府工作开放度、透明度，推进决策民主化、科学化；10. 工业生产稳步发展，“广货”蜚声中外。

12月22日至24日 市委召开市群众组织工作会议。会议贯彻市委关于改善和加强对群众工作领导的决定，更好地发挥群众组织在新的历史时期的作用。

12月24日 反映广州市改革开放10年变化的《改革开放与现代化》丛书首发仪式举行。丛书第一批书目包括：《广州改革开放十年》《广州的开放和经济体制改革研究》《发育中的广州市场》《改革开放与观念更新》。

12月26日 广州大坦沙污水处理厂正式通水投入试运行。这是广州建成的第一间大型污水处理厂。该工程的建成，保护西村水厂水源，且具有排洪防涝功能，标志着广州市污水处理进入一个新的阶段。

12月27日 海印大桥建成通车。该大桥全长1125米，主桥长346米，是中国第一座双塔式单索面斜拉桥。

12月30日 广州东华实业股份有限公司成立。该公司是1988年9月经广州市经济体制改革委员会批准，在广州东华实业公司的基础上改组设立的股份有限公司，同年12月经中国人民银行批准向社会公开发行股票30万股（每股面值

100元）。

12月31日 市政府印发《关于加快发展外向型经济的决定》。内容是：积极推进外向型经济的发展；改善投资环境，扩大利用外资规模；加快调整、优化出口产业结构；全方位开拓国际市场；加快外经贸和金融管理体制改革；大力加强科技工作与人才开发；加快经济技术开发区和对外加工区的建设步伐；加强和改善管理工作。

12月 珠江隧道动工兴建。珠江隧道位于广州市西南黄沙大道（北岸）和芳村花地大道（南岸），是穿越珠江的一条过江隧道，是中国内地首条采用沉管法设计施工的大型水下隧道。

1988年 第四季度起广州市在全市逐步推行公开办事制度。到年底，全市已有911个单位实行公开办事制度。其中市一级机关29个，区、县机关（包括乡镇和街道办事处）207个，基层执法部门、行政管理部门和公用事业单位675个。

△是年 广州市全市国民生产总值240.19亿元（当年价，增长速度按可比价计算），社会总产值539.28亿元，工农业总产值275.98亿元（按1980年不变价格计算），社会商品零售总额137.77亿元，三次产业产值比重为9.48：46.38：44.14。

1989年

1月3日 市政府印发《广州市出口生产企业实行外向型经营管理试点办法》。为促进广州市出口生产企业面向国际市场，建立以外销为主的企业经营机制，提高参与国际市场竞争的能力，选择若干生产条件较好、技术管理水平较高、出口创汇能力较强、经济效益较好的出口生产企业，实行外向型经济管理试点，并决定广州市电筒工业公司、广州市第五橡胶厂、广州丝绸染整厂、广东罐头厂等企业试行外向型经营管理。

1月12日 广州市教育基金会成立，霍英东任荣誉会长，马万祺、何世柱、胡应湘任荣誉副会长，市委书记朱森林担任会长。该基金会是经广州市政府同意，中国人民银行广州分行批准，广州市民政局核准登记的全市性社会团体。朱森林在会上作讲话，认为教育基金会的成立，是振兴广州教育的一项重要举措，必将为广州教育事业的全面发展发挥重要作用。

1月17日至21日 广州市计划和经济体制改革工作会议召开。会议提出，1989年全市经济建设和体制改革的工作，在指导思想上必须明确做到坚定不移地贯彻执行党中央关于治理经济环境、整顿经济秩序、全面深化改革的方针，坚定不移地实施沿海地区经济发展战略，抓住机遇，克服困难，加快经济调整和整顿，做到有压有保，有进有退。在经济结构上趋向大体合理，改革步骤上积极稳妥，实现稳定经济，稳定市场，稳定人心的目标。

1月30日 中华人民共和国成立以来广州市最大规模的一次社会科学界集会在市委礼堂举行，会议表彰“十年改革系列理论研讨活动”的先进单位，并对广州市1986—1987年度社会科学优秀成果进行颁奖。市委副书记张汉青作《为进一步繁荣和发展广州社会科学事业而努力》的讲话。

2月1日 “1989年羊城社会对话活动”举行首次对话会，市长杨资元与200多位市民就新的一年里如何改进政府工作的话题进行对话。

2月14日 总投资额6亿元的珠江水泥厂投料试产成功，公司由广州越秀集团有限公司及德国海德堡水泥集团共同投资合作经营，成套引进丹麦史密斯公司现代化的新型干法水泥生产线。珠江水泥厂是一家以生产和销售水泥为主营业务的大型中外合资企业。

2月17日 市长杨资元率领广州市政府友好代表团及经济考察组一行13人赴新西兰奥克兰市访问，并与奥克兰市市长凯瑟琳·蒂泽德在两市结为友好城市的协议书上签字。21日，杨资元一行抵澳大利亚悉尼市考察访问，3月1日回到广州。

2月20日 市委在天河区召开广州市企事业单位党组织属地领导试点动员大会。要求市直机关单位及天河区各单位的党组织认真执行有关规定，切实把试点工作做好，为全市推广企事业单位党组织属地领导工作创造经验。

2月23日至25日 市委五届五次全会召开。市委书记朱森林作题为《以治理经济环境、整顿经济秩序、全面深化改革为重点，推动全市工作的新发展》的工作报告。会议提出，要深化以企业改革为重点的经济体制改革，争取在完善企业承包制、推进企业兼并、发展横向联合和企业集团、进行放开经营试点和以公有制为主体的股份制试点等方面，有新的发展；扎实推进政治体制改革，搞好党政分开和政企分开，加强社会主义民主和法制建设，在民主、公开、参与、监督和立法、执法、普法方面取得成效；积极推进科技体制改革，探索科技与经济密切结合的机制，促进生产力的发展；深化教育体制改革，更好地为广州地区的经济和社会发展服务。

2月27日 市委政治体制改革办公室统计，广州市企业党政分开工作于1988年5月展开，到1989年1月，全市1115家市属企业中，已有968家初步完成这项工作，其中全民所有制企业占89%，大中型和重点企业占93.2%。

3月5日 市委办公厅印发《广州市军警民共建文明火车站广场地区方案的

通知》，要求各有关单位与驻穗部队一起，精心组织，积极行动，扎扎实实地做好共建文明火车站广场地区的各项工作，把这一地区建设成为广州精神文明的一个重要窗口，并通过这一活动，推动全市两个文明建设。

3 月 10 日 由广州青联主办的“1988 年广州杰出青年”评选揭晓。东山区委书记于幼军、广州无线电厂工程师邓謇、广州对外贸易中心司机叶献民、广州灯泡厂厂长李雪峰、市团校教员李惠健、中山大学外语系副教授周海中、广东民族学院中文系副教授郭小东、市粤剧团演员倪惠英、南风窗杂志社社长曹淳亮、广雅中学教师黄永光 10 人当选。

3 月 11 日至 17 日 市政协七届二次会议召开。会议通过政协七届二次会议关于提案审查情况的报告，通过市政协七届二次会议的决议。市政协主席张汉青在闭幕式上讲话，会议首次设立旁听席，各界群众 35 人旁听大会的几项工作报告。

3 月 13 日 市政府印发《广州市发展私营企业的若干规定》，采取多种措施，放宽对私营企业的发展限制，鼓励私营企业投资者扩大生产经营规模，允许私人租赁国营、集体企业的闲置厂房、设备开办私营企业，并在所得税缴纳、利用外资等方面给予优惠和提供便利。

3 月 13 日至 18 日 市九届人大二次会议召开。会议通过《广州市人民代表大会议事规则》。会议首次设立旁听席，各界群众 60 人旁听大会的几项工作报告。会议号召全市人民振奋精神，同心同德，艰苦奋斗，以优异成绩迎接中华人民共和国成立 40 周年和广州解放 40 周年。

3 月 26 日 广州市首次举行将先人骨灰用于植树造林活动仪式，170 多名市民亲手将 109 盒先人骨灰撒在白云山永红马鞍山的穴坑中，种植 100 多株相思树，倡导绿色殡葬之风。

3 月 30 日 市委批转市委宣传部、广州军分区政治部《关于我市开展全民国防教育的意见》，要求各级党委和政府要把国防教育纳入全民教育轨道，切实加强领导，逐步建立以党委、政府为主导，军事系统为骨干，社会为课堂，学校为基地的“四位一体”国防教育体系。

3 月 31 日 市委组织部召开会议部署民主评议党员工作。广州市民主评议党员工作从 1988 年 9 月底试点，市和区、县在 14 个试点单位中处置不合格党员

135名，占试点单位党员总数的3.6%。

4月2日 广州钢铁厂党委副书记黄龙云、广州铁路局宣传部部长伍子杰被中宣部、国家体改委、中华全国总工会授予“全国优秀企业思想政治工作者”称号，白云家用电器总厂、广州石油化工总厂、广州蚊帐布厂、东山百货大楼被评为“全国思想政治工作优秀企业”。

4月10日至17日 市委召开常委扩大会议，市委书记朱森林在会上强调，在治理整顿中要认真处理好五个关系，即治理整顿不可忘记开放改革，消除经济过热不可忘记生产力的发展，压缩需求的同时不可忘记增加有效的供给，加强宏观调控的同时不可忘记继续搞活微观、搞活企业和市场，强调过几年“紧日子”的同时不可忘记继续改善人民生活。

4月12日至13日 市九届人大常委会第八次会议举行。会议决定，从1989年起，每年的中秋节（农历八月十五日）为广州敬老日，并要求通过多种形式，在全社会营造尊老敬老的浓厚氛围。

4月18日 广州市第一届私营企业代表大会召开，会议选举产生广州市私营企业协会，谢仲余当选协会会长。

4月24日至29日 市委召开市、区（县）、街道（镇）三级党委书记会议。会议根据省党建工作会议、省精神文明建设工作座谈会精神，研究和部署加强广州市党的建设和精神文明建设工作。会议提出，要从6个方面加强党的建设：充分认识加强党的建设的重要性和迫切性；要保持党政机关的廉洁；加强各级领导班子建设；抓紧党员的教育和培训工作；搞好党的基层组织建设；从严治党，严肃党的纪律。

4月27日 广州市召开扶贫工作会议，总结广州市1988年扶贫工作，部署1989年扶贫工作任务和措施，要求切实解决5000个人均年收入不足200元、口粮不足400斤（1斤=0.5千克）的贫困户的温饱问题。

4月28日至29日 市利用外资工作经验交流会召开。会议就治理整顿中，如何继续实施沿海地区经济发展战略，实行“网开一面”，更好地利用外资的议题，探索新途径。会议表彰全市1988年度利用外资先进单位12个，外商投资先进企业48个。

4 月 29 日 第六十五届中国出口商品交易会闭幕。从本届起，交易会会期由 20 天缩短为 15 天。参加本届交易会的有来自 100 多个国家和地区的客商共 3.82 万人次，出口成交额达 53.24 亿美元，其中广州贸易团成交额为 1.65 亿美元。

5 月 3 日 市政府印发《广州市城市国有土地使用权有偿出让试行办法》〔穗府令第四十六号〕共 5 章 43 条，1989 年 6 月 1 日起施行。该办法对市区内的城镇国有土地使用权的有偿出让以及取得土地使用权的受让人在使用期限内，将全部或部分土地使用权以出售、出租、交换、赠予或继承等方式转让给他人等作出明确规定。

5 月 20 日 市委召开局以上领导干部会议，号召全市广大党员、干部、职工、学生及居民群众认真学习国务院总理李鹏在首都党政军干部大会上的讲话，维护安定团结的局面，坚守生产、工作、学习岗位，确保全市工作、生产、生活和学习的正常秩序。

5 月 25 日 市委、市政府召开大会，将广州军警民共建的中山路命名为广州市第一条文明路。自 1986 年 4 月军警民共建文明中山路以来，经军警民的共同努力，中山路店容店貌焕然一新，社会治安明显好转，文明经商、礼貌待客的服务新风初步形成，军政军民团结得到巩固和发展，成功实现 3 年建成文明路的目标。

5 月 29 日 市委召开局以上领导干部会议。市长杨资元传达省副厅级以上干部会议精神，市委书记朱森林号召全市广大党员干部、职工、学生及居民群众提高对当前形势的认识，维护安定团结的局面，坚守岗位，确保全市工作、生产、生活和学习的正常秩序。各级党组织和广大党员要发挥战斗堡垒作用和先锋模范作用，遵守党的纪律，做维护安定团结的模范。

6 月 8 日 市委决定建立市、区、县党委抓党建工作责任制，要求明确职责，建立 6 项制度，即党委成员抓党建工作责任制、定期讨论和研究党建工作的例会制度、党建工作调查研究制度、党建工作分工联系责任区制度、检查制度和党委书记定期汇报党建工作的制度，并提出 6 条考核标准。

6 月 12 日 市委发出《关于进一步稳定广州局势的通知》，要求各级党组织组织全体共产党员认真学习党中央、国务院《告全体共产党员和全国人民书》和中纪委《关于严明党的纪律，维护党的团结统一的通知》，严守政治纪律，自觉地在政治上、行动上与党中央保持一致，做到不听信谣言，不传播谣言，带头坚守工作岗位，加强对群众的宣传教育。

6月13日 广州经济技术开发区召开部分合资企业外商代表座谈会。副市长、广州经济技术开发区管委会主任雷宇主持会议。省委书记林若出席会议并讲话指出，中国改革开放政策不会改变，广东繁荣安定，可以放心投资。外商代表在座谈会中表示，对在广州开发区、在广州和广东投资有很强的信心。

6月28日 天河科技街建成开业。科技街全长472米，设铺位331个，主要经营电子信息、新材料、生物技术、机电一体化、能源技术等。

6月29日 广东省政府公布第三批省级重点文物保护单位，其中广州市的大元帅府旧址、“沙基惨案”烈士纪念碑、六榕寺花塔、莲花塔、琶洲塔、五仙观及岭南第一楼、镇海楼、万寿寺、明代古城墙、莲花城、余荫山房、留耕堂、药洲遗址、南越王墓、屈大均墓15处榜上有名。

6月29日至7月1日 市委召开常委扩大会议，传达、学习党的十三届四中全会精神，要求全市继续搞好治理整顿，更好地坚持改革开放，促进经济持续、稳定、协调的发展，加强思想政治工作，努力开展爱国主义、社会主义、独立自主、艰苦奋斗的教育，切实反对资产阶级自由化。

6月底止 广州市清理整顿公司5958家，占应清理整顿公司总数的95.25%；作撤销处理的有314家；降格为非公司的有161家。

7月3日 市政协召开七届六次常委扩大会议，传达学习中共十三届四中全会精神，通过《关于认真学习贯彻中共十三届四中全会精神的决议》和《广州市政协关于政治协商、民主监督的暂行规定》。

7月11日 广州市吸引台资工作会议召开。副市长雷宇以及市委、市政府有关部门负责同志出席会议。会议讨论市委、市政府制定的《关于进一步做好台资工作的若干决定》，这个决定包括鼓励引进台资嫁接改造广州市国营和集体的中小企业，引入台资加快城市建设和工业用地开发等方面的政策。自1985年以来，台湾商人陆续来广州市投资办企业。到1989年4月止，台商直接和间接在广州市办企业52家，其中合资企业35家，合作企业11家，独资企业1家，投入设备同时来料加工企业 5 家，合同规定投资金额超过 1 亿美元，实际投入资金 2130 万美元。

7 月 17 日 市政府办公厅印发《关于授予外国专家奖状试行办法》，规定对广州市建设做出重大贡献的外国专家，授给由市长签署的广州市人民政府奖状和奖品或纪念品。

7 月 18 日 受八号台风和大潮袭击，番禺县堤围漫顶 7.5 万米，缺口 316 处，1030 亩早稻、2 万亩晚造秧苗、8.7 万亩甘蔗、2.4 万亩蕉、3.5 万亩经济作物受淹。黄埔、天河、海珠等区的沿海堤围也被洪水冲垮，造成不同程度的损失。

8 月 7 日 市委召开工作会议，传达全国宣传部长会议、公安工作会议、全国高校工作会议、全省纪检工作会议和全国总工会主席团扩大会议精神，研究、部署下一阶段的工作。会议强调各级党委要抓好三项工作：把学习中共十三届四中全会精神引向深入，进一步认识平息北京发生的政治风波的性质，联系实际清理思想，总结经验教训；认真加强党的建设，突出抓好群众关心的几件事，抓紧查处大案要案，进一步推行“两公开一监督”的廉政制度建设；彻底清查丑恶现象。为抓好这些工作，市委决定成立清查工作小组和清理工作小组。

8 月 8 日 广佛高速公路建成通车。该公路工程于 1986 年 12 月动工兴建，起点在广州市郊横沙，终点在佛山市北郊谢边，长 15.7 公里。

8 月 12 日 市政府召开新闻发布会，公布广州首期实行有期限、有偿出让使用权的 3 块土地：位于东风东路福今路口对面的土地，面积为 2968 平方米；位于三元里广花公路和机场路交叉口的土地，面积为 1.72 万平方米；位于天河区天河体育中心东南角、天河主干道南侧的土地，面积为 2.2 万平方米。

8 月 16 日 市政府印发《广州市住房制度改革实施方案》，改变过去统分统包的低房租、高暗贴、福利制、实物分配的住房制度，有计划地解决住房生产和供给的严重短缺，加快住宅建设，合理调整消费结构和产业结构，促进城市改造和房地产业、建筑业、建材工业的发展。

8 月 20 日 位于沙河顶水荫路的十九路军淞沪抗日阵亡将士陵园被国务院批准为全国重点烈士纪念建筑物保护单位。

8 月 21 日 市政府召开环境保护会议，提出控制环境污染的新对策，推行环境保护目标责任制、城市环境综合整治定量考核、实行污染物排放许可证、促进污染集中治理、对污染源限期治理5项制度，并把实现环保目标作为各级政府负责人政绩考核内容。

8月26日 市委、市政府提出，近期重点做好7件群众关心的事情：进一步清理整顿公司，重点是流通领域过多过滥的公司和各类“皮包公司”、名为集体实为个体的公司；严禁领导干部利用职权盖私房和用公款超标准装修住房；按规定配车，严禁进口小轿车；严格控制领导干部出国；严禁请客送礼；严格禁止领导干部以权谋私；抓紧查处经济违法犯罪案件，重点查处涉及领导干部的大案要案。

9月1日 广州市取消议价食油凭证定点限量限价供应，敞开供应食油，价格随行就市。

9月2日 市政府印发《关于当前经济体制改革几个问题的意见》，对实行厂长负责制、承包经营责任制、企业内部分配、优化劳动组合、进行企业股份制试点、发展个体工商业户和私营企业等问题提出继续深化改革的意见。

9月6日 广州市境外企业工作会议召开。广州市已有39个区、县、局、总公司以及9个外贸企业公司在境外有118家企业，分布在泰国、澳大利亚、美国等13个国家和地区，初步形成多行业、多部门投资办企业的新格局。市政府专门成立广州市境外企业管理办公室，负责全市境外企业的日常管理工作。

9月9日 广州大坦沙污水处理厂二期工程通水试运行，连同已投产的首期工程，日处理污水15万吨，是华南地区二级处理容量最大的城市污水处理厂。

9月10日至11日 中共中央政治局常委、书记处书记李瑞环在广州主持沿海四省“扫黄”座谈会。李瑞环在会上指出，当前“扫黄”工作重点是集中力量解决“黄源”问题，要抓一批“扫黄”案例严肃处理，同时抓好繁荣文艺，活跃群众文化生活，让健康的、群众喜闻乐见的东西占领思想文化阵地。

9月18日 市委召开廉政制度建设经验交流会，进一步落实市委五届五次全体会议关于加强党政机关廉政建设的精神，研究、部署廉政制度建设工作，要求从领导做起，带动本地区、本单位廉政制度建设工作的开展；建立上下结合、内外结合的监督机制；抓好建立和健全单位内部约束机制等工作；把惩治腐败、查处大案要案与加强廉政教育、搞好本单位业务工作等紧密结合起来。

9 月 23 日 零时起，广州市市内电话全部实现数字程控化，总容量达 17 万门，成为全国第一个电话数字程控化的省会城市。

9 月 25 日 广州市对外经济技术合作洽谈会在香港举行，29 日结束。有 20 多个国家和地区的客商 1258 人次参加，签订合同、协议书、意向书 133 项，投资额为 1.94 亿美元。

9 月 28 日 广州市首届侨界企业商品展销会在省贸易中心举办，10 月 3 日结束。改革开放 10 年，华侨、港澳同胞前来投资兴办企业 560 多家，资助国内亲人集资兴办侨属企业 610 多家。此次参展企业有 83 家，计有家用电器、时装、食品饮料、医药、化工等共 1600 多种产品。

10 月 1 日 广州地区庆祝中华人民共和国成立 40 周年大会在天河体育馆举行。林若、张万年、朱森林等省市党、政、军负责人及各界人士参加大会，市长杨资元在大会上讲话，副市长石安海主持庆祝大会。

10 月 11 日 市委、市政府召开局以上领导干部会议，传达省委召开的进一步贯彻省委 6 号文件精神，并对广州市的贯彻落实工作作出部署。市委副书记张汉青强调，解决党政领导干部在建私房、用公款超标准装修住房等方面的问题，是廉政建设的一项重要内容，必须下大决心，从广州的实际出发，坚决惩治腐败，查处党政干部以权谋私违法违纪的问题。

10 月 14 日 广州市各界人士在市委礼堂集会，庆祝广州解放 40 周年，市委书记朱森林作题为《沿着社会主义道路勇往直前——纪念广州解放 40 周年》的讲话。

10 月 15 日 第六十六届中国出口商品交易会在广州外贸中心开幕，30 日闭幕。有来自 98 个国家和地区的 3.69 万人到会，此届交易会出口成交额为 55.71 亿美元。广州交易团成交额为 1.4 亿美元。

10 月 28 日 拥有全国最大的飞机维修库的广州飞机维修工程有限公司成立。该公司由民航广州管理局、美国洛克德国际飞行服务公司、香港和记黄埔（中国）有限公司合资经营。

11 月 1 日 市委批转市委政治体制改革办公室《关于我市企业政工机构设置

与人员配备的现状和意见》，要求在企业中继续实行厂长（经理）负责制，同时必须加强党的建设，充分发挥党组织的政治核心作用，把企业的两个文明建设搞好。

11月11日 市委、市政府批转市教育局《关于广州市中小学内部管理体制改革的意见》，决定成立市普教体制改革工作领导小组，推行以“两聘两制一包一奖”为主要内容的改革，即实行聘任校长、教师，实行校长负责制、教师岗位责任制，学校工资总额或经费包干，部分浮动奖励工资。

11月15日 第九届世界杯羽毛球锦标赛在广州体育馆举行，19日结束。来自英国、日本、泰国等10个国家的56名优秀运动员参赛。这是首次在中国举行的世界杯羽毛球锦标赛。中国选手杨阳和林瑛、关渭贞分别获男子单打冠军和女子双打冠军。

11月24日 由霍英东捐资建造的广州沙面网球馆落成剪彩。该馆占地1816平方米，是一座全天候的现代化网球馆，可承担国内外高水平的网球赛事。

11月27日至12月1日 市委五届六次全会召开、会议听取并审议同意市委书记朱森林在会上所作的工作报告，通过《中国共产党广州市第五届委员会第六次全体会议决议》。会议提出，要进一步抓好治理整顿工作，坚决压缩社会总需求，大力调整经济结构，继续整顿流通领域秩序，努力提高企业经济效益，努力维护社会稳定，为治理整顿和深化改革创造良好的社会环境。

11月29日 广州市在广州体育馆召开“扫黄”专项斗争宣判大会。市委副书记张汉青回顾总结广州自1989年4月以来开展“扫黄”斗争所取得的成效，并对下一阶段全市开展扫除“七害”（指卖淫嫖娼；制作、贩卖、传播淫秽物品；聚众赌博；私种、吸食、贩运毒品；利用封建迷信害人骗财；拐卖妇女儿童；黑社会组织或带黑社会性质的犯罪团伙）统一行动作出部署。

12月8日 市政府确定邓氏宗祠、刘氏家庙、光复纪念亭、万人坑、解放军进城式检阅台、冼星海墓、赤岗塔、三元宫、黎氏宗祠9处为市第三批文物保护单位。

12月13日 广州中医学院附属医院主任医师袁浩等攻克的两项国际性难题——多条血管束植入治疗股骨头缺血性坏死和股骨颈重建术治疗股骨颈陈旧性

骨折、颈吸收伴头缺血坏死，通过国内著名医学专家组成的鉴定小组的鉴定。

12 月 25 日 广州市急救医疗指挥中心正式成立。该中心的任务是负责指挥调度全市性的急救工作，包括对大型意外事故和自然灾害的现场抢救。12 月 31 日开通“120”急救医疗呼救电话，并建立无线电对话机系统，开设 14 条专线电话，可同时接纳 33 位市民向市急救医疗指挥中心呼救，也可同时调动 25 间医院出动救护车。中心设在广州市麓苑路 31 号市中心血站内。

12 月 25 日至 28 日 市九届人大常委会召开第十四次会议，会议通过《广州市农村集体经济承包合同管理规定（草案）》，审议《加强广州市金融市场管理》和《进一步调动科技人员积极性，促进我市经济发展》两个议案的实施方案，并通过相应的决议。

12 月 28 日 坐落于广州市环市东路的广东国际大厦主楼封顶。该大厦由 63 层的主楼和两座分别为 30 层和 33 层的副楼组成，建筑总面积达 18.2 万平方米，高达 200 米的主楼是当时全国钢筋混凝建筑物之最。

12 月 30 日 市政府召开严厉查处伪劣商品工作会议，部署严厉打击掺杂使假和假冒伪劣商品，打击重点是各种食品（饮料）、药品、化妆品、洗涤用品、农药、化肥、饲料、低压电器等类商品（产品）。

1989 年 广州市国民生产总值 287.87 亿元（现行价，增长速度按可比价计算），比上年增长 7.16%；社会总产值 617.19 亿元，增长 3.07%；国民收入 205.17 亿元，增长 0.5%；工农业总产值 448.2 亿元（按 1980 年不变价计算为 292.56 亿元），增长 6.04%；社会商品零售总额 151.95 亿元，增长 10.29%。工农业总产值中，农、轻、重三者比重调整为 9.16∶57.98∶32.86。

1990 年

1 月 8 日　在广东省政府举行的 1989 年度科技奖励大会上，广州市获 21 项省科技进步奖，2 项省自然科学奖。其中广州科技开发总公司与广州市设计院联合研制的“厘米级电子液压升降跳水台”获省科技进步一等奖。

1 月 9 日　国内最大的移动电话网——珠江三角洲移动电话网开通。该网覆盖范围包括广州、深圳、珠海、佛山、东莞、中山、惠州等 11 个市县。

1 月 11 日至 13 日　市属高校思想政治工作会议召开。会议认真总结交流高校思想政治工作的经验教训，明确高校开展思想政治工作的指导思想、方针和任务。13 日，广州高校思想政治工作研究会成立。

1 月 13 日　市委、市政府召开职业道德建设表彰大会。市委副书记张汉青作题为《深入持久地开展职业道德建设、培养造就社会主义“四有”新人》的讲话。市第一商业局等 11 个市职业道德建设组织工作先进单位、红山煤店等 279 个市职业道德优秀集体、廖质培等 76 名职业道德先进职工受表彰。

1 月 14 日　市委、市政府召开广州市农业科技工作会议。会议提出依靠科技振兴广州农业。市委书记朱森林、市长杨资元分别在会上发言，提出要长期坚持以家庭经营为主、多种形式的联产承包责任制，贯彻城郊型农业生产方针，发展有计划的商品经济，坚持发展以公有制为主体的多种经济成分，允许和鼓励一部分地区和一部分人先富起来，引导和扶持乡镇企业。

1 月 15 日　“广州星”命名大会在市政府礼堂举行。“广州星”是南京紫金山天文台于 1964 年 10 月 4 日发现的，直径约 15 公里。从此“广州”将成为永久编号 3048 天体的永久星名。

1月17日 广州地区军警民开展"学雷锋、爱人民"活动。广州军区司令员张万年、政委张仲先等 13 名将军与驻穗军警 3000 多名官兵，到广州火车站广场设立 8 个爱民活动点，为人民群众做好事。

1月18日 广州市民革、民盟、民进、民建、农工、致公、九三学社和台盟等民主党派组织文艺界人士分别在中山纪念堂和海珠大戏院联合举办义演，将所得收入捐献给广州市教育基金会。

1月19日至28日 中共中央政治局常委乔石在广东考察，先后到从化、佛冈、顺德、佛山等地考察调研，看望基层干部、工人和农民，听取群众意见；视察广州天河体育中心和高架路等建设项目。27 日（年初一），在市委书记朱森林陪同下到广州石油化工总厂、广州港和黄埔交警支队向节日期间坚持工作的职工和干警拜年。

1月25日至26日 中共中央政治局常委、中央书记处书记李瑞环到广州考察工作，并在市委书记朱森林、副书记张汉青陪同下参观西汉南越王墓、五羊仙庭、镇海楼、广州图书馆和教育路花市。

2月5日 广州市社会主义精神文明建设委员会宣布，经广泛征求各方面意见，确定广州市精神是"稻穗鲜花献人民"；广州市风是"团结、友爱、求实、进取"。

2月6日 全市中共党员领导干部会议召开。会议传达贯彻《中共中央关于坚持和完善中国共产党领导的多党合作和政治协商制度的意见》和《中共中央、国务院关于组织党政机关干部下基层的通知》精神。市委书记朱森林在会上提出，要切实加强民主党派的工作，培养、选配民主党派成员和无党派人士担任政府和单位领导职务的工作，并支持民主党派加强自身建设。同时，会议还就贯彻《中共中央、国务院关于组织党政机关干部下基层的通知》作出部署，要求干部下基层要注重实效，不搞形式主义，真心实意地下去，聚精会神地解决问题。党政干部下基层调查研究，参加劳动，帮助工作，要形成制度，持之以恒。

2月13日至3月29日 由广州日报、广州社情民意研究中心、广州电视台、广东电视台新闻部共同主办的大型市民参政议政活动——"菜篮子工程千家谈"活动举行，市长杨资元和副市长黄伟宁担任总顾问，共有 1000 多户家庭 5600 多人报名参加，收到160多篇征文和1000多条意见、建议。

2月20日 市外经贸委召开大会，表彰1989年为广州市出口创汇和利用外资做出贡献的67个先进集体和123名先进工作者。1989年，广州市外贸出口10.54亿元，比1988年增长15.64%；利用外资合同金额5.78亿美元，实际利用外资2.98亿美元，分别比1988年增长9.7%和16.86%。

2月26日至3月1日 市党建工作会议召开，市委书记朱森林作题为《全党努力，聚精会神地抓好党的建设》的报告。会议提出，要加强党的作风建设，恢复和发扬党的优良传统作风，提高党员的政治素质，充分发挥基层党组织的战斗堡垒作用。

2月 广州白天鹅宾馆、花园酒店和中国大酒店被国家旅游局定为五星级旅游饭店，成为中国内地首批五星级旅游饭店。

3月5日 市政府召开企业管理工作会议，市长杨资元在会上通报当年头两个月广州市工业生产情况，要求采取措施尽快走出低谷。市政府宣布对87户重点骨干工业企业实行“双保”（企业保证完成国家下达任务，市有关部门对企业完成国家任务所必需的条件千方百计给以保证）的决定。

3月9日 广州电梯工业公司的广日牌YP-15-3C090电梯获建设部优质产品称号，成为国产电梯第一个获部优产品。

3月11日至17日 市政协七届三次会议召开。市政协副主席梅日新作市政协七届委员会常务委员会的工作报告，市政协副主席何炳桓作市政协提案委员会关于七届二次会议以来提案工作情况的报告。

3月14日至20日 市九届人大三次会议召开。会议听取和审议市长杨资元作的《政府工作报告》、市计委所作的《广州市1989年国民经济和社会发展计划的执行情况与1990年计划草案的报告》、市财政局所作的《广州市1989年预算执行情况和1990年预算草案的报告》等，审议和批准市人大常委会、市中级人民法院、市检察院的工作报告，批准《广州市依法治市五年规划》。

3月16日 全国大城市规划工作座谈会在广州召开。28个省、市130位领导干部和专家参加。建设部负责人在讲话中充分肯定广州市的总体规划。

3月22日 广州远洋渔业联合公司“粤远渔1”号、“粤远渔2”号两艘渔轮从新洲码头起航，赴西非海域渔场捕捞。这是广州有史以来首次开展远洋捕捞。

3 月 27 日至 29 日 市落实侨房办召开工作会议，总结布置落实任务政策工作，表彰先进。据统计，至 1989 年全市已退各类侨房 2.48 万户、266.5 万平方米，其中退还使用权的有 1.31 万户、143.7 万平方米。1985—1989 年，全市用于落实侨房政策的补助款共 7694.9 万元。

4 月 3 日 广州市召开第二次捐资办学表彰会，表彰霍英东、马万祺、胡应湘、曾宪梓等 50 多位港澳同胞和海外侨胞及郭氏宗亲会、旅美近月办学基金保管委员会两个团体。

4 月 4 日 广州市召开“橙色计划”培训总结表彰大会，授予东山区个体劳协等 8 个单位为“橙色计划”培训工作先进单位，韩宝英等 71 人为积极分子。会议透露，3 年来，广州市有 10 万多个体户参加培训，占全市个体户总数的 90%，已有 4.64 万名个体户经考试获得“橙色证书”。“橙色计划”主要内容是，以较正规的教学程序对全市个体工商户进行思想政治、职业道德、遵纪守法、生产经营知识的教育。

4 月 7 日 广东省政府通令嘉奖广州医学院第一附属医院院长钟南山从医 30 多年，为发展中国医疗事业做出突出贡献；通令嘉奖广州粤剧团艺术总指导红线女为推广和发展粤剧事业做出新的贡献。

4 月 10 日至 11 日 广州市召开农村改水和灭鼠工作会议。近 10 年来，广州市已改善 279 万农村人口的饮用清洁卫生水，占农村总人口的 88%，其中饮用自来水的 174 万人，占总人口的 55%。

4 月 24 日 全国总工会公布 1990 年全国“五一劳动奖章”“五一劳动奖状”获得者名单。广州味精食品厂、红山煤店和黄埔发电厂运行甲值获“五一劳动奖状”；海珠区市容环境卫生管理局公厕卫生管理队厕工钟燕明，市第一人民医院心外科主任杨爱莲，市水质净化科研技术开发公司经理、总工程师梁克诚，广州公路局增城工区班长顾炳添，广州利工民针织厂班长杨文凤，广州石化总厂厂长洪志铭，番禺县玩具厂厂长劳日，广州渔轮厂造船车间主任谭棉生等获“五一劳动奖章”。

5 月 8 日至 13 日 市委召开五届七次全体（扩大）会议。会议传达贯彻党的十三届六中全会和省委六届四次全体（扩大）会议精神，原则通过《中共广州市委贯彻执行〈中共中央关于加强党同人民群众联系的决定〉的意见》。会议强调近期要抓好四项工作，即查处以权谋房作为反腐败现象的重要内容，深入基层调查研究，克服党政机关的官僚主义作风，坚决纠正行业不正之风，彻底清理整顿乱收费、乱罚款、乱摊派的“三乱”现象等。

5月15日 中国职工思想政治工作研究会第六次年会在广州举行，20日结束。中共中央总书记江泽民和国务院总理李鹏给大会发来贺电，中共中央政治局常委、书记处书记李瑞环在会上就职工思想政治工作的若干问题作重要讲话。东山百货大楼党总支书记赵慕、广州中药一厂党委书记兼第一副厂长梁祥荣获思想政治工作奖。

5月19日至20日 市政府召开广州市搞活国营肉菜市场经验交流会。会议宣布市委、市政府制定的8条优惠措施（包括个体摊贩不得在国营肉菜市场四周乱摆乱卖、禁止社会上向市场乱摊派乱收费、市场税收政策优惠、退休人员福利待遇由社会统筹解决等）延续3年（即1990年到1992年）。

5月31日 广州造船厂建造的2.55万吨成品油轮“海豪”号下水。这是华南地区首次设计、建造的成品油轮，也是华南地区建造吨位最大的船舶。

6月5日至8日 市九届人大常委会举行第十八次会议。会议接受杨资元辞去广州市市长的请求，决定由副市长黎子流任广州市代理市长。会议通过市政府提出的《广州市“菜篮子工程”总体规划》，听取市政府关于计划生育工作情况和加强社会治安工作的报告，审议关于《广州市依法治市五年规划》本年度实施方案的报告。会议决定成立广州市检察院反贪污贿赂工作局。

6月26日至27日 中共中央总书记江泽民到广州考察，就改革开放政策的落实情况，与经济和社会的发展、治理整顿与深化改革、精神文明建设与党的建设等问题进行调研。江泽民先后考察广州市南华西街、海珠市场、华师附中、广州力康养鸡场和西汉南越王墓等地，并强调指出，广东10年来的成就是有目共睹的，这充分说明党中央关于改革开放的决策是完全正确的，广东这方面今后要再接再厉，要更坚决、更扎实地贯彻改革开放的各方面政策。

1990年上半年 广州市零售物价总水平自1985年消费品价格全面开放以来首次出现下降，降幅为4.3%，居民消费水平比1989年同期提高3.05%。

7月1日 全国第四次人口普查结果公布，是日零时止，广州市共有常住人口6299989人（含市属4个县），比1982年第三次人口普查时增加110万人。其中，男性3248747人，占51.57%；女性3051242人，占48.43%。有家庭1512345户，平均每户3.83人。全市少数民族人口23469人。

7月17日至18日 市委召开工作会议，传达中共中央总书记江泽民视察广东的重要讲话和省委工作会议精神。市委书记朱森林在会上就社会稳定、经济建设和党的建设问题作讲话。

7月23日 市政府召开广州市科学技术奖励大会。1989年，全市有102个项目获广州市科技进步奖，其中11个项目获广东省星火奖。

7月24日 新加坡银团为广州世界贸易中心大厦项目提供1000万美元抵押贷款签字仪式在广州花园酒店举行。这是是年7月1日市政府颁布施行《广州市房地产抵押管理办法》以来，第一宗境外金融机构在穗以房地产物业做抵押提供的外汇贷款。

7月25日 市体制改革办公室、市经济体制改革委员会、市总工会联合召开广州市企事业民主管理工作座谈会。广州市目前有92.5%的单位建立职（教）工代表大会制，有64.7%的单位实行每年一次的民主评议领导干部制度，59.1%的职代会审议工作进入规范化和程序化，35%的单位建立企业、车间、班组三级民主管理网。

7月 广州经济技术开发区和香港远东集团旗下的享茂有限公司签订合同，以每平方米260元人民币的价格出让260076平方米地块的使用权。这是广州经济技术开发区首次出让成片开发土地。

8月9日 海珠区南华西街设立维护社会治安奖励基金会，这是广州市设立的第一个街道一级的基金会，旨在倡导见义勇为，弘扬社会正气，宣传表彰见义勇为行为，推进社会治安综合治理，促进社会主义精神文明建设。

8月28日 广州海关宣布：为支持广州外向型经济发展，采取简化监管手续，方便合法进出，加速货物通关；建立海关与经贸主管部门碰头会议制度，加强联系；推广新风港报关自动化系统，提高工作效率等三方面12条措施。

9月9日 南风窗杂志社与中国银利来公司共同举办的广州市中小学十佳校

长评选揭晓。中学十佳校长是：蔡汉平、钟旭槐、陈国富、丘德纲、叶志盛、刘启津、许鉴、吴志强、赵经良、欧隆耀；小学十佳校长是：王凤娣、刘淑贤、周锡桥、李碧如、冼祖添、罗惠琼、何小珊、黄慧芬、蔡泳銮、刘淑宜。

9月17日 市政府转发市经济体改委、市计委、市经委《关于启动市场、搞活企业、稳定生产和提高效益的若干措施的报告》。

9月18日 广州市沙河电信分局1.4万门程控电话开通。至此，国家重点建设项目之一、利用日元贷款的广州市话网改造扩建工程全部竣工。11月15日，广州改造扩建电话网工程通过国家验收。

9月25日至28日 市九届人大常委会举行第二十次会议。会议通过《再建一个华侨新村》的实施方案及《关于广州市人大常委会组成人员联系代表、代表联系群众的意见》和《广州市社会文化市场管理条例》（报经省人大常委会批准后施行）。会议同意市政府办理《加强广州市境外企业和境外资金管理》议案的实施方案。

9月 广州市城乡个体经济开始稳步回升，全市城乡个体工商户达9.04万户，从业人员14.26万人，分别比1989年底增加2.1%和2.9%。

10月2日 上午9时03分，从厦门飞往广州的波音737—2510号客机，途中被一名歹徒劫持。因歹徒施暴，飞机在广州白云机场降落时偏离跑道，与停机坪上的两架飞机相撞，当场死亡128人，伤53人，损坏3架飞机。事发当天，国务院总理李鹏飞抵白云机场，对善后工作作出重要指示，并到医院看望伤员。

10月4日至6日 市委、市政府召开广州市廉政建设工作会议，学习国务院8月23日电话会议和省委召开的廉政制度建设经验交流会的精神，讨论《广州市廉政制度建设规划纲要》，部署进一步加强廉政制度建设、纠正行业不正之风的工作。

10月9日 广东省国防教育大厦——国防教育中心在天河区石牌举行落成典礼。该中心建筑面积3.6万平方米，投资2000多万元，设有8馆3室4库，是一所现代化的综合性国防教育基础和预备役军官培训中心。

10月18日 市政府召开工业企业技术进步工作会议。会议总结交流全市工业企业技术进步工作的成绩和经验，表彰华南缝纫机工业公司等一批技术进步方面成绩显著的企业。

11 月 10 日　市政府办公厅、市精神文明建设委员会、市委宣传部联合发出通知，决定在“爱我中华，爱我广州”活动基础上，在全市开展“识名城，爱广州”活动月。19 日，“识名城，爱广州”活动月开幕，活动主题是：广州是我家，建设靠大家。

11 月 15 日　黄埔区南岗镇沙步村中联经济合作社成立。这是广州市农村在原生产队土地公有制基础上建立的首家社区性经济组织。

11 月 17 日　国家计委批准广州市建设地下铁道首期工程。广州地铁首期工程东起广州火车东站，西至黄沙珠江隧道口，全长 12.7 公里（后延伸至广州钢铁厂，全长 18.1 公里）。这是广州有史以来最大的建设项目。

11 月 21 日至 23 日　市区街工作会议召开。大会总结 1987 年市区街工作会议以来区街工作的经验，研究部署进一步加快区街两个文明建设的任务。市委副书记、代市长黎子流作题为《坚持改革开放方针，全面加强区街建设》的报告，提出 3 年内 60% 的街道建成省、市级文明街道，3 年内 80% 的街道实现社区服务网络化，继续推进城区体制综合改革试点工作。

11 月 25 日　是日止，广州市冶金系统提前完成钢年产量计划，钢产量达 50 多万吨，首次突破 50 万吨大关，比上年同期增加 14.29%，并成为全国 14 个单列市中第二个钢年产量逾 50 万吨的城市。

11 月 28 日至 29 日　市政协七届四次会议在广州举行。会议期间，委员们进行充分酝酿和协商，通过《广州市政协七届四次全体会议关于同意张汉青同志辞去市七届政协主席职务的决定》，选举杨资元为第七届市政协主席。

11 月 30 日　广州教育基金会和广东电视台、广州日报社联合主办的“热心羊城教育十佳”评选揭晓。广州画院院长陈永锵、广州空军 87390 部队修理所、东山区大塘街办事处、广东太阳神集团有限公司、市第一商业局、越秀区个体劳动者协会教育基金会、广州海外联谊会、市工商业联合会、番禺孤寡老人黎树娣、广东省人民检察院离休干部陈云英当选。

12 月 5 日　广州市化学工业研究所承担的国家“七五”重点科技攻关项目——磁带用新型胶粘剂和低分子量新三元树脂磁带胶通过部级鉴定，填补中国这类产品的空白。

12月10日 东山百货大楼被批准为国家二级企业。这是广东省百货行业中唯一的国家二级企业，也是当时全国商业企业的最高等级（商业企业国家一级企业评定标准尚未颁布）企业。

12月14日 是日起至1991年1月14日，全国、省、市人大代表600多人对广州市八区四县进行视察，对广州市的经济体制、农业发展存在问题及行政诉讼法、廉政建设等方面进行全面了解。代市长黎子流向各级人大代表汇报广州市当年经济建设和社会发展情况以及“八五”计划要点。

12月18日至21日 羊城国际粤剧节在广州举办。来自港澳地区和美国、英国、加拿大、马来西亚、新加坡、泰国等地的20多个社团及省内一些粤剧团参加演出和观摩。这是中华人民共和国成立以来首次举办的国际性粤剧盛会，中共中央政治局常委李瑞环发来贺信。粤剧节期间，共献演41台剧（节）目，观众有8.5万多人次。

12月24日 中国环境科学研究院大气研究所、广州市环境监测中心站和南京大学合作承担的国家“七五”科技攻关项目——“大气环境容量研究”专题之一的“广州地区大气环境容量规划及主要大气污染物防治对策研究”在广州通过国家级鉴定。

12月24日至28日 市计划工作会议召开。会议提出1991年要发挥整体优势，调整经济结构，提高经济效益，推进价格、金融体制和住房制度改革，开展“质量、品种、效益年”活动。

年底 广州市企业登记16.48万户，其中全民所有制企业、集体所有制企业、联营企业64303户，企业集团36户，“三资”企业1500户，外商常驻代表机构832户，私营企业2905户，个体工商户95265户。

1990年 广州市国内生产总值达到319.6亿元（按当年价计），国民收入219.51亿元，工农业总产值486.38亿元，按可比价计算，分别比1985年增长67.22%、45.82%和81.37%，5年间年均递增分别为10.83%、7.84%和12.65%。到1989年止，广州市国内生产总值在全国10大城市中仅次于上海、北京，居第三位。

1991 年

1 月 1 日　市政府印发实施《广州市幼儿园托儿所审批注册办法》，首次以政府规章形式明确开办幼儿园、托儿所的条件，包括环境场所、园舍和设施、工作人员、经费等，并对幼儿园、托儿所的审批、注册程序作出规定。

△**是日**　代市长黎子流在广州电视台作关于“科技兴市”的电视讲话，向广大市民阐明科技兴市的重要性。

1 月 7 日　电视历史政论片《沧桑》在广州举行首映式。该片由珠江电影制片厂、广东电视台、广州电视台、广东文化传播中心联合录制，分《国耻》《丰碑》《创业》《征程》4 集，展现中华民族自鸦片战争以来 150 年间经历的沉沦与崛起的曲折历史，反响强烈。

1 月 9 日　省、市重点建设项目广东南方制碱工程全面动工。工程总投资人民币 3.6 亿元，1993 年竣工投产，年产纯碱 15 万吨，附产无水芒硝 5.6 万吨，填补广东省纯碱生产的空白，改变“北碱南调”的状况。

1 月 21 日至 24 日　市委召开五届八次全会，出席会议的有市委委员 36 人、候补委员 7 人；列席会议的有市顾委委员、市纪委委员及有关方面的负责人共 207 人。会上，市委副书记黎子流对市委《关于制定广州市国民经济、社会发展十年规划和“八五”计划的建议》作出说明，市委书记朱森林在闭幕式上作讲话。全会通过《关于制定广州市国民经济、社会发展十年规划和“八五”计划的建议》。全会提出今后 10 年广州市的战略目标：国民生产总值平均每年增长 7%，到 1995 年实现国民生产总值比 1980 年翻两番，到 2000 年国民生产总值比 1980

年增加近5倍，城乡人民生活普遍达到小康水平，把广州建成繁荣、安定、文明、美丽的社会主义现代化大都市。

2月1日 中国南方航空公司在广州成立。公司自主经营，独立核算，自负盈亏，总部设在白云机场，标志为蓝底红色木棉花。国务院总理李鹏为公司题写“开拓民航事业，为改革开放和经济发展服务”。

2月4日至7日 市委、市政府召开农村工作会议。市委副书记、代市长黎子流作题为《坚持改革开放、繁荣农村经济，推进农村各项工作》的报告，市委书记朱森林、副市长黄伟宁分别在大会上讲话。会议制定广州市“八五”期间发展农村经济的目标：到1995年，粮食总产量达到129.7万吨，油料、甘蔗、水果、蔬菜、禽畜、水产、蛋奶稳定增长；乡镇企业总收入和总产值分别达到168.8亿元和115.1亿元；社村集体经济有较大发展，现在集体年净收入万元以下的村要达到5万元以上；农民人均年纯收入2000元。

2月7日 广州啤酒厂与在香港注册的生力啤酒（广东）有限公司合资经营的广州生力啤酒有限公司开业。该公司租赁经营广州啤酒厂，租期为30年，利用广州啤酒厂的厂房和设备，生产广氏系列啤酒和国际名牌生力啤。

2月9日 由来自30个国家和地区的59名学者、记者组成的联合国教科文组织“海上丝绸之路”国际考察队抵广州考察。10日上午，“广州与海上丝绸之路”学术座谈会在东方宾馆举行，各国学者探讨广州作为古代海上丝绸之路始发地的有关学术问题，以及海上丝绸之路的历史、文化、宗教、考古、航海、地理、经贸等问题。

2月12日 根据市“解困办”的决定，建设银行广州市分行公开摇珠，向全市人均住房面积2平方米以下的住房困难户出售1154套“解困房”。用这种办法出售住房，在全国属首次。

2月中旬 市政府制订“八五”期间扶贫工作计划，确定“八五”期间扶贫工作总目标：使贫困户的人均收入1995年达到900元；帮助350个贫困村发展生产，到1993年集体纯收入不低于1万元。市政府决定从1991年起每年增加600万元专款作为发展集体经济的启动资金，一定3年不变；6个市直机关部门挂钩扶持9个镇发展经济；成立由副市长黄伟宁任组长的扶贫工作领导小组。此事列为市政府 1991 年为市民办 10 件实事的第一件事。

2 月 21 日至 22 日 1991 年普通高等学校广州生源毕业生分配供需见面会在广州师范学院举行。市属和中央驻穗 500 个企事业单位与 3000 多名大学生进场见面洽谈，此次见面会是改革大学生毕业分配制度的尝试。

2 月 23 日至 3 月 1 日 市政协七届五次会议在广州举行。会议审议通过《广州市政协七届五次会议决议》和提案委员会《关于七届五次会议提案审查情况的报告》。会议补选李战、邹克明为市七届政协常务委员。

2 月 25 日至 3 月 5 日 市九届人大四次会议在广州举行，会议补选黎子流为广州市市长。市长黎子流作《政府工作报告》，指出广州市 1991 年要重点抓好企业改革、价格改革、金融体制改革、住房制度改革、社会保障制度改革、交通管理体制改革以及加强宏观调控体系的建设。会议期间，收到代表 10 人以上联名提出的议案共 136 件，收到代表提出的建议、批评和意见 88 件。

2 月 28 日 国家“七五”建设重点工程——黄埔新沙港首期工程 5 个 3.5 万吨级泊位全部竣工，是日通过交通部验收。该工程总投资 1.2 亿多元，由交通部二航局和西德翠柏林公司承建，在中国码头建设史上首次采用“格型围堰钢板桩”结构建造码头。

3 月 3 日至 10 日 团省委、团市委举行广州地区青少年“让羊城更美好”学雷锋活动周。此次活动周以“学雷锋精神，做四有新人”为主题，以“让羊城更美好”为行动口号，突出“爱党爱人民”的内容。全市有 10 万青少年走上街头，开展义务劳动和为民服务活动。5 日，广州地区青少年“让羊城更美好”学雷锋服务集市在广州图书馆广场举行。

3 月 5 日 广州社情民意研究中心、市总工会、团市委等单位联合主办、宣传弘扬“广州市风”“广州人精神”的大型系列活动“羊城新风传万家”活动开幕。活动为期两个月，目的是加强广大市民的“名城意识”和“南大门意识”。

3 月 6 日 经国家科委审定，国务院批准，广州天河高新技术产业开发区被确定为国家高新技术产业开发区。

3 月 11 日 “广州经济发展中的问题和对策”社会科学招标课题研究的评选结果揭晓，首届珠江实业社会科学研究奖颁奖大会举行。此次招标活动由市社会科学基金会举办，珠江实业公司赞助。这是国内第一次社会科学研究课题进行公开招标，是将竞争机制引入社会科学研究、改革科研管理体制的一次尝试。

3月13日至15日 广州市社会治安综合治理工作会议暨先进集体、先进工作者表彰大会召开。会议传达了全国社会治安综合治理工作会议精神，总结了广州市社会治安工作经验，并对会后的工作作出部署。大会表彰43个先进集体和141名先进工作者。

3月14日 广州市第一座公共保税仓库在海珠区大干围建成启用。保税仓库让境外商人的进境货物可暂时免纳进口关税储存，有利于改善投资环境。

3月28日 广州市最大的区街工业基地——南华西街企业集团公司第五工业区首期工程建成投产。该区位于海珠区辖内的洛溪大桥东侧，占地100亩（66700平方米），首期建成4万平方米，设有电子、电器、皮革制品、服装等多个企业，其产品以出口为主。

4月1日至2日 广州市经济体制改革工作会议召开。会议传达全国经济体制改革工作会议和省企业工作会议精神，研究贯彻执行的措施。副市长雷宇出席会议并讲话，指出：1991年广州市经济体制改革的重点是搞活企业尤其是中大型国营企业、搞活流通、搞活金融，推进住房制度改革，同时，进一步深化农村体制、社会保障体制、外贸体制、科技体制等方面的改革。

4月5日 市委作出决定，在全市基层党组织和党员中实行党支部、党员目标管理（简称“双目标”管理）。党支部管理目标包括班子建设、思想建设、政治建设、组织建设、作风建设、制度建设、两个文明建设7个方面；党员目标管理包括组织观念、党风党纪、联系群众、先锋模范作用、完成工作任务等。基本做法包括制定目标、定期考评、情况反馈、监督检查、总结评比5个方面。据统计，到年底止，全市有70%以上的党支部实行“双目标”管理，促进党建工作向制度化、科学化、经常化的方向发展，调动党员的积极性和主动性，增强党组织的战斗力。

△**是日** 天河区寺右村向市保险公司天河营业部交纳养老保险费，成为广州市第一个全体农民有养老保险保障的自然村。

4月8日 岭南花卉盆景实业（集团）公司在芳村区开业。该公司是芳村区政府直属企业、全国第一家以花卉盆景为业的集团公司，总投资 160 万元，下设 7 个子公司，改变以个体经济为主种植花卉盆景的局限，使花卉盆景生产纳入高科技、集约化、工厂化生产经营的轨道。

4 月 23 日 市委、市政府召开贯彻《中共中央关于进一步加强和改进知识分子工作的通知》精神暨命名表彰市级优秀中青年专家学者大会。市委、市政府授予钟南山等 34 人 1990 年度广州市优秀中青年专家学者称号，表彰 1990 年度有突出贡献的市级优秀中青年专家学者钟南山、谢壮奎、曾文江、傅汉洵、许雁 5 人。

△**是日** 市委、市政府出台《关于加强市带县工作促进农村经济发展的补充规定》，提出：郊区经济是广州经济的一个重要组成部分，要有计划、有重点地在郊县兴建一批现代化骨干企业，并以骨干企业为龙头，带动农村工业的发展。

5 月 1 日 是日起，调整广州市粮食购销政策，提高粮食统销价格，三级标二大米每 500 公斤提价 15 元；调整 1991 年粮食年度定购粮任务 1950 万公斤，每 50 公斤贸易粮食增加奖售标准化肥 10 公斤。

5 月 3 日 市政府召开常务会议，讨论关于解决广州地铁资金问题的建议。会议决定立足本市多渠道筹集资金，除争取中央和省的支持之外，市内集资从政府、社会、实业、外资 4 个方面筹集。会议同意成立地铁工程建设指挥部，指挥部下设地铁工程资金协调办公室，负责筹措和管理地铁建设资金。5 月 13 日，广州市地铁工程建设指挥部正式成立，市长黎子流任总指挥，副市长石安海、伍亮任副总指挥；地铁工程资金协调办公室同时成立。

5 月 4 日 市委召开“科技兴市”第一次研讨会，共收到论文 40 篇。市委书记朱森林作《依靠科技进步，促进广州经济全面振兴》的讲话，指出“科技兴市”是时代发展的要求，必须把广州市经济社会发展转移到依靠科技进步和提高劳动者素质的轨道上来。

5 月 6 日 市委宣传部、市工商局研究贯彻《广州市城乡个体劳动者、私营企业主思想政治工作条例（暂行）》，决定实施“橙色计划”后续教育，分期分批对城乡个体劳动者、私营企业主进行政治理论、时事政策、职业道德、专业法规等方面的教育。“橙色计划”后续教育从7月开始实施，至1993年12月底完成。

5月7日 国家科委首次颁发技术市场金桥奖，广州市海新科技经济联合中心、广州科技开发总公司、广州市技术市场管理办公室、广州市职工技术协会办公室获先进集体称号，广州市职工技术协会傅知新被评为先进个人。是日，在1991年度科技工作会议上，市政府代颁上述奖项。

△**是日** 市委书记朱森林任中共广东省委副书记。8日，省七届人大常委会第二十次会议决定任命朱森林为副省长并代省长。

5月9日 市委、市政府和广州军分区联合召开广州创建“双拥模范城”动员大会，提出力争两年内把广州建成“双拥模范城”的目标，确定以东山区、海珠区、花县和广州造纸厂为先行点。6月4日，市“双拥”工作领导小组办公室成立。7月21日至27日，开展广州市“双拥宣传与服务周”活动，广泛宣传全国“双拥”工作会议精神和广州市创建“双拥模范城”规划。

5月中旬 市委决定，建立不定期的市党政领导同志与科技人员见面座谈的科技恳谈会。恳谈会选题内容包括科技兴市、经济建设迫切需要解决的问题，市党政领导急需咨询的问题以及各种关系到广州市国计民生的重大问题3个方面。到1998年，先后组织6次科技恳谈会。

5月21日 市殡葬改革工作会议召开。广州市区殡葬火葬率高，但市属4县和近郊农村出现丧葬陋习回潮，1990年火化率仅30%。为尽快纠正丧葬封建陋习和不正之风，会议强调要执行广州市有关殡葬法规，农村要把殡葬改革列入村规民约，非火化区的村镇利用荒地瘠地建立公益性公墓。

5月23日至25日 广州市职业技术教育、成人教育工作会议召开，市委副书记张汉青在会上讲话。目前，广州市全日制中等职业技术学校已发展到111所，在校生5.3万人，成人高校22所，成人中专38所，各类教育培训中心（职业学校）182所，社会力量办校（班）300所，各县办起农业技术学校，所有镇和60%的村也办起农校。

5月 市社会主义精神文明建设委员会、市委宣传部发出通知，在全市开展社会公德大讨论，进一步宣传《广州人民文明公约》，弘扬“广州市风”，实践“广州人精神”，提高市民文明素质，发展社会主义新型人际关系。讨论活动的主题：讲公德，树新风，当好首届世界女子足球锦标赛的东道主。活动内容包括“社会公德知多少”“社会公德大家谈”“如何做文明广州人”等，并举办社会公德演讲比赛，评选和表彰奖励社会公德好人好事。活动至 11 月结束。

6 月 1 日 广州市第一座对少年儿童宣传普及科学知识的展览馆——广州少年科技馆落成剪彩，同时，在科技馆正门前安放的著名科学家李四光塑像揭幕。该馆由市教育基金会从“一元钱教育基金”募捐款中拨出 35 万元兴建，李四光塑像建造经费来自 1990 年全市少先队员的“一角钱”捐款。

6 月 11 日 中国广州国际中医药培训中心在广州中医学院成立。该中心是当时中国唯一由国家中医药管理局直接领导，受到世界卫生组织资助的国际教育机构。

6 月 13 日 花县赤坭镇成为广州市第一个科技镇，是日举行挂牌仪式。该镇原是贫困镇，从 1987 年开始，市科委把该镇选为科技试点镇，开展以建立科技推广网络、科技示范户、引进和培训人才等为主要内容的科技兴镇活动，使该镇工农业生产得到发展。

6 月 17 日 国家计委、农业部印发《关于下达“八五”第一批商品粮基地基本建设总体规划和一九九一年投资计划的通知》。该通知正式把番禺县纳入基地县，总投资为 460 万元，其中国家投资 230 万元，县投资 230 万元。

6 月 18 日 第二届羊城艺术博览月在南方剧院拉开帷幕，活动至 7 月底结束。博览月分艺术表演、展览、专题电影、编纂出版 4 个系列。为纪念中国共产党成立 70 周年，此届博览月以“知党、爱党、颂党”为主题。

6 月中旬 市政府决定在全市农村全面推广花县农村宅基地有偿使用的做法。为限制滥用耕地建房和滥占、荒废土地，从 1989 年 10 月开始，花县在全省农村中率先推行农村宅基地有偿使用制度，每平方米年度收费由 5 分至 2 元不等，有偿使用费由各村有计划地用于村内基本建设。

△**是月中旬** 广州市改革国库券认购方式，由金融机构承购包销，公开向群众发售，不再采用行政分配的方法。

6 月 24 日至 26 日 1991 年广州市体育工作会议召开，会议总结“七五”

期间体育工作，制订并通过未来10年广州市体育事业规划和“八五”计划。“七五”期间，广州市体育健儿共获得29个世界冠军，破超世界纪录14项；获亚洲冠军21个，破超亚洲纪录11项；获全国冠军83个，破超全国纪录7项；连续4年被省体委授予“体育贡献奖”第一名；1988年全国首届城运会夺得金牌、奖牌、团体总分3项第一，第七、第八届省运会蝉联金牌、奖牌、精神文明队3项第一。

6月25日至7月1日 首届全国个体工商户私营企业产品展销会在广州中国出口商品交易会展馆举行，来自全国26个省、直辖市、自治区的个体、私营企业参展，产品种类20多个大类1000多个品种，成交总额突破1亿元。

6月28日 广州市纪念中国共产党成立70周年暨表彰大会在市委礼堂召开。大会表彰80个先进党组织，153名优秀党员和93名优秀党务工作者。

△是日 广州造船厂为香港万邦航运公司承造的2.55万吨成品油轮“海豪”号完工交船。该船长163.8米，设计吃水10米，航速达14.7节，装有卫星导航、卫星通信系统和集控室机舱，可在无限航区航行，是当时华南地区建造的吨位最大的成品油轮。

6月 广州高新技术创业服务中心成立。这是市科委为实施国家“火炬计划”而专设的一个综合性服务机构，主要任务是扶持进驻中心的企业将高新技术成果“孵化”成产品，进入商品化生产。凡持有高新技术项目并具备自主开发和经营能力的企业，均可申请进驻中心。

7月6日 铁道部广州车辆工厂在花县成立。该厂被列为国家大中型建设项目，占地面积106.7万平方米，基建总投资2.6亿元，年修造冷藏、保温车辆能力达4000辆，是全国铁路系统修造铁路冷藏、保温车辆规模最大的工厂。

7月8日 由中国人民银行广州分行、市各专业银行、综合性银行和其他金融机构参加组成的广州金融市场开业，标志着广州市金融体制改革向前推进一步，广州证券公司同时复业。

7月20日 广深公路广州段改造工程动工。该工程全长23公里，其中大沙地至南岗路段11.6公里，路基宽由18米扩至26米；南岗至新塘路段11.4公里，路基宽由12米扩至23米，并将双车道柏油路改为四车道水泥路。

7 月 23 日 《广州百科全书》编委会举行第一次会议，审议《广州百科全书》的条目框架。1994 年 9 月，该书由中国大百科全书出版社出版。全书共 11 篇概述文章、5000 多个条目，约 230 万字，配有图照 1000 多幅。这是中国第一部大城市百科全书，也是国家“八五”期间出版的重点选题。

△**是日** 广州市从化水质净化厂通过专家验收并投入运行。这是中国首项县级现代化污水处理工程，工程建设总投资为 929.46 万元，占地 2.23 万平方米，日处理生活污水能力 7000 吨。

7 月 25 日至 29 日 市委、市政府召开全市工作会议，市委副书记张汉青作题为《依靠科技进步是广州九十年代经济的出路》的报告，提出：到 20 世纪 90 年代末，力争全市主要产业的技术水平达到发达国家 20 世纪 80 年代中后期的水平，在某些领域接近或达到国际当代先进水平；全市科技进步对经济增长的贡献率达到 50%；在发展高技术、基础研究等方面出一批优秀成果，达到全国的先进水平。

8 月 6 日至 7 日 市委召开广州市农村社会主义思想教育工作会议，传达贯彻全省农村工作会议精神，介绍农村社教试点工作经验，部署全市第一批社教工作。市委副书记、市社教领导小组组长邬梦兆对广州市农村第一批社教工作作出部署，决定从 8 月 15 日起，第一批 45 个镇、633 条村开展农村社教。

8 月 13 日 市房改工作会议召开，会议要求继续推进住房制度改革，利用多渠道建房，千方百计鼓励买房，积极解决住房困难户问题，逐步走出良性循环的路来。广州市自 1989 年 10 月推行住房制度改革，至 1991 年 7 月底止，市区售出公房 158 万平方米。1985 年房屋普查时人均居住 2 平方米以下的 1164 个在册住房特困户已基本解决。

8 月 17 日 白云区石井镇朝阳村被市科委授予“科技村”称号，成为广州市第一个科技村。该村 1986 年提出科技兴村的口号，先后引进防水涂料、彩印过塑胶、饮料添加剂等近 10 项科技成果，建成 13 家科技先导型企业，开发生产 11 个科技新产品。

8 月 20 日至 23 日 市九届人大常委会召开第二十七次会议，通过《广州市禁止销售燃放烟花爆竹规定》，接受已任副省长李兰芳辞去副市长职务的请求。

9月12日 市长黎子流签署的《关于取缔无证经营和禁止乱摆乱卖的若干规定》在《广州日报》公布。用政府令形式在报纸等新闻媒介上颁布政府的有关规定，是对以往发布政府规章形式的一种改革。此后，凡政府发布的行政规章，一律由市长签署，都以市政府令的形式公之于众。

9月16日 市政府印发《加快开发南沙经济区的十五项优惠政策》《关于对南沙经济区简政放权的若干规定》，对南沙经济区实行计划单列，凡来区内投资的外商、华侨、华人、港澳同胞和台湾同胞，享受国家给予沿海开放城市、珠江三角洲经济开发区的各项优惠政策。

9月18日 市委、市政府在南华西街召开市区街经济工作现场会议，市长黎子流、市委副书记邬梦兆在会上强调，各街道要创造性地消化吸收南华西街的经验，力争用5年左右的时间，使全市1/3的街道达到南华西街现有生产水平。

9月 广州市清理整顿社团工作结束，全市共登记合格社团1041个，注销登记的社团74个，社团登记管理走上法治轨道。

10月3日 市政府印发《落实〈关于进一步调动科技人员积极性，加速我市经济发展的议案实施方案〉的意见》，决定对从事科学技术工作30年以上的科技人员颁发证书，每年安排10万美元外汇额度，组织从事研究与开发的科技人员出境出国作科技考察，凡获有突出贡献专家称号者可享受优先医疗待遇，争取五年内解决人均5平方米以下中级科技人员的住房困难。

10月11日至12日 广州市侨务工作会议召开，总结改革开放以来侨务工作的成绩和经验，提出今后10年特别是“八五”期间侨务工作的任务和目标。改革开放以来，广州市复查平反归侨、侨眷冤假错案1300多宗，平反历史老案311宗，为171名“文化大革命”中被错误疏散下乡的归侨、侨眷办理回市复户手续。至1990年底，共清退华侨、港澳同胞私房28729户，创办侨属企业870家，为国家创汇500万美元。

10月15日至30日 第70届中国出口商品交易会开幕。中共中央政治局常委、国务院总理李鹏为开幕式剪彩，经贸部部长李岚清致辞。中共中央政治局委员、国务院副总理田纪云，全国人大常委会副委员长陈慕华和省、市负责人谢非、朱森林、黎子流、雷宇，港澳台知名人士霍英东、马万祺、张平沼等来宾共1万多人出席开幕式。129 个国家和地区的客商 4.5 万多人次参观、洽谈，出口成交额突破 60 亿美元，超过历史上任何一届交易会。其中，广州代表团总成交额达 1.73 亿美元，比 1990 年秋交会增长 10%。

10 月 16 日 国内最大的新闻广告彩色电子屏幕在广州火车站广场右侧建成试播。这块屏幕总投资 100 万美元和人民币 100 万元，总面积 102 平方米，每天早上 6 时至晚上 10 时播出由新华社编发的国内外重要新闻快讯及各类广告。

10 月 23 日 广东轻工机械厂正式晋升为国家一级企业。这是全国轻工机械行业首家、广州市第二家国家一级企业，主要生产啤酒、饮料包装机械，产品在全国市场的占有率超过 65%，是当时全国生产规模最大、经济效益最好的企业。

10 月 26 日 广州机场路立交和机场路扩建工程全线通车。这项工程于 1991 年 3 月 8 日动工，创造出广州市政建设的新速度。机场路立交为两层迂回互通式全定向立交，占地约 6.5 公顷（1 公顷 =1 万平方米）。机场路全长 3.1 公里，由 3 车道扩宽为 6 车道，宽 50 米。

11 月 1 日 话剧《情结》编剧许雁和主要演员潘伟行分获第二届中国话剧金狮奖的编剧奖和演员奖。由许雁编剧、熊源伟导演、广州话剧团演出的《情结》，是一出表现惩治腐败、提倡廉政的重大题材话剧，10 月份赴京参加全国话剧交流演出，受到中央领导和首都观众好评。11 月 18 日，市委、市政府举行大会，表彰《情结》剧组。

11 月 16 日 国际足联第一届世界女子足球锦标赛在广州天河体育场开幕。中国组委会主任、副省长卢钟鹤主持开幕式，国际足联主席阿维兰热致开幕词，国务委员李铁映致辞。德国、意大利、丹麦、挪威、瑞典、美国、巴西、日本、新西兰、中国、中华台北、尼日利亚共 12 支球队参赛。比赛于 30 日结束，美国队获得冠军。

11 月 18 日 广州市城市信用社联合社成立。自 1986 年 10 月至此，全市共组建 26 家城市信用合作社，各信用社资本金加在一起共达 3700 多万元，存款余额达 6.55 亿元，各项贷款余额达 3.27 亿元。

11 月 27 日 新华社报道：目前，广州市出租小汽车已发展到 9700 多辆，出租汽车企业105家，人均拥有“的士”量居全国第一，每万名市民拥有24辆“的士”；广州市的“的士”车价全国最低，最高价为每公里1.6元。另外，“扬手即停”“计程收费”“24小时无线电召唤服务”等均为广州“的士”首创。

12月1日 广州市学生联合会第六次代表大会召开，大中学校的247名学生代表和36名列席代表出席。会议审议通过市学联第五届委员会的工作报告和《广州市学生联合会章程》，选举产生第六届委员会，授予10个“红旗学生会”、10名“优秀学生会干部标兵”、53个“先进学生会”和100名“优秀学生会干部”光荣称号。

12月2日 省委决定，省委常委高祀仁兼任广州市委书记，朱森林不再兼任。

12月4日 广州酒家全年的营业纪录历史性地跃升至1.0003亿元，成为全国饮食业中年营业额唯一突破亿元大关的企业。

12月上旬 商业部排出“全国饮食企业50强”，其中营业收入50强中，广州市以17家企业上榜而领先于其他城市。广州市的17家饮食企业依次为广州酒家、莲香楼、泮溪酒家、大三元酒家、大同酒家、陶陶居酒家、北园酒家、大公餐厅、南国酒家、南园酒家、惠如楼、华北饭店、番禺县禺山酒店、荔湾、珍宝、东江、回民等饮食企业。

12月11日 广州市委企业工作委员会成立，黄龙云任书记。该委员会是市委的派出党委，主管市工业、交通、商业、城建、计划口企业党的建设、社会主义精神文明建设和思想政治工作。

12月18日至24日 中共广州市第六次代表大会召开，市委副书记张汉青作题为《全面贯彻党的基本路线，为胜利完成我市十年规划和“八五”计划而奋斗》的报告，会议选举产生中共广州市第六届委员会和市纪委。

12月25日 市委六届一次全会召开。会议选举广州市第六届委员会领导班子，高祀仁为市委书记。审议通过中共广州市纪律检查委员会全体会议，选举郭开炳为市纪委书记。

12月 市政府决定选择广州造纸厂、广州钢琴厂、广州敬修堂药厂、万宝电器集团公司等16家国营工业企业为进行放开经营、综合改革的试点。上述企业可以享受企业内部机构设置权、职工招聘和辞退权、干部管理权、工资分配权、产品定价权、固定资产处理权、对外经济活动自主权等11项企业权力。

1991年 广州全市国内生产总值386.67亿元（当年价，增长速度按可比价计算），比上年增长16.27%；社会总产值838.24亿元，增长19.62%；国民收入273.15亿元，增长18.67%；工农业总产值581.89亿元，增长21.97%；在工农业总产值中，农、轻、重比重为7.78∶57.10∶35.12。物价持续平稳，经济效益有所改善，各项社会事业相应发展。

1992年

1月1日 中国首个旅游年——'92中国友好观光年的第一天，广州在白云机场、广州火车站和洲头咀码头举行仪式，欢迎首批抵穗的海外游客。当晚8时20分，由市旅游局、广东电视台主办的'92广州友好观光年揭幕文艺晚会在广州体育馆举行。

1月2日 市政府印发《关于加强政府及有关部门与民主党派对口联系的若干制度的通知》，确定市政府组成人员（扩大）会议邀请各民主党派及工商联负责同志参加；市政府有关重大决策和改革项目出台前的征求意见会，应邀请各民主党派和工商联的负责同志参加；有重大决策或措施出台前，有关领导应走访有关民主党派，征求意见。

1月上旬 经国家科委批准，东山区黄花岗地区列入广州天河高新技术产业开发区。该地区西起区庄立交桥，东至永福路，南起环市路，北至广九铁路，面积约1平方公里，由东山区、中科院广州分院、广东工学院、中山医科大学以及广州空军有关部门组成股份公司实施开发建设。

1月12日 广州市举办首届"教育基金百万行"活动，为教育基金筹款，739个单位约1.5万人参加活动。当晚，广州市教育基金会成立三周年志庆暨首届"教育基金百万行"文艺晚会举行，市委书记高祀仁、市长黎子流登台表演。此项活动共筹集人民币247.9万余元，港币513万余元。

1月15日 为期5个月的广州市首批农村社会主义教育工作结束，2800名工作队员撤出各县（区）所属的663个村。21日，市委召开市农村社教领导小组

（扩大）会议，总结首批社教成绩和经验。同年 3 月 6 日，市委召开农村社教工作会议，动员部署第二批社教工作。

1 月 19 日至 29 日 邓小平到广东视察，发表系列重要谈话，在国内外产生巨大影响。29 日下午，邓小平在广州火车东站会见省、市领导班子和广州军区党委常委，并合影留念。随后，省委书记谢非在广州珠岛宾馆向省市领导人转达邓小平南方谈话精神。2 月 28 日，中共中央以文件形式将南方谈话印发全党、全国。邓小平的南方讲话精神，再一次在广州掀起第二次思想解放和进一步改革开放的热潮。

1 月 22 日 市政府颁布《关于进一步推进土地有偿有期使用 增加经济社会发展资金的若干意见》，全面推行土地有偿有期使用制度。全年共签土地出让合同 134 宗，合同出让总面积 1265.63 万平方米，合同收入 2.98 亿元，出让国有土地使用权基本以协议方式进行。

△是日 市政府改革土地管理体制，调整市规划局、房地产管理局、国土局的职能。市国土局和市房地产管理局合署办公，挂两块牌子，作为广州市城乡土地管理和房地产管理的主管部门。将市规划局办理建设用地审批划拨工作的职能调整到市土地管理局。市土地管理局对市属八区四县土地实行统一管理。市房地产管理局实行政企职责分开，另组建广州市房地产经营开发总公司。

1 月 27 日 广州工业发展史上规模最大的建设项目——广州 11.5 万吨乙烯工程乙烯装置合同签字仪式在意大利首都罗马举行。国务院总理李鹏和意大利总理安德烈奥蒂出席仪式。中国进出口总公司副总经理熊泉根、中国石化国际事业公司总经理杨树杉、广州乙烯工程总指挥洪志铭、泰克尼蒙特公司总裁亚历山德雷洛和副总裁兼常务经理罗伯托·普拉泰西分别在中意广州乙烯合作项目协议上签字。协议规定，中国将从意大利进口价值 1.5 亿美元的化工技术与设备。

1 月 31 日 广州市经济建设发展公司与香港新世界发展有限公司签订合资建设和经营广州珠江电力有限公司合同。珠江电厂工程自 1988 年 5 月开始建设，至此改为合资建设经营项目，注册资本总额为 4.2 亿元人民币，双方各占 50%，合营期为 25 年。6 月 6 日，广州珠江电力有限公司成立。

2 月 14 日 市委、市政府发出《关于依靠科技进步推动经济发展的若干规定》，提出坚持和完善科研单位的所长负责制和所长任期目标责任制，继续推行和完善科研单位的承包经营责任制；全面落实和扩大科研单位的自主权，技术开发型的科研单位可办理企业法人营业执照；支持和鼓励兴办民办科技机构或科工（农）贸经济实体，鼓励科研单位吸收企业，允许大中型企业和企业集团吸收独立科研单位进入企业；允许科技人员在完成本职工作，不侵犯本单位技术经济权益并经同意，以兼职或业余技术服务方式参加企业技术进步活动。

2月18日 市廉政工作指导小组部署反腐蚀教育工作。此次反腐蚀教育从是年1月开始，安排4个月时间，分两个阶段进行。第一阶段用一个半月的时间动员学习，3月25日进入第二阶段，用两个半月时间发动群众揭摆问题和整改。

2月中旬 从化县农村1991年起实行集资医疗保健制度，以解决由于合作医疗解体重新带来的农民缺医少药的社会问题。该县以镇为单位，实行“四统一”集资医疗，即镇对村卫生站、村医实行统一领导、统一管理、统一分级核算、统一分配，农民以户为单位参加集资医疗，每人每月交2元的医药基金。至此，全县35万多农业人口中，有12万多人参加集资医疗。

2月20日至26日 市政协七届六次会议在广州举行，会议审议通过《广州市政协七届六次会议决议》和提案委员会《关于七届六次会议提案审查情况的报告》。

2月20日至3月1日 市九届人大五次会议在市委礼堂召开。会议听取市长黎子流所作的《政府工作报告》以及市政府关于国民经济和社会发展计划、预算的报告，市人大常委会主任赖竹岩作的《广州市人大常委会工作报告》以及市中级人民法院、市人民检察院工作报告。会议审议通过《广州市国民经济和社会发展十年规划和第八个五年计划纲要》草案，提出要把广州建设成为具有强大内外辐射能力和民主、文明的社会主义现代化中心城市。

2月27日 根据“四个一批”（即扭转一批企业亏损、改造一批老企业、发展一批企业集团、试点一批股份制企业）的要求，广州市召开工商行政管理工作会议，提出在经营方式和经营范围上，对国营大中型企业实行新的优惠和倾斜政策。这些新措施主要有：重点支持广州市“两车”（标致汽车、五羊摩托车）、“三电”（电梯、家用电器、电池）等25个拳头产品的发展；允许国营大中型企业以一业为主，多种经营，产销结合等。

2月28日 市政府印发《广州市创建国家卫生城市规划》。规划提出3～5年内实现规划的7项主要指标：组织管理科学；健康教育效果明显；市容环境整洁、优美；环境保护工作成效显著；公共场所、饮用水卫生符合要求；食品行业卫生符合《食品卫生法》；认真开展传染病防治工作，除“四害”成效显著。

2月底 广州市基本完成清理整顿公司任务。3年多来，全市共撤并公司1675户，安置富余人员12820人，撤销党政机关所办公司125户，解决政企不分公司68户，查处经济违法案1011宗，罚没入库2936.7万元，拟定6个对公司加强监督和管理的地方性法规。

2月 纳入广州市住房公积金制度第一批试点的市房管局、市建设银行等22个单位，是月起实行住房公积金制度。按照《广州市住房公积金试行办法》规定，市建设银行受市政府委托代理承办全市住房公积金的金融服务。4月起，广州市在省内率先全面推行住房公积金制度。

3月18日至23日 中华人民共和国第三届残疾人运动会在天河体育馆举行。中共中央政治局常委、中央书记处书记李瑞环宣布开幕，国务委员李铁映致开幕词，中国残疾人联合会主席邓朴方向旗手授旗，组委会执行主席、广州市市长黎子流致欢迎辞。共有1200名运动员参赛，22人44次破28项世界纪录。广州代表团夺得8枚金牌，名列33个参赛代表团的第12名，有2人3次破世界纪录，并获“体育道德风尚奖”。

3月19日 市政府决定实施东风路道路改造工程方案。东风路全长8.35公里，全线连接荔湾、越秀、东山、天河4个区，是交通流量最大的道路之一，经常严重堵塞。3月28日，东风路改造工程的第一项工程——东风路与农林下路立交破土动工。

3月23日至25日 广州市农村工作会议召开。会议要求，全市各级党政部门认真学习邓小平视察南方的重要讲话精神，进一步解放思想，增强改革意识，推动全市农业和整个农村工作向前发展，并提出，番禺、从化、花县、增城4个县可划出一些土地，实行连片开发，促进一批大项目上马。

3月25日 市财政局与43家金融机构在东方宾馆签订1992年国库券承购

包销协议，把中央分配给广州市的5.35亿元国库券向社会发售。此举标志着广州市的国债发行方法由行政手段过渡到经济手段。

3月27日 市中级人民法院举行首次破产企业的债权人会议。广州捷达电器实业有限公司1986年底成立，由于经营不善，累计亏损312万多元，现有财产仅50多万元，无力偿还到期债务，向市中级人民法院申请宣告破产。这是市中级人民法院受理的首宗企业申请破产案。

3月 市科委和天河高新技术产业开发区根据国家高新技术产业开发区有关政策规定，审定通过26家企业为第一批高新技术企业。其中，有10家全民所有制企业，11家集体所有制企业，2家私营企业，3家联营企业。这些企业分别从事电子信息技术、光电一体化技术、生物工程技术、新材料技术、生物医学工程等高新技术研究开发。

4月1日 广州市改革粮食购销管理体制，规定国家下达的粮食定购任务，除农业税（公粮）继续征收实物外，其余改为指导性收购计划；放开城乡粮食销售与价格，取消“双轨制”，保留城镇居民粮油关系；建立市、县、镇分级粮食储备制度，各级储备粮由各级政府委托粮食部门管理。这意味着实行39年的“统购统销”粮食购销管理体制从此宣告结束，持续39年凭票限量供应粮食的岁月成为历史。

△**是日** 广州火车站旅客引导“中央控制大屏幕显示系统”投入使用。该系统由中央电脑控制系统和分布在3万平方米范围内的22块单色和彩色LED（发光二极管）大屏幕显示屏组成，可用于发布新闻、播放广告、显示交通信息、指挥旅客候车检票。此项技术属国内首创。

4月8日 市委、市人大常委会、市政府联合召开全市贯彻落实《企业法》、深化企业改革动员大会。市委书记高祀仁、市长黎子流、市人大常委会副主任纪瑞生，向各级干部提出“解放思想、抓住时机、敢于试验、敢于冒险、敢于开拓新局面、敢于为全国之先，加快转换企业经营机制步伐”的要求。会议还介绍广州铝材厂、东山百货大楼深化企业内部改革的经验。

4月10日 广州市首次工业企业技术难题招标暨“产（业）学（院校）研（研究所）”技术合作研讨会召开，市经委和市科协联合将收集到的广州摩托车公司等55家企业提出的112个技术难题汇编成册，在会上推出。近50家科研单位、科技学会、高等院校参加会议。

4月14日 市委、市政府发出《关于进一步加强农业和农村工作的若干措施》，认为经过10多年改革，广州市农业和农村工作取得巨大成效，初步形成以鲜活农产品为重点的城郊型农业格局，农产品商品率由40%增加到75%，鲜活农产品占农产品比重达到70%，乡镇企业总收入占农村总收入的比重由30%提高到70%以上。出台的措施有10条，从10个方面全面加强对农村工作的领导。

4月17日 市政府常务会议决定，在东山、越秀、荔湾、海珠4个老城区全面改革初中招生办法，取消与学位分配相联系的全区小学毕业统考，实行推荐与就近入学相结合的办法，实行电脑派位，以缓解学生升学竞争，减轻学生课业负担。这标志着广州市的招生改革迈出重要一步。

4月20日至23日 市委召开工作会议，学习贯彻邓小平视察南方的重要讲话，以及中央政治局全体会议精神和省委工作会议精神。市委书记高祀仁在会上作题为《解放思想，抓住机遇，加快改革开放和经济建设的步伐》的讲话，市委常委雷宇对提交会议讨论的市委、市政府《关于进一步深化改革、扩大开放的若干决定（稿）》作说明，市长黎子流作总结讲话。会议确定，今后广州的发展目标是，力争用15年左右的时间赶上亚洲“四小龙”人均国民生产总值的平均水平，把广州建成富强、安定、文明、美丽的现代化国际大都市。

4月30日 市政府发出《关于进一步扶持供销合作社发展的意见》，要求市供销社系统实行经营放开、价格放开、用工放开、分配放开，加快向企业集团发展。

4月 广州酒家集团公司正式成立，这是广州市首家以全民所有制企业为主体，实行自主经营、独立核算、自负盈亏，以经营饮食业为主的集团公司企业。

5月5日 市委、市政府根据邓小平视察南方的重要讲话精神和中央、省委关于深化改革、扩大开放的要求，作出《关于进一步深化改革、扩大开放的若干决定》。该决定包含30条具体措施，提出要继续深化改革，为经济建设注入新的生机和活力，进一步扩大对外开放，形成全方位对外开放格局。

5月13日 国务院批复省政府，同意设立广州保税区。广州保税区设在广州经济技术开发区东北部的北围二分区内，面积 1.4 平方公里。1993 年 5 月通过验关正式营运。参照国际上通行的自由贸易区的建设及管理模式，实行“境内关外”的海关监管政策的综合性对外开放特殊经济区域，实行境外与保税区之间的货物进出自由、外汇进出自由、人员进出自由。

5 月 18 日　市建委代表市政府与香港隆丰国际发展有限公司等 6 家港方企业以及广州市城镇建设开发总公司等 6 家国内房地产企业签订东风中路、盘福路口至小北路口 6 个地块（面积 40174 平方米，规划建设高层商住楼宇 156830 平方米）的土地开发和土地使用权出让合同。合同期 70 年，这是广州市最大规模的土地出让。

5 月 19 日　市长黎子流主持召开市长办公会议，决定成立地铁工程建设指挥部办公室，负责地铁工程的组织实施和协调工作。同时组建市地下铁道总公司，全面负责地铁的建设及管理，该公司为市局级企业单位，归口市建委管理。

5 月 20 日　广州金城房地产股份公司开业。该公司为广州首个集团式房地产企业，由市城建开发总公司、珠江实业总公司、广州建筑总公司、广州工程承包总公司、东华实业股份有限公司、穗华房地产开发公司、中国房地产开发广州公司、广州市建设发展公司 8 家国营企业以入股的形式组建。

5 月 31 日　市政府发出《关于贯彻国务院批转文化部关于文化事业若干经济政策意见报告的通知》，对发展广州市文化事业提出 9 项意见，主要包括重点办好一批文化经济骨干企业，积极开展“以文补文”业务，加强文化事业基础设施建设，对艺术表演团体采取核定收支、差额补助、超支不补、结余留用的预算管理办法，设立文艺创作演出基金，成立振兴粤剧基金会等。

5 月　经国务院批准，撤销番禺县，设立番禺市（县级），隶属广东省人民政府，由广州市代管。

6 月 1 日至 7 月 8 日　广州举行首届“科技进步活动月”活动，活动期间开展一系列科技宣传和交流活动，包括召开科技表彰大会，举办学术讲座、科技咨询活动、工业企业技术难题招标、职工操作技能表演赛和“科技兴市大家谈”电视专题讨论，组织科技支农服务队到农村服务等。

6 月 7 日　市工商部门决定对个体工商户和私营企业实行“五允许”：允许

经营国家明文规定不准生产经营以外的行业和商品；允许私营企业开办以设计制作为主的广告公司，个体户可经营设计制作广告业务；允许工矿企业等出租闲置或空余场地给个体私营企业做经营场地；允许有经营特色的外地个体私营企业来穗设点办厂；允许私营企业办中外合资合作企业，支持个体私营企业到海外设经营网点。

6 月 11 日　广州敬修堂药厂举行全厂劳动合同签约仪式，厂长萧承与主管部门市医药总公司负责人签订合同，全体干部职工逐一同厂长签订合同，并即时生效。该厂是广州市工业企业首家实行全员劳动合同制的企业。

6 月 12 日　广州轻工系统的广州啤酒厂、广州化妆品厂等 22 家国营老企业合股组建越兴企业集团，受市政府委托，越兴企业集团管理集团成员企业的国有资产，拥有企业的土地使用权等，注册资金 2.44 亿多元。

6 月 20 日　市委、市政府在市政府礼堂举行“国家高新技术产业开发区（广州）”授牌仪式，国家科委常务副主任李绪鄂代表国务院将镌刻“国家高新技术产业开发区”的铜匾颁发给广州市。这标志着天河高新技术产业开发区被正式定为国家高新技术产业开发区。

6 月 22 日　广州市首批双拥模范区（县）、拥军优属模范单位、拥政爱民标兵单位的命名表彰大会在市委礼堂召开。市委、市政府、广州军分区授予白云区、越秀区、荔湾区、东山区和海珠区“双拥模范区”称号；授予番禺市“双拥模范市”称号；授予市粮食局等 6 个单位“拥军优属模范单位”称号；授予 54084 部队等 11 个单位“拥政爱民标兵单位”称号。

6 月 25 日　广州市第一个区域性社会公共安全报警系统在越秀区 160 多个单位安装开通使用。联网户如发生警情，15 秒内区公安分局指挥中心即可知悉，被案犯入侵单位还可自动启用照相机、录像机和录音机等装置进行监视。

6 月 28 日　广州市科技进步基金会成立，市长黎子流任会长。至此，基金会收到全市事业单位捐款 863 万元人民币，港澳台以及海外人士捐款 6112 万港元和 1 万美元。每年基金增值部分主要用于奖励优秀科技成果项目成员和有突出贡献的专家，以及对促进科技进步做出显著成绩的团体、单位。

△是日　国家“八五”重点工程之一——广州文冲船厂 10 万吨级修船坞打下

第一组围堰钢板桩，标志着该工程建设进入实施阶段。整个工程总投资2亿元，1994年底建成投产。这是当时国内规模最大的修船干坞，船坞长300米，宽62米，深11.9米，每年可承修3.5万至10万吨级的各类船舶62艘。

6月30日 广州工业品批发市场在南岸路开业。该市场以“广货”为主，采用自选开架、拆零批发、即买即提、电话预约等新型售货方式，实行产销见面并提供营销服务和规范管理。

6月 市外经贸委进一步下放管理权限，增强各区、县总揽经济全局的能力。凡符合国家规定的投资方向，建设、生产经营条件不需要国家和省市综合平衡，不涉及配额许可证，总投资额在1000万美元以下的生产性合资合作项目和产品出口70%以上、投资额在3000万美元以下的生产性合资合作项目，外商独资企业产品出口90%以上、符合环保要求的生产性项目，均由区、县、局（总公司）审批。

7月4日 市政府印发《广州市人才流动管理规定》，允许有关人才从事合理的第二职业和取得合法收入。人才流动后的人事档案可由原单位管理，也可由政府人事部门管理。由单位出资培训者服务期满后流动，原单位不得索取培训费。

7月6日 《广州保税区管理办法（试行）》发布施行。该办法共8章35条，对管理机构及职责、企业设立及经营管理、贸易管理、金融外汇管理、税收优惠、进出保税区管理等作出明确规定。

△是日 广州经济技术开发区工业发展总公司与建成发（香港）企业公司合资兴建广州建成发汽车配件有限公司合同签字仪式在白天鹅宾馆举行。这是广州第一家保税工厂，主要生产汽车零配件，产品全部外销。

7月8日 广州市科技奖励大会举行。大会表彰和奖励354个集体和630名个人，给9060名从事科学技术工作30年以上的科技人员颁发荣誉证书，并颁发高新技术企业认定证书和新产品证书。

△是日 广州摩托车集团公司成立。该公司是全民所有制股份制企业，由广州摩托车公司、广东省第一汽车制配厂和广州电镀厂合并组成，实行自主经营，独立核算，自负盈亏。集团公司主产品“五羊”牌摩托车先后获轻工业部科技进步金龙腾飞奖、广东省科学技术进步奖和省、部级优秀产品奖。

7 月 18 日 《邓小平同志在广东》纪录片首发式在广州举行。该片纪录邓小平 1992 年初春视察深圳、珠海、顺德等地的全过程，再现邓小平视察中发表重要谈话的音容笑貌，是一部珍贵的历史纪录片。

7 月 21 日 市粮食局召开全面推行粮店承包经营责任制动员大会，要求东山、越秀、荔湾、海珠 4 个老城区的粮店全面推行全员风险抵押集体承包经营，实行"国家所有，集体承包，分账核算，风险抵押，核定基数，超额全留，缺额自补"。至 9 月底，上述 4 个区的 217 家粮油食品店全部实行承包。

7 月 25 日 广州市轻工系统属下的首批 10 家企业——广州油脂化学工业公司、珠江啤酒厂、百花香料厂、广州灯泡厂、华南缝纫机工业公司、红棉保温容器实业公司、广州罐头食品工业公司、珠江容器厂、广州钢笔厂和羊城保健食品公司，正式与广州市轻工局签订经营者风险承包合同，标志着广州市轻工系统推行风险承包进入实际操作阶段。

7 月 28 日 国内首家专业直销公司——至诚百货直销公司在广州成立。该公司通过传媒广告，将商品介绍给消费者，消费者根据需要打电话到直销公司购买，公司随时送货上门。

7 月 29 日 广州市城乡经济联合洽谈会在市委礼堂举行。羊城汽车厂与增城县联办的羊城汽车（股份）有限公司等 12 个总投资为 14.03 亿元的城乡联合项目，在开幕式上签约。

8 月 4 日 市政府颁布《广州市股份有限公司设立程序》，对广州市以发起方式或以募集方式设立股份有限公司的程序作出具体规定。

8 月 8 日 《广州市禁止生产和经销假冒伪劣商品条例》颁布实施，这是国内第一个专门为打击假冒伪劣商品而定制的地方性法规。该条例共 6 章 36 条，对生产者责任、经销者责任、监督与管理、法律责任等作出明确规定。

8 月 15 日 广州市农村社会主义思想教育工作结束，此项工作于 1991 年 3 月试点，8 月 15 日开始分两批进行，历时一年半。全市农村 84 个镇街、35 个国营农林场、1348 条村、1099 个镇村企事业单位开展社会主义思想教育活动。

8 月 18 日 广东省第一家中外合资的股份制商业集团——广东天贸（集团）股份有限公司正式创立。该集团第一个投资兴建的项目、全国特大型商场——广州“天河城”同时奠基动工。

8月20日 市政府批准黄花岗高新技术开发总公司实行股份制经营管理方式，这在全国27个高新技术开发区中尚属首例。

8月24日 市委印发《关于加快我市第三产业发展的意见》，提出到2005年，全市第三产业增加值占国内生产总值的比重达到60%以上，就业人数占社会劳动总人数的比重达到65%以上，力争达到或接近亚洲“四小龙”的平均水平。

8月25日至26日 广州市转换企业经营机制工作会议召开。会议要求加快企业经营机制转换和政府管理职能的转变，摆脱体制束缚。当前首先抓好工业管理体制的改革，同时加快机关简政放权、精兵拆庙的改革步伐，《全民所有制工业企业转换经营机制条例》规定的14项自主权要不折不扣“还权于企业”。其次要抓好企业内部管理体制的改革，在调整经济结构中，只要有利于生产要素，关、停、并、转、租、卖、上调下放、破产都可尝试。

8月26日 广州市商标事务所成立。随着商品经济的迅速发展，商标法律事务的数量及复杂程度增加，国家工商局决定在全国15个省、市试点建立商标事务所，推行商标代理制，广州市是先行试点的城市之一。

8月28日 五羊—本田摩托（广州）有限公司开业。该公司由广州摩托集团公司与日本本田技研工业株式会社合作经营，引进本田公司的资金、技术、设备和管理方法。合同期限30年，注册资本3000万美元，中日双方各占50%股份。

9月5日至7日 由广州市与中国社会科学院农村发展研究所、《中国农村经济》编辑部联合举办的第三届全国农村合作经济股份制研讨会在广州召开，会议充分肯定社区型股份合作制在中国农村股份制改革中的历史地位和作用，总结交流中国农村股份合作经济改革的经验，探讨推行股份合作制所出现的新问题和相应对策。

9月8日 广州市首家集生产、销售、科研、运输、包装、储运于一体的粮食企业集团——广州南方面粉企业集团正式成立。该集团以南方面粉厂为核心，由10家粮食企业组成，固定资产1.08亿元，主要产品有面粉、面制品、饮料和包装等系列共65个品种。

9月上旬 市政府决定成立广州市罚没物资管理办公室，同时制定《广州市罚没物资管理暂行办法》，对全市执罚单位依法没收的物资作统一管理。10月26日，由市财政局、市公安局、市工商局联合组成的广州市罚没物资服务中心成立。该中心接受市罚没办公室的委托，具体负责接收执罚单位上交的罚没物资，进行委托拍卖、直接处理及开展财务结算业务，改变广州市长期以来由商业部门直接向执罚单位收购罚没物资的分散管理办法。

9月20日 市委、市政府在东方宾馆召开大会，表彰《外来妹》《情结》剧组在全国获得大奖的有功人员。由广州电视台摄制的10集电视连续剧《外来妹》获中国第十二届电视剧"飞天奖"长篇电视连续剧一等奖和第十届"大众电视金鹰奖"长篇电视剧优秀奖；由广州话剧团演出的大型话剧《情结》，先后获得中宣部1991年度"五个一工程"优秀戏剧奖、文化部第二届全国戏剧"文华奖新剧目奖"、中国剧协第六届"全国优秀剧本奖"。市委、市政府奖励广州电视台电视剧制作中心25万元，并奖励《外来妹》编剧兼导演成浩、《外来妹》编剧谢丽虹、《情结》编剧许雁和主要演员潘伟行。

9月21日 市政府颁发《广州"科技兴市"规划（1990—2005年）》。明确提出科技兴市的10项具体目标，包括：技术进步对经济增长的贡献率到1995年为35%，20世纪末达55%，2005年60%以上；高新技术产业的产值占全市工业总产值的比重到1995年为8%，2000年达15%，2005年超过20%等。

9月23日 市政府召开广州市企业劳动人事、工资分配、社会劳动保险制度综合配套改革动员大会，要求全市企业在两年内基本完成国营企业经营机制转换的目标，三五年基本完成全员劳动合同制综合配套改革工作。其中，首批放开经营的32家工商企业，要在是年第四季度完成全员合同化管理或全员劳动合同制改革。

10月8日 广州美术学院、广东画院、广州画院作品汇展在南方大厦百货商店开幕，108位知名画家的作品参展。把文化艺术作品汇展放在商业场所，在广州尚属首次。

10月12日 广州北环高速公路白云隧道中导坑贯通。白云隧道全长242米，断面为双跨连拱结构，双向6车道，开挖宽度约32米、高度约10.5米，为当时亚洲跨度最大的公路隧道。

10月24日 广州万宝电器集团公司被国务院经贸办、国家计委、国家统计局、财政部、劳动部和人事部审定为特大型企业，为当时中国轻工行业唯一一家特大型企业。

△**是日** 由荔湾区政府主持建造的环卫工人塑像在荔湾湖公园门前落成。为环卫工人塑像属国内首次。塑像由万兆泉、万兆元设计制作，高3米，主体由一位环卫工人和一位献茶的少先队员构成，底座镂刻市长黎子流的题词“向环卫工人致敬”。

10月25日 广（州）汕（头）公路改造工程全线完工。这是广东省“八五”规划公路建设的第一个重点项目，该项目于1991年4月18日动工，全长413公里，其中途经天河区龙洞至柯木塱路段达5.8公里。改造后，路面由原来的9米柏油路扩宽为15米的水泥路。

10月28日 广东证券公司、广东发展银行证券交易营业部在广州开办代理深圳上市股票买卖业务，这是中华人民共和国成立以来广州市出现的第一次股票交易。

△**是日** 国家环保局发布对全国32个重点城市环境综合整治定量考核结果，广州市位居第二。因连续3年的考核成绩均名列前十位，广州市于11月26日获国务院环境保护委员会授予“1989年至1991年城市环境综合整治十佳城市”称号。

△**是日** 南方面粉股份有限公司成立。这是广州市首家按规范化要求组建的股份公司，也是广东省粮食行业第一家股份制企业。该公司首期发行股票8200多万元，分国家股和个人股两种。南方面粉厂以原国有资产折股6900多万元，占总股本84.17%；向公司内部职工发行个人股1300万元，占总股本的15.83%。

10月29日 珠江啤酒厂第二期扩建工程通过竣工验收。从此，该厂形成年产15万吨啤酒、1.6万吨麦芽、8000吨饲料和1万吨果汁啤酒的生产能力，成为当时中国最大的啤酒厂之一。

11月1日至5日 市委六届二次全体（扩大）会议召开，市委书记高祀仁作题为《认真学习、贯彻党的十四大精神，加快广州改革开放和现代化建设步伐》的报告。会议部署当前和今后工作，提出要加快改革开放和经济建设步伐，力争用 15 年左右的时间赶上亚洲“四小龙”，基本实现现代化。

11 月 6 日　裕达隆创业基金会（广州）正式成立，市政协主席杨资元任理事长。该会由香港裕达隆有限公司执行董事张松如和夫人黄彩霞出资 1000 万港元创立，以 35 岁以下的青年科技工作者、发明家、企业家为主要支持对象，资助对广州经济发展有显著贡献或有显著社会效益、正在研究和开发的项目。

11 月 9 日至 12 日　市九届人大六次会议在广州举行。会议通过无记名投票，选出广州市出席广东省第八届人民代表大会的代表 108 名。会议听取市人大常委会主任赖竹岩作的《广州市第九届人大常委会工作汇报》，对第九届人大常委会 4 年多的工作进行评议。

11 月 16 日　市政府召开商业系统企业放开经营、综合改革工作会议。会议确定市水产制品开发公司等 39 家企业为第三批放开经营企业。至此，广州市商业系统 165 家大中型企业全部实行放开经营、综合改革。这些企业以搞活经营、搞活用工、搞活价格、搞活分配、搞活资金“五个搞活”为突破口，把落脚点放在调动劳动者积极性上。

11 月 17 日　中国第一家铁路集团公司——广州铁路（集团）公司成立，隶属于铁道部，是自主经营、独立核算、自负盈亏，具有法人资格的经济实体，这是铁路管理体制改革的一项重要举措。

11 月 18 日　广州市 4 万门程控电话和 1 万门终端长途程控交换设备同时开通。至此，全市程控电话交换机的总容量达 40 万门，使广州市平均每百人拥有电话 14 台，普及率居全国省会城市之首。

11 月 23 日　广州 11.5 万吨乙烯项目前期工程破土动工。乙烯工程是广州市特一号重点工程，是当时最大的建设项目，由广州市与中国石油化工总公司合资兴建，总投资预算为 39 亿元。

11 月　广州市社会待业保险网络建设初具规模，待业救济、职业介绍、就业训练、自产自救配套的劳动就业服务体系正在形成。目前，全市参加投保的企业 4000 多个，投保者 90 多万人，有 2 万多人次享受待业救济金和医疗费、医疗补助费。

12 月 2 日　市政府印发《广州市国土总体规划》，成为此后 20 年广州市国土开发整治的基本蓝图。该规划确定“沿江发展、圈层配套、轴线开发”的地域战略布局，以广州市东南部、白云区西北部、芳村区和广州市东北部山区为重点地区进行开发建设。

△**是日** 市政府颁布实施《广州市客运出租汽车经营权有偿使用管理办法》，把竞争机制引入城市客运交通企业。该办法共5章25条，对经营权的使用期限、使用范围以及经营权的竞投、管理、处罚等作出明确规定。

12月3日 为加快广州市重点拳头产品电池生产的发展，广州电池厂和广州轻工业品进出口（集团）公司合作组建广州电池工贸企业集团，这是广州市第一家工贸合作的企业集团。

12月8日 广州市对外经济技术合作项目介绍会在香港开幕，至12日结束。介绍会推出近千个项目向外招商，签订合同395项，投资额为59.9亿美元，合同利用外资48.7亿美元，超过改革开放以来13年利用外资的总和。

12月10日至12日 市委、市政府召开农村工作会议，要求各级领导干部克服对农业有所忽视的倾向；重点抓好建立以名、优、稀、特、新农产品为中心的产品结构；乡镇企业走高科技、高效益、高创汇的路子；从抓流通、科技信用入手建立健全农业社会化服务体系；积极推行农村股份合作经济；加强农村基层党组织建设和精神文明建设。

12月11日 广州石化总公司扩建工程项目10套炼油装置及相应配套系统、公用工程，通过国家有关部门、中国石化总公司和省、市有关部门的验收。该工程于1985年立项建设，1988年被国家计委列为国家重点建设工程项目，总投资13亿元。投产后该厂原油加工能力从原来的每年250万吨提高到每年500万吨。

△**是日** 《广州日报》连续刊登新华社记者采写的对市长黎子流的访谈录《跨世纪的选择与战略：现代化国际大都市》，阐明广州用15年时间建成现代化国际大都市的宏伟规划、战略目标、基本要求、起点和步骤、现实基础和面临的挑战等。

12月15日 广州工人醒狮团赴香港参加国际狮艺大赛，这是中华人民共和国成立后广州市首次派出工人业余文化体育团体参加国际比赛。

12月17日 “中国城市综合实力50强”在北京揭晓，广州市首次跻身三强，位列上海、北京之后。这是由国家统计局、国家体改委、国家科委等部委共同组成的中国城市社会经济发展水平评价中心主持，采用多元统计的因子分析方法，将城市从人口、劳动力、经济、社会环境和基础设施等方面，结合其规模、效益、发展速度、结构水平共 104 个评价指标构成一个综合指标体系进行全面评价得出的结论。

12 月 19 日 广州第二次“识名城、爱广州”宣传月 3 项“十佳”评选活动揭晓。中山纪念堂、镇海楼、毛泽东同志主办农民运动讲习所旧址、黄花岗七十二烈士墓园、黄埔军校旧址、六榕寺花塔、光孝寺、西汉南越王墓、洪秀全故居、陈氏书院获“名城杯”十佳文物保护单位称号；白云山风景区、华南植物园、从化温泉风景区、越秀公园、广州起义烈士陵园、番禺莲花山旅游区、东方乐园、广州动物园、从化流溪河国家森林公园、南湖乐园被评为广州十佳旅游景点；白天鹅宾馆、天河体育中心、花园酒店、中国大酒店、广州国际金融大厦、广东国际大酒店、广州世界贸易中心大厦、东方宾馆、海印大桥、机场路立交被评为广州十佳现代建筑。

12 月 28 日 广州市地下铁道总公司成立，标志着广州市地铁建设由筹建阶段跨入实施阶段。该公司是市政府和市地铁工程指挥部领导下的企业，担负广州市快速轨道交通的建设、运营和沿线物业的开发经营业务。

△是日 广州出版社成立，下设办公室、社科读物编辑部、文化读物编辑部、美术装帧设计编辑部、对外合作部、印刷发行经营部和编务室。这是广州市属唯一的图书出版社。

1992 年 广州全市国内生产总值 510.7 亿元（当年价，增长速度按可比价计算），比上年增长 23.26%；社会总产值 1156.24 亿元，增长 30.87%；国民收入 390.39 亿元，增长 34.51%。第一产业增加值 35.64 亿元，增长 20.44%；第二产业增加值 241.31 亿元，增长 28.06%；第三产业增加值 233.75 亿元，增长 18.85%。全市国民经济实现了全面、快速、协调发展，为改革开放以来经济增速最快并且主要经济指标增幅首次高于全省的年份。

1993 年

1 月 1 日 广州市有史以来第一场新年音乐会在友谊剧院举行。音乐会门票售价 68 元，创下当时广州交响乐演出最高票价纪录。此后，广州新年音乐会固定在每年 1 月 1 日举办。

1 月 6 日 市委政策研究室、市社会科学院联合召开广州市企业界落实《广州科技兴市规划》研讨会，广州 30 多家企业负责人出席大会，分析企业技术进步面临的深层矛盾，共商科技开发大计。市委书记高祀仁到会讲话，指出企业要重视科技改革和科学发明，敢于采取重奖措施。4 月，市科技兴市领导小组办公室印发《广州市科学技术突出贡献者奖励试行办法》。

1 月 16 日 市政府颁发《广州市贯彻全民所有制工业企业转换经营机制条例实施办法》。该办法共 7 章 49 条，对企业的经营权、自负盈亏的责任以及企业和政府的关系、企业和政府违反规定应负的法律责任等，作出明确规定。

1 月 18 日 为推进企业科技进步，市政府颁发实施《广州市鼓励企业设置科研机构优惠办法》。该办法共 15 条，明确企业设立科研机构的条件、经费来源等，并规定企业科研机构的纯收入，可提取 20% 作为直接参加工作人员的报酬。

1 月 30 日至 31 日 广州市 1993 年普通高等学校毕业生就业（分配）供需见面会在广州医学院图书馆举行，广州及外地的 2 万多名应届高校毕业生与用人单位直接见面，双向自主选择。此次见面会由市人事局和市计委主办。此后，广州市大学毕业生不再由国家统包分配。

2 月 1 日 市政府颁布实施《广州市授予荣誉市民称号办法》，对“广州市荣誉市民”称号授予条件、办理程序、表彰办法、享受待遇等作出明确规定。

2月19日 由广州电台主办的1992年广州地区十大新闻人物评选揭晓，省委书记谢非，市长黎子流，中山大学一级教授、中国科学院学部委员蒲蛰龙，广州味精厂厂长陈光松，香港银利企业集团董事长、中国足球协会副主席刘盈福，著名女作家许雁，广州市东山百货大楼总经理梁力伟，广州足球队队员兼教练、中国国家足球队队员吴群立，政协委员、广州市水质净化科研技术开发公司科技工作者梁克诚，广州酒家企业集团总经理温祈福当选。评选年度新闻人物，在广州是首次。

2月20日 市委办公厅转发市劳动竞赛委员会、市总工会《关于动员和组织全市职工广泛开展“双爱五创振雄风，追赶亚洲四小龙”竞赛活动的意见》。“双爱五创”是指我爱企业、企业爱我，创先、创新、创优、创汇、创最佳经济效益和社会效益。

2月22日 市教育工作会议召开，24日结束。市委书记高祀仁、市长黎子流到会讲话。会议决定从当年起拨出专款，增加教师的津贴，争取“八五”期间使教师的平均收入达到本市12个行业职工的中上水平；在1995年基本解决全市教师的无房户和人均居住面积5平方米以下的困难户的住房问题。

3月2日 广州地区纪念毛泽东“向雷锋同志学习”题词30周年座谈会召开，会议授予海珠区南华西街等12个单位“学雷锋先进集体”称号，授予陆穗恒等9人“广州市学雷锋活动先进个人”称号。

3月12日 省委、省政府作出《关于进一步扩大开放的若干问题的决定》，把广州南沙、惠州大亚湾、珠海西区和横琴岛作为广东省20世纪90年代进一步扩大开放的重点区域。

3月15日 广州电力发展股份有限公司成立。这是广州市第一批向社会公开发行股票的试点企业之一，由市经济建设发展公司及中国工商银行广州市信托投资公司、中国建设银行广州市信托投资公司、中国银行珠江信托咨询公司、交通银行广州分行和广州国际信托投资公司共同发起。其中，市经济建设发展公司为控股公司。该公司成立后从事珠江电厂二期工程的投资、建设和经营。

3月18日 广州白云水泥股份有限公司成立。这是广州市区县企业第一家股份有限公司。由白云水泥厂发起，北郊供电工程公司、白云区供销社、白云区房地产开发经营公司和白云区农村信用联社5个法人单位和职工内部参股组成。

3月25日 广州电台向一批流行歌曲的词曲作者发放作品使用许可费，成为全国第一家因播放歌曲而向词曲作者发放使用许可费的电台。

4月3日 市政府印发《关于我市第三产业价格改革的意见》，对带有垄断性、公用性和社会福利性价格，实行国家定价，动态管理，形成以市场形成价格为主的第三产业价格机制和价格管理体制。

4月5日 市委、市政府印发《关于促进区街经济发展的若干意见》，出台10条具体措施，包括深化区街企业改革、加快发展第三产业、调整优化区街工业结构、扶持区街个体私营经济发展、加强区街人才队伍建设、加快区街人才队伍建设等。

4月7日至11日 "现代化国际大都市：迈向21世纪的广州"国际研讨会在东方宾馆举行，参加会议的有来自美国、德国、法国、英国等国家和中国香港地区、国内城市经济社会发展研究和规划的高级专家。会议上，专家们对广州建设现代化国际大都市的发展目标、战略思路和有关政策提出许多新颖的有价值的意见，呼吁加强水资源的保护，对因城市建设开发而导致绿化面积减少表示忧虑。

4月12日 市委、市政府发出《关于优先发展教育和深化教育改革的决定》，要求推进办学体制改革，幼儿教育以单位和民间办学为主，政府办学为辅；义务教育以政府办学为主，单位和民间办学为辅；职业教育向商品化发展，政府给予资助；鼓励社会力量办普通高校和成人高校，逐步形成政府投资、社会集资、民办自费、国际合作等多种办学模式。

4月22日 由珠江电厂股份有限公司投资、四航局二公司承建的珠江电厂4万吨级卸煤码头通过验收并交付使用。该码头是珠江电厂的重点配套项目，岸线总长250米，宽27.2米，水深15米，是当时广州地区吨位最大的码头。

4月 广州市全面开展商业企业放开经营综合改革，允许企业参照乡镇企业、"三资"企业的管理经验和国际惯例进行改革；全部取消用行政级别给企业定级的做法，改用通过考核企业销售额、利税总额、资金利润率、人均创利以及社会效益等指标，把企业分为若干等级；推行股份制试点，用两年左右时间，在全市

50%的国有商业企业实行股份制。

5月12日 国务院批准设立广州南沙经济技术开发区。7月8日，中共广州南沙经济技术开发区委员会、广州南沙经济技术开发区管理委员会挂牌成立，行政上为番禺市政府的派出机构。

5月21日 省委书记谢非在省第七次党代会报告中强调指出：广州市要发挥中心城市的作用，高起点发展资金、技术密集型工业，高标准、大规模发展第三产业，培植起竞争力较强的主体产业群，在交通、贸易、金融、信息、科技、旅游、文化和对外交往等方面，成为广东省辐射力较强的沟通国内外的现代化中心城市。

5月24日 市委书记高祀仁在省第七次党代会记者招待会上宣布，广州市从现在起到2005年，力争用15年时间，在全省率先基本实现现代化，使广州市的国内生产总值达到1950亿元，人均国内生产总值2.6万元。

△**是日** 广州市私营工商业商会成立。这是广州在全国率先成立的由私营企业"大户"自愿组成的民间商会。

5月28日 广州市规划在天河体育中心以南、广州大道以东、珠江以北、华南快速路以西的地域建设珠江新城，面积约6平方公里。是日，由市国土房地产管理局委托负责该地块预征工作的市土地开发中心与地处该地块的杨箕村、冼村、猎德村、农林村、寺右村、石东村和石牌街签订预征协议。此后，该地块由市政府实施控制，并按规划分段分片实征。

△**是日** 广州广船国际股份有限公司成立。广州造船厂是公司的唯一发起人。该厂是华南地区最大的造船企业，中国八大船厂之一，也是中国规模最大的集装箱生产基地，被列为中国内地500家最大工业企业之一。1994年10月21日，经国家对外贸易经济合作部批准，变更为中外合资股份有限公司。

5月28日至31日 市旅游局组织举办的1993年广州国际旅游展销会在中国出口商品交易会举行，这是中国首次由地方旅游主管部门组织举办此类活动。国内外旅游机构、航空公司、旅游商品厂共147家企业参会，推出新旅游线路、新服务项目、新产品200多项。

6月8日 广州海印大桥（主桥）获中国建筑业联合会1992年度建筑工程

最高奖——鲁班奖。这是广东省第一座获鲁班奖的桥梁。

6月12日 市教育局举行广州市中小学招生工作新闻发布会，明确非义务教育阶段的各类高级中等学校允许招自费生；义务教育阶段的小学和初中招生，可以招收非地段和计划外的择校生、借读生，并允许收费。小学择校生、借读生数额最多不得超过总招生数的1/4；初中必须全部完成国家下达的初中招生任务后才可以招收个别择校生。

6月16日 为控制水污染，保护和改善地面水水质，市政府颁发《广州市水环境功能区区划》，将广州市江河水环境功能区划分为饮用水源功能区和综合用水区；主要湖泊、水库水环境功能区划分为饮用水源、旅游用水、水力发电用水、农灌用水。

6月17日至26日 市政协八届一次会议在广州举行。大会选举邬梦兆为市八届政协主席。市政协第八届委员会共有委员542名，新增设经济界，原港澳同胞界分为香港同胞界和澳门同胞界。至此，市政协委员会的组成增至34个界别。

6月18日至28日 市十届人大一次会议在广州举行，大会听取市长黎子流作的《政府工作报告》，审议《广州市十五年基本实现现代化总体发展方案》，提出到2005年，广州"初步建成具有强大内外辐射能力的现代化国际大都市"。会议选举黄伟宁为市十届人民代表大会常务委员会主任，黎子流为广州市市长。

6月19日 市政府和市科技进步基金会联合召开颁奖大会。市委书记高祀仁、市长黎子流出席大会，给华南工业缝纫机厂工程师高维亮、广州侨光制药厂工程师廖颂明、广州氮肥厂高工陈际翚各颁发奖金15万元，广州白云家禽发展公司高级畜牧师邹燕妮、广州灯泡厂高工叶莲莹、广州无线电厂工程师张志强各奖10万元，并给以上6人颁发"广州市科学技术突出贡献金鼎奖"。这是广州市首次重奖科技人员，对国有企业"大锅饭""平均主义"思想是一次极大的冲击。

6月28日 《广州日报》发表长篇通讯《一个生命的最后乐章》，介绍广州汽车集团原副总经理黎振雄生前的感人事迹，在社会上产生广泛影响。各行各业开展形式多样的学习黎振雄活动，《广州日报》开展3个多月的《学习黎振雄同志的创业精神》专题讨论。9月28日，市委书记高祀仁发表《创业时代需要这样的精神》署名文章，高度评价黎振雄积极的创新精神和忘我的工作作风。

6月 经国务院批准，撤销花县，设立花都市（县级），隶属广东省人民政府，由广州市代管。

7月3日 市委、市政府联合发出《关于加快个体和私营经济发展的决定》，在全国率先提出“个体和私营经济是国民经济重要组成部分，是社会主义市场的主体之一”的观点，并指出，要促进个体工商户和私营经济的发展，必须进一步放宽政策，放开经营，切实做到“政治上关心，资金上支持，技术上给予指导，合法的给予保护，高新技术产品税收给予优惠”，并要求有关部门根据发展社会主义市场经济的需要，对于阻碍个体和私营经济发展的地方性政策法规进行修改或废止。

7月7日 市政府发出《关于进一步做好减轻农民负担工作的通知》。要求各级政府切实对照国务院公布的文件、规定进行清理，该取消的明确取消，未明确取消或保留的项目清理整顿时再定；对涉及农民负担的收费、摊派、集资等项目，要严格审核把关；发展壮大集体经济，有效减轻农民的直接负担，对贫困地区的扶持，重申“定点挂钩、包干扶持、一定三年、不脱贫不脱钩”。

7月13日 广州市国有工业企业放开经营综合改革大会召开，宣布从是月起至1995年12月31日止，广州市第三批200家国有工业企业实行放开经营综合改革。至此，全市市属328家预算内国有工业企业全部放开。

7月18日 《广州市十五年基本实现现代化总体发展方案》正式颁布，明确广州市未来15年基本实现现代化的发展蓝图，提出到21世纪初叶，将广州初步建成具有强大内外辐射能力的现代化国际大都市，并确定了广州市15年基本实现现代化的实施步骤，即第一阶段为打基础阶段（1991—1995年），第二阶段为全面加快现代化进程阶段（1996—2000年），第三阶段为基本实现现代化阶段（2001—2005年）。

8月1日 广州蓄能水电厂举行正式投产仪式。中共中央政治局委员、国务院副总理邹家华，中共中央政治局委员、广东省委书记谢非以及省、市负责人出席投产仪式。

8月3日 广东南方私营企业（集团）有限公司成立。这是广州地区首家私营企业集团，由11家私营企业入股组建，首期注资1800万元。

8月6日 广州南方急救医疗航空救护站在第一军医大学南方医院成立，这是全国第一个航空救护站，标志着广州市急救医疗由单一陆地抢救向现代化立体交叉型方向迈出一步。

8月9日至10日 广州市召开首次个体、私营经济工作会议，提出要树立公有制经济与非公有制经济长期共同发展的观念，认真贯彻市委、市政府于7月下发的《关于加快个体和私营经济发展的决定》，把加快发展个体、私营经济作为广州15年基本实现现代化的重要战略措施来抓。会议公布，至6月底，全市城乡个体工商户125458户，从业人员205015人，注册资金8.86亿元；私营企业5392家，注册资金14.23亿元。

8月9日至11日 广州市发展高新技术产业座谈会召开，会议确定“统筹规划、选准目标、突出重点、分步实施、以点带面”的方针，重点发展电子与信息、新材料、生物技术、机电一体化、新能源、高效节能与环保、精细化工和轻纺七大领域高新技术产业和产品。重点抓好天河高新技术产业开发区，带动整个东南部地区高新技术的发展。

8月13日 市经济体制改革工作会议召开，会议提出，凡有条件的企业，可实行国有民营、公有私营、公私合营或嫁接外资进行改造。资不抵债、扭亏无望的企业实行破产。是年起，取消按行政级别定企业级别的做法，通过考核企业销售额、利税总额、资金利税率、资产增值率、人均创利税等指标，给企业分类定级。发展多元化金融机构，逐步使专业银行向商业银行转化；加快建立和完善养老、待业保险制度，改革医疗保障制度。

8月 市政府颁布《广州市技术市场管理规定》，明确市科学技术委员会是全市技术市场主管部门，市技术市场管理办公室和税务、财政、审计、金融、物价等部门，分别协同做好技术市场的管理工作。

9月8日 广州市庆祝教师节暨表彰优秀教师大会在广东迎宾馆举行，市领导向20位获得优秀教师特等奖和“广州市人民教师奖章”的教师颁发荣誉证书、奖章和每人1万元奖金。这是中华人民共和国成立以来市政府首次给人民教师颁发奖章。

9月11日 芳村农产品批发市场开业。该市场是市“菜篮子”工程重点项目，占地 1.64 公顷，建筑面积 1 万平方米。

9 月 22 日 广州白云山制药股份有限公司、广州市浪奇实业股份有限公司、广州广船国际股份有限公司、广州珠江实业开发股份有限公司、广州东方宾馆股份有限公司 5 家公司以发售认购申请表和抽签相结合的方式向社会公开发行公众股。这是广州市首次公开发行公众股。10 月 28 日和 11 月 8 日，先后分别在上海和深圳挂牌上市。

9 月 24 日至 25 日 市林业工作会议召开。提出全市实现绿化达标后，要各地层层建立保绿责任制，组织实施城郊型八大林业工程，调整产业结构，发展森林旅游业。

9 月 26 日 中共中央总书记、国家主席、中央军委主席江泽民到广州调研，先后视察广州有线电厂、广州造纸厂、广州味精食品厂，对企业的深化改革，转换经营机制，狠抓技术进步，严格科学管理的做法给予充分肯定和高度评价。

9 月 27 日至 29 日 国家主席江泽民在广州主持召开中南、西南十省区经济工作座谈会，在听取各省区负责同志的汇报后，江泽民指出，实现中国的经济发展目标，必须最大限度地启动一切积极因素，发挥各方面的积极性。改革就是要充分调动中央和地方的积极性，沿海和内地的积极性，国家、企业和个人的积极性。要通过国家的宏观调节和地区自身的努力，在共同发展社会生产力的基础上，最终达到共同富裕。我们的国民经济是一个统一的整体，各地区的发展是相互支持、相互促进、共同提高的，谁也离不开谁。

9 月下旬 交通部举办的“1978 年至 1993 年全国十大水运工程和十大公路工程”命名活动在北京揭晓，广州港黄埔墩头西基煤码头入选“全国十大水运工程”，番禺洛溪大桥入选“全国十大公路工程”。

9 月 在加拿大蒙特利尔举行的世界大都市协会第四次大会上，广州被吸收为正式会员城市。1996 年，广州又被推选为董事会员城市，成为中国内地最早加入该协会并成为董事会成员的城市。

10 月 8 日 南沙客运港正式通航。该港距香港 38 海里、澳门 41 海里，距离广州市区 51 公里，是通往穗港澳、珠江三角洲和辐射内地的交通枢纽。

10 月 10 日 中国南方航空集团在广州成立。南航集团是国务院指定的 55 家试点企业集团之一，以中国南方航空（集团）公司为核心，拥有厦门航空公司、广州飞机维修工程有限公司等9家紧密型企业。

10月22日 市政府决定将区、县（市）外贸行政管理由市外经贸委划归各区、县（市）管理，实行外贸新体制后，有利于加强宏观管理，增强区、县（市）的出口创汇意识，大力推动对外贸易的开展。

10月27日 市委、市政府召开区、县（市）、局（总公司）、直属大厂领导干部会议，部署今冬明春的经济工作。会议指出今冬明春要按“理顺产权、卸掉包袱、转换机制”的思路，试行把单一的公有制经济改革为国有民营、公有私营、公私合营、股份制等多种形式的所有制。逐步建立起产权明晰、经营贴身、风险共担、利益共享的现代企业制度与新机制。

10月28日 广州珠江实业开发股份有限公司（简称“珠实”）和广州广船国际股份有限公司股票在上海挂牌上市。“珠实”是市政府属下的国有企业，拥有15家分公司、1家综合甲级建设设计院、6家联营企业、7家中外合资合作企业，是广州市股份制改革首批向社会发行股票企业中的第一家上市公司。

11月1日 是日起，广州市取消市定及有关部门自定的收费项目42项，纠正扩大收费范围和提高收费项目12项。取消和纠正收费后，年减轻企业和群众负担约2000万元。自此至年内，市财政局、市物价局又先后两次单独或联合公布取消和纠正收费项目。

11月3日 由广州市教育基金会、南方日报社等15个单位联合举办的“尊师重教，羊城百佳”评选活动结束，广州赛马娱乐总公司、中国大酒店、广州曾纪非一家、珠影乐团原指挥赖广益等100个集体和个人荣获“尊师重教，羊城百佳”称号。

11月10日至12日 西南、中南19个城市政法工作研讨会在广州召开，会议交流并探讨外来人口管理问题。会议透露，广州市外来人口1980年为30万人，现激增至145万人，占全市常住人口的40.3%。广州市公安机关近两年破获的刑事犯罪案件中，外来人口作案的占案犯总数的60%。

11月28日 广州市举行有2万多人参加的第二届教育基金百万行游行活动。在起步仪式致辞中，市长黎子流宣布提前5年实现筹资1亿元的目标，全国政协副主席孙孚凌、原国家教委副主任邹时炎和有关省、市领导参加活动。

12月1日 《广州日报》是日起改为16版，成为中国内地报纸中首家对开16版大型综合性日报。扩版后，增加新闻，新设《证券·财经》《青春年华》《人民代表之页》等专版。

12月4日 国家体改委正式批准将广州列为国家综合配套改革试点城市。国家体改委指出：广州地处港澳与内地两种不同市场经济体制的结合部，率先建立新体制和新的运行机制，对广东省乃至全国都具有积极的意义。

12月7日 广州市首次台属企业经验交流暨表彰大会召开，鲁班建筑防水补强专业公司等9家台属企业受表彰。其时，广州市有台胞台属近10万人，台属企业277家。

12月8日 经国务院批准，撤销增城县，设立增城市（县级），隶属广东省人民政府，由广州市代管。1994年1月29日，增城市正式挂牌。

12月10日 市委、市政府召开党政机关与所兴办经济实体脱钩工作会议，要求：区、县（市）以上各级党的机关、人大机关、审判机关、审计、税务、工商行政管理、土地管理、技术监督等部门以及办事机构所办的经济实体，一律在1994年6月底前按规定转出原隶属的各级党政机关。上述部门以外的国家机关经批准组建的经济实体（包括企业集团），必须按规定在职能、财务、人员、名称4个方面与机关彻底脱钩。

12月13日 市政府决策咨询顾问团成立，内设发展战略研究、经济建设、城市发展、社会主义科技文化事业4个专业咨询小组。市政府秘书长陈纪萱任顾问团主任，20多名海内外专家学者和实际工作者被聘为顾问。

12月17日至18日 广州市召开纪念毛泽东诞辰100周年理论研讨会，出席研讨会的有广州市五套班子和广东省有关部门领导、理论工作者和各界代表共200人。市委书记高祀仁发表讲话，号召全市人民在纪念毛泽东诞辰100周年之际，认真学习《邓小平文选》，继承毛泽东等老一辈无产阶级革命家开创的事业，为改革开放和现代化建设做贡献。

12月21日至23日 市委六届三次全会召开，市委书记高祀仁代表市委常委作工作报告，提出要加快改革步伐，力争用5年左右的时间初步建立社会主义市场经济体制。市长黎子流作《认真落实党的十四届三中全会精神，加快我市改革开放和现代化建设的步伐》的讲话。会议审议通过《中共广州市委关于加快建立社会主义市场经济体制的若干实施意见》。该实施意见围绕转换企业经营机制，建立现代企业制度；转变政府职能，建立健全宏观经济管理体系；加快培育和发展现代化的市场体系；建立合理的个人收入分配和多层次的社会保障制度；深化外贸体制改革，进一步扩大对外开放5个重点提出实施步骤和措施。全会号召全市各级党组织和广大党员、干部、群众，为在1998年初步建立社会主义市场经济新体制，2000年基本实现现代化，把广州建设成为现代化国际大都市而努力奋斗。

12月25日至1994年1月25日 广州市开展“礼貌、安全、卫生服务月”活动，主要开展窗口行业和服务行业加强职业道德教育，深化“微笑在广州”“友爱在车厢”“诚暖顾客心”等活动，商业部门不经销假冒伪劣商品，工商部门加强市场管理，严禁乱摆乱卖。

12月28日 广州地铁一号线正式开工建设。地铁一号线是广州首条地铁线路，自西向东穿越广州闹市区，西起芳村，东至广州东站，建成后将有效改善市区交通状况。线路建设总拆迁面积达110万平方米，动迁单位员工和居民2万多人。

1993年 广州全市国内生产总值740.84亿元（当年价，增长速度按可比价计算），比上年增长24.68%。工农业总产值991.68亿元，增长30.26%。三次产业增加值占全年社会生产总值比重分别为6.42%、47.48%和46.10%。

1994 年

1月1日 广州市改革外贸管理体制，市属区、县级市外贸行政管理由市外经贸委切块划归各区、县级市外经贸委管理。市外经贸委主要负责出口计划和收汇指标，各区、县级市外经贸委负责货源公司财务监督、稽查和出口退税。原属市各外贸专业公司的区、县支公司或货源公司全部下放给各区、县级市，实行自负盈亏、自主经营。

1月11日 广州市选定江高镇大田村和珠江村（广州至清远高速公路东侧）为个体私营经济试验区，占地面积 33 公顷。

1月12日 广州市建设工作会议召开。市长黎子流提出，要尽快重新修订和调整规划标准，城市建设向空中发展，将密度降低，旧城改造以商住和发展第三产业为主，并要控制建筑和人口密度。同时，简化报建审批手续，调整城市总体规划。

△**是日** 市计划工作会议召开，会议提出广州市产业结构调整的重点：第三产业以金融保险业为突破口，第二产业以发展充满活力的素质较高的建筑业和以发展高起点、大批量、产业化、系列化的高科技轻型工业为重点，第一产业大力发展“城郊型”农业，稳定粮食生产。

1月12日至13日 市商业工作会议召开。会议宣布从 1994 年起，以建立现代企业制度为重点，用 3 年时间，将市属国有企业向混合所有制过渡改革。具体措施包括改革企业产权制度，组建商业国有资产投资经营公司，深化粮食购销、供销社体制改革，改革行政管理体制等。

1月18日 珠江隧道正式通车。该隧道于1988年12月25日动工，北起黄沙沙基涌口，与市区内环线黄沙大道及六二三路高架相接，南至芳村区上涌口，与花地立交及花地大道相连，总长度为1238米，隧道沉管外围总宽33米，高8米，有3孔，可行驶地铁和汽车。这是中国内地首条以沉管法施工建成的水下隧道，也是广州市第一条过江隧道。1999年11月珠江隧道获中国市政工程最高荣誉金杯奖，这是广州市首次获此奖励。

2月3日 广州市对口支援工作会议召开。据统计，1993年广州市安排1000万元建立对口支援发展经济基金，与三峡库区洽谈项目50多项，达成初步合作意向30多项，其中已实施的13项，提供资金3600多万元，贸易金额350多万元；扶持清远市3年来，共实施各类项目168个，以无偿、无息或低息贷款等方式投入资金5000多万元，港币20多万元。

2月22日 广州市残疾者英语培训中心成立。这是全国第一家为残疾人提供义务教育的英语大专院校，实行免费入学，同时设奖学金和助学金。

2月25日 中央机构编制委员会发出《关于广州等16市行政级别问题的通知》，经中共中央、国务院领导同意，决定将广州市、武汉市、哈尔滨市、沈阳市、成都市、南京市、西安市、长春市、济南市、杭州市、重庆市、深圳市、大连市、青岛市、厦门市、宁波市共16个市的行政级别定为副省级城市。此前，在中华人民共和国成立之初，广州是中央直辖市，后来改隶中南军政委员会，1954年划归广东省，改为省辖市。1984年10月，国务院发出通知，同意广州市恢复计划单列，享受省一级经济管理权限。1993年3月，广州不再实行计划单列，但继续实行沿海开放城市的优惠政策。

△是日 广州市商业网点建设史上投资最大的项目——天河正佳广场奠基。这是国务院批准的中外合资商业试点项目。

3月4日 广州市生产的双鱼牌折叠移动式乒乓球台被国际乒联、中国乒协指定为在天津举行的第43届世界乒乓球锦标赛比赛用台。这是国产乒乓球台继1961年后第二次被指定在世界最高级别的乒乓球赛事中使用。

3月8日 广州瑞达实业有限公司出租汽车队正式投入营运，这是广州市首家通过竞投获得经营权后投入营运的出租车队。

3 月 15 日 广州市盲人图书馆在市残疾人职业培训中心揭幕，成为广东省首家盲人图书馆。图书馆位于文德南路，阅览室、书库面积 100 多平方米，可为盲人读者提供盲文摸读、有声读物、弱视阅读等服务。

3 月 26 日 经国务院批准，撤销从化县，设立从化市（县级），隶属广东省人民政府，由广州市代管。5 月 12 日，从化市正式挂牌。

3 月 28 日 广州荔湾区私营工商业商会成立，这是广东省首个区（县）级非公有制企业商会。

4 月 4 日 市委、市政府发出《关于加强和完善城市管理的若干决定》，确定“统一领导、分级负责、以块为主、条条保证、社会监督、依法治城”的城市管理体制。

4 月 5 日 市委、市政府发出《关于加快发展区街经济的若干意见》，要求深化区街企业改革，从明晰产权关系、改革产权制度入手，加快建立现代企业制度，转变区街经济主管部门职能，真正实现政企分开，区街不直接干预企业的生产经营活动。

4 月 7 日 市委、市政府作出《关于加快发展旅游业的决定》，确定大力发展“广州游”，重点发展购物旅游、饮食旅游、史迹旅游、度假旅游、体育旅游、农业旅游、娱乐旅游和国际会议旅游等多样化、有特色的旅游，形成以市区为中心的东南水乡线、东北度假线、西北风光线、越秀山—象岗山文化史迹游览线的旅游网络，从根本上改变广州旅游“点小、分散、不耐看”的状况。

4 月 8 日 广州火车站人防工程全面启用。工程建筑面积为 1.41 万平方米，停车场占 3600 平方米，地下商场建筑面积 6300 平方米，并设有占地面积 400 平方米的大厅及横跨环市路的人行过街隧道。

4 月 26 日 市长黎子流主持召开市长办公会议，决定撤销广州粤剧总团建制并进行体制改革，实行全员聘任，提高演员待遇，加强人才培训，改善演职员住房条件。

5 月 4 日 广州市白云小汽车出租公司司机吴耀华驾驶的“白云”5024 号出租车被共青团中央和建设部评为全国公交系统“青年文明号”。这是全国 12 万多辆出租车中唯一获此殊荣的车。

5月7日 1994年为国际家庭年，市妇联开展“可爱的广州我的家”首届家庭文化节活动。是日，活动开幕式在南华西街举行。活动为期一个月，其间全市有50万人参加演讲比赛、征文活动、知识竞赛、运动会、书画邀请赛的活动。

5月10日 广州重型机器厂成功研制出日处理80万吨污水的成套设备。这是国内首次全部按国际标准自行制造的污水处理设备。

5月11日至13日 市政府召开“思路与对策：广州进一步扩大对外开放国际研讨会”，来自美国、法国、英国、德国、泰国、日本、俄罗斯、加拿大等国家和中国港澳地区的专家学者150人参加研讨会，与会专家学者们一致认为，广州建设国际大都市在指导思想上需实现3个战略性转变，即由计划经济体制转变为市场经济体制，由中国传统城市转为国际大都市，由局部开放转为整体开放。

5月24日 广州市城市管理会议召开，首次提出实行城市管理责任状，对主要负责人实行城管量化计分，规定各区的区长每月要有不少于5天的时间专门抓城市管理工作，每少一天扣1分；分管的副区长抓城管每月不少于12天，每少一天扣0.5分。

5月25日 市政府发布施行《广州市城市房屋拆迁安置细则》。该细则共24条，明确拆迁补偿实行产权调换、作价补偿或者产权调换和作价补偿相结合的形式，对实行产权调换时共有面积的处理方法，拆迁企业生产用房、事业单位用房、临建房、华侨房屋的处理办法等，都作出具体规定。

5月 广州首家高科技股份公司——广州经纬（集团）股份有限公司成立，该公司由广州环境资源开发研究所、中联水工业广州公司和广东地质学校地质工程服务公司经营部共同筹建，总股本为3180万股，主要以开发经营高新技术产品为发展方向。

6月15日 国家主席江泽民，在中共中央政治局委员、广东省委书记谢非，广州市委书记高祀仁等省、市负责同志陪同下，参观了珠江隧道。次日，江泽民总书记一行考察了广州钢铁集团公司，并看望在一线工作的工人。

6月23日 广州市首次评出10名“见义勇为好市民”和10名“社会治安

综合治理真抓实管好领导”。陈健强、吴树桂、陈铭雄、李增良、刘志斌、林志伟、黄剑英、郑嘉聚、徐福田、李瑞良当选为“见义勇为好市民”。陶子基、梁伟苏、陈亚钦、李树茂、尹景华、陈熙炎、陈光松、马惠国、张可群、潘庆楮当选为“社会治安综合治理真抓实管好领导”。

上半年 广州实际利用外资又比上年同期增长 105%。改革开放 15 年来，广州市招商引资经历 3 个发展阶段：1978 年至 1984 年为起步阶段，以发展第三产业，改善投资环境为主；1985 年至 1990 年为上水平阶段，主要把外资投向生产性出口创汇型项目；1991 年后为全面发展阶段，外资投向引导到交通能源、电信等大型基础设施和高新技术产业项目。从 1979 年至 1993 年止，广州共签订利用外资合同 3.84 万项，合同利用外资 163.21 亿美元，实际利用外资 41.51 亿美元。其中 1993 年实际利用外资 14.6 亿美元，比 1979 年增长 147.8 倍。

7 月 5 日 市委、市政府举行广州市 1994 年 6 月抗洪斗争总结表彰大会，会议表彰 105 个抗洪先进单位。市委书记高祀仁出席会议并讲话。6 月中下旬，因西江、北江出现特大洪水，广州市出现百年一遇洪水，番禺市有的地方甚至超过 200 年一遇。全市出动 5 万军民抗洪抢险，保障北江大堤广州责任段的安全和市内绝大多数堤围的安全，全市无一人死于水灾。

7 月 11 日至 13 日 广州市召开第五次文化发展战略研讨会。市委书记高祀仁作题为《按照现代化国际大都市的要求建设广州新文化》的报告。报告提出，广州应实行经济、社会、文化一体化的发展战略，把文化发展作为广州建设现代化国际大都市的重要内容，坚持面向世界、面向未来、面向现代化，使广州成为区域性国际文化中心。

7 月 16 日 广州黄沙海鲜水产交易市场建成投入使用。该市场位于黄沙大道西猪栏路 27 号，占地面积 2.5 万平方米，有档口 230 多个，主要经营鲜活水产品。1998 年被农业部定为第四批全国鲜活农产品中心批发市场和国家重点“菜篮子”工程，1999 年经国家计委批准为国家级三大水产品批发中心市场之一。

7 月 28 日 中国报纸博览中心在广州黄花岗剧院广场开幕。该博览中心的长廊位于先烈中路沿黄花岗公园到动物园两侧，长 2000 米，将数百家新闻媒体集中到一起展示。此举在国内属首次。

8月8日 广州市金轮股份集团出租汽车有限公司成立，注册资本6000万元。这是广州市公共客运交通行业、出租汽车行业中首家实行转制的股份制企业。

△**是日** 市政府下发《关于加强城市园林绿化工作的通知》。该通知明确，为促进园林绿化事业发展，对公园、风景区门票收税，税务部门征收后全额返还；公园、风景区内开设的娱乐项目收入征收营业税后，按50%比例返还；从1995年开始，在城市维护费中按10%的比例提取城市园林绿化维护费，并连续3年每年由市政府拨出1000万元作为“市园林绿化基金”启动资金。

8月11日至12日 市委、市政府召开广州市农村股份合作制工作会议，总结推广广州市先行地区开展农村股份合作制改革的经验，指出广州市绝大多数村镇具备推行股份合作制的条件，要勇于开拓，推动股份合作制改革。目前，全市有189个行政村实行股份合作制，有103家乡镇企业进行比较规范的股份合作制改造，有82个农业项目以股份形式进行经营。

8月18日 东山百货大楼成立商品质量监督委员会。该委员会由市质量监督所、市消委会、市卫生防疫站等单位和消费者代表组成。这种借助社会力量建立企业商品质量监督机构的做法，在广东省内属首次。

9月3日至5日 广州市教育工作会议召开。会议提出，鼓励社会团体和个人承包公立学校，或采取“民办公助”“公办民助”的形式办学，鼓励教学水平较高的学校面向境外办学及高校联合办学，逐步建立以市和区、县级市两级政府办学为主、社会各界参与办学相结合的新格局；除义务教育收取杂费外，其他各级种类教育逐步实行收费上学；1996年前，中小学校校长全部实现持证上岗。

9月7日 广州市金融科技工作会议召开。广州市被国务院列为国家级“金卡”工程首批试点城市，中国人民银行总行也确定广州市为城市金融网络的试点城市之一。副市长伍亮在会上指出，广州要依靠高度发达的金融产业和先进的科技手段，在1998年基本建成社会主义市场经济体系基本框架和国际大都市的基本轮廓。要以推动完善金融秩序、建立金融中心和发展金融市场作为金融现代化建设的总体思想，加速建立证券交易、产权交易、外汇调剂、资金拆借、票据清算等各大中心的步子，着手规划天河金融中心区。

9月14日 市政府实行两项改善广州市投资环境的新措施：一是赋予广州市外商投资管理服务中心相应的管理职能和强化其服务功能，做到“一个窗口办事、一条龙服务”；二是从9月起，对外商投资房地产的税费实行除土地有偿出让金外，均由外商投资管理服务中心统一集中征收。

9月 广深准高速铁路咽喉工程——石龙特大桥通车。至此，广深铁路石龙段结束87年单线行车的历史。大桥全长2913.54双线米，于1991年12月28日奠基。

10月6日至8日 “现代化国际大都市：迈向21世纪的广州”第二次研讨会在广东国际大酒店召开。来自美国洛杉矶、达拉斯，英国曼彻斯特等9个国家12个城市的市长或代表，以及美、法、意、日等10多个国家和地区的金融界、企业界知名人士和外国驻广州领事馆、金融机构的负责人等200多位嘉宾参加研讨会。市长黎子流在会上作题为《加强国际交流合作，加快广州国际大都市建设步伐》的报告，并介绍广州建设成就和发展宏图。

10月9日 “今日巨画”创作活动在天河体育中心举行。2400名少年儿童在同一张画布上绘出以“生命、健康、和平”为主题的和平鸽。该画面积逾7000平方米，打破1990年在澳大利亚创造的6727.5平方米的巨画纪录，创造新的吉尼斯世界纪录。

10月13日至15日 市委六届四次全会召开，市委书记高祀仁代表市委常委发表讲话，审议通过《中共广州市委关于贯彻十四届四中全会〈决定〉的措施》，从提高贯彻落实的自觉性、进一步坚持和健全民主集中制、重视和选拔优秀年轻干部、下功夫建设党的基层组织、切实加强对党建工作的领导6个方面，提出具体贯彻措施。会议强调，要进一步加强和改进党的基层组织建设，把重点放在抓好企业和农村基层党组织的建设上，重视培养和选拔年轻领导干部，要从跨世纪的需要出发，建立健全优秀年轻干部的培养机制。

10月14日 市委、市政府决定将广州起义烈士陵园、毛泽东主办农民运动讲习所旧址、黄花岗七十二烈士墓园、中山纪念堂、广州博物馆、广东革命历史博物馆、三元里抗英旧址纪念馆、邓世昌纪念馆、广东民间工艺博物馆、西汉南越王墓博物馆、黄埔军校旧址纪念馆、十九路军淞沪抗日阵亡将士陵园、洪秀全故居、洪秀全纪念馆、增城博物馆、番禺莲花山、广东省改革开放成就展等共18个单位列为首批爱国主义教育基地。

△**是日** 广州市举办庆祝广州解放45周年全民健身活动日，当天免费向市民开放市属各体育场馆、公园和文化宫。有400万人次参加，占全市总人口的65.82%，是广州市有史以来发动面最广、参加人数最多的群众体育活动。

10月28日 广州珠江整治建设工程第一期工程（猎德水闸至南方面粉厂堤防工程）动工。整治工程分3个阶段：第一阶段东航道（白鹅潭至南方面粉厂）约12.5公里，1996年完成；第二阶段西航段（白鹅潭至珠江大桥）约3.4公里，1997—1998年完成；第三阶段南航道（白鹅潭至洛溪大桥）约7.7公里，1999—2003年完成。同时，广州珠江两岸整治工程动工。工程总投资12亿元，沿岸建成90米宽的沿江大道和花园带，每隔50米设有波浪式飘台，并建造别致的坐椅。

△**是日** 市政府印发《广州市企业实行全员劳动合同制若干规定》，要求广州市各企业所有正式职工均应签订劳动合同，改为合同制职工；不愿与企业签订合同的职工，按辞职处理，企业不愿与其签订劳动合同的职工，按富余人员处理；此项改革争取在1995年底在全市各类企业基本完成。

10月 市政府颁布《广州市民营科技型企业管理规定》，促进民营科技型企业的发展壮大，充分调动科技人员的积极性。1994年，广州市个体私营经济继续健康发展，个体工商户和私营企业户数分别比上年增长27.21%和44.78%。

11月3日 广州市房地产综合开发工作会议透露：全市现有住宅5000多万平方米，其中1983年后新建的约占65%。近3年来，通过房地产开发，平均每年向社会提供商品住宅超过2万套。广州房地产开发行业现初步形成年完成开发工作量上百亿元，销售收入和税利分别接近50亿和10亿元的支柱型产业雏形。

11月5日 广州市畜牧工作会议召开，这是改革开放以来首次全市性的畜牧工作会议。会议提出，通过3年努力，使广州市城区人口猪肉自给率从目前的30%提高到50%，4个县级市的猪肉自给率达80%或基本自给。市政府决定，从1995年起连续3年，每年安排发展商品猪生产专项资金900万元，安排300万元专项发展母猪生产。

11 月 7 日至 9 日　广州市水利工作会议召开。市长黎子流在会上透露：广州市今后 3 年计划投入 30 亿元修水利，使广州市区和 4 个县级市城区的防洪标准达到百年一遇水平。

11 月 8 日至 10 日　广州市土地开发工作会议召开。数据显示，1987 年以来，广州市土地开发稳步增长，8 年来共开发农用土地 9620 公顷，其中耕地 6288.4 公顷，占开发土地的 65.4%。对比 1987 年至 1992 年，非农业建设占用耕地 7.32 万亩，而同时期开发耕地 7.14 万亩，全市净减耕地 0.18 万亩，基本实现耕地消长平衡。

11 月 10 日　广州北环高速公路的通信、监控和电子收费系统开始运行，这是中国第一套引进国外先进技术、运用现代电子和计算机技术对高速公路交通和收费进行全面监控的设备。

11 月 11 日　广州至香港 2.4Gb/s 环路同步数字光纤传输系统建成开通。该系统是全国第一条数字链路，是一个大容量、高速率的信息传输平台，不仅可以开放传统业务，还可以开放视像通信、多媒体通信、高速数据通信等宽带业务。

11 月 13 日　广州市首次评选出十佳外来青年民工。李淑明、李惠生、李梓荣、李贵群、李淑伟、张丹扬、陈文江、邱宇娜、黄先权、黄汉忠入选。入选者获广州市户口，并免收城市增容费。

11 月 23 日　广州购书中心开业。该中心地处天河体育西路，投资 1.1 亿元，建筑面积 2.3 万平方米，营业面积 1.5 万平方米，是全国最大规模的购书中心。27 日，广州读书俱乐部在广州购书中心成立，该俱乐部由广州日报社、广州市新华书店、广州图书馆等单位联合创办，省、市领导张汉青、朱小丹、姚蓉宾任名誉会长。

11 月 29 日　广州市开发珠江三角洲经济区规划工作动员大会召开。市长黎子流在会上强调，珠江三角洲各市都有自己的产业优势，广州市与珠江三角洲其他城市联合起来，实现产业优势互补，将“单打冠军”变为“团体冠军”，以整体优势到国际市场上竞争。他指出，广州与珠江三角洲其他城市的融合发展，将使这一区域的影响力和辐射作用不断增强并跨越国界成为具有国际影响的经济区和城市群，作为区域核心的广州将随区域走向世界，由区域性的中心城市向国际大都市迈进。

11月 新的《广州市城市总体规划》经市人大常委会审议后原则通过。该规划的实施步骤分为3个阶段。第一阶段：从1991年至1995年，与广州市“八五”计划相一致，这个阶段主要是打基础。第二阶段：从1996年至2000年，全面加快城市现代化建设进程的阶段，城市建设和生态环境的各项主要指标要接近或达到亚洲中等发达国家和地区20世纪80年代末期水平，现代化国际大都市的格局初露端倪。第三阶段：从2000年至2005年，并延伸至2010年，这个阶段城市建设各项主要指标达到或接近亚洲中等发达国家和地区当时的平均水平，部分指标达到或接近发达国家水平。该规划提出广州城市经济社会发展战略是，以外经外贸为导向，以科技、教育为依靠，重点发展高科技轻型工业和交通运输、商品流通、金融保险、建筑与房地产、旅游服务6大产业。城市空间结构由3个组团（即城市中心区大组团、城市东翼大组团、城市北翼大组团）构成。翌年12月，国务院原则同意并批复修订后的《广州市城市总体规划（2001—2010年）》。

12月10日 市政府组织召开加快广州港建设发展专题办公会议。会议确定广州港的发展目标是，争取用10年时间把广州港建成现代化、多功能、国际性亿吨大港，至2005年，全港货物吞吐量达1亿吨，其中集装箱吞吐量为200万标箱。

12月12日 市委召开农村基层组织建设工作会议，并印发《关于加强农村基层组织建设的实施意见》，要求各级党委增强搞好农村基层组织建设的自觉性和紧迫感，力争用3年时间，达到5个目标，即建设一个有战斗力的好班子，选出一个党性强，能带领群众致富的好支书；培养一支能发挥作用的好队伍；选准一条发展经济、共同富裕的好路子；创造一个好的社会环境，建设一个能形成全村政治中心的好阵地；健全一套好的管理制度，使农村基层党支部成为能带领群众奔小康的坚强战斗堡垒。

△是日 增城市福和镇合益村农技员林汉基与镇农技站合作栽培的水稻抛秧高产攻关田实割核产，亩产湿谷为874.25公斤（1公斤=1千克，下同），实测

晒干率为 80%，折亩产干谷为 699.4 公斤，创广州市优质稻抛秧亩产最高纪录。

12 月 16 日 广州市公共汽车 13 路线全面推行公共汽车 IC 卡自动收费管理系统。这是全国首条实行 IC 卡收费的公共汽车线路，广州市成为全国最先实行 IC 卡收费的城市。

12 月 22 日 中国第一条准高速铁路——广深高速铁路建成通车。该铁路全长 147 公里，设计时速为 160 公里。该铁路于 1991 年 12 月 28 日动工兴建。

1994 年 广州全市国内生产总值 976.18 亿元（当年价），比上年增长 18.83%（按可比价格计算）。工农业总产值 1211.42 亿元，比上年增长 22.16%。人均国内生产总值 1.5 万元，比上年增长 18.7%，居全国十大城市首位。全市综合经济实力继续稳居全国城市第三位。

1995 年

1月3日 市委、市政府印发《广州市贯彻〈中国教育改革和发展纲要〉实施方案》。该方案提出，要通过改革，逐渐形成政府办学、民间办学和利用外资办学相结合的格局，以财政拨款为主、多渠道筹措教育经费的教育投入体制。并强调，各级党政领导要亲自抓教育，树立“为官一任、兴教一方”的观念，把教育放在优先发展的战略地位，保证教育投入。

1月5日 广州市职工解困济难基金会成立。市委、市政府各捐款 100 万元，工会组织与个人踊跃捐献，共筹款 700 万元，用于救助困难职工。

1月9日 经济社会白皮书《广州经济形势与展望 1994—1995》出版，这是中国市一级地方政府出版的第一本经济白皮书，全书分 7 篇，分别为综合经济、产业经济、外经外贸与国内贸易、财政金融与投资、科技与社会事业、体制改革、城区和县级市经济。此后，白皮书每年连续出版。

△**是日** 《人民日报》发表题为《追求有价值的人生》的通讯，报道广州女大学生张雪峰自愿到贫困山区英德市大洞中学任教的事迹。12 日，市委书记高祀仁致信张雪峰，赞扬其行动“体现了年轻一代所追求的人生价值，为广州市的社会主义精神文明建设增添了光彩”。14 日，市委、市政府资助大洞中学 50 万元。21 日，高祀仁、黎子流、曾庆申、朱小丹等市领导在广州会见张雪峰。

1月9日至11日 广州市召开经济体制改革工作会议，要求正确处理好改革、发展、稳定的关系，努力提高经济增长的质量和效益，坚持对外开放，大力发展外向型经济，努力改善人民群众生活。

1月11日 广州高力电池公司开发的6LR61无汞碱性锌锰电池（9V）、LR6无汞碱性锌锰电池和LR无汞碱性锌锰电池项目，通过由广州市轻工业局主持的技术鉴定。其中，6LR61无汞碱性锌锰电池填补了国内空白。

1月12日 庆祝广州市教育基金会成立6周年暨颁发广州市终身教育奖大会在中国大酒店举行，市教育基金会在全国率先设立终身教育奖，是日起每年投入约300万元资金奖励终身从事教育工作的离退休教职工。

1月12日至14日 广州市第十届人大常委会第十四次会议举行，会议审议通过《广州市城乡农副产品集贸市场管理条例》《广州市在珠江广州河段经营饮食业管理规定》《广州市农药使用管理规定》。会议要求，把广州市实现基本普及高中阶段教育的年限由原来的2003年调整为2000年，把全市初中毕业生升学比例由原定的2003年达到90%调整为2000年达到85%。

1月16日至18日 广州市工业经济工作会议召开。会议提出，力争到2005年建立生产规模达100亿元的企业集团5个，生产规模50亿元的企业集团8个，30亿元的企业集团10个。

1月中旬 市委、市政府下发《关于进一步扩大农业对外开放若干问题的决定》，决定设立金穗奖，重奖有突出贡献的农业科技人员。

1月26日 市政府公布全市第三产业基本情况普查报告，截至1992年底，全市从事第三产业的独立核算单位5.28万个，从事第三产业的个体户11.29万个，全市第三产业从业人员142.54万人，拥有固定资产543.47亿元，占国内生产总值的比重在全国十大城市中率先达到50%。

2月24日 广东省首届明星乡镇企业家和广东省首届优秀青年乡镇企业家颁奖会在广州华侨酒店举行，广州市白云电器设备厂厂长胡明聪获明星青年乡镇企业家称号；杨展年、关健、刘永刚、陈志才、陈淑华、杨国新6人获优秀青年乡镇企业家称号。

2月27日至28日 广州市“三高”农业和春耕生产现场会召开。会议提出，广州要成为全国第一个全面生产和销售无公害蔬菜城市的目标，要求各地尽快制定出本地近期发展“三高”农业和无公害蔬菜生产的规划，要求市、区（县级市）、镇三级建立起“三高”农业示范基地。市政府今后3年内从市财政和社会调节基金中拿出2亿元，其中1亿元作为无息贷款支持粮食等十大农业基地建设，1亿元作为发展“三高”农业的贷款贴息。

2月 广州法尔科镀锌工程日前建成投产，这是中国最大的双线镀锌生产线，年镀锌能力达4.5万吨。至此，中国镀锌生产进入国际同行先进水平之列。

3月2日 广州手拉手越秀辅导中心在青年文化宫成立，这是全国首家专为离家出走、辍学弃教、厌世轻生的青少年提供扶助服务的福利性机构。他们通过热线电话、个案辅导、家庭教育辅导、亲子教育等形式，无偿为有困难的青少年提供帮助，受到社会的高度肯定。

3月13日 广州市首次优秀企业、优秀企业家评选和表彰活动揭晓，广州味精食品厂等40家企业和贝兆汉等47名企业家榜上有名。在优秀企业中，国有企业占50%，股份制企业和合资企业各占17.5%，集体所有制企业占15%。

3月 经济蓝皮书《1995：广州经济形势分析与预测》正式编辑出版，该书由市委政策研究室、广州市经济发展研究中心等单位发起并组织编撰，全书共20章，并汇编广州市改革开放15年来经济社会发展的主要成就，广州市主要经济指标，广州与全国各大城市及珠江三角洲主要城市的经济指标比较，各县级市、开发区的投资环境介绍，以及广州市重点项目建设的有关资料。以后，蓝皮书将每年连续出版。

4月9日 广州市手拉手天河辅导中心成立，同时开通电话热线，面向全市青少年开展心理疏导、紧急援助等工作，是全国第一条24小时青少年紧急援助热线。

4月11日 广州市召开非公有制企业工会组建工作会议。据统计，至1994年底，全市2780家外商投资企业中有776家组建工会，1576家镇办企业中有774家组建工会，10052家私营企业中有18家组建工会。

4月12日 市曙光无线电厂240多名退休、离岗退养职工脱离原企业，养老金将由市退管办直接发给。这是广州市首家企业职工养老金由单位发放改为由社会统筹统管统发。

4月17日 广州市召开党政机构改革动员大会，全面实施《广州市党政机构改革方案》。按照方案，市直党政工作部门从原来的75个和15个行政性公司精简为60个，精简33.3%，具体为：新组建机构3个，撤并后重组机构3个，撤销机构2个，撤销独立建制并入有关部门的机构4个，合署办公的机构3个，撤销后改为经济实体的机构21个。人员编制由1993年底的实有人数精简30%，即精简5000多人。

4月19日 中国共产党广州市壹加壹实业有限公司支部成立。这是广州私营企业第一个党组织。

5月5日 广州市组建私营企业党组织工作现场会召开。会议提出把员工在200人以上的私营企业作为建立党组织的重点。同时要求各区、县级市1995年至少在一家私营企业中建立党组织。

5月10日 市委作出《关于深化外贸体制改革、扩大外贸出口、增创广州国际贸易大口岸新优势的若干决定》，该决定提出，到2005年，把广州建成中国重要的、具有世界先进水平的现代化国际贸易大通道、大口岸，带动广州、珠江三角洲经济区、华南地区共同繁荣。

5月17日 广州市召开第二次个体私营企业经济工作会议。会议强调建立起有效的促增长机制、保障机制和管理机制，促使个体私营经济在继续保持数量增加的同时，注重提高质量，向科技型、外向型、集团化发展。

5月18日 由市公安局、团市委和《羊城晚报》共同组织，从1995年3月15日开始的“情暖珠江——失窃单车还家”行动取得效果。活动中共捣毁窝点6000个，查缴赃车3.2万辆，抓获车贼277人，为8000多人找回失车。

5月26日 广东制药厂、东宁制药公司及印度南新制药实验公司正式合资兴建广州南新制药有限公司。这是中国首家中印合资企业。

5月 白云区江高镇以家庭经营饲养为基础，以集体企业为龙头，以科技为依托，联系带动千家万户，实行产前、产中、产后一条龙全程服务的“江高体系”通过国家“星火计划”验收。

6月5日 广州市召开民政工作会议，提出力争两年内实现农村“三个一”工程，即每镇有一个敬老院、一个扶贫福利厂、一个救灾扶贫储金会。

6月6日 《人民日报》刊登通讯，高度肯定广州市天河区推动高新技术产业发展的举措，认为天河区已初步成为高新技术产业的密集区。广州市被国家认定的高新技术企业96%在天河区，被列入国家和省市的“火炬”项目54%也在天河区。

6月12日 广州市远洋渔业船队起航赴南太平洋。该船队由7艘远洋渔轮组成。这是广州市首次独立组队与外商合作开发远洋渔业。

6月15日 广州市召开商业连锁经营工作会议。会议提出，三五年内把全市粮店和部分肉菜市场改造为多功能便利连锁店，选择一批名店大店改建成为连锁经营公司。广州市的连锁店是1985年由南方大厦开始试办的，至此有国合连锁经营公司或企业25家，连锁门店190多个。

6月30日 珠江啤酒集团和比利时英特市鲁啤酒集团合资成立的珠江啤酒（欧洲）有限公司在比利时首都布鲁塞尔开业，该公司以许可证形式在比利时生产和销售珠江啤酒，开创中国啤酒行业在国外生产和销售啤酒的先河。

6月 广州市重视培养选拔和任用非中共人士。至是月，全市12个区、县级市都配备党外副区（市）长；38%的局以上单位领导班子配备有党外干部；有61名党外干部担任市直副局以上行政领导职务，还有29名党外人士被列为局级后备干部。

△是月 国家重点建设项目——广州港新沙一期工程1—5号泊位全部竣工。该项目利用国际复兴开发银行的贷款兴建，5个3.5万吨级深水泊位的码头首次采用格型钢板桩结构。

7月1日 市政府颁布实施《广州市主要副食品价格管理办法》。该办法适用范围是市属八区，规定对蔬菜类、鲜猪肉类和塘鱼类实行差率管理。市菜篮子报价中心同时启用。

7月5日至7日 广州市科技大会在市委礼堂举行，会议提出，广州市必须坚定不移实施科教兴市战略，这是保证国民经济持续、快速、健康发展的根本措施，并为1995年度广州市科学技术突出贡献金鼎奖和各种专项奖获得者颁发证书和奖金。

7月20日 广（州）梅（州）汕（头）铁路全线贯通，全长480公里，该工程于1991年动工，总投资61亿元，基本上靠贷款兴建。12月28日，该路全线通车。

8 月 3 日至 8 日 由市政府主办的中国边贸城市（口岸）成就展暨经贸合作交流会在广州国际展览馆召开。全国沿海各城市及沿边 40 多个县以上城市 80 多个口岸参加交流会。会议期间共签订合同 80 多宗，签约金额 21.3 亿多元人民币；签约金额 1 亿元以上的代表团（城市）有 6 个。

8 月 16 日 市委、市政府召开广州市外商投资企业工会组建工作会议，要求凡符合组建工会组织条件的外商投资企业，年内都要组建工会。

8 月 22 日 广州市发出《关于组建中国南方人才市场的通知》，成立中国南方人才市场管理委员会，下设办公室。9 月 13 日，中国南方人才市场正式成立，该人才市场位于广州市天河路 104 号华普大厦，为国家人事部与市政府合办的国家级区域性人才市场，属事业单位，按企业管理。

8 月 23 日 番禺珠江钢管有限公司首期工程建成投产，这是长江以南最大的钢管生产企业，它结束了广东省使用中、大口径钢管依赖进口或“北货南运”的历史。

8 月 广州港新沙一期工程 1—5 号泊位通过国家验收，并正式投入使用。国家副主席荣毅仁为广州港新沙 1—5 号泊位的建成投产题词，国务院副总理邹家华、全国政协副主席叶选平发来贺信，市长黎子流在庆典仪式上的致辞中指出，新沙港区一期工程 1—5 号泊位的正式投产，标志着广州港向国际大港口建设迈出重要步伐，对广州市建设成为国际大都市将有十分重要的意义。

9 月 30 日 上下九商业步行街开放，这是广州市首条商业步行街。步行街东起下九路与杨巷路交界处，西至第十甫与大同路口会合处，每周六、周日下午 5:30 至晚上 10:30 为步行时间，其间禁止车辆通行。

9 月 市政府决定，从 1995 年起 3 年内，拨出 2 亿元专款和 2 亿元贷款，建设无公害蔬菜生产基地、70 万亩优质谷生产基地、18 个大型万头猪场和鸵鸟养殖场等 10 个“三高”农业生产新基地。

10 月 3 日至 14 日 常务副市长陈开枝率广州经济技术合作交流团在法国巴黎、德国法兰克福、法国里昂等城市举办友好城市纪念活动暨经济技术合作交流活动。此次活动到会洽谈交流的工商企业界代表 1100 多人次，签约项目 55 项，总投资额 13.7 亿美元，利用外资额 11.55 亿美元。

10月5日 广州摩托集团举行全员劳动合同暨集体合同签字仪式，成为广州市第一家签订集体合同的国有企业。

10月18日 市政府印发《广州市保障残疾人劳动就业规定》，要求国家机关、企业事业单位按在职职工人数1.5%以上的比例安排残疾人就业，未能达到比例的，每年交纳残疾人就业保障金。

△**是日** 首个“广州成人宣誓日”活动在天河体育馆和12个分会场同时举行，全市5万名18岁青年参加。

10月29日 首届中国星海音乐周在天河体育中心开幕，11月2日闭幕。音乐周以“黄河魂”为主题，有11个海内外合唱团、乐团和广州地区250支合唱队、舞蹈队参加演出。当天，在天河体育中心演出在世界合唱艺术史上人数空前的万人大合唱《黄河大合唱》。

10月 广州市大众企业集团公司被国务院发展研究中心和中华之最组委会评为“全国创办最早、规模最大的专业搬迁企业”。该公司创办于1990年，起步时仅有1辆汽车，工作人员7名。经不断发展，成为提供专业搬屋、名车清洁、楼宇清洁、家庭劳务服务的综合性企业集团。

11月3日 国务院发展研究中心市场经济研究所、广东省人民政府社会经济发展研究中心公布对全国百货零售业的联合调查，广州新大新公司获《中华之最》全国百货零售业每平方米零售额最高的企业称号，1994年该公司每平方米营业面积的零售额达11.28万元。

11月7日 广州电影院在市电影公司举办的故事片《红樱桃》首映权投标中以30万元中标，获得独家首映权。首映权投标在广州市是第一例。

12月8日 广州市群众艺术馆珠江合唱团表演的《平湖秋月》，在全国第五届群星奖颁奖大会上获金奖。这是广州市首次获此奖项。

12月14日 市委召开六届六次全会。会议传达、贯彻党的十四届五中全会和省委七届四次全会精神，回顾、总结广州市“八五”时期经济和社会发展取得的成就和经验，并在分析当前发展环境的基础上，提出广州市“九五”时期的奋斗目标。市长黎子流作《中共广州市委关于制定国民经济和社会发展“九五”计划的建议（草案）》的说明，市委书记高祀仁作《明确思路，增创新优势，奋力开拓我市现代化建设的新局面》的报告。全会审议并通过《中共广州市委关于制定广州市国民经济和社会发展“九五”计划的建议》。

12 月 21 日 市委、市政府召开广州市加快国有企业改革工作会议，明确广州市国有企业改革的基本思路：抓大放小、两头突破、四结合、五配套，即扶植和组建大企业和企业集团，中小企业放开放活；注意企业改革与企业发展相结合，企业改革与加强管理相结合，企业改革与发展多种经济成分相结合，点面结合；搞好国有资产体系的配套，搞好社会保障体系的配套，搞好市场体系的配套，搞好宏观调控体系的配套，搞好法规体系的配套。

1995 年 广州市国内生产总值 1243.07 亿元（当年价，增速按可比价计算），比上年增长 16.4%。其中：第一产业增加值 73.46 亿元，比上年增长 4.1%；第二产业增加值 580.19 亿元，比上年增长 16.9%；第三产业增加值 589.42 亿元，比上年增长 17.4%。三次产业的比重为 5.91∶46.67∶47.42。人均国内生产总值 1.94 万元，比上年增长 14.35%。

1996年

1月1日 广州市2210年城庆启动仪式在市政府办公楼前广场举行，高祀仁、黎子流、黄伟宁、邬梦兆等市领导出席仪式，拉开广州市城庆系列活动的序幕。高达6米的吉祥物——拟人山羊“庆庆”挺胸昂首，右手怀抱着木棉花和稻穗，左手高高挥起，象征着穗城的繁荣兴旺，也蕴涵“稻穗鲜花献人民”的广州人精神，活动上还首次发布广州城庆活动主题歌。

△**是日** 市政府举行首届广州文艺奖颁奖仪式，分别授予电影《广州来了新疆娃》、电视片《南方的河》、粤剧《白燕迎春》和话剧《春秋魂》等作品及其创作表演集体、演员“广州文艺奖”特等奖、一等奖、二等奖、三等奖。

1月8日 市十届人大常委会第二十二次会议通过《广州市外来人口管理条例》《广州市城市规划条例》《广州市商业网点管理条例》和《广州市中医管理条例》。

1月11日 中国南方航空（集团）公司购买的中国民航首架波音777客机，圆满完成广州—北京—上海—广州的首航。波音777是当时世界上最先进的中远程大型宽体客机，此次首航标志着中国民航在引进机型方面迈出重要一步。

是月上旬 广州市第二运输公司坚持对小车司机严格教育，从严管理，奖罚分明以及关心职工利益的“三严一关心”方法，提高出租小汽车经营的服务质量，被交通部授予“全国出租汽车客运经营管理先进企业”称号，这是广州市首家获此殊荣的单位，公司的20辆出租汽车也被评为“全国优质服务车”。

1月15日 由广州电梯工业公司和日本国株式会社日立制作所合资组建的日

立电梯（广州）有限公司、日立自动扶梯（广州）有限公司、广州广日电梯工业有限公司同时开业。这是国内电梯行业最大的合资项目，也是“日立”最大的在华投资项目。1997 年 4 月 4 日，上述 3 家企业签订合并协议，1998 年 7 月 21 日，合并后的广州日立电梯有限公司正式成立。

△是日 经中共中央宣传部同意，国家新闻出版署正式批准，广州日报组建中国第一家报业集团。报业集团属下有《广州日报》《足球》《广州商报》《新现代画报》等九报一刊和广州市报刊发行公司、大洋房地产开发公司、广州日报连锁店总公司、香港华兴盛国际有限公司等 20 多家企业。集团组建前，《广州日报》营业额达 8 亿元，广告收入连续多年居全国报刊之首。广州日报报业集团的创立实际上是对原来的运行机制和管理模式的一次脱胎换骨的转型改造。5 月 29 日，广州日报报业集团正式挂牌成立。

1 月 19 日 广州市房地产交易中心开幕。该中心由市国土房管局主办，是广州地区首个集房地产交易、银行按揭、产权登记于一体的大型全功能交易市场，标志着广州市房地产交易管理进入一个新阶段。

1 月 31 日 经市政府批准，市第二轻工业局成建制改组为广州二轻集团（控股）有限公司，并组建广州二轻企业集团。7 月 3 日，广州二轻集团（控股）有限公司和广州二轻企业集团正式挂牌。

2 月 1 日 广州市召开商业工作会议，宣布由原广州市第一、第二商业局转制组建七大商业集团公司，分别为：广州百货大厦企业集团公司、广州友谊企业集团公司、广州东山百货企业集团公司、广州石油企业集团公司、广州副食品企业集团公司、广州食品企业集团公司和广州蔬菜企业集团公司。6 月 8 日，七大集团公司正式挂牌成立。

2 月 2 日 白马商贸大厦被国家工商局授予“全国文明市场”称号。该大厦于 1992 年 12 月开业，位于站南路，是广州市城市建设开发总公司投资兴建的集商业贸易和写字楼于一体的综合性大楼。有 1000 多户，主要经营中高档服装、日用百货、家用电器、五金交电、副食品等，年成交额 10 多亿元，其服装批发业务在广东乃至全国有较大影响。

2 月 12 日 市政府举行优秀企业嘉奖仪式，对广州市 34 家入选全国国有企业500强和工业企业综合评价500优的企业给予嘉奖。市长黎子流宣读市政府的嘉奖令。1995年，入选全国500强企业的有广州市电信局等7家，入选“工业企业500优”的有广州摩托车集团公司等27家。

2月13日 市政府与香港新世界发展有限公司签订全面投资长期合作暨4个项目协议。香港新世界发展有限公司以170多亿元人民币投资广州的4个重大项目：珠江新城的综合开发、新三桥（解放大桥、鹤洞大桥、江湾大桥）的建设、扩股广州北环高速公路以及开发集贤庄新世界花园。

2月 广州市被国务院列为“优化资本结构”试点城市。该项试点工作自1994年起进行，当年有试点城市18个，1996年增加到50个。试点城市主要需破解如何加快企业转换机制步伐，建立和完善资本金制度，加快社会保障体系建立，增加优势企业数量，发展生产要素市场为企业破产创造条件等重点难点问题。

3月1日 “百城万店无假货”纵深行、全国名优商品防伪大型宣传月活动在广州拉开帷幕，全国50个城市的123家商店参加。各商场向消费者提供近百种国产名优商品，并举行现场咨询、柜台宣传防伪知识、商品质量监测、百万消费者签名等活动。

3月3日 广州青年志愿者协会增城农村服务站在增城市石滩镇成立，这是全国首个农村青年志愿者服务站。同日成立的还有东山区白云街青年志愿者服务站，这是广州市第一个街道青年志愿者服务组织。

3月7日 市政府召开全员劳动合同制改革工作总结表彰会议。目前，广州市固定工签订劳动合同人数达69.3万人，占企业应转制职工人数的98.43%，基本实现劳动合同制改革的阶段性目标。广州市全员劳动合同制签约工作的基本完成，结束了计划经济遗留下来的固定工制度，促进了劳动力市场的建设和现代企业制度的建立。

3月9日至15日 市政协八届四次会议在广州举行。大会增选何家松为市八届政协副主席，审议通过《广州市政协八届常委会工作报告》《广州市政协八届四次会议提案审查情况的报告》《广州市政协八届四次会议决议》等。

3月11日至19日 市十届人大四次会议在广州举行。市长黎子流作《政府工作报告》，总结广州市1995年经济社会各项事业取得的成绩，实事求是地分析存在的问题。会议补选任荣江为市第十届人大常委会副主任。

3 月 广州世界大都市交流协会成立，副市长戴治国担任会长。协会的宗旨是发挥广州市作为世界大都市协会正式会员的有利条件，促进广州市与世界大都市协会及其会员城市的合作交流，为广州城市建设服务。

4 月 3 日 市政府印发《广州市菜篮子工程“九五”发展总体规划》的通知，提出要在建设高效稳定的副食品生产基地的同时，加快流通体系建设，形成新的产销机制，依靠科技进步，提高“菜篮子”产品的科技含量，努力提高本市产品对市场的占有率，使副食品供应水平稳步增长。规划主要包括生产发展规划、流通发展规划、饲料发展规划、科研规划和资金规划 5 个子规划。

4 月 11 日 中共广州市私营企业协会委员会成立，这是中国首个私营企业协会党委。随着社会主义市场经济体制逐步建立，广州市私营企业发展迅速，现已逾 1.5 万户，共有党员 1200 名，私营企业协会党委充分发挥在私营企业中的战斗堡垒和政治核心作用，积极宣传党的路线、方针、政策，引导私营企业遵守国家法律、法规，守法经营，依法纳税，保证党的路线、方针、政策在私营企业中贯彻执行。

4 月 15 日 大型音乐故事片《冼星海》在冼星海的故乡番禺市举行首映式。该片是珠江电影制片公司为纪念音乐家冼星海逝世 50 周年而摄制的。5 月 23 日，该片获 1995 年中国电影华表奖评委会特别奖。

4 月中旬 番禺市被国家科委授予首批“全国科技实力百强县（市）”称号，在百强中排名第 12 位。该市 1987 年起把科技计划纳入国民经济和社会发展计划中，政府每年从地方财政总支出中划拨 1.5% 作为科技经费。1986 年至 1996 年，全市累计实施“星火计划”项目 127 项，建立起水产、禽畜、蔬果等 12 个科技示范基地；申请专利 192 项，专利技术累计创产值 20 多亿元。

4 月 26 日 团市委率全国之先，在商业行业七大商店推行“青年文明号服务卡”，开展“三心”（让顾客买得放心、买得开心、买得安心）系列活动。这一做法得到团中央高度评价，是日在广州召开全国推行“青年文明号服务卡”工作会议，授予广州市“全国创建青年文明号活动优秀组织奖”。

5 月 1 日 零时起，广州珠江路桥及隧道有限公司负责珠江隧道及广州大桥、海印大桥、海珠桥和人民桥的收费及管理。该公司由香港国际集团公司属下的国富发展有限公司和广州市隧道开发公司合作建立，于 1994 年 11 月 1 日开业。港商一次性出资 1.23 亿美元取得珠江隧道及 4 座桥 60% 的经营权，合作期 20 年。

5 月 6 日 广州轻工局改组为广州轻工集团有限公司和广州轻工企业集团。广州轻工集团有限公司辖下企业 150 家，其中国有资产授权企业 41 家，控股、参股的外商投资企业 75 家，境外企业 10 家，联营企业 2 家，集体企业 13 家，事业单位 9 家；职工总人数 4.6 万多人。

5 月 7 日 广州市首批 25 台“广环牌”大型扫路车正式上路作业，标志着广州市环卫工作实现由传统的扫帚推车向机械化转变。同日，首座环卫临工新村——天河棠下“环卫之家”落成。

5 月 9 日 广州电力企业集团有限公司、广州电力企业集团正式成立。广州电力企业集团有限公司是在原广州珠江电力工程公司的基础上组建而成的国有独资公司，注册资本为 2.7155 亿元，是广州市最大的电力生产企业，被市政府列入重点扶持的 56 家大型企业集团之一。

5 月 29 日 在武汉召开的全国“菜篮子”工程批发市场体系建设工作会议上，武汉、西安、沈阳、广州四市被定为全国“菜篮子”工程批发市场体系建设试点城市。

5 月 广东省政府命名 23 个市、县、区为首批“广东农村小康达标市（县、区）”，其中广州市入选的包括番禺市、增城市、花都市、天河区、白云区及黄埔区等。

6 月 2 日 市政府印发《广州市国民经济和社会发展第九个五年计划及 2010 年远景目标纲要》，提出“九五”期间奋斗目标，全市国内生产总值比 1980 年翻三番半，达到亚洲中等发达国家和地区 20 世纪 90 年代中期平均水平；到 1998 年，初步建立社会主义市场经济体制；到 2000 年，初步展现现代化国际大都市格局。

6 月 5 日至 6 日 市委召开党建工作会议。会议的主题是研究解决当前广州市党的建设中一些突出问题，讨论制定 1996 年至 1998 年党建工作规划，市委书记高祀仁在会上作题为《大力加强党的建设，为全面完成我市“九五”计划而奋斗》的讲话。

6 月中旬 广州南华西企业集团被确定为省、市重点发展大型企业集团，是全省唯一被定为重点发展企业集团的街道企业。

6 月 22 日 广州歌舞团创作演出的《永远的广州》在友谊剧院首演。该剧用象征的手法，以歌、舞、乐、诗等手段，通过一个半小时的表演，展现具有2210 年历史的广州人民勤劳善良、不畏强暴、奋发向上和勇于拼搏的精神。

6 月 28 日 市第十届人大常委会第二十六次会议举行，审议通过《广州市农业环境保护管理规定》《广州市城市绿化管理条例》《广州市私营企业权益保护条例》《广州市幼儿教育管理规定》。

△**是日** 全国第一家大型西药连锁店——广州市医药公司健民医药连锁店正式成立。市医药公司属下的健民、友邦、利众等 31 间国有医药商店加入连锁行列，实行统一商号、布局、进货、核算、管理、经营策略和服务规范。

7 月 3 日 市委、市政府颁布实施《关于优化资本结构，建立现代企业制度，加快大型企业集团建设的决定》，提出重点扶持广州汽车集团等销售额超 30 亿元的 56 户大型企业集团，主要在国有资产授权经营、产业及投资、补充资本金、优化资本结构、融资筹资、扩大对外经贸、企业兼并、财税优惠、经营者鼓励九方面采取政策扶优扶强。

7 月 3 日至 9 日 1996 年广州博览会在广州外贸中心举行，此届博览会共有40 多个国家和地区的企业和产品参展，设展销摊位超过 1000 个，其中国内各地联袂组成的展团摊位 430 多个，为历届最多的一次。来自韩国、日本、德国、新加坡、俄罗斯等国家和中国香港澳门地区的外展摊位 130 多个，广州市工业招商项目共签订 1614 万美元投资额合同，其中利用外资 1213 万美元。

8 月 7 日 首期投资 6 亿多美元的珠江钢铁有限公司建设工程在广州经济技术开发区西基工业区正式奠基，该工程占地面积 87 万平方米，建设规模为年产钢 100 万吨，热轧钢板卷 96.5 万吨。1997 年 3 月 28 日作为广州市首个地方项目被国家计委批准列为国家重点建设项目。

8 月 9 日 广州海运（集团）有限公司正式挂牌成立，这是全国交通系统首家建立现代企业制度的试点公司。

8月中旬 广州市培才职业高级中学附属金雁学校，由海珠区教育局批准开办。这是广州市第一所专门招收外来务工经商者子女的正规学历教育学校。

8月25日 市政府颁布《广州市农业现代化总体规划（1996—2005）》，提出“力争到2005年实现农业初步现代化，2010年实现农业基本现代化”的目标；农业产业化和现代化的基本任务是“五高”“八化”，即农业产值高、劳动生产率高、土地产出率高、农产品商品率高、农民收入高，农田标准化、操作机械化、经营规模化、生产专业化、服务社会化、技术现代化、生态良性化、农民知识化。

8月26日至27日 市第十届人大常委会举行第二十七次会议。市长黎子流向会议提请任命林树森为广州市人民政府副市长，并以身体状况和年龄原因提出辞去广州市市长职务。市人大常委会对他在6年市长任内取得的成绩予以充分肯定和感谢，接受他的请求，并任命林树森为广州市副市长、代理市长。

8月28日 广州冶金（集团）有限公司和广州冶金企业集团正式挂牌成立。经市国有资产管理委员会授权，广州冶金（集团）有限公司经营原市冶金工业总公司属下企业（除广州钢铁有限公司外）的全部国有资产，成为完全按企业化方式经营国有资产的国有独资企业，将国有资产转变为法人财产，承担有限责任。该公司国有资产总额为5.93亿元，通过资产控股的资本纽带关系，将43家生产经营企业联系在一起组成冶金企业集团，形成母子公司新架构。

8月29日 广州纺织企业集团有限公司和广州纺织企业集团正式挂牌成立。该集团是由市纺织工业总公司改组而成的经济实体，标志着广州纺织工业从行政管理转为以产权为核心的资产经营管理。

9月17日 第四届羊城艺术博览月开幕式暨广州博物馆整修开放仪式在越秀山镇海楼前举行。此届羊城艺术博览月以庆祝广州建城2210年为主题，共有9台专业艺术剧目演出、3个系列群众艺术表演、5个文物展览、10个艺术展览以及优秀影片展映、文化艺术专著出版六大系列10项文化艺术活动。

9月19日 市委决定组建推进国有企业改革工作队，从市直属党政机关抽调干部组建推进国有企业改革工作队，深入企业进行指导，协助解决在改革中遇到的重大困难和问题，并探索出有益的经验。工作队分3期组建，派出前进行培训，每期 100 ~ 150 人，半年轮换一次。10 月 28 日，广州市召开推进国有工业企业改革工作队驻点工作动员大会，工作队正式派驻。

9 月 28 日至 30 日 第二届亚洲太平洋城市首脑会议在广州白天鹅宾馆国际会议厅召开，亚太地区 11 个国家和地区的 20 个城市的首脑和代表 160 多人出席会议。与会者以“21 世纪的城市发展”为主题，展开热烈讨论。会议通过《广州宣言》，并确定第三届和第四届亚太城市首脑会议分别在日本福冈和韩国釜山举行。

10 月 8 日 广州医药集团有限公司正式成立。该集团拥有 45.71 亿元总资产，属下子公司、控股公司和海外公司共 55 家，集工、商、贸、科研于一体。1997 年 1 月 30 日被列为广州市重点扶持和发展的大型企业。

10 月 15 日 第八十届中国出口商品交易会开幕，至此广交会已成功举办 40 年。党和国家领导人江泽民、李鹏、乔石、李瑞环、荣毅仁等为大会题词。国务院总理李鹏剪彩，中国对外贸易经济合作部部长吴仪主持开幕式。此届交易会共有 45 个交易团参展，分轻工工艺、电子、机电、纺织服装等专业馆，共 33 个展区。

△**是日** 市委、市政府对广州地区近 80 名外来投资者进行表彰，对他们为广州经济发展作出的贡献给予肯定。17 年来，全市实际利用外资 87 亿多美元，批准外商直接投资项目 8522 个，“三来一补”企业 1 万多家。

10 月 18 日 广州市建筑集团有限公司正式挂牌成立。该公司由广州市建筑总公司转制而成，有 10 多家全资子公司、100 多家孙公司，集建设投资、房产开发、建筑设计、工程施工、机电安装、市政隧道、建筑装饰、建机生产、建材供应、工程监理、科学研究、造价咨询、物业管理以及外经为一体。

10 月 19 日 广州地区大中学生志愿者社区援助月行动正式启动，16 支大中学校的学生志愿者社区援助队开始进入社区，开展援助活动。同日，全国首支市级社区援助队——广州市中山大学志愿者社区援助总队成立，广州市首家社区援助站——广州登峰街大中学生志愿者社区援助站挂牌。

10 月 29 日 广州信息网建成并正式开通。信息网的开通标志着广州市信息产业的主动脉已基本形成，对于广州信息化发展具有里程碑的意义。该网通过光纤直接与市府大院各部门联网，通过数据专线与各委、局、市属各区（市）和国内外信息网络联网，不仅为各级领导和政府部门、企事业单位以及个人提供计算机联网信息服务，而且使国际互联网络有一个反映广州全貌、介绍广州社会经济建设和投资环境的窗口。广州信息网的管理和日常维护由广州市信息中心负责。

11月7日至8日 市委六届七次全会举行，会议主题是传达学习党的十四届六中全会和省委七届五次全会精神，对广州市在新形势下进一步加强精神文明建设特别是思想道德文化建设作出部署。市委书记高祀仁，市委副书记、代市长林树森分别讲话。会议指出，要把社会主义精神文明建设提到重要战略地位，全面加强社会主义思想道德建设，发展和繁荣社会主义文化事业，把群众性精神文明创建活动推向新的广度和深度，切实加强和改进基层思想政治工作，为精神文明建设提供有力的物质保障，并且努力加强和改善对精神文明建设的领导。

11月8日 以垃圾为资源的广州市大坦沙资源电厂，在白云区松洲街坦尾村西北举行奠基仪式。该厂的建设标志着广州市垃圾处理告别单一的卫生填埋方式，增加垃圾减容性最好的焚烧发电方式。

11月16日至17日 首届广州高级人才招聘会在中国南方人才市场举行。进场2638人，全部具有本科以上学历。140个单位在会场设点招募人才，其中86人现场办理调入广州的审批手续。

11月18日 广州首家农民集团股份公司——东鹏（集团）股份有限公司在芳村区东漖镇东漖村正式挂牌营业。该公司于1995年9月由东漖村委会集中1600多名股东、8个经济社共同发起，业务涉及房地产、金融、建筑安装、运输等行业。该公司的创立标志着广州农村集体经济进入以产权改造为内容的变革。

11月22日 广州市第三次工业普查工作结束。普查结果显示，工业仍居国民经济主导地位。在历时一年半的调查中，全市共动员近2.8万个单位、5.6万人力，全面查清广州市工业的基本情况。调查的数字显示，1995年全市工业增加值为495.94亿元，占当年度全市国内生产总值的39.9%；全部工业总产值为1935.34亿元，比1990年增长2.19倍，平均年增长26.1%。普查结果还表明，广州市工业结构发生深刻变化，形成以国有工业为主体、大中型企业为骨干、多种经济类型共同发展的新格局。特别是区县工业、混合型工业和一些新兴行业已成为广州市工业新的增长点。

11 月 28 日 “广州十大旅游美景”评选揭晓，分别是：百粤冠祠（陈家祠）、云台花园（白云山风景名胜区）、五羊仙庭·镇海楼（越秀公园、广州博物馆）、辛亥之光（中山纪念堂、黄花岗公园）、广州世界大观、飞龙世界·金蛇狂舞（飞龙世界游乐城）、莲花晓晴（莲花山旅游区）、东方游·情中留（东方乐园）、西关商廊（广州商业步行街）、六榕花塔（六榕寺）。

11 月 铁道部批复《广州铁路（集团）公司建立现代企业制度试点总体方案》。根据方案，广铁集团建立起铁道部与集团公司、集团公司与各成员单位之间以资产为纽带、以母子公司结构为主体的集团新体制，这是对中国铁路沿袭几十年的铁路局、分局、站段三级分权管理体制的深度改革。

12 月 1 日 广州南华西实业股份有限公司正式成立，这是全国第一家街道集体所有制的上市股份公司。南华西股票于 9 日在深圳证券交易所挂牌上市。集团公司拥有武大工业区、近 90 家企业，占地面积 200 多亩，厂房面积 40 多万平方米，生产经营的产品有十一大系列共 3000 多个品种，以及十大内外贸易项目，在香港还设有 8 家经贸机构，并与 20 多个国家和地区建立长期的紧密合作关系。

12 月 13 日 广东省、广州市“菜篮子”工程重点项目、广州建设国家级水产品批发市场的首期配套工程——如意水产综合批发市场开业。该市场位于黄沙大道，占地面积 1.7 万平方米，内设 150 多个商铺，经营海鲜、河鲜、冰鲜、塘鱼、贝类、水产干货等，并有停车场、冷库等配套设施，是当时广州最大的水产及野生动物批发市场。

△是日 经市政府同意，广州市开始对全民所有制企业厂长（经理），国有独资公司和两个以上的国有企业或两个投资主体设立的有限责任公司、集团和国有资产占控股地位或主导地位的公司董事长，实行离任经济责任审计评议制度。

12 月 18 日 珠江钢琴集团有限公司暨广州珠江钢琴企业集团成立，这是国内首家以资产联结为纽带组建的大型乐器企业集团。1997 年 12 月，经市政府批准，广州市国有资产管理局授予珠江钢琴集团有限公司国有资产经营权，不再隶属广州市二轻集团公司，成为自主经营、自负盈亏的经济实体。

12 月 19 日至 25 日 中共广州市第七次代表大会召开，692 名代表出席。会上，市委书记高祀仁代表第六届市委作题为《以新的姿态、新的业绩，跨入新世纪》的报告。会议提出，今后5年是广州力争15年基本实现现代化承前启后的重要时期，要加快建立社会主义市场经济体制，促进经济持续快速健康发展。大会选举产生中共广州市第七届委员会和新一届中共广州市纪律检查委员会。

12月20日 广州第一家采用超市经营模式、配备中央空调的室内肉菜市场——小北路登峰肉菜市场投入使用，这是广州市第一家引进外资合作经营的国有肉菜市场。

12月24日 《广州市城市规划条例》颁布，这是广州第一部城市规划管理方面的地方法规，1997年4月1日正式施行。当天召开贯彻《中华人民共和国城市规划法》暨实施《广州市城市规划条例》动员大会，强调要抓紧完善城市规划设计，坚决刹住违法占地、违法建设的歪风。

12月25日 市委七届一次全会召开，会议选举广州市第七届委员会领导班子，高祀仁为市委书记。审议通过中共广州市纪律检查委员会全体会议决议，选举石安海为市纪委书记。

12月28日 为期一年的广州建城2210年城庆活动宣告闭幕，这是广州市首次举行的城庆活动。自1996年1月1日开幕，以“让世界了解广州，使广州走向世界”为主题，举办了一系列的城庆活动。包括春节与国庆焰火晚会、1996年广州国际龙舟邀请赛、授予广州荣誉市民与颁发突出贡献奖仪式、“识名城、爱广州”宣传月与羊城艺术博览月、全国名城博览会、国际性邮票展览、第二届亚太城市首脑会议、“万家灯火耀羊城”以及广州国际艺术博览会、国际粤剧节、旅游艺术节、广州国际旅游展销会、旅游购物节、广州美食节等一系列活动。

1996年 广州全市国内生产总值1444.94亿元（当年价），比上年增长12.6%（按可比价格计算）；人均国内生产总值2.22万元，增长11.5%。第一产业增加值81.16亿元，比上年增长5.3%；第二产业增加值675.38亿元，比上年增长13.39%；第三产业增加值688.39亿元，比上年增长12.41%。三次产业增加值的比重为5.62：46.74：47.64。

1997年

1月1日 康王路建设正式动工。该路南起镇安路，经下九路、长寿西路、龙津西路、中山七路、西华路接东风西路，全长2.6公里，标准路幅40米，是贯通荔湾区南北的交通主干道，工程总投资约9.2亿元，计划于2001年全线开通。

1月6日至8日 广州市经济工作会议召开，会议提出，要加快国有企业改革，扎实推进经济体制的转变；依靠科技进步，大力促进经济结构的优化；努力提高对外开放水平，争取拓展国内外市场的新突破，切实加强农业基础地位，推进农村经济全面发展。

1月9日至10日 广州市商业工作会议召开，市委常委、副市长王守初提出，解决好广州市近800万人口的吃、穿、用和稳定物价问题是商业工作最重要、最根本的任务。当前针对广州市场的特点和市民生活习惯，要确实保障粮、油、肉、菜、鱼等的供应，确保1997年广州市物价升幅控制在6%以内。

1月27日 国家计委正式批准广州市中心区交通项目立项，该项目总投资87亿元人民币，其中世界银行于1998年5月9日批准贷款2亿美元，这是广州市首次利用世界银行的低息贷款建设的城建项目工程。

1月28日 国内首个采用多媒体计算机、数据库、网络通信等先进设备和技术的现代化阅览室在中山图书馆对外开放。该阅览室面积为180平方米，可供20名读者同时上网，可联机检索视聆通网络和中山图书馆的几十个大型数据库，以及发送电子邮件和下载资料。

2月2日 共青团广州市委、市教委等9家单位联合主办的“真情在广州”——

青少年社会服务系列活动暨青少年社区志愿服务工程，在建设街正式启动，系列活动包括“创建青年文明号”活动、大中学生社区援助工程、手拉手计划等10项。全市首个青少年社区服务中心——建设街青少年社区服务中心同时成立。

2月5日 市人大常委会颁布的《广州市幼儿教育管理规定》施行。这是广州市首个有关幼儿教育的地方性法规，对幼儿教育的政府职能、部门职责、发展方针、教育思想、师资资格、园舍设置以及幼儿园内部管理等方面作出明确规定，强调实行申报审批、评估定级、收费许可证等制度。

2月 华南地区最大废杂铜冶炼企业——广州珠江铜厂有限公司建成，并铜熔铸点火投料试产成功，形成年产阳极铜板3万吨、电解铜板2万吨的生产能力。该项目是广州市“八五”重点技改项目，也是广东省最大的冶炼电解铜板的企业。

3月1日 市人大常委会颁布施行《广州市城市绿化管理条例》，这是中华人民共和国成立后广州市首部城市绿化管理的地方性法规，对本市范围内种植和养护树木、花草等城市绿化的规划和建设、保护和养护，以及相关法律责任作出规定。

3月6日至12日 市十届人大五次会议在广州举行，大会审议和批准市政府工作报告，听取和审议广州1996年国民经济和社会发展计划执行情况与1997年国民经济和社会发展计划，听取和审查市中级人民法院、广州市人民检察院工作报告。讨论通过《广州市人民代表大会关于保障代表执行职务的若干规定（草案）》《广州市人民代表大会审查和批准国民经济和社会发展计划预算及决算规则（修正草案）》，会议补选曾庆申为市人大常委会主任，补选林树森为广州市市长。

3月11日 由香港国际社会服务社与荔湾区逢源街道办事处联合主办的穗港及海外婚姻家庭辅导服务中心在广州成立，这是国内首家专门为分隔内地及香港、海外的有关人士或家庭免费提供社会服务的机构。

3月14日 市委、市政府召开纪念邓小平视察南方重要谈话发表5周年理论研讨会，市长林树森作题为《沿着邓小平同志指引的建设有中国特色的社会主义道路奋勇前进》的报告，指出南方谈话不仅有政治上的针对性和指导性，而且有理论上的深刻性和创造性，具有伟大的理论意义和实践意义。

△是日 市政府颁布《关于加强农村合作医疗建设的通知》，提出到2000

年农村合作医疗建设和发展的总体目标是：80% 的行政村、80% 的农村人口参加多种形式的合作医疗，并逐步提高社会化程度，有条件的镇、村向社会医疗保险过渡。

3 月 23 日 是日为香港回归祖国倒计时 100 天。由文化部等单位联合主办的大型图片展览“香港的历史与发展”在广州起义纪念馆开幕，4 月 27 日结束。这是中华人民共和国成立以来广州市第一次较全面、系统介绍香港情况的大型图片展览，也是广州市迎接香港回归祖国系列活动的首个活动。

3 月 24 日 中共中央宣传部公布全国 100 个创建文明城市示范点和 200 个创建文明村镇示范点名单，广州市的南华西街、北京路商业步行街、花都市新华镇三东村榜上有名。4 月 26 日，市委、市政府在广州百货大厦门前举行示范点授牌仪式。

3 月 26 日 为改善投资环境，市外经贸委、市工商局、市经委、市财政局、市外汇管理局、市国税局、市地税局、海关等部门，在东方宾馆外经一条街设立联合年检窗口，由年检部门派员参加，对外资企业出资、生产经营、财务等实行“统一时间、统一地点、统一表格、统一收费”的联合年检，改变外商投资企业年检需要跑多个部门的情况。

3 月 广州市“职业道德建设年活动”在全市展开。为深入贯彻落实党的十四届六中全会精神，市委、市政府决定把 1997 年作为广州市职业道德建设年，并颁布《关于在全市范围内开展’97 职业道德建设年活动的意见》，提出要以“为人民服务，树行业新风”为主题，以“纠建结合，标本兼治，内强素质，外树形象”为总体要求，以党政机关、行政管理和执法部门以及窗口服务行业为重点，通过抓整改、抓教育、抓规范、抓典型示范，促进全市职业道德建设上新台阶。

4 月 2 日 中国南方航空（集团）公司与美国达美航空公司在广州白天鹅宾馆签订代号共享协议，这在国内民航史尚属首次。此次双方建立全航线代号共享关系，达美可直接使用本公司的代码“DL”向旅客销售从美国任何地点乘达美航空公司航班经洛杉矶转乘南航航班到达广州的客票，南航也可使用本公司代码“CZ”向旅客销售从广州经洛杉矶转乘达美航班至美国 13 个地点的全程客票。

4 月 4 日 市委作出《关于建立和健全各级党委（党组）学习中心组学习制

度的决定》，该决定提出，要建立和健全党委（党组）中心组，完善党委（党组）各项制度，建立党委（党组）学习中心组学习的管理机制。按照市委的要求，全市196个局级单位建立健全党委中心组学习制度。

4月6日 中国第一条沿海国际集装箱快运航线——广州至上海国际集装箱快运航线正式开通。该航线由广州港黄埔集装箱公司与上海海兴轮股份有限公司合作经营，航行于黄埔、蛇口、厦门和上海四港。

5月7日 广州市城市建设开发集团有限公司正式成立，其前身是广州城市建设开发总公司，成立于1983年，是广州市最早成立的房地产综合开发企业。

5月8日 市政府颁布的《广州市建筑工程交易管理规定》施行，广州市建设工程交易中心正式挂牌成立，标志着广州市建筑市场开始走向规范化和法制化。此后，广州市建设工程交易活动由台下交易变成公开交易，承揽业务全部采用招标竞争。

5月15日 市规划局印发《广州市近中期城市园林绿化规划》。根据规划，1997—2000年广州绿化布局是：形成整体园林绿化系统核心、改善城市生态环境，主要有白云山风景区、流溪河、珠江两岸、果园花卉保护区的建设；完善城市组团空间布局形态，新建公园60个；改善城市景观、美化城市环境，主要是道路绿化、广场绿化、居住区绿化、单位附属绿地建设等。

△**是日** 市委、市政府召开广州企业集团工作会议。市领导林树森、石安海、李善培、王守初、郭向阳、刘锦湘等出席会议。会上，市长林树森就进一步加快广州市大型企业集团建设步伐作重要讲话，强调要坚定信心，解放思想，放开手脚，加速发展。市委、市政府确定57户企业集团，通过加大资金投入、加快技术进步、加速资本扩张等有效办法，“集团军”已成为广州市参与国际竞争的代表队。

5月20日 广州市首家示范定向转岗培训基地在广州铝制品厂开办，该基地名为广菱铝制品厂，被列为广州市十大生产自救基地之一。其生产自救资金近200万元，是通过职工购股集资解决部分资金，并根据有关再就业优惠政策，劳动、财税、保险等部门给予一次性领取失业救济金，拨发对口安置费和培训费，一定额度的低息贷款，减免税收等措施筹集。

6 月 3 日 为探索经济与社会长期持续发展的正确方式，黄埔区南岗镇社会发展综合实验区成立，这是广州市首个社区发展综合实验区，被列为《广州 21 世纪议程》行动方案的主要内容之一。

6 月 5 日 广州市开始实行空气质量周报制度，此后每逢周六公布上一周空气质量，广州成为国内实行空气质量周报制度的首批 13 个城市之一。周报的范围按老城区、新发展区、工业区 3 个区域进行公布；空气质量状况分优、良、普通、不佳、差 5 个等级，其相应的空气污染指数分别为 0—50、51—100、101—200、201—300、301 以上。

6 月 6 日 广州市农工商集团有限公司成立。该公司是市国营农工商联合总公司成建制改建成立的，属国有独资有限公司，是市重点发展的国有大企业集团。成立时下属全资子公司有 19 家，控股企业 3 家，参股及关联公司 10 家，独立核算企业总数 460 家，企业员工 3.8 万人，资产总额 46 亿元（不含土地）。

△**是日** 广州汽车集团有限公司注册成立，经市国有资产管理局授权，经营广州骏达汽车企业集团、羊城汽车集团公司、广州广客汽车企业集团有限公司和广州安迅投资公司的国有资产。

6 月 19 日至 20 日 广州市教育工作会议召开，会议提出，将广州大学办成一所面向 21 世纪、以职业教育为特色、培养应用型人才为主的多学科本科大学；决定切实减轻学生过重课业负担，小学生每天学习时间（含自习）不超过 6 小时，中学生不超过 8 小时，学校在节假日不能组织集体性的补课。

6 月 26 日 市委召开广州市纪念中国共产党成立 76 周年暨表彰大会，市委书记高祀仁在会议上指出，要从思想、政治、组织、作风、制度等方面入手，全面加强党的建设。会上还表彰广州钢铁企业集团有限公司等 50 个先进党组织、钟南山等 70 名优秀党员和张宁莎等 30 名优秀党务工作者。

6 月 28 日 广州地铁一号线首段西朗至黄沙 5 个站建成并进入试运营阶段。地铁一号线西起广州钢铁厂，东至广州东站，共设西朗、坑口、花地湾、芳村、黄沙、长寿路、陈家祠、西门口、公园前、农讲所、烈士陵园、东山口、杨箕、体育西路、体育中心、广州东站 16 个车站，1998 年底全线建成。

7 月 1 日 中国政府对香港恢复行使主权。广州作为中央制定举办大型庆典活动的8个城市之一，成立迎庆香港回归祖国宣传活动协调小组，对全市十大活动和各区、县级市、各系统的443项迎庆活动进行分类指导和统筹协调，掀起以“穗港携手，共创未来”为主题的迎庆回归热潮。

7月8日 市委、市政府在市委礼堂召开广州市卫生工作会议，提出到2010年，国民健康的主要指标达到世界中等发达国家的平均水平，基本实现卫生事业现代化；人均寿命达到76岁，婴儿死亡率降到11‰以下，社会医疗保险制度覆盖率达到90%以上。8月11日，《中共广州市委、广州市人民政府关于卫生改革与发展的决定》正式颁布实施。

7月10日 中国银行广州市分行在全市国有商业银行中率先全面实行劳动合同制改革，与全行员工签订劳动合同，打破国有商业银行“铁饭碗”的传统用人制度。

7月18日 广州市召开城市管理体制改革动员大会，提出城市管理体制改革的目标，建立和完善“两级政府、三级管理、四级网络”的城市管理体制，形成“统一领导，分级负责，以块为主，条条保证，社会监督，依法治城”的管理格局，建立行政、经济、法律手段并举的运作机制和切实有效的监督机制，不断提高城市现代化管理水平，促进城区和全市经济社会全面发展。

8月1日 市政府颁布的《广州市闲置土地处理办法》施行，该办法规定，无偿划拨的土地闲置满两年以上，或未投入资金实施征地、拆迁、开发而使土地闲置满两年以上，其国有土地使用权由政府无偿收回。

8月20日 广州造纸企业集团成立。该集团以广州造纸厂的国有资产为主体，通过全资、控股、参股和托管等形式，与省内外十多家相关企业联合组建而成。

8月26日 市对外友好协会与市科学技术协会、市政府新闻办公室、广东电视台以“三地携手，共创未来”为主题，联合主办首届穗港澳大学生普通话及英语演讲邀请赛，三地9所高等院校的18名选手参加比赛，采用双语进行演讲比赛在国内尚属首次。

8月27日 广州金珠江化学有限公司的过氧化氢新装置投料试产成功，生产能力从2万多吨提高到5万多吨，成为当时全国产量最大、技术最先进的过氧化氢生产基地。

8 月 28 日 全市第一个与外商合作、结合市政道路建设的康王路人防工程动工。其设计、施工和工程监理均按照国际惯例实行竞争招标，并在合约签订后成立与外商合作的华康地空开发有限公司，该工程总建筑面积为 4.82 万平方米，开创人防工程建设与商业开发相结合的新模式。

9 月 5 日 市精神文明委员会发布《广州市民“十不”行为规范》，旨在增强市民环境卫生意识。“十不”行为是：不乱丢乱吐、不乱穿马路、不乱贴乱画、不乱停乱放、不乱摆乱卖、不乱搭乱盖、不粗言秽语、不破坏绿化、不损坏公物、不污染河涌。

9 月 10 日 市政府通报表彰广州宝洁有限公司、广州卷烟二厂、广州钢铁股份有限公司等 50 家“1996 年广州工业企业综合实力排序前 50 名”的企业，这是市政府首次对工业企业综合实力进行排名。

9 月 15 日 广州铁路（集团）公司开办的广州地区票务中心电脑联网售票业务投入使用，标志着沿袭几十年的铁路客运传统售票方式率先在广东结束。此后，旅客可预先购买异地火车票，包括往返车票和去异地站接续的联程车票。

9 月 18 日至 24 日 由中国发明协会主办、市政府承办的第十届全国发明展览会在广州中国出口商品交易会展馆举行，这是广州首次举办全国性的发明展览会，有 30 多个省市 65 个展团参展，展出发明项目 1000 多项。

9 月 23 日 广州异型钢材厂因资不抵债，在广州产权拍卖行被整体公开拍卖，这是广州市公开拍卖的第一家国有企业，起拍价为 4650 万元，广东省轻工业机械集团公司联合广州钢管厂以 5000 万元竞得。

9 月 24 日 广州青少年法律援助处暨运来法律援助基金成立，这是全国首家专门为青少年提供法律服务的社会公益机构。1999 年 7 月 16 日，广州市首家区（县）级青少年法律援助处在花都挂牌成立。至 2000 年 6 月，市属各区、县级市均建立青少年法律援助处。

10 月 8 日 市人大常委会颁布的《广州市私营企业权益保护条例》是日起施行。这是国内第一部专门保护私营企业合法权益的地方法规，共 25 条，除明确规定私营企业应尽的义务外，还规定私营企业享有自主经营权、劳动用工权、依法取得土地使用权、对财产的处分权以及知识产权等权益。

10月13日 广州市国有土地使用权招标拍卖领导小组成立，广州市建设用地使用政策重大改革进入实际操作阶段，此后，广州房地产开发的建设用地统一实行公开招标、拍卖，不再实行行政划拨、协议出让的方式。

10月16日至18日 市委七届三次全体（扩大）会议召开，市委书记高祀仁作题为《全面贯彻落实党的十五大精神，进一步开创广州现代化建设新局面》的报告，市长林树森作总结讲话。会议指出，要加快经济体制改革，重点在调整和完善所有制结构、国有企业转机建制、培育完善的市场体系、以社会保障制度为主的各项配套改革、政府职能转变等方面实现新突破。

10月18日 广州轻工业品进出口集团有限公司成立，广州轻工业品进出口（集团）公司、广州五金矿产进出口公司、广州机械进出口公司、广州对外贸易广告公司等为其属下全资子公司。这是广州市按现代企业制度组建的第一家外经贸企业。

10月30日 广州药业股份有限公司在香港联合交易所挂牌上市，成为第一家在香港上市的广州市国有企业。广州药业以每股面值人民币1元，按每股发售价港币1.65元（人民币1.77元）向香港公众发售及配售予机构投资者，发行2.199亿股（H股），总集资额为港币3.6亿多元。

11月6日 市住宅建设办公室开始预售第13期解困房，全部房源在棠下解困小区，共4000套，向3269户要求购买解困房的在册住房困难户供应，这是广州市最后一次举办预售解困房活动。至此，广州市以统一筹建解困房为主要形式的解决人均居住5平方米以下困难户住房问题的工作基本结束，全市进入加快实施安居工程阶段。

11月17日 广州市乡镇企业工作会议召开，市委书记高祀仁在会上指出，广州乡镇企业只有进一步解放思想，抓住机遇，才能在第二次创业的竞争中争取主动，再上发展新台阶。广州市乡镇企业经济总量居全省首位，上缴税金约占全市财政收入的1/4。

11月20日 广州珠江实业集团有限公司正式成立，在国内拥有13家子公司、12家中外合资企业、3家控股企业，其中2家分别为深沪上市房地产企业，另在境外有 8 家企业，总资产达 58 亿元。

△**是日** 市政府从首批依法收回的闲置建设用地中，拿出上九路以南、光复南路以西和北京路东侧、珠光路北侧两个地块公开招标拍卖。依法收回闲置建设用地公开招标拍卖，在国内房地产市场属首次。此次招标拍卖宣告广州行政划拨开发用地的历史从此结束。

11 月 21 日 广州市召开小企业改革工作会议，提出力争在明后两年基本完成国有小企业的改组和转制工作。会议要求，小企业改革继续坚持“三个一批”的做法，即发展有活力的一批企业，搞活处于困境中的一批企业，处置实在不行、不死不活的一批企业；以产权制度改革为突破口，实施国有资本的流动与重组，提高国有经济的竞争力；大力发展以股份制为内容的混合所有制经济，加快公有中小企业股份制改组步伐。

11 月 24 日至 26 日 广东省市场工作会议在广州召开，副市长王守初在会上介绍广州市大力推进室内肉菜市场建设的经验，并安排会议代表参观广州市厚德、东川、体育西肉菜市场和天河城、宏城广场等购物商场。

12 月 4 日 国内首个国际级批发集散中心——利联仓行正式投入使用。该仓行由香港利丰批发集散中心发展有限公司和番禺市外经委、番禺商贸城集团共同投资兴建，首期占地 56 万平方米，投资近 5 亿元。仓行采取前店后仓，现金交易，立即提货，既批发又零售的集散式营销形式。

12 月 26 日 个人投资 3 亿元建设的国内首家私营大型野生动物园——番禺香江野生动物世界试业。该动物园首期开发面积 133 公顷，有动物近万头，300 个种类，其中有国内当时首次引进的白虎 4 只。园区分乘车游览区和步行游览区；设有大象表演场、猛兽表演场、鹦鹉表演场、鳄鱼表演场、儿童乐园等。

12 月 28 日 江湾大桥正式通车。该桥于 1994 年 12 月 28 日动工兴建，由香港新世界集团与广州市隧道开发公司合作建设，是广州市第一座中外合作建成通车的城市桥梁。总投资约 4.29 亿元，全长 910 米，宽 28 米，为双向 6 车道。

12 月 28 日至 30 日 由市政府组织的首届中国（广州）留学人员科技交流会在广州市中国出口商品交易会展馆举行。自 1998 年第二届起，该会由教育部、科技部、人事部、广州市政府联合举办，有智力“广交会”之称。

12月 经全国饮食服务业标准化技术委员会评审和国内贸易部批准，国内首批32家国家特级酒家名单正式公布。广州共有9家酒家榜上有名：泮溪酒家、南园酒家、陶陶居酒家、莲香楼酒家、大同酒家、广州酒家总店、滨江西广州酒家、十三行广州酒家和天河广州酒家。广州是入围特级酒家最多的城市。

1997年 广州全市国内生产总值1646.26亿元，比上年增长13.39%；人均国内生产总值2.49万元，比上年增长11.9%，按汇率计算突破人均3000美元，在全国十大城市中位居前列。第一、二、三次产业分别增长4.5%、13.9%和14.88%。三次产业增加值的比重为5.21：46.54：48.25。

1998 年

1月2日 市委、市政府联合颁发第二届广州文艺奖，大型电视音乐片《黄河魂》等 14 个作品及有关集体和个人获颁特等奖；《许雁剧集》等 17 个作品及有关集体和个人获颁一等奖；粤剧《土缘》等 18 个作品及有关集体和个人获颁二等奖；散文集《走进亘古的梦乡》等 6 个作品及有关集体和个人获颁三等奖；市文化局等 5 个单位获颁组织奖。广州市还决定给第十四届“中国戏剧梅花奖”获得者倪惠英、张丹丹和 1995 年“庄重文学奖”获得者张欣、第七届“文华奖”获得者梁玉嵘记大功一次。

1月6日至7日 市经济工作会议在市委礼堂召开。市委书记高祀仁主持会议，市长林树森讲话。会议分析 1997 年广州市经济运行状况，提出 1998 年要继续调整完善所有制结构，推进国有经济的战略性改组，争取 3 年实现国有和部分集体企业的改革与脱困；以工业结构调整为重点，加快改造传统产业和现有企业，扶持汽车电子行业，加强农业基础地位，全面发展农业和农村经济；以迎接全国九运会为契机，进一步加大城市建设和城市管理的力度。

1月8日 《广州市科学技术协会条例》《广州市科学技术经费投入与管理条例》是日公布，3 月 1 日起施行。前者规定广州市科学技术协会的性质、作用、活动、经费来源和权利义务。后者明确政府、企业、金融机构和全社会对科技投入的责任，并对用于科技研发、科技成果转化、科技服务、科技普及的经费投入作出规定。

1月12日 市人大常委会公布《广州市劳动合同管理规定》，自 3 月 1 日起施行，这是广州市第一部地方性劳动法规。该规定从4个方面对《劳动法》作必要的补充，即在适用范围上强调属地管辖的特点，用法规的形式确立劳动合同双方的法律地位，规范劳动关系建立、履行以及终止、解除的行为，进一步明确劳动合同管理部门的职责和分级管理，并对违反《劳动法》的行为作出具体的行政处罚规定。

△**是日** 由广州市萝岗制药厂改制而成的广州市香雪制药股份有限公司正式成立，这是广州医药行业中首家由公有制成分转制为以非公有制成分为主的企业。

1月13日 广州市包装行业协会正式成立，这是广州市1997年被列为全国实行行业协会管理试点城市后的第一家行业协会，该协会挂靠广州包装印刷集团有限公司，运作经费暂时由包装印刷集团公司资助。

1月23日 鹤洞大桥主桥合龙。全桥总长2300米，主桥长648米，桥面宽30.3米，为双向6车道，主跨为360米一跨过江的钢混凝土合梁，是广东省当时跨度最大的双塔双索复合结构斜拉桥。

1月28日 海珠区宝岗大道全线贯通，北起滨江西路，南至昌岗路，全长2.5公里，宽36米。这是首次由市政府委托区级政府组织实施的一项联片改造旧城区综合开发建设工程，海珠区政府筹集2.5亿元完成拆迁和道路建设任务。

2月1日 广州市召开城市林业规划工作会议，提出“森林围城，组团分隔，片、网、线、点整体组合”的城市森林体系架构思路，即从3个层次构筑城市森林网络：一是城区外围现有森林；二是组团之间和其他绿化用地；三是城区部分。

2月4日 市委、市政府印发《广州市创建文明城市五年规划》，提出创建文明城市以提高人的素质和城市文明程度为总目标，主要任务是全面提高市民的文明素质，营造优美、清洁的城市环境；全面提高城市综合服务质量和水平，建立良好的社会公共秩序；提高城市文化品位，营造良好的舆论环境，弘扬社会正气。

2月6日 白天鹅宾馆举行开业15周年庆典活动。中共中央政治局委员、全国人大常委会副委员长田纪云，中共中央政治局委员、广东省委书记谢非，全国政协副主席霍英东，广州市委书记高祀仁等领导参加活动。

2月9日 广州市对外经济贸易事务总汇（广州外经一条街）荣获由国家人

事部和外经贸部授予的“全国外经贸系统先进集体”称号。

2 月 19 日 广州市经济情况介绍会召开，会议提出，广州市计划用 3 年时间，通过改革、改组、改造和加强管理，使 80% 左右的国有、集体企业改制为有限责任公司或股份有限（含股份合作）公司，建立现代企业制度；通过兼并、破产基本淘汰掉连续亏损 3 年以上、已资不抵债的企业，使企业亏损面下降到 20% ~ 25%。

2 月 23 日 市纪委第四次全体（扩大）会议召开。1997 年，广州市纪检监察系统共受理群众举报 10362 宗（次），比 1996 年增加 8.4%；立案查处党员、监察对象违纪违法要案 74 件，比 1996 年上升 35%；涉及局级干部 21 人，处级干部 54 人，查处人数为广州历年最多。

2 月 24 日 广州市下九路、第十甫路被中共中央宣传部、国内贸易部、国家工商局和国家技术监督局确定为全国“百城万店无假货”活动 15 条示范街之一，28 日正式挂牌，新大新公司、友谊商店股份有限公司被列入全国百家示范点。

3 月 7 日 广州市举行庆祝三八国际劳动妇女节暨羊城巾帼创新业成果展示大会。大会授予陈绮华等 10 人“羊城巾帼创新业”活动标兵暨市“三八”红旗手称号，授予颜秋艳等 10 人农村女能手标兵暨市“三八”红旗手称号，表彰 90 名农村种养、加工、流通女能手和 21 个广州市“巾帼文明服务标兵岗”。

3 月 9 日 中共中央总书记、国家主席、中央军委主席江泽民在参加第九届全国人大一次会议广东代表团审议时，对广东各方面的工作予以充分肯定，并希望广东的广大干部群众再接再厉，增创新优势，更上一层楼，率先基本实现社会主义现代化，努力在社会主义物质文明、政治文明、精神文明建设和党的建设上都交出优异的答卷。

△是日 广州市再就业领导小组通过《特困失业人员优先就业制度》，规定市内各区就业服务机构对特困失业人员单独建档立册，实行专人负责、就业服务到人的特殊政策。持“特困”失业证者享受优先推荐就业、全免培训费等服务。

3 月 10 日 市委、市政府召开深化城市管理体制改革试点区试点工作会议。市委书记高祀仁分析和总结试点区前阶段的试点工作情况，部署下阶段工作，要求东山、海珠两个试点区，从 3 月中旬开始，全面推进和实施城市规划、国土房地产、市政园林、工商、公安、财税、街道7项管理体制改革，上半年要基本完成。

△**是日** 市政府印发《广州市青山碧水蓝天工程计划》，部署广州地区1996年至2000年期间重点环境保护项目共118项，提出环境保护的目标是：到2000年，环境污染和生态破坏加剧的趋势基本得到控制，主要工业污染源得到治理，第三产业和生活污染持续快速增长势头得到初步遏制，城市空间布局上各主要功能区的环境功能日臻清晰，环境保护与经济建设取得初步协调。

3月13日 广州市首家区级劳动力市场在白云区新市镇正式开业。该市场把广州市近郊24家职业介绍机构集中经营，设立政策咨询、行政挂靠、职业培训、技能鉴定、失业救济、代办证卡等服务。

3月27日 市委、市政府召开广州市创建文明城市“形象工程”动员大会，市委书记高祀仁、副书记石安海为创建文明城市“形象工程”活动标志揭幕。该项活动计划历时4年，以“讲文明、树新风”为主题，以迎接2001年第九届全运会为目标，主要完成经济、城建、环保、交通、治安、道德风尚、文化等方面的十大任务，实现“经济繁荣、政治清廉、风尚良好、科教领先、文化发达、规划科学、建设美观、环境优美、管理先进、城乡一体”的总目标。

3月 广州日报报业集团、金鹏电子信息机器有限公司被全国博士后管委会和国家经贸委等单位批准建立博士后科研工作站，从而填补广州市企业博士后的空白。

4月13日 广州纺织集团亿新公司二棉分厂举行广东纺织首批棉纺压锭仪式，拆下48台1219型细纱机上的2万锭落后棉纺锭，标志着广州纺织行业1998年首批“压锭”工作正式进入实施阶段，也是广东省贯彻中央3年压缩淘汰落后棉纺锭工作以来打响的第一炮。

4月17日 市委召开市委常委扩大会议，省委常委、组织部部长刘凤仪到会宣读中央关于广州市委主要领导同志职务变动的通知。省委副书记黄华华兼任广州市委书记，高祀仁担任省委副书记，不再兼任广州市委书记。

4月19日 广州—西安—兰州—乌鲁木齐行包快运专列正式开行，这是当时国内最长的行包快运专列，也是国内首列由私营企业参与经营的行包快运专列。

4月20日 市政府通报表彰10名首届广州市杰出青年岗位能手和10名首

届广州市杰出青年技术革新能手。他们分别是：邓敏怡、周凯贤、陈涛、邓树球、王平、王冠英、卢爱华、蔡世葵、徐忠根、万来金和叶邓贵、孙保兴、何松涛、宋振宇、张裕文、张德坤、陈斯雄、周文超、袁少波、黄东健。

4 月 22 日 市委书记黄华华在广州轻工集团与市计委、市经委、市建委、市外经贸委、市商委、市农委、市统计局、广州轻工集团及广州钢铁集团负责同志座谈，听取广州 1998 年第一季度国民经济运行情况的汇报，强调广州一定要确保完成 1998 年国内生产总值增长 13% 的计划。

△是日 市政府公布 1998 年第一季度全市国民经济运行状况。广州市首季实现国内生产总值的 392.94 亿元，按可比价计算，比 1997 年同期（下同）增长 12.1%，明显高于全国 7.2% 及全省 8.2% 的平均水平，且与京、津、沪相比位居第一；社会消费品零售总额 233.06 亿元，增长 13.1%，剔除价格因素，实际增长 15.9%，实际增幅居京、津、沪之前；协议利用外资 2.92 亿美元，实际利用外资 7.06 亿美元，分别增长 36.9% 和 25.4%，为近年来同期的最高增幅；职工月平均工资 1096 元，增长 9.2%，继续居全国十大城市首位。

4 月 27 日 广州市经济工作座谈会召开，市委书记黄华华在会上要求，全市经济工作要增创广州中心城市新优势，发挥中心城市的龙头、带动、辐射和服务作用，增创体制改革的新优势，调整和完善所有制结构，创新公有制的有效实现形式，特别是发挥企业大集团的作用，大力发展高新技术产业，实现增长方式由粗放型向集约型转变，建设卫生整洁、安全文明、舒适优美的良好环境。

4 月底 市委政策研究室牵头开展历时 5 个月的“增创广州发展新优势”大型调研活动，这次全方位、多层面、宽领域、大跨度的综合性大型调查研究，围绕十大专题展开，每个专题由市委、市政府领导直接负责，全市 60 多个部门和单位 200 多名处级以上领导干部参与调研活动，参加各调研组的调研人员 400 多人。最后形成 10 个专题报告、67 个分课题报告，明确广州把握机遇、迎接挑战的有利条件和制约因素，为决策提供依据。

5 月 6 日 广州市企业调查队成立，隶属国家统计局。该调查队负责抽样调查各种经济类型的企业生产经营状况，对建立现代企业制度和企业与市场体系密切相关问题开展专项调查和跟踪监测调查，承接社会各界委托的与企业有关的各类调查、咨询和研究项目。

5月7日 广州汽车集团公司、东风汽车公司分别与日本本田技研工业株式会社签署合资合同，成立广州本田汽车有限公司和东风本田发动机有限公司。

5月8日 市政府发出《关于实施广州21世纪议程的通知》。《广州21世纪议程》自1996年上半年开始，由市政府组织专家学者编制，于1997年下半年编制完成。主要包括广州可持续发展总体战略、广州可持续发展战略的实施保障、人口与可持续发展、教育可持续发展、卫生与健康、工业可持续发展、农业与农村经济可持续发展、能源开发与可持续发展等内容。该通知要求，要将推进《广州21世纪议程》纳入国民经济和社会发展计划中，促进经济体制和经济增长方式的根本转变，实现可持续发展。

5月14日 广州市城乡接合部的35个镇（街）启动“告别贫穷、走向富裕，告别愚昧、走向文明”系列活动，该活动以“提倡崇尚科学，反对封建迷信；提倡诚实劳动，反对好逸恶劳；提倡文明生活，反对赌博吸毒；提倡移风易俗，反对乱埋乱葬；提倡晚婚晚育，反对抢生超生”为主要内容，提出用3年时间实现思想道德风尚、社会治安秩序、村镇（街）环境面貌和基层组织建设全面进步。

5月22日 首届广州市国有中小型企业产权转让介绍会及项目洽谈会在香港会展中心举行，来自中国香港和国外的300多位企业家到会了解情况和参与洽谈。

5月23日 省委书记李长春参加省八次党代会广州代表团讨论时强调，广州要在发展高新技术产业、带动全省城乡发展方面发挥龙头作用，在未来五年中将科技体制改革与经济体制改革结合起来、科研与产业发展结合起来，使产业部门成为科技开发的主体，希望广州在若干产业部门占领高新技术市场制高点，走出科技与经济结合的新路子。

5月29日 广州市第三次个体、私营经济工作会议召开，市委书记黄华华在会上提出，当前可以通过全部购买、部分购买、注资参股和租赁托管等多种形式积极鼓励、引导个体、私营经济参与国有经济布局的战略性调整。

5月 西洲水厂往东供水工程竣工。输水管道东起增城新塘西洲乡的西洲水厂，西至天河区石牌五山，全长32.2公里，1996年8月动工兴建，投资3亿元，是广州市自来水建设史上最大的管网工程，为新塘开发区、南岗云浦开发区、广州经济技术开发区、珠江钢厂的建设和发展提供用水保证。

6月3日 广州广汽集团有限公司正式成立，其前身为广州市出租汽车公司，是广州市出租汽车行业首家由集体资产和员工注资成立的股份有限责任公司，以出租汽车为主，兼营汽车、摩托车维修及配件销售、旅游、驾驶员培训等业务。

6月12日 广州市举行把广州汽车工业建设成为支柱产业动员大会，提出按“一个中心、两地流通、四大基地”的格局规划发展广州汽车工业，即以广州汽车研究开发中心为基础，利用广州安迅投资有限公司和香港骏威投资有限公司的融资、投资功能，建成以广州本田汽车有限公司为中心的轿车生产基地、广州现有3个客车厂为基础的客车基地、羊城汽车厂为基础的轻型车基地以及骏达集团为基础的汽车零部件基地，把汽车工业建设成为广州国民经济支柱产业。

6月15日 广州市中级人民法院发出公告，公布首批欠人债务、有履行能力而长期不履行法院生效判决的112家单位和16名个人的名单，欠债数额达5.65亿元，责令限期偿还债务，这种做法在广州市属首次。

6月15日至22日 市政协九届一次会议召开，市政协主席邬梦兆代表政协广州第八届常务委员会向大会作工作报告，听取市八届政协提案委员会向大会提交的《关于五年提案工作情况的报告》。会议通过市政协九届一次会议决议、市政协九届一次会议提案审查委员会关于提案审查情况的报告，选举产生政协广州市第九届常务委员会，陈开枝当选为市政协主席。

6月17日至26日 市十一届人大一次会议召开，市长林树森作政府工作报告。会议审议通过《关于广州市人民政府工作报告的决议》《关于广州市1997年国民经济和社会发展计划执行情况与1998年计划草案的决议》《关于广州市和市本级1997年预算执行情况和1998年预算的决议》《关于广州市人民代表大会常务委员会工作报告的决议》和《关于广州市中级人民法院工作报告的决议以及关于广州市人民检察院工作报告的决议》。会议选举曾庆申为广州市第十一届人大常委会主任，林树森任广州市市长。

6月23日 广州市首次举行国有土地使用权拍卖会。市国土局推出位于海珠区工业大道南及白云区机场路西侧的5块商品住宅用地，其中有3块以高于起拍价成交，涉及面积7.24万平方米，成交金额为2.635亿元，土地使用权出让年限为 70 年。另两块因无人应价而被收回。

6 月 25 日 广州金鹏集团有限公司、金鹏电子信息机器有限公司与摩托罗拉（中国）电子有限公司在广州签约成立移动通信系统合作企业的框架协议。总投资达 1200 万美元，其中，摩托罗拉公司投入 300 万美元，金鹏集团投入 200 万美元，金鹏电子信息机器有限公司以现有移动通信方面的技术和人员投入，作价 700 万美元入股。中方公司以完全知识产权与外方合作，在广州属首次。

6 月 30 日 广州本田汽车有限公司成立，投资总额为 27473 万美元，注册资本 13994 万美元，由广州汽车集团公司和日本本田技研株式会社各出资 50%。以此为契机，广州汽车工业将按照“一个中心（以与华南理工大学合作的广州汽车技术中心为基础，逐步发展成为具整车开发能力的汽车研究开发中心）、两地沟通（充分利用广州安迅投资有限公司和香港骏威投资有限公司的融资、投资功能，为汽车工业发展多渠道筹措资金）、四大基地（轿车基地、客车基地、轻型车基地、零部件基地）”的格局进行规划和发展，把汽车工业作为广州市国民经济支柱产业的奋斗目标。

7 月 1 日 市委、市政府公布关于表彰广州市哲学社会科学优秀人才和优秀成果的决定，授予李权时、麦英豪“广州市优秀哲学社会科学家”称号，授予李明华等 7 人“广州市优秀中青年哲学社会科学工作者”称号，同时评选出优秀成果奖 29 项。

7 月 3 日至 6 日 市科技兴市办、市科委等单位联合主办“高新技术在广州”大型系列活动，该活动包括“高新技术主要领域及产业基本知识博览”“全国‘火炬计划’十年成就展广州展团预展”“让高新技术走入您的家庭咨询活动”等 12 项活动。

7 月 8 日 全市国有企业下岗职工基本生活保障和再就业工作会议召开，市长林树森在会上宣布，广州将用 2 年至 3 年时间重点解决国有企业下岗职工的基本生活保障和再就业问题；每年力争使 50% 的下岗职工、6% 的失业人员再就业，全市失业率控制在 3% 以内；力争用 3 年至 4 年时间建立起适应社会主义市场经济体制要求的社会保障体系和新的就业机制。

7 月 15 日 市委、市政府召开 1998 年广州市科技奖励大会，授予李兴儒等

4 人 1998 年“广州市科学技术突出贡献金鼎奖”，授予李权时、麦英豪“广州市优秀哲学社会科学家”称号，授予李明华等 7 人“广州市优秀中青年哲学社会科学工作者”称号。会议通报表彰在创建全国科技工作先进县（区、市）工作中作出突出贡献的黄水记等 10 人及花都市科技局等 5 个单位，并给姚佑贤等 30 人颁发 1998 年广州市科技进步专项奖。这是广州首次以市委、市政府的名义对社会科学界进行奖励。

7 月 28 日　市委、市政府印发《关于进一步促进个体、私营经济发展的补充规定》，贯彻落实党的十五大提出的“非公有制经济是我国社会主义市场经济的重要组成部分”的精神，支持个体工商户和私营企业参与国有中小型企业改革，鼓励私营企业参与高新技术产业开发等多种经营，进一步规范和便利审批流程和手续，通过多种手段继续引导、鼓励、支持、促进个体、私营经济实现快速发展。

△**是日**　广州地铁二号线在海珠广场正式动工兴建。广州地铁二号线线路呈南北走向，南起琶洲，西至江南西路后向北穿越珠江，在公园前与地铁一号线交会，向北经过广州火车站、三元里，至终点江夏，全长 23.265 公里；共设 20 个车站，工程投资估算约为 106 亿元，设备将以国产设备为主，国产化率达 70%。

7 月 31 日　省委、省政府召开广州市城市建设现场办公会议，省委书记李长春发表讲话，会议由省长卢瑞华主持，省市相关领导出席。与会同志实地考察珠江新城、华南快速干线、广州地铁等市政建设重点项目和设施，听取市委书记黄华华、市长林树森关于广州城市建设规划和建设管理情况的汇报。会议认为，加快广州城市建设，完善其城市功能，发挥其在全省乃至中国南方广大地区的辐射力和吸引力，对于推动区域两个文明建设，对全省在 21 世纪初基本实现现代化，具有重大意义。基本步骤为：力争经过一年左右的努力实现“小变”，即明显改变脏、乱、差现象；经过 3 年努力实现“中变”，即通过抓好省市投资以交通为主的基础设施，使城市面貌有较大改观；到 2010 年实现“大变”，城市面貌发生根本性变化。

8 月 7 日　广州市创建文明城市暨迎国检动员大会召开，市委书记黄华华在会上指出，广州市要将“整治脏乱差现象，争取明年一小变；加强城市基础设施建设，争取三年一中变；到 2010 年在全省基本实现现代化时一大变”作为创建文明城市的三个阶段性目标。

8月18日 广州市中心区交通项目——内环路土建工程第一期国际竞争性招标举行开标仪式，这标志着广州市中心区交通项目正式全面启动。该项目计划总投资87亿元人民币，其中内环路投资63亿元。内环路工程全长26.7公里，沿线共设有12座立交、11对交通匝道和3座过江大桥。

△**是日** 广州云香酒楼正式转为股份合作制企业，这是广州市首家实行转制的百年老字号国有饮食企业。转制后，原有350名员工全部留下来成为股东，200万元股本金全部由职工持有，按照职位的高低分成6个等级持股，实行风险、利润共担。

8月25日 市委、市政府召开广州市经济工作会议，提出：广州市下半年要努力促进工业经济增长，加大下岗职工再就业的工作力度，加快结构调整，提高工业经济效益；继续扩大投资需求，加大启动经济增长的投资力度，集中资金确保重点项目按计划实施，高起点规划建设一批跨世纪标志性文化体育设施；鼓励消费，搞旺流通，积极开拓省外市场，引导企业开拓农村市场；努力扩大出口需求，增强利用外资后劲，放宽引进外资的领域，逐步对外资企业实行国民待遇，各项税外收费实现与国内企业一视同仁；培育新的经济增长点，大力发展高新技术产业，推动普通住宅建设，促进个体、私营经济发展；积极防范和化解金融风险，保证经济安全运行。

8月27日 广州市农业标准化监测中心正式成立，广州市农业生产进入市场规范、管理综合、标准明确、扶优治劣的新阶段，该中心设立两个蔬菜产品质量检测站，是广东省首个农业标准化监测网络。

9月3日 广州华南快速干线第一期工程黄埔立交至番禺大桥主线建成试通车。该干线全程约33公里，首期通车15.6公里，双向8车道，是目前广州市城市道路设计标准和投资成本最高的快速干线。

△**是日** 番禺大桥通车。该桥于1994年12月动工兴建，1998年7月建成，全长4875米，主桥3467米，主跨380米，双向8车道，主梁宽度为37.7米，主航道通航净高34米，塔高143米，为双塔双索面预应力混凝土斜拉桥。

9月10日 市委、市政府举行广州市庆祝1998年教师节暨表彰大会。市政府授予广雅中学等5所学校“广州市教育工作优秀单位”称号，授予赵春晨等17人“广州市模范教师、教育工作者”称号，市教育基金会向受表彰的教师每人颁发奖金2万元。广州医学院临床医学二系等50个学校（集体）荣获市教委的表彰奖励。

9月15日至16日 市委召开中心组学习会，紧紧围绕党的十五大主题，学习邓小平理论和江泽民总书记的重要讲话，联系实际研究当前广州市改革发展的重大问题。市委书记黄华华、市长林树森等市领导集中围绕科学认识和把握广州市“增创新优势，更上一层楼”的总体思路和战略对策等13个专题开展讨论，并认为要抓紧分阶段推进增创广州发展新优势调研成果的转化应用。

9月22日 广州第三电器厂股份合作企业挂牌成立，这是广州市实行股份合作制改组的首家集体所有制企业。该企业转制后，设置集体股，提取部分做职工红股，预留部分做集体积累，部分用于解决企业改制前退休职工的统筹费用和医疗费用的不足。

△**是日** 市委、市政府颁布《关于鼓励和吸引国内各地来穗投资办企业的若干规定》，对驻穗机构人员有关户口、子女就读、劳动、人事管理、外地工程施工企业在穗开展业务、外地企业缴纳工商管理费等问题作出原则规定。

9月25日 市政府与广州珠江实业集团有限公司举行新广州体育馆建设经营管理项目的签约仪式。新广州体育馆及其配套设施位于新广从公路白云苗圃地段，总投资约13亿元，其中政府投资约7亿元，企业投资约6亿元。该体育馆建成后形成的资产，属于体育竞赛场所的产权归属市政府，属于商业服务场所的产权归属经营投资单位。这种由政府与企业联合投资、由企业经营管理大型体育馆设施的模式在国内为首创。

10月13日 经中国人民银行批准，中国建设银行成为国内首家开办汽车消费贷款业务的国有银行，北京、上海、广州是该贷款业务的试点。是日起，中国建设银行广州市分行开始受理个人及企事业单位的汽车消费贷款申请。

10月19日 广州纺织品进出口集团暨广州纺织品进出口集团有限公司成立。该公司是由广州纺织品进出口公司改组建成，是广州市第二家跨行业、跨地区、跨国的综合商社式外贸企业集团。

10月25日 中共中央政治局常委、国务院总理朱镕基出席国务院在广州召开的8省（区）打击走私和骗汇工作座谈会并作重要讲话。朱镕基强调，要进一步加大打击走私工作力度，加快建立缉私新体制步伐，加强缉私队伍政治思想工作和缉私装备现代化建设，把反走私斗争纳入规范化、法治化轨道，坚定不移，常备不懈，深入持久地严厉打击走私犯罪；继续搞好外汇大检查，彻底查清和严惩骗汇、逃汇、套汇犯罪行为，维护社会主义市场经济秩序和国家经济安全，保障改革开放和经济建设健康发展。

10月29日至30日 市委召开工作会议，深入贯彻党的十五大和十五届三中全会精神，进一步贯彻省第八次党代会和省委工作会议的部署，市委书记黄华华作《增创广州发展新优势，建设现代化中心城市》的报告，市长林树森对全市“增创广州发展新优势”的调研活动进行总结。会议审议通过市委、市政府贯彻省委、省政府《关于依靠科技进步推动产业结构优化升级的决定》的实施意见。会议提出，要立足于“一个基地”（工业基地）、“八个中心”（交通中心、商贸中心、金融中心、科技中心、信息中心、教育中心、文化中心、旅游中心）的现代化中心城市功能定位，推进经济体制改革和经济增长方式两个根本性转变，全面实施“外向带动”“科教兴市”“可持续发展”三大战略。

10月 市委正式启动“一年一小变”工程，并将其列为全市1999年现代化中心城市建设的“龙头工程”和为人民服务的“民心工程”。为此，广州市建立严密的层级领导责任制：市委、市政府与各区、市直有关部门共31个单位签订《广州城区整治脏乱、实现城市环境“一年一小变”目标》责任书，各区、市直职能部门又将目标分解到基层。

11月1日 由市净菜上市领导小组办公室、市蔬菜领导小组办公室、市技术监督局、市卫生局、市农牧渔业局提出、制定，市技术监督局发布的《广州市蔬菜的标准化要求》施行，该标准规定上市蔬菜的分类、要求，以及试验方法、检验规则等，是全国首项蔬菜标准化要求。

11月6日 广州市慈善会和广州日报报业集团发起“一帮一爱心助学”活动，首批公布的20位贫困学生于次日上午全部被市民认助。每位贫困学生每年接受的捐助额为500元。

11 月 8 日　广州远洋船舶修理厂有限公司投资 2.2 亿元建造的 8 万吨级浮船坞“翠华山”号正式投产，填补珠江水域 5 万至 8 万吨级浮船坞空白。这是华南地区最大的浮船坞，总长 238.56 米，外宽 48.6 米，内宽 39.6 米，最大举力 2.2 万吨，装备有全国最大的起重能力达 30 吨的坞吊。

11 月 11 日　广州地铁一号线票价听证会在广州地铁公司礼堂举行，包括政府部门、市民群众的 27 名代表对地铁总公司提交的两个方案进行讨论，这是广州市在《中华人民共和国价格法》实施后的首次价格决策听证会。

11 月 17 日至 18 日　市政协九届二次会议召开，市委书记黄华华作题为《认真贯彻十五届三中全会精神，增创广州发展新优势》的报告，常务副市长伍亮作《广州市进一步扩大对外开放，提高利用外资水平》的情况通报。

11 月 18 日　市名城办举办的“识名城，爱广州，创建中国优秀旅游城市”活动评出 8 处“我最喜爱的广州现代建筑”，分别是白天鹅宾馆、天河体育中心、花园酒店、中信广场、世界贸易中心大厦、广东国际大酒店、星海音乐厅和市长大厦。

△**是日**　荔湾区文昌街和海珠区南华西街被国家体育总局命名为首批“全国城市体育先进社区”，以表彰两个街道在完善社区体育组织、推动社区体育活动开展、满足社区居民体育健身需求等方面所取得的成绩。

11 月 24 日至 25 日　广州市举行广州经济技术开发区科技发展思路研讨会，提出建立广州“硅谷”的规划方案。根据规划，广州“硅谷”以广州科学城为基地，西邻天河五山高等院校和科研机构，北以白云山保护区为界，南接世界大观、航天奇观和广州奥林匹克中心，东与广州开发区东区相望，并由周边各开发区配套组团而成。“硅谷”的功能定位是以发展科技成果的孵化、中试和产业化为主，配套发展包括科技成果的展示、交易、推广以及信息咨询和金融服务在内的第三产业，建成具有高质量的城市居住环境和投资环境的产、学、研、商、住一体化国际性多功能新区。

11 月 28 日　霍英东奖金（中国地区）首届颁奖典礼在广州南沙经济技术开发区高尔夫球会举行，该奖项旨在奖励对中国地区的文化及社会发展有杰出成就和贡献的人士。著名社会学家费孝通和台湾著名物理学家吴大猷获杰出奖，中国科学院院士林兰英、中山大学校长黄焕秋、台湾新竹科学园区创立者徐贤修、台湾著名木雕艺术家朱铭、著名粤剧艺术家红线女获成就奖，上海博物馆建筑和设计者邢同和、香港首家网络服务公司创办者沈运申获贡献奖。

11月30日至12月1日 市委召开七届五次（扩大）会议，市委书记黄华华代表市委常委向全会作报告，市长林树森作总结讲话。会议审议并通过了市委的工作报告和《中共广州市委贯彻〈中共广东省委关于加强各级领导班子思想政治建设的决定〉的意见》的决议，并就新形势下开创广州农业和农村工作新局面做出部署，并决定先行扶持广州市花卉博览园、广州市畜牧水产总公司、花都市南方蔬菜公司、江村家禽企业发展有限公司、增城泰稷发展有限公司、从化华隆果菜保鲜有限公司等14家龙头企业。

12月6日 第十三届亚洲运动会在泰国曼谷开幕，广州选手在亚运会上创佳绩，刘秀华以83.5公斤成绩打破女子48公斤级的抓举世界纪录，并以187.5公斤总成绩夺得冠军，曾启亮以1分02秒32的成绩获男子100米蛙泳冠军，董兆致和队友获男子花剑团体冠军以及重剑团体季军。

12月上旬 番禺珠江钢管有限公司建成国内首条大口径直缝埋弧焊管生产线并投入生产，填补国内不能自产此类钢管的空白。

12月16日 广州市迎接澳门回归倒计时牌在天河体育中心正南门广场揭幕。由广东省委宣传部、广州市委宣传部和新华社澳门分社联合主办的“澳门历史与发展”图片展在广东美术馆开幕，由市政府新闻办公室、广州电视台等联合摄制的30集大型电视系列片《今日澳门人》首播。

12月18日 市委举行座谈会，隆重纪念党的十一届三中全会召开20周年，市领导黄华华、林树森、曾庆申、陈开枝、石安海、李善培、朱小丹，广州警备区政委黄德华，改革开放以来曾任广州市主要领导梁灵光、朱森林、高祀仁、焦林义、张汉青、杨资元、黎子流等共240人出席会议。市委书记黄华华指出，改革开放20年来，城市综合实力从1980年居十大城市的第六位跃居为仅次于上海和北京的第三位，人民生活水平不断提高，精神文明建设硕果累累，社会各项事业取得长足发展，广州改革开放和现代化建设每前进一步，都是靠邓小平理论的指引，所取得的一切成就都是坚持和实践邓小平理论的结果。这是我们必须牢牢记取的最重要的基本经验。

12 月 22 日　“羊城之光——改革开放 20 年广州城市建设 10 大项目”评选揭晓，分别为：天河体育中心、地铁一号线、白天鹅宾馆、珠江隧道、中信广场、星海音乐厅、广州购书中心、世界贸易中心大厦、大坦沙污水处理厂、西汉南越王墓博物馆。

12 月 23 日　市委、市政府颁布《关于深化城市管理体制改革的决定》，这次改革是对 1994 年城市管理体制改革的深化，目标是完善“两级政府、三级管理、四级网络”的城市管理新体制，形成“统一领导，分级负责，以块为主，条条保证，社会监督，依法治城”的格局，建立行政、经济、法律手段并举的运作机制和监督机制。

12 月 28 日　广州地铁一号线全线建成。地铁一号线是当时广州最大的市政建设工程，投资规模达 127.15 亿元，全线长 18.48 公里，共设 16 个车站和一个车辆段、一个控制中心及两座主变电站，是经国家批准建设的广州最大市政工程。首段西朗至黄沙 5 个站于 1997 年 6 月 28 日建成并进入试运营阶段，二期 11 个站相继完工。1999 年 6 月 28 日，广州地铁一号线开通典礼举行，全线投入商业运营。

△是日　广州高新技术产业开发区管委会挂牌成立，广州经济技术开发区与广州高新技术产业开发区合署办公，实行一套管理机构、两块牌子的管理体制，政策互通、资源共享。

1998 年　广州全市完成国内生产总值 1841.61 亿元，比上年增长 13.1%，人均国内生产总值达 2.75 万元，增长 11.6%。三次产业结构变化更趋合理，三次产业占国内生产总值的比重调整为 4.83%、44.87% 和 50.30%。

1999年

1月5日 广州轻工业品进出口（集团）公司的“虎头”牌电池商标被国家工商行政管理局商标局认定为中国驰名商标。这是全国电池行业也是广州市第一个中国驰名商标。

1月8日 广州市建设工作会议召开。会议指出，1999年是既要实现城市面貌“一年一小变”，也是实现“三年一中变”目标的关键一年。全年广州市城市建设的投资金额达171.1亿元，共续建和新建34个项目，是广州历史上城市建设投资规模和投资强度最大的一年。

1月12日 广州市青年职业介绍所挂牌。这是广州市首个提供青年职工再就业培训的机构。由共青团广州市委、市劳动局主办的广州市下岗青年辅导服务热线同日开通。

1月13日 市政府召开解决计算机2000年问题（即计算机系统中由于年份取后两位表示，2000年时变为1900年的问题）工作会议，提出解决问题的措施：成立专家组对存在问题提供技术支援与服务；组织编写《广州市计算机2000年问题评测方法》；成立咨询认证中心，开展技术咨询与指导等。2000年0时50分，市政府宣布广州市顺利解决计算机2000年问题。

1月中旬 广州市降低一般私有房产交易税费，对房改房上市给予税费优惠。个人出售私有房产的地税部分采用综合征收率合并征收，有增值的，其土地增值税从3%调低到1.5%，同时征收应征但未征的税项，包括营业税、个人所得税、城市建设税和教育费附加，合计5%；无增值的，免征土地增值税和个人所得税。

1月下旬　《广州市城市道路主骨架路网方案》通过初审。根据此方案，广州城市道路主骨架路网基本形态是：以内环快速路为核心，三级环路（内环快速路、环城调整路、华南快速路与北二环两个半环路）为基础，由 25 条高速路、快速路相联系向外放射，45 条区域性主干道组成方格网状，加环形放射主骨架路网体系。

1月　于 1998 年 8 月动工的内环路拆迁基本完成。内环路拆迁总量为 12201 户（含工业企业、机团、公共设施和居民），总建筑面积为 68.9 万平方米，搬迁人数为 43477 人，成为广州市有史以来拆迁户数最多、拆迁面积最大、拆迁时间最短的拆迁项目。该拆迁项目创造广州城建拆迁史上 3 个“第一”：第一次由国际金融组织（世界银行）参与；第一次由国际机构指定独立监理；第一次采用计算机系统对拆迁项目进行管理。

△是月　广州市全面实行流动人员社会申办退休的办法，解除企业富余人员分流到社会或到非公有制企业重新就业的后顾之忧。至年末，全市已有 1720 名自 1989 年以来因劳动制度改革或企业改革分流到社会的流动就业人员或失业人员，达到退休条件，在社会办理退休手续，按规定享受退休养老待遇。自 1994 年以来因企业关闭、破产而失去依托的退休职工共 7528 名，已全部交由各级退休职工管理委员会实施社会化管理，确保职工退休养老待遇的落实。

2月3日　市政府公众信息网正式开通，并通过互联网向全世界开放，标志着广州市在全国各大城市中率先启动“政府上网”工程。该信息网是广州市委、市政府、市人大、市政协在国际互联网上的官方网站，由市信息中心联合各部门共同建设。

2月6日　市委、市政府印发《关于进一步扩大对外开放的若干意见》。该意见旨在改善投资环境，实施“外向带动”战略，共 21 条。

2月11日　新广州体育馆工程正式开工。该馆位于新广从公路旁（原白云苗圃地段），于 2001 年 7 月 11 日正式启用。工程总投资约 13 亿元，占地面积 24 万平方米，建筑用地面积 8 万平方米，从南向北主要由主场馆、训练馆和大众活动中心馆 3 个场馆组成。场馆均采用下沉式设计，2/3 的高度建在地下。

2月　广州蔬菜信息网开通。该信息网由市蔬菜领导小组办公室主办，开设蔬菜产销、蔬菜价格、蔬菜政策法规、蔬菜科技等12个栏目，在各区、县级市菜办、全市主要蔬菜批发市场和菜场设立信息网点，并指定专人负责。

3月1日 《广州历史文化名城保护条例》施行。该条例对广州历史文化名城保护的内容、原则、资金、工作机构、规划，历史文化保护区的划定、调整、管理，传统文化艺术的挖掘、整理、管理以及相关的行政和法律责任等作出规定。

△**是日** 广州白云国际机场（代表民航总局）与广州交通投资有限公司（代表市政府）签署《广州白云国际机场有限责任公司章程》和《投资组建广州白云国际机场有限责任公司合同书》。新成立的广州白云机场有限责任公司由民航总局和市政府联合注资，前者占股51%，后者占股49%。机场建设由中央和地方合营在国内属首次。

3月3日 市政府转发市人大常委会《关于审议市政府办理落实下岗职工基本生活保障和落实“二八一工程”推动本市职业教育发展等两个议案实施方案的决议》。根据方案，落实下岗职工基本生活保障的目标是：从1998年8月起，全市国有、市属集体企业的下岗职工按国家规定不低于当地最低失业救济水平，每月340元生活费。“二八一工程”目标是：从1998年起至2005年，通过调整和建设，使全市中等职业学校全面达标，力争在普通中专、职业高中、技工学校中建成2所国家级和8所省（部）级重点学校，重点建设好1所起示范作用的高等职业技术学院。

3月8日 市政府新闻发布会宣布，到1998年底止，全市累计登记失业人员为150546人。1999年，市财政准备8000万元资金，用于确保国有企业和市属集体企业下岗职工基本生活保障和离退休职工退休金按时足额发放；劳动部门为下岗失业人员免费提供1次职业指导，3次职业介绍和1次转业训练；力争城镇登记失业率控制在3%以内，失业人员就业率达60%，下岗分流安置率达50%。

3月20日 广州市开展首个“告别脏乱、创建文明”全民行动日。全市共5.21万余人参加清理脏乱点、清运余泥垃圾、拆除违章户外广告及乱张贴、取缔占道经营及无证经营摊点等活动。该活动从3月至9月共组织9次，是实现“一年一小变”目标的重要举措。

3月30日 广州市个体户和私营企业争创“光彩之星”总结表彰会召开，

102 名个体户和 30 家私营企业被评为广州市首批“光彩之星”。该项活动于 1997 年 10 月开始，活动内容包括爱心工程、信誉工程、形象工程、素质工程、发展工程。

3 月 广州市人民政府公众信息网开设市十一届人大二次会议和市政协九届二次会议“两会”专栏网页，每天把“两会”的文件、简报、新闻照片上网，并开设人大会议信箱、政协会议信箱，听取社会各界意见。这是广州市“两会”首次通过互联网向社会发布会议信息。

4 月 1 日 广州市建设投资发展有限公司与私营企业广东安成路桥投资有限公司（简称“安成公司”）正式签订《合作经营广州广园东城市快速路合同》。广园东快速路总投资 30 亿元，安成公司投资 9.6 亿元参与该项目建设。这是广东私营企业首次参与城市大型基础设施建设。

4 月 7 日 市政府颁布《关于广州市建立统一的企业职工基本养老保险制度实施意见的通知》，规定养老保险费实行社会统筹与个人账户相结合的原则，由国家、单位、个人三方合理负担；从 1998 年 7 月 1 日起，全市统一按职工缴费工资的 11% 为其建立个人账户，职工个人的全部缴费记入个人账户，其余部分从单位缴费中划入。

4 月 14 日 天河区农村体制改革试点单位——沙东村通过村民投票表决的方式撤销村委会，组建企业集团。这种方式在广州历史上属首次。20 日，天河区召开农村体制改革动员大会，全面铺开农村体制改革工作。村民通过村民会议自愿投票，决定本村是否撤销村委会，建立居委会，组建集团公司或总公司，村民由农民转为股东。

4 月中旬 广州市村委换届选举试点工作结束。全市 14 个试点村有 13 个村采用直选方式选出新一届村民委员会。1999 年广州市共有 1292 个村委会采取由全体选民直接投票选举的方式进行换届选举。这种民主直选方式在广州历史上属首次。

4 月 30 日 广州市首批“无公害净菜销售点”挂牌。首批净菜销售点共有 61 个，分布于全市 8 个区各肉菜市场。

4 月 黄埔区在广州市率先实行财务总监委派制度，即区国有资产管理委员会向集团公司和资产经营公司委派一级财务总监，集团公司和资产经营公司向属下二级企业委派二级财务总监，对国有企业的财务，会计活动进行事前、事中、事后监督和管理。财务总监实行定期轮岗，每一岗位的任职时间不超过两年。

5月8日 市委召开常委会议，学习中国政府抗议北约导弹袭击中国驻南斯拉夫大使馆的声明，部署有关工作。9日，市委办公厅和市政府办公厅联合转发省委办公厅、省政府办公厅《转发〈省公安厅关于加强对游行示威安全保卫工作的报告〉》。8日至10日，广州地区10余万高校学生、数千名产业工人及各界群众经公安部门批准，上街游行并到美国驻广州总领事馆门前示威，强烈抗议以美国为首的北约轰炸中国驻南斯拉夫大使馆的野蛮行径。广州市五套班子召开学习会，各民主党派、工商联及省市各界也通过召开声讨大会，发抗议信、抗议书、抗议电等形式，强烈谴责北约暴行。

5月10日 市政府印发《关于建设10个现代化农业示范区和首批重点培育14个农业产业化龙头企业的通知》，决定从1999年起，建设番禺优质高产水稻示范区，增城优质高产水稻示范区，花都无公害蔬菜生产示范区，从化优质蔬菜生产科研示范区，花都南方花卉生产贸易示范区，广州水果世界科研推广示范区，从化、增城优质水果生产示范区，广州奶业生产示范区，广州广南生猪生产示范区，白云生态公益林示范区10个现代化农业示范区，以及广州花卉博览园、广州市畜牧总公司等14个农业产业化龙头企业。

5月16日 市委宣传部、市劳动局、市总工会、团市委、市妇联、市残联等单位联合表彰广州市首届“十大杰出残疾员工”，包括工程师、教师、医生、高级技工、企业管理者等众多层次。

5月18日 南方航空公司飞行运行控制中心（SOC系统）在广州正式启动运行。这是国内首个航空飞行控制中心，由南航与美国SABRE公司合作于1997年7月开始兴建，总投资达1.3亿多元，是民航“九五”发展重点建设项目之一。

△**是日** 广州民航职业技术学院正式挂牌成立。这是国内首家民航职业技术学院，由广州民航中专改建而成，面向全国（含香港、澳门）招生。2000年6月28日，经教育部批准，该学院成为首批进行示范性职业技术学院建设的15所高校之一。

5月21日 广州市市政管理事权下放交接仪式在市政园林局举行，原市管的580条道路中的553条下放到各区管理，市管道路仅保留27条，部分道路的审批权与市政设施同时下放，并从6月1日起正式按市、区分工实施市政设施管理。

5月22日 广州市少先队第八届理事会常务理事竞选在市少年宫举行。从全市2000多名报名参选的少先队员中筛选出25名少先队员参加竞选。这是全国首次进行少先队理事会竞选。

6月1日 市规划局向全市八区全面推行城市规划管理体制改革。城市规划发展区以外地区的建设用地，由区分局核发建设用地规划许可证；新建、扩建、改建、续建、临建与原状维修工程一般由区分局审批；违法建设查处由区分局负责定性处理。

6月5日 广州市举行“社会各界纪念‘6·5’世界环境日暨‘爱我广州’百万市民绿色大行动”活动，全市400多万名市民参与活动。是日，市长林树森在《广州日报》发表致全市人民的公开信《齐心协力搞好环境保护》。

6月8日 是日起，广州市人事信息网公众网开通。该网站包括“人事人才政策”“工作动态”“最新政策法规”“人事政务公开”“业务办理程序”等栏目，并在网上办理对外业务，标志着广州市“电子政府”开始办公。

6月10日 市政府颁布的《关于加强流动人员管理的通告》是日起施行。该通告对流动人员办理暂住登记和申领“广州市暂住证”及其管理作出规定，对流浪乞讨、露宿街头或无正常住所、又无正当生活来源的流动人员，予以收容遣送。这是广州市首次颁布关于流动人口管理的地方性政府规章。

6月25日 市劳动局举办首届广州随军家属安置供需见面会，近200家用人单位和600多名随军家属进行面对面选择，100多名随军家属找到合适工作。这是广州市首次引入市场就业机制，解决随军干部家属安置问题。

6月28日 广州地铁一号线全线正式开通运营。该地铁线路全长18.48公里，西起西塱，东至广州东站，设16个车站，于1993年12月28日动工兴建，1998年12月28日全线建成，自动售检票系统、自动出入闸机等，都是国内首次使用。是日，首家与地铁连接的地下商场——流行前线名店城在陵园西路开业。

6月30日 由市环卫科学研究所和中山大学环境科学研究所编写的《广州市

环境卫生总体规划》通过国家有关专家终审鉴定。该项目于1997年3月立项，1998年底完成编撰工作，1999年上半年修改完成最终报告、规划文本、规划图集以及环境卫生管理信息系统研制工作，2000年获广东省科技进步三等奖。

6月 广州市侨商会成立，是全国成立最早的侨商组织。它主要是以归侨侨眷、侨属企业和部分享受华侨投资优惠政策的企业为主体，承担对侨界企业的指导和监督工作。其时，广州有侨属企业4793家，年销售值46.54亿元，上缴国家利税9899万元，创汇近800万美元。早在1990年3月，市侨办即发起成立广州市华侨投资企业联谊会和侨属企业协会（市侨商会的前身），成为全国侨界最早成立华商组织的城市。

7月上旬 根据国家经贸委关于“厂网分开、竞价上网”的改革要求，广州市工业系统组织10家符合条件的市属发电企业，对5.45亿千瓦时上网电量进行竞价分配，投标结果共有8家企业中标入围。竞价上网的电量结算均价为每千瓦时0.366元，比正常上网结算价低20.26%。这是将电力生产引向市场经济的首次尝试。

7月15日 广州珠江钢铁有限责任公司试产点火，第一炉钢试炼成功，拉开中国首条薄板钢材连铸连轧生产线调试的帷幕。这标志着华南地区第一家钢板材生产企业正式诞生，结束华南地区薄钢板生产空白的历史。

7月26日至27日 市委、市政府召开全市深化国有企业改革工作会议。会上市长林树森总结广州国企改革情况，分析存在的主要问题和困难，对进一步深化国企改革工作作具体部署。会议讨论和审议《关于广州市加快国有企业改革和发展的若干意见（讨论稿）》。

7月30日 市商业工作会议决定，市国有商业企业改革按照政企分开和政府经济管理职能与国有资产所有者职能分开的原则进行，政府部门不再行使管理国有资产所有者的权力，不再直接管理企业；商委属下的粮食局、旅游局、海洋与水产局担负的行政、行业管理职能与经营管理和国资经营职能分离，3个专业主管局所属企业以资产为纽带，通过重组优化，分别组建企业集团公司，与主管局脱离行政隶属关系，市商委所办直属企业也与商委脱钩。

7月31日 广州市就业工作领导小组印发《广州市开展“一三一”就业服务

资助暂行办法》，决定从再就业专项基金中拿出1800万元用于“一三一”就业服务（即对市下岗职工和失业人员开展一次免费职业指导、三次免费职业介绍、一次免费职业培训）。

8月9日 广州市饮食服务企业集团有限公司正式挂牌成立。该公司在广州泮溪饮食服务（集团）公司（原广州市饮食服务公司）基础上改组成立，属下有20多家酒家，包括莲香楼、陶陶居、太平馆等5家“百年老字号”，泮溪、北园等8家“中华老字号”。

8月18日 市政府办公厅转发市科委《关于深化市属独立科研机构体制改革实施办法》。该办法提出：市属研究所实行所长负责制、所长任期目标责任制；推动大多数科研机构企业化；市属独立科研机构应自1999年1月1日起参加社会养老保险。

8月19日 由省委宣传部、市委宣传部和新华社澳门分社、澳门基本法协进会联合举办的“迎澳门回归宣传周”活动暨“今日澳门”系列展览在广州中国出口商品交易会展馆开幕，活动于23日结束。迎澳门回归宣传周活动包括：澳门摄影展，澳门回归历程图片展，澳门工业、对外贸易图片展，澳门形势与澳门基本法报告会与迎澳门回归宣传周文艺晚会等。

8月20日 广州贸易网正式开通。广州市商业系统的13个企业集团上网营销，市区内主要商业网点、商业步行街等上网展示。广州酒家、陶陶居、莲香楼、泮溪酒家等13家著名月饼制作商同日在该网上发布相关信息，实现国内月饼首次上网销售。

8月中旬 广州市牲畜屠宰管理体制改革领导小组召开会议，决定以海珠区为试点，对屠宰管理体制进行改革。把“放心肉”上市的组织实施和日常管理工作交给区一级，形成市一级进行决策和全面监控，区一级具体组织实施，街、镇、村配合的管理格局；对市肉联厂进行股份制改造。

8月27日 市政府召开新闻发布会，宣布5年内广州市软件业发展目标是：使软件产业以35%左右的年均速度增长，产值达到120亿元；推出50个国内市场占有率进入前3名，覆盖国民经济各主要行业的名牌精品软件；培育10家软件产值超亿元的软件企业。近期目标是相继建成广东软件科学园、南沙资讯科技园和天河软件园。

8月31日 广州召开市软件工作会议。市长林树森指出，加快软件产业是广州产业结构优化升级的必然选择。加快发展软件产业，首先必须解决好定位和发展战略问题：总体规划应以应用领域为主，逐步进入基础研究；总体规划以渗透拉动战略、群众战略、出口加工战略为主。

△**是日** 广州天河软件园、广州软件工程项目招标服务中心和广州软件展示交易中心同时挂牌。广州天河软件园依托天河科技园已有的产业基础，由市政府批准成立。该软件园拥有160家企业，占全市的80%；其中30家被省科委确定为主要软件企业（全省共53家），4家通过ISO 9000认证（全市仅此4家）。1998年全园软件企业技工贸总收入28亿元，其中软件销售收入11.2亿元，约占全国的10%，仅次于北京软件基地，居全国第二位。12月，科技部批准广州天河软件园为国家首批十大重点软件产业基地之一。

9月9日 广州大道南改造工程全面完工。该工程南起南洲路口，北至客村立交南引道，全长3.48公里，含7座大小桥梁。改造工程于1998年10月底动工，路面由原60米宽扩至80米宽，中间设6米宽分车绿化带，道路两旁各设14米宽绿化带，机动车道宽36米，为双向10车道，人行道各宽5米，工程投资1.1亿元。竣工后的广州大道南成为广州市路面、绿化带最宽的标志性道路。

9月24日 省委、省政府召开检查验收广州"一年一小变"现场办公会，实地考察"一年一小变"工作任务的完成情况，总结前段工作，明确实现"三年一中变"工作方向。与会人员前往广州市所辖8个区，实地考察一批市政建设重点工程项目和街道，听取广州市主要负责人关于广州市"一年一小变"工作情况及下一步工作设想的汇报，讨论进一步巩固"一年一小变"成果、实现"三年一中变"必须重视解决的有关问题。

9月27日 是日为"世界旅游日"，由市委宣传部、市旅游局组织实施，广州地区35家旅行社共同参与的"百万市民看广州"活动首发仪式在市政府门前广场举行。该活动是广州市庆祝中华人民共和国成立50周年的重大活动之一，以旅游观光的形式组织市民参观广州"一年一小变"成果和城市建设成就。活动推出的线路有"一年一小变"景观一日（夜）游、"喜庆成就"一日游、"碧水蓝天"

一日游等 17 条。

9 月 28 日 市委、市政府举行城市管理综合执法实施动员大会，宣布广州市城市管理综合执法机制正式建立，城市管理综合执法试点正式实施。即日起，广州市城市建设管理监察支队更名为广州市城市管理综合执法支队，广州市城市建设管理监察局更名为广州市城市管理综合执法局。今后市支队和区大队将作为市和区人民政府的城市管理综合执法主体，集中行使行政处罚权，主要在环境卫生、城市规划、城市绿化、环境保护、工商管理、公安交通、市政设施和法律、法规及省、市人民政府规定的其他职责等方面行使行政执法权。

△**是日** 整治景泰涌首期工程完工。该工程于 7 月 20 日动工，由市水利局和白云区政府共同组织实施，采用 20 年一遇的排涝标准，疏深主涌长 1147 米，改建跨涌桥涵 4 宗，改造跨涌管线 13 宗，兴建清污站 1 座，美化环境 2 万平方米，是广州市城市面貌“一年一小变”的重点工程。

10 月 7 日 市委召开市级“三讲”（讲学习、讲政治、讲正气）教育动员大会，动员和部署在广州市级领导班子和领导干部中深入开展“讲学习、讲政治、讲正气”为主要内容的党性党风教育。此次“三讲”教育总的目标要求是：推动县级以上领导班子和领导干部深入学习邓小平理论和党的十五大精神，提高政治素质，加强党性修养，端正思想作风，增强在改造客观世界的同时改造主观世界自觉性。次日，市人大、市政协、市纪委也分别召开“三讲”教育动员大会。

10 月 13 日 市委、市政府召开纪念广州解放 50 周年座谈会。市委书记黄华华作《为广州率先基本实现现代化努力奋斗》的讲话，当年参加解放广州的老首长代表、原中国人民解放军第四野战军第四十三军第一二八师政委宋维栻，历任市领导代表，广州市委原第一书记焦林义等也在座谈会上发言。

△**是日** 市政府召开扩大社会保险覆盖面动员大会，提出社会保险覆盖面从国有企业、集体企业和本市城镇户口的企业职工，扩大到非公有制企业、街镇集体企业、企业化管理的事业单位，机团单位和外地驻穗单位的工勤人员以及在广州地区工作的外来人员。

10 月 广州市政府采购中心正式成立并开始运行，内设招标部、采购部、审核部、信息部和办公室，负责组织市本级纳入集中采购目录的政府采购项目以及财政拨款的大型政府采购项目的招标采购，标志着广州市政府采购工作全面推行。年内完成电脑设备、汽车、复印机和空调机等项目的政府采购，中标总金额1516万元，节约资金120万元，节约率为7.3%。

11月1日至6日 由教育部主办、华南师范大学承办的1999年“珠江钢琴”全国高校音乐教育专业学生基本功比赛在广州举行。来自全国50所院校的130多位选手参加比赛。这是中华人民共和国成立后教育部举办的首次音乐教育专业基本功比赛。

11月4日 西塱污水处理项目《污水处理服务合同》签字仪式在广州大厦举行。该项目由广州市隧道开发公司和美国LEMNA公司合资建设，总投资9.8亿元，中方投资占33%，是国内首个采用融资方式建设的污水处理项目，于2001年8月动工兴建。

11月4日至5日 市委召开七届六次全会，学习贯彻党的十五届四中全会和省委八届四次会议精神，研究推进国有企业改革和发展问题。会议审议通过《中共广州市委关于国有企业改革和发展的若干意见》，并对当前工作进行部署。会议确定广州市国有企业改革和发展的目标和主要任务，并就加快广州市国有企业的改革和发展提出6个方面的意见。

11月中旬 天河区在全市率先完成区属企业的产权制度改革。全区156家区属企业，33家被撤销关闭，1家被出售，122家成为全员持股的股份（合作）制企业，近5000名员工全部成为企业股东。其中，除7家公司仍由区政府控股外，区公有资产全部从企业中撤出，企业领导不再由组织任命，而是按《中华人民共和国公司法》由股东大会选出。

11月23日 市委、市政府召开大会，对荣获全国精神文明建设“五个一工程”第七届“入选作品奖”的单位和个人进行表彰。

11月24日 广州市国有企业改革领导小组成立，由市委书记黄华华担任组长，市长林树森担任第一副组长，市委、市政府有关领导担任副组长，有关部门主要领导担任成员。下设办公室，从市委、市政府11个部门抽调30多名专职工作人员，集中办公，负责协调推进全市国企改革工作。

12月9日 广州市群众文化工作暨图书馆上等级工作表彰大会在广州图书馆

召开。会后，广州图书馆进行一级馆挂牌仪式。至此，广州市 14 个公共图书馆中被文化部命名为一级图书馆 7 个，二级图书馆 5 个，三级图书馆 2 个，达标率 100%。

12 月 13 日 美晨股份有限公司以 3000 万元收购广州市轻工研究所，成立广州市美晨科技开发中心。这是广州由股份制企业并购科研机构成立的首家科研开发中心。

12 月 20 日 广州地区各界庆祝澳门回归祖国大会在天河体育馆举行。省委书记李长春发表讲话，指出，澳门回归后，要积极寻求和发展两地新的优势互补关系，推进两地合作走向更高层次，要积极支持和促进两地民间组织的友好往来；加强两地在“扫黑除恶”、维护社会秩序方面的合作，严厉打击各种跨境犯罪和走私活动，为两地的繁荣和发展创造良好的社会环境。大会结束后，来自广东各地的文艺工作者表演大型文艺节目——《同奔五彩路》。

12 月 21 日至 22 日 市委召开七届七次全体（扩大）会议，总结市级“三讲”教育工作和通报整改情况，部署全市开展“三讲”教育工作。会议审议通过《关于市委常委的报告和〈中共广州市委关于在全市县级以上领导班子、领导干部中深入开展以“讲学习、讲政治、讲正气”为主要内容的党性党风教育的实施意见〉的决议》。全会充分肯定市级领导班子“三讲”教育取得的成绩，并总结其中的主要收获和体会。会议决定，2000 年上半年，在全市县级以上党政领导班子、领导干部中，分两批开展以“讲学习、讲政治、讲正气”为主要内容的党性党风教育。

12 月 23 日 由市政府出资 3 亿元成立的广州科技风险投资有限公司挂牌。该公司主要通过股权投资及融资担保等业务，向高新技术企业提供创业及发展所需的资本，培育其成长，其投资将向移动通信、软件、生物工程、中药现代化等高新技术领域倾斜。

12 月 25 日 广东软件科学园、国家“863”计划信息技术领域成果转化基地、广州火炬高新技术创业服务中心、广州擎天特种功能材料、广州宏大博迈信息工程和广州三生网络信息 6 个高科技项目在广州科学城签约。广州七喜电脑生产基地和广州智通软件产业园 2 个项目同时在广州科学城奠基。

1999 年　广州高校招生制度从 1999 年开始实施改革，普通高校实行“3+X”考试科目方案，即语文、数学、英语三科为必考科目，“X”指物理、化学、历史、地理、政治、生物为选考科目，打破数十年高考文理科考试科目全为固定的必考科目的模式，使考生能较充分发挥自己的特长和优势。

△**是年**　广州市全年实现国内生产总值 2056.74 亿元，比上年增长 13.18%，分别高于全国、全省平均水平 6.08 个和 3.78 个百分点，连续 3 年保持 13% 左右的经济增长率；人均国内生产总值 30265 元，增长 11.64%；三次产业的比重分别为 4.51%、45.67% 和 49.82%。

2000年

1月1日 是日起，广州市对8个区实行新的分税制财政管理体制，将市、区的财政收入按税收划分为市本级固定收入、市与区共享收入、区级固定收入、市调节收入、由市先集中再转移支付的收入以及按现隶属关系维持不变的收入；市和区共享收入分成比例以1998年为基期年，并以1998年各区共享收入实绩计算核定，实行一区一率。

△**是日** “万紫千红羊城千禧花车大巡游”在天河体育中心举行，标志着2000年“神州世纪游（广州）活动”正式开始，31辆花车参加巡游活动。“神州世纪游（广州）活动”还包括第四十七届国际饭店金钥匙组织年会、2000年广州国际旅游展销会、2000年广州国际美食节等活动。

1月5日至6日 广州市委计划工作会议召开。会议确定广州市2000年经济增长的宏观调控预期目标为13%，着力抓好几方面的工作：进一步扩大投资规模，着力调整投资结构；提高消费者信心，努力扩大消费需求；继续深化国企改革，加快国有经济战略性重组及加快产业结构调整，增加社会有效供给等。会议强调要全面实施《广州市城市建设管理“三年一中变”规划》。

1月8日 由中国科学院资源与信息系统国家重点实验室和广州城市信息研究所共同创办的“城市信息联合实验室”在广州挂牌成立。这是广州首家由国家实验室与民营企业合作兴建的研究机构，主要从事城市信息研究，探索用数码技术进行城市规划和管理。

1月25日至26日 广州市召开国有企业改革与脱困工作会议。会议提出是年国企改革与脱困总体目标和4项指标。总体目标是：实现中共中央提出的国有企业三年改革与发展目标，即大多数国有及国有控股大中型亏损企业摆脱困境；大多数国有大中型骨干企业初步建立现代企业制度。4项指标是：一、1997年全市122户亏损大中型国有及国有控股工业企业中的2/3实现扭亏或大幅度减亏；二、全市275户国有及国有控股大中型工业企业70%左右初步建立现代企业制度；三、全市757户国有及国有控股工业企业的亏损面争取降低至20%左右；四、全面放开中小企业，全市648户国有及国有控股中小工业企业转制率力争达85%。至是年底，4项指标基本实现。

1月26日 广州市召开农村工作会议，决定将农业区分为“内环、中环、外环”布局，使农业从城郊型向都市型转变。“内环”为休闲观光区，以花卉、水果等种植为主；“中环”为农业重要生产区，以粮食、荔枝、龙眼、蔬菜、畜牧、塘鱼生产为主；“外环”为特色农业区，北部以特迟熟荔枝、落叶果、温带花卉、反季节蔬菜为主，南部以香蕉、特早熟荔枝、咸淡水优质鱼为主，发展畜牧业。

1月28日 被誉为广州市“特一号”工程的内环路全线通车。内环路全线共设立交12座、匝道13组（对），主线高架桥占75.8%，用7条放射道路（约33.5公里）与环城高速公路相连接。内环路全线通车后，市区车辆产生的废气将降低50%以上，平均运营车速将由每小时16公里左右提高到22公里左右。

2月14日 广州市召开第一批开展“三讲”教育动员会。按照市委的部署，广州市各局、区、县级市的“三讲”教育分两批进行。第一批自即日开始，于4月下旬结束。

2月16日 市政府召开审批制度改革工作会议，布置对1000余项审批项目进行清理，加强对重大事项的审批，同时从实际出发取消一批审批事项。4月起，对全市67个部门和单位的1377项审批事项进行首轮清理。其中，保留审批210项、保留核准330项、审核307项、取消202项、合并111项、下放33项、转移22项，另有162项作剔除处理。

2月18日 市教委向社会公布减轻中小学生学业负担过重的14项措施，主要内容有：规范课程设置，严禁利用节假日、双休日组织义务教育阶段学生上课和集体补课；严格控制学生的学习时间和活动总量；严格控制学生课外作业量；

改革招生考试评价制度，取消百分制，废除排名制，停办快慢班等。

2 月 24 日 中共中央总书记江泽民在广州考察工作。上午，参观本田汽车有限公司、珠江钢琴集团有限公司。下午，主持召开党建工作座谈会，与部分企业事业单位和街道党组织负责人，共同探讨新时期如何加强党的建设。25日上午，江泽民在听取省委的工作汇报后，发表重要讲话，第一次完整提出“三个代表”重要思想。

△是日 广州宝洁有限公司成立中共党委和纪委，成为全国首家成立中共党委的跨国公司。该公司共有员工 2000 多人，其中中共党员 420 多名，党委和纪委委员共 13 人。公司外方每年拨出专门资金作为“两委”活动经费。

△是日 由文化部外联局主办、广州芭蕾舞团等单位承办的 2000 年国际舞蹈比赛中国选拔赛在友谊剧院举行，27 日结束。这是国内首次举办国际舞蹈选拔赛，近 60 名现代舞和芭蕾舞选手参加比赛。

2 月 29 日 市政府屠宰管理领导小组在广州肉联厂召开深化屠宰管理改革试点工作动员大会，宣布从 3 月 1 日起，广州肉联厂和海珠区内的 110 多个市场、1200 多个零售肉档和 19 个毛猪批发商进行“放心肉”的“买手制”改革试点，即由零售商推举的“买手”挑选生猪送肉联厂屠宰加工，改变以往由批发商直接向零售商配送的做法。是年下半年，改革扩展到天河区、越秀区、黄埔区。此项改革打破批发商垄断控制市场的局面。

3 月 1 日 市人大常委会颁布的《广州市科学技术普及条例》施行。该条例提出科普工作应坚持面向经济、面向基层、面向公众、因地制宜、讲求实效的原则，并对科普场所、科普活动、科普基地、科普经费及违反条例应承担的责任等作出相关规定。

3 月 10 日 市委召开宣传工作会议。市委书记黄华华和市委副书记朱小丹分别就“致富思源、富而思进”教育活动的具体实施作指示和动员部署。会后市委印发《贯彻〈中共广东省委关于在全省开展“致富思源，富而思进”教育活动的决定〉的实施意见》。6 月 9 日，市委、市政府在中山纪念堂举行广州市“致富思源，富而思进”教育活动先进典型事迹报告会。

3 月 14 日 广州抽水蓄能电厂全部建成投产。该电厂一期、二期工程分别于

1989年5月、1994年7月开工，总装机容量240万千瓦，安装8台30万千瓦的可逆式蓄能机组。电厂设备从法国、德国成套引进，生产过程完全由计算机监控，是中国首座高水头、大容量的抽水蓄能电厂，也是世界装机容量最大的蓄能电厂。

3月15日 由消费者投诉中心与经济违法举报中心合并成立的广州“12315”消费投诉举报中心正式开通。“12315”在组织架构上实行“三级受理投诉和举报，三级执法队伍，三级责任制”，形成以市工商局“12315”投诉举报中心为核心，各工商分局受理室为分中心，各工商所受理点为信息点的集中式管理的网络应用体系，在全市形成联动的综合执法网络。

3月19日 广州歌舞团在中山纪念堂演出舞剧《星海·黄河》，拉开“纪念堂之夜”2000年百场艺术精品系列演出的序幕。“纪念堂之夜”系列演出用政府补贴的方式，以较低票价（10元至100元）为群众演出精选剧（节）目。全年共演出91场，观众达25万人次。

3月20日 内环路清扫保洁作业公开招标结果揭晓，广州市海环清洁服务有限公司中标。这是广州市首次举行马路清扫保洁作业招标，标志着广州市的环卫作业开始推向市场，实行竞争经营。

3月21日 广州市软件行业协会在广州国际科技贸易中心举行成立大会。该协会是由市版权局、新闻出版局主管的民间团体，有单位会员30个、个人会员10个。其宗旨是：积极推进国内软件知识产权法律保护，匡扶正版，打击盗版、仿冒、非法拷贝等侵权行为，维护软件权利人的合法权益，促进软件产业的良好发展。

4月1日 新机场高速公路第一期工程动工。该路全长约50公里，起自三元里北环高速公路，终于花都市北兴，连接京珠高速公路，是新白云国际机场的配套工程项目，也是广州北部地区路网的重要组成部分。全路段分两期建设，首期从三元里至新机场南出入口，长23.976公里，2002年1月1日竣工。

4月3日 市政府常务会议通过对广氮集团实行关闭的方案。具体思路是：整体关闭，分块处置。这是广州有史以来关闭的最大国有企业。广氮集团公司关闭后，其土地使用权将由市国土局代政府收回，之后以拍卖、招标方式进行处置，并由市国土局按照广氮公司安置职工、清偿债务的需要，按进度分期、分批进行垫支，最后再对广氮集团公司的资金收支情况统筹结算。

4月10日 市政府办公厅印发《关于广州市企业关闭破产转制有关问题的通知》，对关闭破产企业职工安置费用的来源、财政支付职工安置费用的基本原则、企业的“销号”及工商注销、关闭破产企业的资产变现等问题作出规定。

4月12日 广州市企业改革转制投资多元化洽谈会举行。全市共有57家市属国有及国有控股的中小型企业进场申请挂牌上市，出售转让，涉及资产总额27亿元。此次出售转让国有中小型企业，标志着广州企业产权交易市场正式启动，国企改革从原来依赖政府行为向市场运作转变。

4月27日 广州金鹏集团与摩托罗拉公司及广东移动通信有限责任公司联合进行的广东移动DCSI 800系统清远试验局项目全面竣工，标志着广东移动通信基站建设实现零的突破。

4月27日至28日 广州市召开有千人参加的技术创新工作会议，提出要采取有力措施发展高新技术产业，发展与高新技术产业相关的电子信息、生物技术、新材料、中药现代化、农业现代化，用高新技术武装第三产业；实施科技标志工程，强化技术创新基础设施和支撑服务体系建设，大力发展民营高新技术企业，进一步改革科技奖励制度和促进风险投资事业的发展等。

4月 国务院批准广州成立出口加工区，是全国首批设立的15个出口加工区之一。广州出口加工区位于广州经济技术开发区东区，总体规划用地总面积3.05平方公里，分3期建设。它是由中国海关监管的特殊封闭区域，实行“一次报关、一次审查、一次查验”三个“一次”的全新通关模式，取消登记手册，不实行银行保证金台账制度。

5月1日 市人大常委会颁布的《广州市安全生产监察条例》施行。该条例规定工程项目的安全生产设施未与主体工程同时设计、同时施工、同时投产或使用的，对建设单位处以不超过10万元的罚款，责任人的行为构成犯罪的，由司法机关依法追究其刑事责任。

5月1日至7日 这是中华人民共和国成立以来首个五一长假期。其间，广州市出游人数达30万人次，全市119家旅行社共接待旅游人数逾12万人次，广州火车站客流增加约30%，汽车客运增加约60%；许多商场销售额比节前上升80%以上。

5月9日 市委召开第二批市直单位和区、县级市“三讲”教育动员大会。按照市委的统一部署，广州市第二批市直单位的“三讲”教育于5月10日正式开始。按照中央、省委的要求，经过4个阶段，陆续于7月中下旬召开大会并通报整改情况，圆满完成任务。

5月12日 市政府首次向13名在广州创业的留学人员给予每人10万元留学人员科技创业资金，标志着广州市留学人员科技创业基金正式启动。1998年以后凡在广州市创业兴办或技术入股高新技术企业，从事高新技术成果转化或产业化工作的留学人员，经市科委认定后，都可得到一次性10万元的资金支持。

5月15日 “清新空气，你我共享——穗、港、澳、深、珠世界环境日联合大行动”正式启动。省市领导及嘉宾向两地三市大学生环保志愿者授予“停车等候请熄火”警示牌，并为防治机动车尾气污染展览揭幕。此项活动由两地三市政府环保机构组织，为期一个月。

5月17日 市劳动和社会保障局印发《广州市关闭、破产、改组转制企业职工安置管理意见》。该意见明确，经批准关闭、拟依法破产企业的职工安置应履行如下程序：制订职工安置方案；提前30天召开职工代表大会，报告企业关闭、破产的原因及职工安置方案；职工安置方案分别报企业主管部门征求意见以及同级劳动和社会保障行政部门审批。

5月19日 《广州市城市建设管理“三年一中变”规划》正式公布实施，确定广州市79项“中变”形象工程项目。“中变”规划紧密结合广州特点，突出反映市委、市政府要把广州建设成“青山、绿水、蓝天、绿地、花城”山水城市的决心。规划的突出特点是：以规划为龙头，以基础设施建设为骨架，以整治为基础，抓住治山治水，改善空气质量，增加文化品位，以提高城市的整体水平。规划主要阐述2000—2001年间，广州市城市建设和管理的8项任务。

5月21日 全国银行界首家住房金融超市——广东省农业银行金钥匙住房金融超市在仓边路开张营业。该超市提供一、二手楼和安居房、公积金住房按揭等16种住房金融业务和房产评估、抵押、公证等服务。

5 月 25 日 广州市虎头电池集团有限公司正式挂牌成立。该公司由广州电池有限公司与广州轻出集团有限公司属下的广州电器进出口公司电池科合并组建而成，标志着广州轻工企业和外贸企业进入合作发展阶段。

5 月 海珠区果树保护区总体规划方案获市政府批准。保护区位于新滘镇，该处河网纵横，果树成林，被称为广州市的“南肺”，具有环保和旅游价值。保护区内设置两条保护界线：相对保护线范围 800 公顷，包括村镇和必要的城市建设用地；绝对保护线范围 600 公顷，全部为果树保护用地。

6 月 8 日 广州机电工业资产经营有限公司、广州轻工工贸集团有限公司、广州钢铁企业集团有限公司、广州汽车工业集团有限公司四大重组板块正式挂牌。四大集团公司按政企分开、适度规模、专业化分工、可持续发展、结构优化的原则组建。此次重组涉及企业共 458 家，总资产 652 亿元，其中授权资产 138 亿元，是广州最大的一次资产重组。

6 月 12 日 广州市番禺石碁沙涌村被文化部命名为“中国民间艺术之乡”，是全国唯一获得此项荣誉的村。是日，沙涌村举行“中国民间艺术之乡”揭牌仪式。

6 月 17 日 广州市首条全国“购物放心一条街”创建工作动员大会在江南西路举行，首批 8 名商户与创建办负责人签订《不销售假冒伪劣商品的责任书》。江南西路全长 880 米，有商铺 199 家，是海珠区商业、旅游服务业、文化和金融的中心。2001 年，江南西路被国家质量技术监督局评为全国首批 75 条“购物放心一条街”之一。

6 月 22 日 广州市电子商务门户网站正式启动。该网站除汇集全市电子商务网站外，还具有颁发数字证书，为中小企业提供电子商务服务平台等功能，是广州市电子商务的资源配置、信息服务和业务交流的中心。至是年底，有 193 家电子商务网站进驻该门户网站，有 80 多家电子商务网站开展网上销售。

6 月 23 日 广州市召开清理整顿出租屋和加强外来暂住人员管理工作动员大会，部署 8 月、9 月开始集中力量攻坚，对城乡接合部的新市镇、三元里街等 13 个重点街镇进行重点整顿。至 9 月中旬，全市出租屋暂住人员的全面登记工作完成。登记在册的出租屋 19 万多幢、42 万多间，暂住人员 268 万多人。

△是日 广州友谊商店股份有限公司发行股票的申请获中国证监会批准。该公司公开发行A股6000万股，股票简称“广州友谊”，成为广州国有商业零售企业改制的首家上市公司。是年7月18日，“广州友谊”正式在深圳交易所挂牌上市。

6月25日 广州市首次军转干部进机关资格考试在解放军体育学院举行，1075名军转干部参加考试。总分排在前80%者可获得合格证书，既可参加各级机关在指令计划安置范围内进行的“双向选择”，也可参加各企事业单位的“双向选择”。除按规定免考者外，未获该证书的只能参加各企事业单位的“双向选择”。这是军转干部安置工作与地方干部人事制度改革逐步接轨的一项重要举措。

6月26日 广州环城高速公路全线建成通车。该高速公路于1987年1月18日动工，历时14年建成，全长60公里，总投资63亿元，分为东环、南环、西环、北环4个路段，设计时速80～100公里，是全国第一条环绕城市全封闭、全立交、高速通行的汽车专用道路。

△是日 市委、市政府举行“三年一中变”第一批市政工程竣工暨外环高速路全线通车仪式。这一批工程包括丫髻沙大桥及外环高速公路全线工程、沙河立交工程、广园东路丰乐西段工程、内环路景观工程等。丫髻沙大桥是世界同类型首座成功采用万吨转体（平转加竖转）施工、国内跨度最大的钢管混凝土拱桥。2004年，丫髻沙大桥入选首届“中国十佳桥梁”之列。

6月28日 广州刘屋洲取水工程正式竣工投产。该工程于1998年10月动工，总投资约4.8亿元，设计取水能力为每天130万立方米，取水泵站用地面积40亩（不含管道铺设用地），是广州自来水建设史上规模最大的取水工程。

6月30日 广州市房地产交易中心挂牌成立，其职能主要为：办理土地使用权交易的具体业务，招标拍卖土地使用权，开展地价评估、地产交易代理和地产咨询业务等中介服务。标志着广州市房地产交易市场，特别是土地有形市场的进一步健全。

6月 广州市实施下岗人员再就业税收优惠政策后，下岗人员就业困难得到缓解。至是月，广州市成立劳动服务企业近5000家，安置失业、下岗等待业人员超过6万人，安置率60%以上。

7月5日 广州“金盾”网站在国际互联网上正式开通。该网站栏目包括“警方通讯”“查询服务”“公安通告”“办事指南”“公安执法”“警务投诉”等。这是全国公安机关首个将为民办事情况登录互联网的公安网站。

7月7日 广州市召开社会保险扩面工作现场会，决定从是月起，全市各级税务部门在税务登记年审时，把社保扩面纳入检查的内容，对不参保的非国有企业，不得出售发票。至是年8月31日止，广州市养老保险参加人数突破140万，提前完成省下达的扩大社保覆盖面的指标任务。

7月10日 广州市番禺区、花都区同时举行挂牌仪式，标志着这两个区从此纳入广州城区范围，广州市区面积从原来的1443.9平方公里增加到3718.8平方公里，新增人口逾150万。撤市后设立的番禺区和花都区，规格为副厅级，区直属工作部门和镇（街道办事处）的规格为处级，内设机构为科级。撤市设区后，区人民政府在市委、市政府的领导下，履行经济社会发展中“统筹规划，掌握政策，信息引导，组织协调，提供服务和检查监督”的职责；在经济管理方面，原则上保留原有的经济管理权限，并享受市属区的经济管理权限；城市规划上，在原有的规划局基础上设立规划分局，受规划局和区政府双重领导。

7月11日 由广州师范学院、广州大学等9所院校合并组建的新广州大学举行挂牌仪式。新组建的广州大学是多科性本科院校，实行省市（广州市）共建、以市为主的办学体制。校园占地面积1100亩，校舍建筑面积近50万平方米，藏书150万册，仪器设备总值2亿元人民币，专任教师1100人，学科门类8个，硕士学位授权点6个。

7月14日 市委召开常委扩大会议，贯彻省委八届五次会议精神，认真学习、深刻领会江泽民同志“三个代表”重要思想。会议讨论通过《中共广州市委贯彻〈中共广东省委关于深入学习贯彻江泽民同志“三个代表”重要思想的决议〉的意见》。按照市委的部署，社区“三个代表”重要思想教育活动从2000年11月开始试点，2001年7月全面推开；农村于2001年3月至2002年1月，分3批开展。

7月15日 沙河立交全面通车。沙河立交是广园快速路一期工程的配套工程，是内环路、外环路、广园路、广州大道、广汕路、沙太路、广从路等道路交会点，也是广州市当时规模最大的立交，总投资约18亿元。立交系统以高架为主，共3层，立交道路长7.46公里、宽60米，高架单向长10.67公里、宽16米。

7月18日 广州药品采购招标会在市红十字会医院举行，共有36种药品公开向34家医药公司及厂家招标。中标的17家企业在一年时间内，定期向市红十字会医院供应所中标的药品。这是广州市首次进行药品采购招标。

7月26日 广州出口加工区管理委员会成立，与广州经济技术开发区管理委员会、广州高新技术产业开发区管理委员会实行“三块牌子、一套人马”的管理体制。该区位于广州经济技术开发区东区，占地3.05平方公里，是海关监管的特殊封闭区域，仅限于产品外销加工贸易，区内设置出口加工企业及相关仓储、运输企业。

7月31日 占道经营20年的清平药材市场300多个摊档全部清拆，迁入位于六二三路的室内清平中药材专业市场经营。该市场前身是建于1979年3月的清平市场，是国家批准开办的全国17个中药材市场之一。

7月 中央督查组到广州检查国有企业3年来的脱困与改革工作。中央督查组认为，广州国有企业坚持在发展中脱困和改革的经验值得借鉴，《人民日报》等中央各大媒体对此也作出宣传报道。

8月1日 市委、市政府印发《关于加强个体、私营经济工作的若干意见》。该意见主要内容有：认真落实政策，积极扶持个体、私营经济发展；依靠技术创新，发展私营高新技术企业；建立担保机制，为个体、私营经济发展提供信贷服务；清理挂靠企业；查处无照经营企业等。

8月7日 广州市首条“全国绿色通道示范路”——105国道广州段（新广从公路）举行挂牌仪式。该路段绿化率为97.5%，公路两侧绿化带宽度3～15米，种植乔木15万株，路树高达10～15米。

8月8日 市政府新闻办公室、广州电视台在英国伦敦举办广州情况介绍会暨广州电视周启播仪式。广州电视周于是月7日至13日在凤凰卫视欧洲台展播，节目包括2000年新千年腾龙舞珠江大型水上灯火汇演、广州人过年的新风俗、广州商界人物、现代花农、大学生，以及展现广州地铁、内环路等城市建设新风貌的节目。

8月11日 经国家信息化推进工作办公室同意，广州市被列为首批国家信息化综合试点城市之一。广州在城市信息化建设方面的远景目标是：到 2010 年，建成高速、宽带、智能化的信息高速公路，通向所有工商企业、机关事业单位和城镇居民家庭，基本经济业务和信息交流均依靠信息高速公路进行处理和传输。

8 月 16 日 市政府编制的《广州市土地利用总体规划（1997—2010 年）》开始实施。根据该规划，到 2010 年，全市耕地减少量不超过 9333 公顷，其中建设占用耕地不得超过 8000 公顷；确保全市耕地保有量不低于 16.68 万公顷，其中基本农田保护面积达到 14.69 万公顷，占现有耕地面积的 87.1%；中心城市建设用地规模控制在 385 平方公里。

8 月 18 日至 28 日 市城市规划设计研究院编制的《珠江新城规划检讨》在市城市规划展览馆向公众展示及征求意见。这是广州市首次将未获得批准的规划方案向社会公开展示。2002 年 4 月 24 日，《珠江新城规划检讨》经市城市规划审批领导小组审议通过。

8 月 25 日 37 所市属中学分别移交越秀区、荔湾区、白云区管理。至此，除面向全市十区两县级市招生的特殊教育学校、特色学校、省市重点中学和省级以上重点职中共 15 所学校仍归市教委直接管理外，其余学校全部下放到区管理。

8 月 31 日 广州地铁二号线设备中金额最大的招标项目——总金额达 15.4 亿元的地铁车辆采购合同签字仪式在花园酒店举行。长春安达轨道车辆有限公司（长春客车厂和德国 AD-TRANZ 公司的合资厂）被选定为二号线车辆生产厂家，平均每列的造价比一号线下降 40% 左右。这是广州地铁首个签订合同的国产化项目。

9 月 1 日 荔湾区教育学会、沙面小学和城启集团三方合办的荔湾实验学校正式开学。这是广州市首所国有、民办、公助的试点小学，由城启集团投资 5000 多万元建校，与省一级学校沙面小学共享师资。

9 月 3 日 广州市城市总体发展战略规划研讨会在广州鸣泉居举行。北京清华设计院、中国城市规划设计院、同济大学规划学院、中山大学区域研究中心和广州城市规划设计院 5 家国内知名设计单位，以及建筑界泰斗吴良镛、周干峙等专家 30 多人参加会议。这是广州市首次邀请知名规划设计单位及专家担任评委的规划战略研讨会。

9月6日 广州市召开村镇建设管理工作会议，提出用5年时间彻底改造白云、天河、海珠、芳村、黄埔等区的城市规划发展区内139个“城中村”，并以市政府行政命令的形式依法进行“四转”：将农村居民转为城市居民；将村民委员会转为居民委员会；将原来属农民所有的集体土地转为国有土地；将原来由村委员会管理的集体经济转为由集体法人股东和个人股东共同持股的股份公司。

9月16日 承担货物运输任务的广深铁路第三线电气化工程建成通车。该工程于1999年6月8日动工，全长144.81公里，建成后列车时速由80公里提高到160公里。至此，广深铁路运输网络告别内燃机车时代，成为全国首条三线并行、全线封闭、全程电气化铁路。

9月19日 广州白云国际机场股份有限公司正式挂牌成立。该公司由中国国际航空公司、中国机场建设总公司、广州交通投资有限公司、广州白云国际机场有限公司和广州白云国际机场集团公司发起成立，注册资本6亿元，广州白云国际机场集团公司占96%的股份，其他4家各占1%的股份。

9月22日 市国防动员委员会首次组织防空袭国防动员演习。演习于16时10分至17时30分在广州东北郊的民兵训练基地射击场举行，着重演习对空掩护、供电、供水、通信线路抢修、医疗救护、消防和森林灭火等科目。

9月28日 珠江公园正式对外开放。首期工程投资人民币9700万元，于1999年7月动工兴建。公园位于珠江新城东侧，占地面积23公顷，园内依据植物生态特点和植物形态，划分为8个主要景区。

9月29日 2000年广州国际美食节从是日起至10月8日在天河体育中心举行。此届美食节首次与中国旅游艺术节、广东欢乐节、广州国际茶文化节以及中国第十届联谊厨师节五节连办。从1987年起，广州旅游部门每年在秋交会前后，都组织一次广州国际美食节活动。从1997年开始，美食节由市政府主办。从1998年起，则固定在每年9月在天河体育中心举行。

10月1日 “三年一中变”标志性工程——南洲立交主体工程正式通车。该立交是广州市通向珠海、中山、顺德、番禺等地的交通要道，总投资2.84亿元，为3层定向部分互通式立交，由7条匝道、1座中桥和1座小桥组成，桥梁全长3761.192米。

△**是日** 市政府印发的《广州市河涌管理规定》施行。这是广州市首个河涌管理规章，首次确认广州河涌的主管部门是水利局；明确不经市政排水管网直接向河涌排水的，必须经主管部门或市政管理部门审批；对河涌的规划管理、设施管理、禁止行为以及违反规定所负的法律责任作出规定。

△**是日** 广州管道油制气灶具正式进入八大商场销售，结束市煤气公司独家经营燃气具的历史。首批获准销售管道油制气灶具的8家商场是：广州百货大厦、新大新公司、东山百货大楼、华厦百货公司、友谊商店、海珠购物中心、天贸南大、黄埔大沙百货公司。

10月2日至4日 广州2000年世界大都市协会董事年会暨国际研讨会召开。此次国际研讨会的主题是：信息社会与城市发展。来自37个国家和地区49个城市的138名代表研讨电子商务应用推动新经济模式的发展、IT时代的城市功能与冲突规划、信息社会的特性与城市功能的演变等论题。

10月10日 市委办公厅、市政府办公厅印发《关于进一步做好我市减轻农民负担工作的通知》，规定必须不折不扣地贯彻执行农民合理负担一定3年不变的制度；2000年农民上缴的提留统筹费不得超过人均纯收入的5%；禁止平摊农业特产税、屠宰税，禁止一切要农民出钱、出物、出工的达标升级活动；农村九年义务教育、危房改造外的集资一律取消等。

10月15日 第八十八届中国出口商品交易会在广州开幕，26日闭幕。此届秋交会设6个专业展馆，共30个展区，展位7503个，参展企业4000多家，首次租用馆外场地设分馆。联合国采购团首次来广交会开讲习班，并了解中国的企业和产品。16日，广交会历史上首次开设的“在线机电广交会”和“广交会论坛”正式启用。

10月19日 市医药工业研究所承担的国家“九五”攻关项目“筹建国家新药安全评价研究重点实验室（GLP实验室）”通过科技部主持的专家组验收，成为中国首批新药安全评价重点实验室。

10月27日 市公安局巡警支队特警突击队正式成立。这是广州市首支特警突击队，由平均年龄22岁的38名特警组成，其主要任务是专职打击涉枪、涉暴、劫持人质、劫机等严重暴力犯罪。同日，广州市首支特警警犬队正式成立。其主要任务是负责警区巡逻、警戒、设卡、堵口，以及处置群体斗殴闹事、追踪、搜索等特殊任务。

10月31日 广州地铁一号线环境保护设施通过国家验收。此次验收是中国地铁进行的第一次国家环保验收，广州地铁一号线成为国内首条通过国家环保验收的地铁线。

△**是日** 广州市与达卡（孟加拉国首都）供电局签订达卡地区输变电工程项目合同，合同金额7705万美元。这是当时广州市最大的一项对外承包工程项目，也是广东省首个利用卖方信贷的大型对外承包工程项目。

11月1日 零时，广州启动第五次全国人口普查登记工作，至15日结束。普查结果显示，全市总人口为994.3万人（包括十区两县级市，不含现役军人），其中本市户籍人口702.66万人。

△**是日** 市直行政单位由财政全额供养的在职人员的个人经费实行国库统一支付。实行个人经费统一支付后，将过去“财政部门（一级预算单位）二级预算单位⇒个人”的拨款流程，简化为“财政部门直接（委托银行代发）供给个人”，减少中间环节，强化财政预算管理。

△**是日** 广州市与南海市宽带主干城域网互联暨广州宽带主干网络系列合作签约仪式在花园酒店举行。两市宽带实现互联后，彼此可以突破地域共享社会、政治、经济、文化等多方面的信息与服务。城际间宽带互联在国内属首次。

11月2日 市政府在东方宾馆召开参加第二十七届奥运会暨获世界冠军广州运动员载誉归来欢迎会。此届奥运会，共有8名广州籍运动员参加田径、游泳、击剑、羽毛球、女子足球、花样游泳6个项目比赛，取得两枚银牌（羽毛球女双、击剑团体）、一项第五（女足）、两项第七（花样游泳个人及团体）、一项第十（女子马拉松）的成绩。

11月8日至9日 市委召开七届八次全会，学习贯彻党的十五届五中全会和省委八届六次全会精神，总结回顾“九五”工作，部署“十五”计划。会议审议通过《中共广州市委关于制定全市国民经济和社会发展第十个五年计划的建议》。全会指出“十五”时期广州经济社会发展的主要任务是：深化经济结构战略性调整；加快国民经济和社会信息化；提高城市现代化建设和管理水平；加快人才资源开发和教育事业发展，积极推进体制创新；提高国民经济的国际化程度；加强人口、资源管理和环境保护；积极推进文化、卫生、体育事业和社会服务事业的发展，不断提高人民生活水平；切实加强精神文明建设和民主法制建设。

11 月 10 日　2000 年广州市科学技术奖励大会召开。此次广州市科技进步奖获奖项目有几大特点：一是电子信息技术应用范围日益扩大，加快城市信息化进程和传统产业科技水平的提升；二是企业已成为技术开发和成果转化的主体；三是医学科研从以往重学术研究的“象牙塔”向开发应用转化，面向市场、服务社会的能力明显提高，中青年科技人才已渐成广州科研工作的中坚。自 1997 年以来，广州市 12 个区、县级市中已有 11 个获得“全国科技工作先进区（市）”称号。

△是日　中国共产党广州市东山区大塘街工作委员会成立。这是广东省首个街道党工委。街道党工委作为区委的派出机构，根据区委的授权，对本街道和社会的政治、经济、文化、管理、服务等工作实行政治领导。

11 月 22 日　被广州市第六人民医院兼并改造后的广州市无线电集团公司卫生所，正式挂牌成为华颖社区卫生服务站。这是广州市首家由大医院承办的社区卫生服务站，也是迈出企业后勤社会化的第一步。

11 月 23 日　市委办公厅、市政府办公厅印发《关于我市开展社区建设试点工作的通知》，决定以东山区为试点区，海珠区的南华西街、越秀区的北京街、东山区的大塘街、荔湾区的华林街、天河区的石牌街和车陂街为试点街，开展社区建设试点工作。总体目标是：完善“两级政府、三级管理、四级网络”城市管理体制，进一步健全社区建设工作机制和组织体系。

△是日　广东省通信管理局与广州天河软件园举行国家互联网络广州交换中心入园签约仪式。这标志着国家互联网络广州交换中心正式成立，广州成为华南地区国际互联网络中心枢纽。

11 月 27 日　由市科委、天河区政府主办的广州科技创新论坛在天河区科技园国际交流中心举办。该论坛由政府出资，免费向社会开放，每月举办一期，每期由 1 ~ 2 名专家讲授。常设科技创新论坛，在广州属首次。

11 月 30 日　广州唯一拥有自有产权的国家 A 级大型牲畜专业批发市场——广州牲畜交易市场奠基。该市场位于白云区江高镇茅山村，按国家 A 级市场标准设计建设，占地面积5万平方米，是全国首家规范化、现代化的专业批发市场。2001年11月1日建成试营业。

12月2日 广州铁路集团客运公司在广州成立。这是全国铁路首家在有分局的管理体制下组建的客运公司，标志着中国铁路旅客运输管理体制改革迈出实质性的步伐。

12月8日 广州市召开社会保险15周年暨扩面工作总结表彰大会。会议透露，广州市临时工参加养老社会保险、养老保险个人缴费、建立养老金每年调升机制、工伤保险实行浮动费率、外来工和自由职业者参加养老保险、参保农民工可领取失业救济金6大改革在全国领先。全市养老保险、失业保险、工伤保险、生育保险4个险种征缴率均90%以上。全年200多家关闭、破产企业3万多名退休人员实现社会化管理，43万名离退休人员的基本养老金实行社会化发放，是全国率先实现基本养老金100%通过银行按时足额发放的省会城市。

12月16日 广州地铁总公司与兰州兰新通信设备公司、摩托罗拉公司签订广州地铁二号线无线通信系统建设合同。该通信系统使广州地铁二号线成为国内首个采用数字信号进行无线通信的地铁。

12月18日 广州市经济信息系统项目通过竣工验收。该项目是由国家计划委员会和市政府批准立项建设的大型信息系统工程，1995年正式启动，分3期建设，共使用日元贷款近6亿日元，总投资折合人民币1亿元，主要用于广州市信息中心、12个委办局、广州图书馆和12个区、县级市计算机网络信息系统的建设。

△**是日** 广州地铁总公司和中铁电气化工程局共同研制开发的轨道交通架空刚性接触网，通过由铁道部、广东省科技厅联合举行的成果鉴定，填补国内该项技术空白。广州地铁二号线在国内地铁中率先应用该技术。

12月22日 广州钢铁集团职工子弟中学、广州绢麻厂职工子弟学校等15所企业办中小学正式签约移交地方政府管理。此举标志着广州国有企业退出办学。

12月26日 广州市召开社区信息化建设工作会议，印发《广州市社区建设信息化试点工作实施要点》，提出建网联网宽带进家庭；开发统一的社区管理软件；运用呼叫中心、网络和多媒体终端等改善服务；搞好培训推广等4项任务。

12月27日 广州市“三年一中变”市政第二批共19项工程竣工（通车）。

这 19 项市政工程涵盖道路建设、珠江景观和园林美化等。黄埔大道、增槎路和东晓路分别解决东、西北和南面的交通，实现内外环的连接，完成广州市基础设施体系关键的一环，标志着支撑广州基本框架、发散广州在珠三角辐射力的 3 个方向通道全面打通。

△**是日** 广州市第一个流动人才党总支在中国南方人才市场成立。该党总支下设 41 个党支部，共有党员 1600 多人。南方人才市场网站设立“南方人才流动党员 BBS”，通过网络平台组织流动党员过组织生活。

△**是日** 广州 2941 家污染工业企业全部达到按国家规定的指标和标准排放。环境空气功能区的 6 个监测点位、地表水环境功能区和饮用水源水质已于 9 月达标。至此，广州市成为全国按期完成国务院于 1996 年提出的“一控双达标”工作的 3 个省会城市之一。

12 月 28 日 市科委举行市高新技术创业服务中心挂“国家高新技术创业服务中心”牌暨广州国际企业孵化器授牌仪式。该中心成立于 1991 年，成功培育科技型企业 238 家，孵化科技项目 438 个，是省内首家国家级高新技术创业服务中心。广州国际企业孵化器是广州科学城的首批重点工程之一，占地 60 亩，工程投资 1.45 亿元。

2000 年 国家计委批准立项，并正式命名“广州国际生物岛”。广州国际生物岛原名“官洲岛”，占地面积约 1.83 平方公里。1999 年，广州将生物医药列为四大支柱产业，提出把官洲岛建设成国际性的生物技术研究及生产基地的目标，并上报国家计委。

△**是年** 广州全市实现国内生产总值 2375.91 亿元，比上年增长 13.35%；全市人均国内生产总值 3.43 万元，突破 4000 美元，跃至上中等发达地区水平，实现了小康向初步富裕阶段的迈进。

2001 年

1月9日至10日 市委召开工作会议。市委书记黄华华作《抓住机遇，加快发展，努力实现“十五”计划的良好开局》的讲话，市长林树森就全市经济工作会议作具体部署。会议提出2001年广州市工作的总体要求是：以邓小平理论为指导，按照“三个代表”的要求，贯彻落实党的十五大和十五届五中全会精神，抓住机遇，加快发展，围绕推进结构调整、迎接和办好九运会、加强作风建设三大重点，促进国民经济持续、快速、健康发展和社会全面进步，进一步加强精神文明建设、民主法制建设和党的建设，正确处理改革、发展、稳定的关系，努力提高人民生活水平，为“十五”计划开好局，加快率先基本实现现代化、建设现代化中心城市的步伐。

2月4日 全国人大常委会委员长李鹏视察广州，参观本田汽车有限公司、上下九商业步行街等地。5日，李鹏在广州召开“西电东送”及广东电力发展情况座谈会；6日，在广州召开座谈会，广东省及广州市人大负责人及各专门委员会负责人就《全国人大常委会工作报告》展开讨论。

2月9日 市纪委、市委组织部、市监察局、市人事局、市审计局、市财政局联合召开全市经济责任审计工作会议，决定把反腐败“关口”前移，从2001年起，全面开展县级以下党政领导干部和国有以及国有控股企业领导人的经济责任审计工作。

2月20日至25日 市政协九届四次会议举行。主要议题包括：审议通过市政协第九届常委会工作报告，审议常委会提案工作情况报告，听取和讨论政府工作报告及其他报告，表彰优秀提案，审议九届四次会议提案审查情况的报告以及审议通过市政协九届四次会议决议。此次会议，首次邀请台事顾问、侨事顾问、法律顾问旁听大会。

2 月 21 日　市财政局、国资局召开聘任财务总监大会，向首批试点的广州机电工业资产经营有限公司、广州轻工工贸集团有限公司等 5 家国有资产授权经营机构委派财务总监。这是市委、市政府为加强国有资本出资人财务管理和国有资产营运监督的一项新举措。

2 月 22 日至 3 月 2 日　市十一届人大四次会议举行。会议听取市长林树森代表市政府所作的《政府工作报告》。报告描绘广州市“十五”蓝图，确定 2001 年的主要预期目标：国内生产总值增长 13%，全社会固定生产投资增长 6%，社会消费品零售总额增长 12%，外贸出口增长 9%。会议首次由代表审议、通过地方性法规。黄华华当选为市人大常委会主任。

2 月 28 日　广州港出海航道工程通过国家正式验收。该航道全长 115 公里，总投资 7.5 亿元。这是国家“九五”大中型基础设施建设项目，也是广州港通向海洋的唯一通道。

3 月 1 日　市国家税务局“属地征管、一级稽查”的新税收征管模式是日起实施。实行“属地征管，一级稽查”的税收征收管理体制后，原由市国家税务局直属第一、第二、第三中心分局，市国家税务局对外税务中心分局经管的纳税人大部分将要转移到其生产经营所在地的区国税局征收管理。

3 月 1 日至 2 日　由科技部、信息产业部批准，广州市科委主办的第一届中国蓝牙技术国际交流会举行。在国内，广州市是最早推动蓝牙技术产业化的城市。2000 年，市政府将蓝牙技术定为市科技攻关重点项目并报国家科技部立项。

3 月 22 日　日处理能力达 300 吨的广州市首座垃圾资源分拣回收中心正式投入运营。该中心采用全国最先进的现代化垃圾分拣流程。

3 月 24 日　市公安局在天河体育中心体育场首次举办“广州警察开放日”活动。活动的主题是“让市民了解民警，让民警服务市民”，活动内容有展览、咨询、表演等。

3 月 28 日　市政府在中日合资的广州五十铃客车有限公司举行首辆广州五十

铃GALA客车下线仪式，标志着广州豪华客车已迈进世界豪华客车生产的先进行列。该公司的生产线是国内设计生产能力最大、设计最新、工艺装配技术水平最高的高档客车生产线。

3月30日 广州出口加工区顺利通过由国家有关部委组成的联合验收小组的实地核查，举行通过验收颁证暨揭牌仪式。这标志着该出口加工区正式建成并投入运营。出口开发区从2000年4月27日设立以来，已经投入近亿元用于基础设施、围网隔离、海关监管设施、绿化环境等方面的建设，首期90万平方米的基础设施建设已达到“七通一平”的要求。国家验收小组认为广州出口加工区首期封闭隔离区域的海关监管、隔离设施建设已基本符合海关总署要求，成为国内第六个通过国家验收颁证的出口加工区。

4月9日 市内规模最大、加压能力最强、投资总额达4500万元的丰乐加压站正式投入运行。至此，广州市基本实现“东水西调”、改变供水格局不合理的状况，广州大道以东部分地区用水紧张的状况得到缓解，近1/3市民受益。该加压站始建于2000年3月，2001年3月13日投入试运行，已有三组泵投入运行，日加压通水能力达50万立方米。作为直出式加压站，丰乐加压站论规模在华南地区位列第一。

4月17日 《广州市国民经济和社会发展第十个五年计划纲要》颁行，进一步强调“以率先基本实现社会主义现代化，建设现代化中心城市为总目标、总任务”。广州市力争在2005年率先基本实现现代化，到2015年将广州市建设成为中等发达的现代化中心城市。

4月 市政府常务会议原则通过《广州市城市总体战略规划》。该规划明确广州市是华南地区的中心城市，应建设成为现代化国际性区域中心城市，以“繁荣、高效、舒适”为发展的目标，使广州成为最适宜创业发展、又最适宜居住生活的城市。编制城市总体战略规划的做法在中国城市中尚属首次。

5月13日 华南地区最大的进口汽车及零配件交易市场——广州保税区进口汽车及零配件交易市场开业。广州保税区具有作为全国五个可以经营汽车整车进口口岸之一的优势，结合华南地区以及周边省份对进口汽车及零配件的需求，可为国内外汽车及零配件经销商、生产商和消费者提供一个综合配套、通关效率高的进口汽车及零配件销售的市场服务体系；为区内进口汽车经营者提供从汽车进区、保税仓储、展示、进口报关、检测、上牌的一条龙配套服务。

5 月 16 日 市北二环高速公路萝岗路段上的新桥庄中桥最后一条水泥预制梁吊装成功。至此，京珠高速公路广州段全线贯通。

5 月 18 日 中午 12 时 09 分，有 45 年历史、总面积为 4.3 万平方米的广州体育馆，在 3.5 秒钟内成功爆破拆除。这是中国爆破史上规模最大、世界爆破史上技术最新的城市控制爆破工程，也是中国建筑史上速度最快的一项爆破拆除工程。

6 月 7 日 广州决定从即日起全面放开单体药店的受理，真正实现办药店“唯条件、不唯成分”市场化，而且改以前“办公室受理”方式为“窗口直接受理”。为控制药店数量，早在 1998 年广州就停止审批一切社会单体药店，只批准连锁药店的扩张。

6 月 8 日 市委、市政府召开全市机构改革动员大会，部署广州市机构改革工作。根据机构改革方案，广州市各级机关现有编制精简实际比例达 34.38%。市政府工作部门由现有的 55 个减为 41 个，另设议事协调机构的常设办事机构 1 个，精简达 25.5%；市委工作部门在保持现有格局的基础上，设纪委机关和 9 个工作部门，议事协调机构的常设办事机构 1 个。全市机构改革工作计划 2001 年底基本完成。

6 月 9 日 中共中国南方人才市场流动党员党总支成立。这是国内第一个为流动党员设立的党总支。

6 月 11 日至 18 日 市委、市政府组成赴西部学习考察团，考察团分别由市委书记、市人大常委会主任黄华华和市长林树森率领，分赴四川、西藏和广西学习考察。同时，广州市分别向四川省、西藏自治区和广西壮族自治区各捐赠 1 亿元，以建立扶困助学基金的形式，资助当地家庭经济困难的学生上学。

6 月 23 日 首届中国（广州）龙舟邀请赛在广州珠江人民桥与解放桥之间的河段举行，来自湖北、福建、广东及香港、澳门等地 70 多支龙舟代表队共 6000 多名运动员参加。

6 月 25 日 市委在中山纪念堂召开广州市纪念中国共产党成立 80 周年大会，

3200多名共产党员代表全市37万名党员和1.8万个基层党组织参加重温入党誓词活动。

6月26日 市委召开全市农村基层组织建设总结表彰大会，对全市农村基层组织建设6年来的情况进行全面总结。经过6年的努力，全市78%的镇党委达到“六个好”的目标要求，83%的村党支部通过“五个好”的验收，先后涌现大批高标准的文明群体。

6月28日 广州宽带主干网首期主体工程（最大宽带160G）开通试运行。这是全国第一个开通试运行的宽带大容量城域主干网，是全国第一个集计算机、电信和有线电视三网融合的网络，也是国内第一个运用有线光纤与无线宽频接入互补方式组建的城域接入和驻地网。

7月3日 中国第一艘1600米车道高速客滚船“威斯比”号建造完成。这是广船国际股份有限公司为瑞典格特兰航运公司承建的两艘同类型船舶中的第一艘。“威斯比”号客滚船建造成功，填补中国造船业在客滚船建造史上的空白。这是中国造船业首次进入车客滚装船产品市场。

7月5日至6日 香港40多家企业和跨国公司第一次组团在广州中国大酒店举办首届赴港专才招聘会。这是国内第一次举办赴港专才招聘会，由中国南方人才市场、广东省人才市场和香港熊猫-RECRUIT集团联合举办，粤港两地人才交流机构首次合作，共同开启内地和香港人才交流的“绿色通道”。

7月13日 上下九第十甫路、北京路、江南西路、宏城商业广场被国家工商行政管理总局命名为全国“打假维权消费者满意街”。市消委会和市工商局于2000年按原国家工商局的要求，在全市开展创建“打假维权消费者满意街”活动。经过一年多的努力，全市共创建13条“打假维权消费者满意街”。

7月21日 “三年一中变”第三批12项工程全部竣工、通车。包括：广汕路扩建工程、黄村奥林匹克体育中心市政配套工程、广州新体育馆体育公园、麓湖截污工程、文德路渠箱工程、童心路铁路扩孔工程、火车东站北广场水景工程和绿化广场南广场、芳村客运站人行天桥工程、广园中路大修工程、下塘西路大修工程、江南大道大修工程、12座公厕建设工程。

8月21日 广州市国有百货业改革重组工作会议召开。会议公布《广州国有百货业改革重组方案》，该方案将现有的广州百货企业整合，形成两个零售业板块，即以广州友谊商店股份有限公司为核心，购并广百集团的新大新公司为一个板块；以广州百货大厦为龙头，将现广百集团（剔除新大新公司）、物资集团、东百集团、南大集团的资源优化配置后，形成另一个板块。

8 月 28 日 广州地铁二号线公园前至纪念堂区间枢纽隧道工程竣工。该隧道长 621 米，跨度最大处达 21.6 米，高 14 米，是国内地铁工程建设中跨度最大，也是当时亚洲跨度最大的地铁隧道。

9 月 7 日 广州市召开市直机关公开选拔局、处级领导干部动员大会。会议宣布广州市市直机关公开选拔 34 个单位的 11 名副局级领导干部和 76 名正副处级领导干部。这是继市级党政机构改革、中层领导全员竞争上岗之后的又一项干部人事制度改革的重大举措。这样大规模、大范围公开选拔局、处级领导职位在广州是第一次。

9 月 10 日 国家重点建设工程——武昌至广州间的电气化铁路正式竣工通车，标志着京广铁路大动脉全线实现电气化。实现电气化的京广铁路，将全部改换成时速为 160 公里的电力机车牵引，京广线南段车流过密的现状将缓解。

9 月 21 日 市委七届九次全会召开。全会的主题是以江泽民“七一”重要讲话精神为指导，深入学习贯彻省委八届七次全会精神，动员全市党员干部和广大群众大力推进农业产业化经营，加快广州率先基本实现现代化、建设现代化中心城市的进程。全会审议并通过《中共广州市委关于贯彻〈中共广东省委关于大力推进农业产业化经营的决定〉的实施意见》。会议认为，加快广州市农业产业化经营的步伐，要做好四个方面的工作：大力发展农业龙头企业，发挥其在农业产业化经营中的示范和辐射效应；加大市场建设力度，发挥大市场、大流通对农业产业化经营的引导带动作用；优化发展环境，为加快农业产业化经营提供有力的支持；加强党的领导，加快推进农业产业化经营。

9 月 31 日 广东奥林匹克体育中心竣工。它是省政府为承办 2001 年第九届全国运动会投资 16.7 亿元兴建的现代化体育场馆，总建筑面积 32.8 万平方米，是广东省规模最大的体育建筑工程。

10 月 11 日至 11 月 20 日 广州市 72 家市管国有大中型企业领导班子共 472

名领导干部在市委的组织领导下，开展“讲学习、讲政治、讲正气”学习教育活动。从11月中旬开始，未列入“三讲”学习教育活动范围的741家国有企业领导班子成员3007人，在各自主管单位的组织领导下，用半个月左右的时间，开展以“三个代表”重要思想为主要内容的学习教育活动。

10月13日至18日 国务院总理朱镕基在广州考察广州体育馆、火车东站广场、新机场高速公路、广州白云国际机场迁建工程、广东奥林匹克体育中心等，乘坐地铁考察广州地铁一号线、乘坐车船观看珠江两岸新变化，并听取市委、市政府的工作汇报。

10月23日 广州市新闻办公室在广州艺术博物院举行首场广州市对外新闻发布会。市长林树森就开发南沙的主题，向境内外近50个媒体上百名记者介绍广州市政府开发南沙的总体思路及南沙开发对广州城市发展的影响。

10月26日 市委、市政府在广州新白云国际机场高速公路立交收费站举行广州“三年一中变”第四批市政工程39个项目暨北二环高速公路的竣工、通车仪式。至此，广州市“三年一中变”规划的4批共75项重大市政工程全部如期完成。

10月29日 省委、省政府召开检查广州市“三年一中变”工作现场办公会，实地考察广州“三年一中变”有关项目的完成情况，总结经验，指导推进“2010年一大变”工作。省领导同志实地考察和听取汇报后，充分肯定广州城市建设“三年一中变”取得的巨大成绩，要求广州市围绕“2010年一大变”的目标，进一步加强城市规划建设和管理，努力把广州市建设成环境优美、秩序优良、文明富庶、经济繁荣，具有较强吸引力、辐射力的现代化中心城市。

11月11日至25日 中华人民共和国第九届运动会在广州举行。此届运动会竞赛设有30个大项、345个小项，有来自全国45个代表团的8608名运动员参加比赛。共决出411.5块金牌、398块银牌、405块铜牌。作为第九届全国运动会的主赛区，广州市承办18个项目的竞赛及闭幕式，并协助广东省组织开幕式工作。

11月20日 市政府在中山纪念堂召开广州市城镇职工基本医疗保险制度和医药卫生体制改革实施工作动员大会。此次医改标志着广州市50年来的公费劳保医疗制度彻底变革和社会医疗保障制度开始实施，过去各单位分散管理改为社会化管理。

11月23日 市委七届十次全会召开。全会的主要任务是学习贯彻党的十五届六中全会和省委八届八次全会精神，部署广州市加强和改进党的作风建设的工作。市委书记黄华华作《努力实践“三个代表”的重要思想，全面加强和改进党的作风建设》的报告，市长林树森传达江泽民总书记在党的十五届六中全会上的重要讲话精神。

11月29日 市委办公厅转发《关于在全市党政机关开展加强作风建设学习教育月活动的意见》的通知。30日，广州市召开党政机关开展作风建设学习教育月活动动员大会，拉开学习教育月活动的序幕。全市共有91个市直党政机关和12个区、县级市的党政机关参加活动。活动包括学习动员、查摆整改和总结提高三个阶段。

12月3日 广州市获得2001年国际花园城市评选决赛E组（人口规模100万以上城市）第三名，被国际公园协会授予“国际花园城市”银奖。广州成为世界上人口最多的“国际花园城市”。

12月12日 广州市医疗保险服务管理中心举行医保卡首发仪式。全市已登记参加医疗保险的有1994家单位近30万人。2002年1月1日起可持医疗保险卡，到广州市定点医院和药店按规定就医、配药。《广州市城镇职工基本医疗保险就医和个人医疗账户管理办法》同时公布。

12月16日 由越秀区个体劳协西湖分会自筹资金建设的新西湖夜市商场正式开业。该夜市商场位于广州市西湖路，原有1045个摊档、从业人员3000多人的旧西湖灯光夜市于12月15日撤销。

12月25日 全国最大规模、广州市首条电力隧道——珠江新城电力隧道正式投入营运。珠江新城电力隧道全长3863米，于1999年8月动工，并于2001年9月供电试运行，其设计可满足珠江新城一带15年的用电需求。珠江新城成为广州市唯一没有架空高压线路的区域。

12月29日 国家建设部授予广州市迎“九运”城市基础设施建设及环境综合整治特别奖称号。这是中华人民共和国成立以来，国家首次给一个城市的建设系统授予高级奖项。

12月30日 广州市城镇职工基本医疗保险首批定点医疗机构和定点零售药店授牌仪式在市政府礼堂举行。获得授牌的定点医院和定点药店分别是广东省人民医院等97家医院和广州医药公司健民医药连锁店健民分店等30家药店。《广州市城镇职工医疗保险医疗费用结算办法》同日正式出台。

2001年 广州全市实现国内生产总值2685.76亿元，比上年增长12.7%，人均国内生产总值3.8万元，全市规模以上工业企业实现利润140.08亿元，广州地区城乡居民储蓄存款余额2600.43亿元。

2002年

1月7日至8日 市委召开工作会议。会议强调2002年要重点抓好三项工作：一是抓住中国加入世贸组织的机遇，提高国际竞争力和经济增长质量、效益；二是以创建全国文明城市为目标提高城市建设管理现代化水平和社会文明程度；三是以作风建设为重点全面加强党的建设，提高党组织的战斗力和凝聚力。会议还从四个方面对2002年的经济工作作具体部署。

1月9日 市委、市政府在中山纪念堂举行广州市2000—2001年度精神文明建设暨城市管理“三年一中变”工作总结表彰大会，表彰先进集体和个人，部署“2010年一大变”工作实施方案。

1月12日 广州市社区居民委员会直选试点在东山区东园新村和华侨新村举行，直接投票选举出居民委员会委员，并在委员中选出主任和副主任。两个社区应参加选举的选民共有6398人，当天发出选票5251张，回收选票5225张。这是广州继农村村委会直选后，首次在基层社区直选居委会干部。

1月30日 市委、市政府正式批复《关于加快推进南沙开发区建设的组织实施方案》，决定授予南沙开发区建设指挥部广州市级审批权限。南沙开发区规划、开发和建设的范围总面积为319平方公里，其中陆地212平方公里，水域107平方公里，包括黄阁镇、南沙经济技术开发区、鸡抱沙、孖沙、龙穴岛、珠江华侨农场等。8月8日，广州南沙开发区建设指挥部举行揭牌仪式，正式进驻南沙办公。

2月5日 市经委、市委组织部、市人事局联合印发《广州市公开招聘工业企业高级经营管理人员公告》，首次面向全国为27个广州市属国有企业招聘60

名总经理、副总经理、总（副总）经济师、总（副总）会计师、总（副总）工程师等工业企业高级经营管理人员。

2月27日 广州市公民道德教育“双百工程”启动。是日起，广州市的职工群众和外来工可免费观看百场电影及参加百场广场文化活动。这次的“双百”工程由市总工会拨款15万元，由“100场主题电影”和“100场广场文化”两大板块构成。

2月28日 广州市第一家新型“货的”公司——广州市白云通达物流公司正式成立，首批100辆新型“货的”开始在广州上路。广州成为继上海之后国内第二个推出计程收费“货的”的城市。

3月1日 是日起，广州市牲畜屠宰和肉品流通管理体制改革在越秀、东山、荔湾、海珠、白云、天河、芳村、黄埔（含广州经济技术开发区）8个区全面启动。市内三大机械化屠宰厂及肉品批发商的垄断经营被打破，凡符合条件的企业都可以申办屠宰厂或做肉类批发商。对出售肉品的经营户要实行售肉出据制度，消费者买肉需要索取凭据的，肉品销售者应提供标有品名、重量、金额、档位编号的销售凭证。

3月5日 《广州社区就业管理暂行办法》出台。规定社区服务岗位必须使用广州市的失业人员，各级再就业专项资金每年安排15%以上的预算用于扶持和资助社区就业工作。

3月14日 市人事局透露，2002年，广州市调整接收普通高等学校应届毕业生政策，政策规定以学历、学位、专业技术职称、专业技术执业资格等作为人才准入的主要条件。

3月15日 广州的第三张维权大网——“12315”维权协作网络正式投入使用。它由29家政府职能部门组成，对超出工商行政管理职能范围但与消费者权益密切相关的申诉举报，由12315受理后转给并督促相关部门处理。至此，领先全国建立3张维权大网的系统工程全部完成。

3月18日至23日 市政协九届五次会议召开。主要议题：审议通过常委会工作报告，审议常委会提案工作情况报告，听取和讨论政府工作报告及其他报告，表彰优秀提案，审议九届五次会议提案审查情况的报告，审议通过会议决议。此会议首次邀请市台资企业协会负责人、台商代表和市各党派机关非委员正处长干部旁听各次大会，开通本会网站，组织电视专题录播；会议还邀请35名市民代表旁听会议。

3月20日 市十一届人大五次会议开幕。会议通过两个规范性文件，即《广州市人民代表大会审查批准监督国民经济和社会发展计划规则》和《广州市人民代表大会审查批准监督预算办法》，从制度上规范对计划和预算的审查批准监督。此次会议议案表决方式首次由举手表决改为由电子表决器表决。

3月22日 市委组织部召开干部任免制现场会，推广芳村区实行干部任免"票决制"经验。"票决制"就是组织部门通过民主推荐、考察，差额提出拟任干部名单，召开常委会，介绍拟任职位的基本条件和人选情况，由常委会成员充分讨论，以无记名投票方式表决，当场公布结果，形成决议，并向全区公布。芳村区委从2000年8月实行"票决制"以来，通过票决方式任免261人次处级以上干部。

3月25日 是日起，东亚银行广州分行（港资）在广州开办包括国内居民和企业在内的各类客户的外汇业务。这是中国加入世界贸易组织以后，外资银行分支机构首次获准在广州全面经营外汇业务。

3月28日 广州市白云区同德街撤销5个经济合作社，挂牌成立5个经济发展公司，建立5个社区委员会，正式接受城市社区管理方式，实现由"城中村"到公司的改制，这在广州市尚属首次。

4月10日 广骏旅游汽车企业集团有限公司首批85辆四星级出租车和577辆三星级出租车投入运营，使广州市成为继北京、上海之后国内第三个推行出租汽车星级服务的城市。

4月14日 广州长隆集团董事长苏志刚以私营企业家身份当选广州工商联会长。私营企业主当选省会城市工商联会长，这在全国尚属首次。

4月15日 第九十一届中国出口商品交易会开幕，30日闭幕。本届广交会会期实行重大改革，由每届11天半改为"一届两期"，每期5天半。截至29日，到会客商达到120576人，出口成交额达168.5亿美元，分别比上届增长18.9%和26.7%，均创历史新高。

4月17日 广州市第一次举办对外知识产权通报会。澳大利亚、加拿大、英国、美国和日本等九国驻穗总领事、领事馆官员参加通报会。2001年广州全市专利申请量为4998件，专利授权量为3337件，新增注册商标7255件，收缴盗版光碟1000多万张，其中收缴盗版电脑光盘216张。

4月19日 广州市广百股份有限公司正式成立。新成立的广百股份由广百集团、粤泰集团、东方宾馆、市汽车贸易有限公司、广州市广之旅房地产开发有限公司和广州轻出集团有限公司等共同出资设立，注册资本人民币1.2亿元。

4月26日 广州首家能提供门诊、住院、家庭病床、康复等综合服务的慈爱医院正式成立，服务对象是社区内社会困难群众。该院也是市内首家以董事局领导作为运作机制的综合性医院。

4月29日 广州决定开放银行、电信、保险、商业、旅游、运输等领域，首次将电信、燃气、热力、供排水等城市管网领域列为对外开放领域。允许外商在穗投资港口、公用码头、医疗机构等并可控大股。

6月6日 广州经济技术开发区和广州保税区正式合并，广州经济技术开发区、广州高新技术产业开发区、广州出口加工区、广州保税区由广州经济技术开发区党委、管委会统一组织领导和管理。

6月13日 市规划局对外公布广州"生态城市"建设规划。该规划在广州传统的"云山、珠水"的基础上，进一步提出从大区域出发建设"山、城、田、海"的山水型生态城市的基本构架。

6月14日 广州市东山区通过省教育督导验收组的督导验收，成为广东省首批教育强区。该区拥有省、市一级学校（幼儿园）26所，居全省之首。

6月24日 红十字紧急救助系统在广州正式启动，广州成为继北京、上海之后国内第三个启动该系统的城市。市内首批36服务行业网点已配备随时能服务市民的急助护理设备和急救人员；红十字紧急救助系统将在全市1000个服务网点启动。

6月25日 南沙地区整体城市设计与重要节点城市设计国际竞赛正式启动，来自亚、欧、美和广州本地的9家著名设计单位形成五大组合，角逐打造一个具有国际水准和地方特色的滨海城市形象。南沙规划控制区的范围，总面积约为

536 平方公里，几乎相当于广州老城区（54 平方公里）的 10 倍。

6 月 28 日　“广州城市环境综合整治五年行动”项目获“2002 年联合国改善人居环境最佳范例（迪拜）奖”，并在入选的 10 个项目中排名第五，成为 2002 年中国唯一获奖的项目。这是继 2001 年底获评为“国际花园城市”后，广州市的可持续发展再次获得世界的肯定。

7 月 4 日　广州市《企业经营信用记录公示（查询）管理办法》正式公布，标志着广州市企业经营信用记录公示制度正式进入实施运作阶段。根据新的管理办法，工商部门对在该局及其分局注册登记的企业法人、经济组织、外国（地区）企业代表机构及在本市从事经营活动的企业法人和其他经济组织的经营信用，进行及时的收集、整理、归类、录入、存储，通过红盾网向社会公众提供网上企业经营信用信息查询服务，并将认定的经营信用良好的企业和经营信用不良的企业在网上向社会公示。

7 月 8 日　市委、市政府举行广州市南部快线暨新龙大桥开工仪式，这标志着南沙大开发工作正式启动。南部快线起于广州东南西环高速公路仑头互通式立交，终点接龙穴岛深水港区道路，是广州中心城区“南拓”中心轴的主骨架道路，对衔接龙穴岛深水港区的疏港运输起重要作用。新龙大桥是进入龙穴岛的跨海大桥，全长 2486 米，宽 29 米，通航净空 24 米，投资 2 亿多元，是南部快线建设中的一个关键工点。

△是日　“新世纪羊城八景”评选揭晓，并举行命名仪式。新八景为：云山叠翠、越秀新晖、珠水夜韵、古祠留芳、黄花皓月、天河飘绢、莲峰观海、五环晨曦。这是中华人民共和国成立后第三次评选“羊城八景”，评选活动面向全市市民，岭南特色、历史底蕴和不老的广州成为评选的重要标准。

8 月 5 日至 6 日　广州市召开 2002 年度职称改革会议。会议明确，广州市在年内将建立“个人申请、社会评价、单位使用、政府调控”的职称评价新机制，从而完善与社会主义市场经济相适应的专业技术资格评价体系。配合即将进行的事业单位人事制度改革，推行全员专业技术职务聘任制，逐步实行“按需设岗、按岗聘任、公平竞争、能上能下”的单位自主管理模式。

8 月 12 日　市委、市政府印发《关于促进个体、私营经济上新水平的若干意见》，进一步放宽对个体、私营企业的限制。该意见指出：坚持一视同仁，平等对待，合力营造政治上认同、社会上尊重、政策上支持、法律上保护的良好发展环境，促进个体、私营经济从分散小规模经营向规模集约化经营转变，从内向发展向国际化经营转变，从劳动密集型向劳动密集型与技术密集型结合转变，从家族管理向现代化企业管理转变，从不规范经营向规范经营转变。

8月23日 广州市第一家民营企业党委——中共广州恒大实业集团委员会成立，开创民企党建工作的先河。

8月26日 广州市中小学收费“一费制”方案正式出台，从9月新学年开始执行。学校除按规定收取书杂费、学杂费和住宿费外，不得擅自立项，提高收费标准或搭车收费；不得违规使用教育收费。中小学“一费制”收费，实行“收支两条线管理”，财政部门根据学校提交的用款计划，按有关程序将所缴款项返还学校，由学校在允许开支的范围内安排使用。

8月28日 广州市政府信用网站“广州信用网”开通试运行，19万余个企业的企业名称、地址、工商注册号、经营范围、注册资金和币种6类基本信息可在该网查询。

8月 兴丰生活垃圾卫生填埋场正式投入使用，总投资6.83亿元。该项目被列入国家环境保护“十五”重点工程项目，于2000年11月动工兴建。

9月4日 市电信局在广东率先成立专业性呼叫中心，正式推出专业化“呼叫中心”外包服务，为企业提供客户投诉、客户服务咨询、产品推荐热线与市场调查、电话销售等服务。

9月16日 广州市花都区狮岭镇荣膺“中国皮具之都”称号，成为继浙江温州、海宁和河北辛集之后，中国第四个皮革皮具产业的重点发展区域。到2001年，花都狮岭已形成4000家企业集聚，从业人员超过6万人，生产、加工、销售、运输、信息交流相配套的产业体系。

9月27日 是日起，广州市商业银行所辖自动柜员机受理香港银行卡异地提现业务正式开通，在广东银行业中率先通过中国银联的系统支持，实现穗港两地银行卡的互联互通。广州市商业银行此次实现的与香港银行卡的联网通用，首先开通香港银通卡在该行广州市区的ATM机上提取人民币。

10月11日 广佛轨道交通试验段在佛山魁奇路站工地举行开工仪式，标志着珠三角城际快速轨道交通线网建设正式启动。广佛线是国内第一条城市之间的快速轨道交通线路，全长33公里，由广东省、广州市、佛山市、南海市各自委派出资代表，共同设立广东广佛轨道交通有限公司。魁奇路站是广佛城际快速轨道的起点，工程包括300多米长的折返线和12米岛式站台车站，投资近2亿元。

10月14日 香港特别行政区驻内地首家经贸派出机构——香港驻粤经济贸易办事处在广州挂牌成立。成立香港特区政府驻粤经贸办的目的是，促进香港与广东的经济合作，加强粤港之间的商贸联系，促进内地往香港的投资或透过香港进军世界，并对在粤经营业务的港商提供更佳的支持。

10月16日 广州风神汽车公司在花都举行15万辆产能改造工程奠基仪式。按照设计规划，“风神”生产能力2004年将达到年产能12万辆，2005年达到15万辆。

10月17日 市委召开常委扩大会议，宣布中央关于广州市委主要领导职务变动的通知：林树森任中共广东省委常委、广州市委书记，免去黄华华广州市委书记职务。25日，市十一届人大常委会第三十六次会议决定接受黄华华辞去市十一届人大常委会主任职务，并推选市人大常委会副主任李善培代理市人大常委会主任。

10月28日 广州南沙开发区市政建设首批工程暨沙仔大桥动工。沙仔大桥是南沙开发区范围内首批市政基础设施建设项目的第一项工程，位于开发区黄阁镇境内，为跨沙仔沥水道连接沙仔岛与小虎岛的桥梁工程。

10月29日 广州市被中央精神文明建设指导委员会评为“全国创建文明城市工作先进城市（城区）”，广州市番禺区沙湾镇获“全国创建文明村镇工作先进村镇”称号。

△是日 广州宝龙汽车集团5万辆商用车产能改造工程奠基暨新车型投放仪式在增城三江举行。该项目首期规划用地100公顷，总投资12亿元，为广东省重点工程建设项目。

11月2日 中国首届国际牛仔服装节在增城新塘开幕。国内最大的牛仔服装市场——广州新塘国际牛仔纺织城，亦同时剪彩投入使用。该市场总投资5亿元，占地 20 多公顷。12 月，新塘镇被中国纺织工业协会评为“中国牛仔服装名镇”。

11 月 6 日 广州市农村税费改革工作基本完成，走在全省试点地区最前面。全市农民总体减负 73%，超额完成广东省提出减负 20%的目标，农村税费总额从税改前 27821 万元下降到 7591 万元，农民人均负担从 108 元下降到 29 元，亩均负担从 116 元下降到 36 元。

11 月 26 日 《广州市海洋功能区划》正式通过专家组评审。广州海洋功能区涉及海岸和岛屿岸线 298.7 公里，区划用海面积近 3 万公顷。该区划将广州海滨分成 4 个综合功能区，具体为黄埔港口、临海工业综合功能区，化龙至石楼功能区，小虎至南沙功能区和龙穴、万顷沙功能区。区内再细分为 145 个子功能区。总体上，港口、临海工业、生态保护及旅游用海被摆在突出位置。

11 月 27 日 综合门户网站“中国广州政府”（www.guangzhou.gov.cn）正式开通运行。该网站包括党委、人大、政府、政协、纪检机关的网站，12 个区、县级市政府网站进行首页互联，是广州市统一的政府信息发布和网上办事平台。

11 月 29 日 广州市调整建立社区居委会任务基本完成。全市 12 个区、县级市原有的 1915 个居委会重新调整划分为 1572 个，减幅为 17.9%。同时，第一届社区居民委员会依法建立。除“村改居”外，全市共完成 1320 个社区居委会选举工作，其中实行直选的社区 59 个，户代表选举的社区 81 个，居民代表选举的社区 1180 个，直选社区居民参选率最低为 70%，最高为 95%，产生第一届社区居民委员会成员 7736 人。

12 月 1 日 市物价局公布的餐饮业、旅游业、房地产业及医疗四大行业实行明码标价的实施细则，即日起生效。同时，放开饮食、娱乐业价外加收服务费，实行市场调节价，由经营者依法自主决定，但必须明码标价，在顾客消费前明示。

12 月 16 日 市政府印发《关于加快我市农村中心镇村建设的意见》，全面启动中心镇村建设规划。总体目标是：从 2003 年开始，市政府每年重点支持 5 个中心镇（白云区、花都区、番禺区、增城市、从化市各选一个镇），建设一批基础设施配套完善、城市功能区划科学合理、管理高效、各具特色的中心镇。通过 5 年至 10 年或更长的时间，把广州农村地区建设成为广大市民向往的具有田园风光、环境优美的现代化新型城区。

12 月 23 日 广州市推进农村中心镇建设现场会召开，决定将增城市石滩镇、从化市太平镇、花都区狮岭镇、番禺区沙湾镇、白云区江高镇列为首批中心镇建设试点镇，建设工作于 2003 年启动。

12 月 26 日至 30 日 中共广州市第八次代表大会召开。市委书记、市长林树森代表第七届市委向大会作题为《全面贯彻“三个代表”重要思想，加快率先基本实现社会主义现代化》的报告，强调今后 5 年是广州率先基本实现社会主义现代化的关键时期，必须全面贯彻“三个代表”重要思想，抓住机遇，与时俱进，开拓创新，加快发展，努力实现广州经济社会发展新跨越。会议选举产生第八届市委委员 47 名、候补委员 9 名和新一届市纪委委员 29 名。通过关于第七届市委报告的决议、关于市纪委工作报告的决议。

12 月 30 日 市委八届一次全会召开，选举产生以林树森为市委书记的新一届领导班子；审议通过新一届市纪委一次全会选举产生的常务委员会委员和书记、副书记人选，朱振中当选市纪委书记。

2002 年 广州全市实现国内生产总值 3001.48 亿元，比上年增长 13.2%，成为全国经济总量超 3000 亿元的三大城市之一。人均国内生产总值 4.2 万元，在全国大城市中位居前列。全市一般预算财政收入 245.9 亿元， 增长 17.5%，高于经济增长水平。三次产业增加值的比重为 3.44 ：40.88 ：55.68。

2003年

1月2日 广州国际会议展览中心首期工程建成投入使用。该中心首期投资40亿元，占地43万平方米，总建筑面积39.5万平方米，有三层共16个展厅，有国际标准展位10200个，是当时亚洲最大、世界第二的会展中心。

1月4日 中共中央政治局委员、省委书记张德江在考察广州时，要求广州围绕全面建设小康社会，加快率先实现社会主义现代化的目标，以提高城市综合竞争力为核心，全力推进工业化、信息化、国际化，精心打造经济中心、文化名城、山水之都，进一步把广州建成带动全省、辐射华南、影响东南亚的现代化大都市。

1月28日 广州纺织工贸企业集团有限公司、广州发展集团有限公司、广州珠江啤酒集团有限公司、广州珠江钢琴集团有限公司、广州百货企业集团有限公司和广州市建设资产经营有限公司等六大广州市国有资产授权经营机构正式挂牌并全面启动运作。此次挂牌是自推进机电、汽车、轻工、钢铁、医药五大板块的国有资产授权经营试点工作以来，广州深化国有资产管理体制改革的又一重大举措。至此，广州市已形成11个国有资产授权经营机构。

2月8日 广州地铁三号线市桥站北至番禺广场站盾构区间工程动工。该工程全长4.7公里，总造价3.07亿元，是地铁三号线最大的盾构隧道标段，也是迄今国内最长的盾构区间隧道。

2月12日 市人大常委会召开《广州市城市房屋拆迁管理办法（草案）》的立法听证会，这是广州市首次举行的立法听证会。16位来自社会各界的听证代表就拆迁裁决、拆迁补偿价格、原址产权调换三大焦点问题献计献策、展开辩论。

2月22日 市十一届人大常委会举行第三十九次会议。会议审议并表决通过，决定接受林树森辞去广州市市长职务的请求，决定张广宁为广州市代理市长。

3月8日 广州市劳动力中心市场的“远程见工”系统正式启动，广州市对口扶贫的梅州市200名外来务工人员通过可视通话网络与广州招聘单位实行430公里的远距离见工面试。这种运用现代科学技术实行远距离大批量招工的方式在广州尚属首次。

3月12日 《广州市生态城市规划纲要（2001—2020年）》（简称《纲要》）正式公布实施。《纲要》将生态学、经济学和城市发展规律相结合，是具有前瞻性、战略性、指导性和宏观性的综合性规划。根据《纲要》，广州将用20年左右的时间，率先在全国大城市中建成兼具岭南自然景观与人文景观及山水特色、最适宜人们创业发展和生活居住的区域性国际生态城市。《纲要》最引人注目的内容，包括建设3条沿江发展的城市带、形成可持续发展的生态化产业体系、建构“三纵四横”7条生态主廊道、到2020年末常住人口控制在1500万人以内等。

3月20日 广州市珠江新城I3-1、I3-2、I3-3地块和琶洲PZB11地块分别由保利房地产股份有限公司和广州市环博展览有限公司以人民币2.13亿元和3.23亿元竞得。这是广州国有土地使用权挂牌出让第一次成交。

3月20日至25日 市政协十届一次会议召开。会议听取代理市长张广宁作的政府工作报告，审议通过政协九届常委会工作报告、政协九届常委会关于提案工作情况的报告。会议通过政协十届一次会议决议、政协十届一次会议选举办法，选举产生政协十届广州市委员会主席、副主席、秘书长、常务委员。陈开枝当选为政协第十届广州市委员会主席。

3月21日 市委、市政府印发《关于实施再就业工作目标责任制的通知》，全面实施再就业工作目标责任制。要求建立完善社会保障制度，想方设法为就业和再就业创造有利条件，广开就业门路，净增就业岗位，有效解决就业问题尤其是困难群体再就业问题。

3月21日至29日 市十二届人大一次会议举行。在《政府工作报告》中，明确将省委、省政府要求广州“围绕全面建设小康社会，加快率先实现社会主义现代化目标，以提高城市综合竞争力为核心，全力推进工业化、信息化、国际化，精心打造经济中心、文化名城、山水之都，进一步把广州建成带动全省、辐射华南、影响东南亚的现代化大都市”作为广州城市新定位。会议选举林树森为市第十二届人大常委会主任，张广宁为广州市市长。此次大会改变往常交办议案建议的形式，采用网上交办议案建议。

3月31日 广州市政府市长专线电话“12345”正式开通。该号码与全国政府热线网络接轨，并将原来的一条线路扩容为30条线路。将原号码更改为“12345”，目的是方便群众易记易用，形成“12345，有难找政府”的氛围，构筑政府与群众联系的绿色通道，保持政府与人民群众的密切联系。

4月5日 市政府印发《广州现代物流发展规划纲要》。该纲要提出用10年左右的时间将广州建成中国南方国际现代物流中心的战略目标和总体思路，提出加快广州现代物流发展的政策和措施，用于指导全市现代物流发展。

4月6日 广州市民春季万人健身跑活动在天河体育中心举行。市五套班子的20位领导以及来自广州各大机关、企业、教育、体育系统和10个区的近两万名群众参加。此次活动是广州实施《全民健身计划纲要》以来规模最大、参加领导人数最多和级别最高的一次群众性长跑活动。

4月7日 天河区政府透露，在国家科技部可持续发展实验区办公室组织的国家可持续发展实验区评审活动中，该区以高分上榜，成为广东省首个城区类国家可持续发展实验区。

4月10日 广州市卫生工作会议在花都召开。会议透露，今后农民看病将执行新型农村合作医疗制度，即由农民、当地政府、国家三方共付医疗费。

4月13日至14日 中共中央总书记胡锦涛视察广州国际会议展览中心、广州地铁二号线、广州本田汽车有限公司、光宝集团旭丽电子（广州）有限公司、广州东山区劳动就业培训服务中心、东湖街社区服务中心和北京路商业步行街，还专门到广东省疾病预防控制中心、广医一院、市第一人民医院和市第八人民医院看望慰问医务人员，指导抗“非典”工作。

4月15日 第九十三届中国出口商品交易会在广州开幕，于4月30日闭幕。本届交易会参展企业达9128家，创造历届之最，首次尝试组织跨国集团“定点采购”，与现场同步进行的网上洽谈，扩展无限时空。设立翻译中心，组织一支具有较高外语水平的翻译队伍，为来宾服务。

4 月 18 日 教育部《教育管理信息化标准》贯彻实施会暨《教育管理信息化标准》广州应用示范区启动仪式在广州举行。广州市正式成为全国首批该标准应用示范区，并选定约 300 所中小学作为试点学校进行第一批建设。

4 月 21 日 中山大学附属第三医院党委委员、传染科党支部书记、主任医生邓练贤在救治“非典”病人时感染“非典”，不幸逝世。23 日，中共中央总书记胡锦涛作出重要批示，沉痛悼念邓练贤，并指出：有广大医护人员的奋斗与贡献，有全国上下的团结一致，众志成城，就一定能战胜疫病。

△**是日** 省委书记张德江到市第八人民医院、广州火车站、广州白云机场，慰问抗击“非典”第一线工作人员和部署下一阶段“非典型肺炎”防治工作。他强调要继续把防治非典型肺炎当作头等重要大事抓紧抓好，再接再厉，严防反弹，直到夺取防治非典型肺炎工作的最后胜利。

4 月 24 日 市政府召开广州市非典型肺炎疫情处理工作领导小组扩大会议，市长张广宁公布广州近期将对非典防治工作采取的七大措施。会议决定在原有协调小组的基础上再成立广州市非典型肺炎应急处理办公室，24 小时值班，对从化、增城、花都、番禺等地的医务人员进行培训，制订方案应付农村地区一旦出现的疫情，确保农村病人的治疗，并组织好一线医务人员轮休。

△**是日** 全国总工会授予广州医学院第一附属医院呼吸疾病研究所“全国五一劳动奖状”，授予中国工程院院士、广州呼吸疾病研究所所长钟南山，广东省中医院护士长叶欣（已殉职），广东省疾病控制中心副主任林锦炎“全国五一劳动奖章”。

4 月 28 日 省长黄华华等省领导到广州医学院第一附属医院和市第一人民医院，深入抗击非典型肺炎防治第一线，询问一线医务人员的工作和生活情况，听取专家们的意见和建议，研究如何进一步切断“非典型肺炎”传染源，开展科技攻关，巩固成果，防止疫情反弹。

4 月 30 日 国务院总理温家宝在广州考察“非典”防治工作。先后到华师附中、天河北路侨怡苑、林和街社区卫生服务中心等处考察，到广东省人民医院看望正在值班的医护人员，详细了解医院收治非典病人的情况，询问医护人员的健康状况。

4月 中国文联及中国曲艺家协会授予广州市荔湾区“中国曲艺之乡”称号。这是广东省唯一获此荣誉的城区。荔湾区是粤剧艺术的发源地，素有“粤剧粤曲故乡”之称。

5月7日 市委、市政府召开广州市“为人民健康而战，夺取抗击非典战斗全面胜利”工作会议，传达省委书记张德江检查广州防治“非典”工作时的指示，研究部署以社区为重点，进一步搞好防疫工作，打好抗击非典攻坚战，动员全市人民坚决夺取抗击“非典”战斗的全面胜利，决定从5月8日起在全市集中开展为期一个月的爱国卫生运动。

△是日 广州文冲船厂为德国L&B航运公司建造的1400TEU集装箱船“DURANDE”（杜兰德）号建成投入使用。该船总长175米，型宽27.4米，型深14.3米，设计吃水深度9.5米，航速19.5节，最大载重量2.35万吨，可装载1700个标准集装箱。这是迄今华南地区建造最大、具有国际先进水平的全集装箱船。

5月8日 市委书记林树森、市长张广宁带领市委、市政府以及越秀区机关干部1000多人，到广州火车站进行清扫活动，拉开全市为期一个月的爱国卫生运动的序幕。

5月9日 省委书记张德江主持召开会议，专题研究广州市非典疫情出现波动的问题。会议发出“为人民健康而战，切断非典传染途径”的号召，主要任务是突出抓防疫，切断非典传染途径，争取尽快使新发病例降下来。并强调要采取对策，弥补损失，确保完成2003年的经济增长目标。

5月12日 经红十字国际委员会批准，广东省中医院二沙分院急诊科护士长叶欣（已殉职）等10名中国护士获得护士的最高奖——南丁格尔奖章。14日，国家人事部、卫生部、解放军总政治部追授在抗击“非典”斗争中以身殉职的医务工作者邓练贤、叶欣、陈洪光（广州市胸科医院重症监护室主任）“白求恩奖章”。

5月13日 市劳动争议仲裁委员会和市司法局印发《劳动争议仲裁法律援助工作若干规定》，明确规定广州市困难群体可向法律援助机构申请法律援助，享受缓、减、免收仲裁费等待遇。这是广州市首次规定困难户可缓、减、免收仲裁费。

△**是日** 广州市举行东山、荔湾等6个区27个路段1022个自动收费停车泊位经营权拍卖会。广州德生科技公司以每表2800元的限价竞得，项目建设期限为3个月，经营期限为5年，经营期满后由政府无偿收回。德生除承担这些设施的投资、建设和经营外，还需负责经营期内的设施维护和保养。这次拍卖会采用“设置最高限价＋摇珠”的方式确定买家，在国内尚属首次。

5月30日 广州市首个外来工文化广场——棠下外来工文化广场在天河区棠下街棠德花苑投入使用。该广场面积近3000平方米，两旁设有阅读栏和职工文化宣传橱窗。广场还设立移动舞台，举办外来工文化、体育、教育等活动。

6月9日 市政府常务会议通过《关于防治“非典”期间对部分行业减免行政事业性收费的通知》，规定对受“非典”疫情影响比较严重的集贸市场、餐饮、旅店、娱乐、民航、旅游、公路客运、水路客运、出租车等行业实行减免行政事业性收费，减免期5个月，预计减免金额约1.3亿元。

△**是日** 东风汽车集团公司与日产自动车株式会社实行长期全面战略合作，合资组建注册资本为167亿元的新的东风汽车有限公司，并将乘用车公司总部及主力工厂放在花都。

6月13日 市消委会向全市消费者发出“倡导文明饮食，拒食野生动物”的1号倡议。倡议指出：不滥食野生动物，自觉遵守《野生动物保护法》，以保护野生动物为己任，发现经营野生动物的行为尽快举报，使野生动物失去买卖和食用市场。向消费者发出消费倡议，在全国消费者协会系统中尚属首次。

6月26日至27日 市委、市政府召开全市贯彻落实胡锦涛总书记视察广东讲话精神大会。会议主题是，传达学习全省贯彻落实胡锦涛视察广东讲话大会精神，对广州市的学习和贯彻落实工作作进一步动员和部署，把全市广大干部群众的思想和行动统一到讲话上来，努力实践胡总书记提出的新的发展观，实现加快发展、率先发展、协调发展，加快广州现代化大都市建设的步伐。

6月27日 市委、市政府召开广州市抗击“非典”表彰大会。大会认真总结5个多月来全市抗击“非典”工作的成绩，表彰在抗击非典斗争中作出突出贡献的先进集体和先进个人。这是广州市有史以来规模最大、规格最高的表彰大会，是广州市抗击“非典”工作取得阶段性重大胜利的标志。钟南山等10542名先进个人和广东省人民医院等764个先进集体受到表彰。

7月1日 是日起，在广州南沙开发区、广州经济技术开发区、广州高新技术产业开发区、广州出口加工区、广州保税区5个区试行行政管理“无费区”，取消49项带有税收性质的行政事业性收费，对在南沙开发区内登记注册及投资经营的企业，免收在行政管理过程中所有的行政事业性收费，只保留少量国家法律法规所规定的证照工本费和“一关三检”收费。

7月11日 市政府和中国文联、中国音乐家协会签署协议，宣布中国音乐界第一个综合性艺术大奖——“中国音乐金钟奖”从2003年起正式落户广州。“金钟奖”是与电影“金鸡奖”、电视“金鹰奖”同级别的国家级大奖，也是中国目前唯一的国家级综合性音乐艺术最高奖。

7月16日 广州市首家慈善超市东山区慈善捐助超市正式开业。该超市依托市、区捐赠站，集中社会各界人士的捐款捐物，常年无偿为社会特困家庭提供社会救助服务。慈善助困超市实物救助以辖区内救济户为单位，救助对象可凭票自主选择救助物品。

7月 市司法局等部门联合发文，要求各区、县级市安置帮教办、劳动和社会保障局、总工会近期进入市属各劳教所为劳教人员举办职业技能培训班。劳教人员职业培训由社会行为转为政府行为，这在全国尚属首创。

8月1日 广州市救助管理站正式挂牌成立。市救助站隶属于广州市民政局，地处广州市白云区，前身是广州收容遣送中转站萝岗分站。市救助站占地面积70.8万平方米，划分为多个功能区域，有办公区、救助区、儿保中心、宿舍区等，共设置救助床位630张。

△是日 广州在全国率先出台《广州市国家行政机关及其公务员公共服务行为规范试行规定》，规范政务工作，优化办事程序，提高办事效率和公共服务质量，营造优良的经济发展环境。

8月6日 广州南沙开发区举行周年庆典暨部分项目竣工和开工剪彩仪式。总投资6.5亿元的8个工程项目正式竣工，总投资达41.5亿元的20个建设工程和投资项目奠基开工。总投资达 50 亿元的 9 大工业项目 8 月 5 日下午也在广州花园酒店举行签约仪式，正式落户南沙。

8 月 21 日　广州开发区透露，经国家商务部、国家国土资源部和国家建设部批准，广州经济技术开发区东区北片和永和经济区正式纳入规划调整范围，增加规划面积 28.9772 平方公里。开发区规划发展用地面积从原来的 9.6 平方公里扩大至 38.5772 平方公里。

8 月　广州市 12345 市长热线（市长电子邮箱）受理中心在市信访局内挂牌成立。市长专线电话从原来一台电话、一支笔、一张纸的沟通记录方式，发展为网络化办公、信息化运作。

9 月 18 日　广州市首家慈善再就业培训机构——广州汇丰慈善教育再就业培训基地在芳村区劳动就业培训中心挂牌成立。该基地由香港上海汇丰银行资助开办，免费为全市特困下岗失业人员提供技能培训，以实现再就业。

10 月 13 日　广州市越秀区北京街、大新街、人民街非公有制经济组织党委正式成立并挂牌。这是广州市首个街道地区性非公有制经济组织党委，主要负责引导和监督企业、协调企业与职工之间的关系等工作。

10 月 15 日至 30 日　第九十四届中国出口商品交易会在广州中国出口商品交易会展馆举行。《2003 年中国对外贸易形势报告》首次在会上公布。此届广交会首次在琶洲新馆设置部分展区试运行。共有 48 个交易团、10195 家企业参展，展出商品达 12 万种。来自 201 个国家和地区的采购商共 150485 人，累计出口成交总额达 204.9 亿美元。

11 月 20 日　广州黄花岗信息园获国内首家国家级“信息服务业示范园”称号并挂牌。广州黄花岗信息园于 2000 年 6 月在 1991 年成立的黄花岗科技园的基础上组建成立，是广州市高新技术产业示范基地和广东省电子商务示范基地。

11 月 29 日　从化市太平镇钱岗村广裕祠保护修复工程被联合国教科文组织授予“亚太地区文化遗产保护杰出项目奖第一名”奖项。这是中国第一个获得该奖项的文物单位。从化广裕祠由上级部门拨款近百万元进行全面修复，工程在 2001 年 11 月开始，历时 4 个月完成。

12 月 4 日　广州市政府门户网站（www.gz.gov.cn）政务公开栏目正式开通。

开设“政府信息依申请公开”业务，重点公开市本级政府的事权、财权和人事权，具体包括“市领导班子成员”“政府文件”“规划与公报”“申请公开”等11个分栏目，并作出限时处理的承诺。这在全国尚属首次。

12月10日 市人大常委会创新监督方式，举行首场《广州市城市市容和环境卫生管理规定》执行情况的监督听证会。此次监督听证会是全国首次人大听证会。市人大将听证制度引入人大工作，开创先河。

12月12日 国务院正式批复同意广州申办2010年第十六届亚运会。2002年韩国釜山亚运会期间，根据国家体育总局的建议，广东省政府、广州市政府向国家提出广州申办2010年亚运会的请示，拉开广州申亚的序幕。2003年1月12日，广东省政府和国家体育总局联名向国务院提交由广州市申办2010年亚运会的请示报告。

12月22日至23日 市委八届二次全会举行。会议贯彻落实党的十六届三中全会、中央经济工作会议和省委九届四次全会精神，听取市委常委会的工作报告，总结2003年工作，研究和部署2004年工作。

12月26日 为纪念毛泽东诞辰110周年，“一代伟人毛泽东在广州展览”在广州农民运动讲习所旧址举办开幕式。同日，毛主席视察棠下纪念馆（原毛主席视察棠下农业生产合作社旧址）经修葺后向社会开放。此前，广州已举办毛泽东诞辰110周年邮票首发式和邮展活动、“毛泽东与叶剑英”等展览。

12月28日 广州市110社会应急联动指挥系统正式开通。报警受理系统年接处警设计容量为1000多万宗，日接处警设计容量近3万宗。系统采用信息技术、通信技术、电子技术以及智能技术等现代科学技术，并结合广州地区的治安和城市管理实际构建而成，在国内处于领先地位。

12月29日 广州市首条“南北大动脉”——华南快速干线二期工程竣工通车。该工程是京珠高速公路国道干线广州境内的重要组成部分，全线长15公里，投资14亿元。

12月30日 广州“东进”战略的重要交通基础设施——广园东路延长线（增城市新塘镇至东莞市中堂镇）正式建成通车。至此，广园快速路全线贯通。此后，广州至东莞乘城际大巴只需要45分钟，全长约47公里的广园快速路成为除107

国道、广深高速外，第三条连接广州和东莞的便捷通道。

2003 年 广州市在国内率先开展对城市下水道中可燃易爆有毒有害气体的监测工作。首批确定政府机关、重点文物保护单位、步行街及人流集中地、居民密集点、石油气加气站、加油站、化工油料集散地等 40 个监测点，覆盖东山、越秀、荔湾、海珠、白云、芳村等区。

△**是年** 继 1998 年政府机构精简后，市政府又对 1998 年以来成立的 185 个领导小组、委员会、协调小组等议事协调机构和临时机构进行调整清理，共撤并 93 个此类机构。

△**是年** 广州全年实现地区生产总值 3496.88 亿元，比上年增长 15.2%，增速同比提高 2 个百分点，为 1995 年以来最高水平。按户籍人口计算的人均生产总值达 4.84 万元，增长 14%，按当年平均汇率折算，约合 5850 美元。至年末，广州地区金融机构本外币存款余额为 9379.6 亿元，贷款余额为 6742.8 亿元，分别比年初增长 13.9% 和 17.3%。

2004年

1月1日 是日起，广州市对外商在广州市投资办企业登记注册放宽核准分支机构营业执照的经营期限等6项限制，在外资企业登记材料的受理上，取消名称核准登记须提交项目建议书和可行性研究报告等6项规定。这在全国尚属首次。

△**是日** 《关于改革我市常住人口调控管理制度的若干意见》正式实施。是日起，以准入条件取代现行入户政策和城市基础设施增容费政策。侨汇购房入户等有关规定被取消，申办蓝印户口手续也停止受理，而在3年内个人累计缴纳个人所得税达到10万元并连续3年在广州居住、就业（创业）和缴纳社会保险的，则可入户广州。

1月15日 广州钢铁企业集团与JFE钢铁株式会社合资成立的广州JFE钢板有限公司正式挂牌，第一期项目——40万吨热镀锌钢板厂在南沙钢铁基地破土动工。是日，广州南沙慧视光电子基地项目的开工剪彩仪式在南沙资讯科技园举行。该项目3期总投资为1.75亿美元，目标是为所有信息技术应用提供宽带集成器件和基于器件的系统的解决方案。

2月6日 广州西二环高速公路项目正式启动。该项目为国道主干线广州绕城公路、京珠高速主干线的重要组成部分，连接广州、佛山两大城市。南起广三高速公路，北接广州北二环高速公路和广花高速公路，全长39.13公里，计划投资28.5亿元。2006年8月30日，西二环高速公路全线贯通。

2月10日 广州市煤气公司与中国市政工程华北设计研究院举行广州市首宗天然气利用工程中的外围高压管线工程设计合同签字仪式。这是广州市第一个高压燃气管道建设项目和第一个上千万元的大型燃气建设设计合同，标志着广州市天然气利用工程全面启动。该工程总投资 23 亿元，主要包括市内中、低压管网的改造、延伸和外围高压管线、管网自动控制以及后方设施、调度系统等三部分。

2 月 18 日 2004 年广州市农村富余劳动力转移就业系列专场招聘会的首场招聘会在从化举行，6000 多名农民应聘来自 68 家企事业单位的 1500 多个岗位。这是广州市首次举行大规模专招农民的招聘会，参加此次招聘会的大部分为民营、私营企业，主要以社会服务业、餐饮业、制造业和建筑业为主。

2 月 25 日 由广州汽车集团有限公司与丰田汽车公司合资组建的广汽丰田发动机有限公司正式成立并奠基。公司投资总额 22 亿元人民币，注册资本 11 亿元人民币，广汽集团占股比 30%，丰田公司占股比 70%。按计划，合资公司将从 2005 年初投产，生产能力起步规模为 30 万台 / 年，其中 20 万台出口。至此，日本三大汽车生产企业丰田、日产、本田全部落户广州，广州已经形成广州经济技术开发区、广州花都、增城永和等几个大型的汽车零部件配套基地。

△是日 广州白云国际机场和汕头、湛江、梅县机场正式移交广东省政府新组建的广东省机场管理集团公司管理。省政府将省机场管理集团以及民航总局移交给省的机场资产委托广州市管理，该集团公司实行广东省属广州市管体制。

3 月 18 日 泛珠三角城市投资促进机构发展研讨会在广州召开。与会代表就区域间招商引资资源整合和协同发展、当前投资促进机构发展状况及各城市经验介绍、如何提高招商引资的服务水平及增强招商引资的针对性和实效性等议题展开讨论。会议发表“优势互补、资源整合、区域合作、共同发展”为主题的《泛珠三角城市投资促进机构合作宣言》。

3 月 22 日至 27 日 市政协十届二次会议召开。会议听取政协第十届广州委员会常务委员会工作报告和十届一次会议以来提案工作情况的报告；对十届一次会议以来关于《建立我市突发事件应对系统，加强政府应急能力》《完善基本医疗保险制度，促进社会经济健康发展》《关于发展广州都市型工业》《广州地区餐饮业废油脂污染、回流餐桌问题》等 16 件质量较高、办理成效显著的优秀提案进行表彰。

3 月 24 日至 30 日 市十二届人大二次会议举行。大会主要有 4 项任务：一是对2003年广州市在国民经济和社会发展、依法治市及推进民主法制建设方面的成绩、经验进行总结。二是审议和批准2004年广州市国民经济和社会发展计划，审议和批准广州市和市本级2004年预算草案报告和市本级预算等。三是审议废止《广州市人民代表大会关于办理代表建议、批评和意见的办法》，审议修改《广州市人民代表大会关于保障代表执行代表职务的若干规定》。四是选举事项。此次会议首次采用无线表决方式来表决大会的各项议题，该项技术在目前全国各地举行的人大会中尚属首次采用。

3月28日 广州市沥滘污水处理厂首期和大坦沙污水处理厂三期工程正式建成通水。这是继2003年广州市建成猎德污水处理厂（二期）和西朗污水处理厂（一期）之后，又同时建成的两大污水处理厂，使广州污水处理能力达到142万吨/日，城市生活污水处理率达到70%。

3月29日 全国首个实现海关、检验检疫、海事、边防、港口作业一站式的政务平台——广州电子口岸正式开通。广州电子口岸是广州物流信息平台的重要组成部分，被列入2004年广州市信息化建设重点建设项目之一，将为船代和货代提供报关和报检“一站式”服务平台。

4月8日 广州2010年亚运会申办委员会在市体育局正式挂牌成立。是日下午，举行首次工作会议。该委员会是经国务院2004年2月批准成立的机构，负责领导和组织实施广州申办2010年亚运会期间的所有工作。

4月10日 “爱我广州，支持申亚”万人跑暨签名活动在天河体育中心举行。这是广州申办亚运会以来第一次大规模的政府、企业、社会团体和群众全面支持申亚的大型活动，也是广州2010年亚运会申办委员会正式成立以来第一次官方组织的活动。

4月15日 市委组织部、市编办、市财政局、市人事局和市劳动保障局联合印发《广州市贯彻〈国务院办公厅转发人事部关于事业单位试行人员聘用制度意见的通知〉的实施意见》，正式启动事业单位人员聘用制度。按照先试点后铺开的原则，首先在市直属有关系统和区、县级市选择条件成熟的单位进行聘用制度的试点。

4月30日 市政府召开全市进一步加强土地管理工作紧急会议。会议透露，广州市原有开发区（园区）53 个，根据中央和省市进一步治理整顿土地市场秩序的精神，市、区两级政府分别发文撤销 41 个开发区（园区），其余 12 个开发区（园区），属于予以保留的有 6 个，属于整合后拟保留的有 5 个（其中两个整合为一个）。

4 月 广州宝龙特种汽车股份有限公司 2500 万元人民币普通股股票在上海证交所上市交易。这是广州市第一家民营企业上市公司。

5 月 14 日 广州新光快速路全线动工。该线路作为广州城区南拓的一项重点工程，呈南北走向，起于海珠区新港东路，跨过珠江，经番禺香江野生动物世界至番禺区光明路止，全长 23 公里，总投资约 45.2 亿元，双向 8 车道，设计时速为每小时 80 公里。工程设特大桥 2 座、大桥 1 座、全互通立交 4 座、半互通立交 3 座、隧道 1 条（1600 米）。

5 月 18 日 市委、市政府召开广州市 2002—2003 年度精神文明建设总结表彰暨创建全国文明城市、国家卫生城市动员大会。会议总结两年来广州市精神文明建设工作情况，对广州市创建全国文明城市、国家环境保护模范城市、国家卫生城市工作进行动员和部署。

△**是日** 东风汽车有限公司乘用车公司 15 万辆年产能力的广州花都新工厂正式竣工投产。该工厂投资 18 亿元人民币，总占地面积 94 万平方米，建筑面积 28.4 万平方米。

5 月 19 日 市十二届人大常委会第八次会议审议通过《广州市城市总体规划（2001—2010 年）》，将广州市区划分为中心组团、番禺组团和花都组团，中心组团包括越秀、荔湾、东山、海珠、天河、芳村、黄埔和白云原市辖 8 个行政区，番禺组团和花都组团分别涵盖番禺区和花都区。

6 月 1 日至 3 日 首届泛珠三角区域合作与发展论坛先后在香港、澳门和广州举行。此届论坛的主题为“合作发展，共创未来”，九省区负责人及香港、澳门特别行政区长官在广州共同签署《泛珠三角区域合作框架协议》，标志着泛珠三角区域合作全面启动。

6 月 6 日 广船国际股份有限公司建造的中国首艘 3000 吨级装备舰载直升机的海上巡视船“海巡 31”号下水。该船是中国海事系统最大吨位、装备最为先进的海上巡视船，是中国海事系统第一艘适航无限航区的国际航行入级船舶。主要用于南海海区的巡逻，负责海上安全监督管理、海上交通事故调查处理、海上污染监测、海上搜寻和救助及履行国际公约等。

6月9日 中国首家中外合作五星级酒店——中国大酒店合约期满，中外双方业主代表签署合作期满、财产移交协议，酒店产权易主，自此收归广州市政府。“回归”后的中国大酒店保持原管理模式，继续由当时世界酒店管理集团中位列第三的万豪国际集团管理。该酒店开业9年已偿清本息，成为全国最早还本获得利润的中外合作酒店。

6月16日 中国残疾人联合会正式授予广州市“全国残疾人工作示范城市”称号并举行授牌仪式，广州市成为全国第二个残疾人工作示范城市。广州市的贫困残疾人专项补助制度、贫困残疾人16种慢性病医疗救助制度以及农村助残安居工程，创全国先河。

6月23日 海珠区沥滘新村奠基。该新村总用地面积近10万平方米，工程预算投资逾20亿元，全部由该村4000名股民自筹资金，分5期共15年完成。这是广州市最大规模的“城中村”改造试点村，新规划将按“五区二轴”的结构进行改造，彻底改变旧村建设的落后与混乱局面，改善“城中村”人居环境，从原来的城乡二元体制转变为城市的一元化发展。

6月28日 广园西路高架路改造工程、黄埔大道—华南快速路立交改造工程、广州大道—花城大道交叉口交通改善工程、广州大道北—天河北路交叉口交通改善工程、广州大桥北周边道路改造工程（又叫临江大道西延线工程）5项重点交通改善工程竣工通车。

7月1日 亚奥理事会在多哈举行的亚奥理事会第二十三届全体会议上宣布：中国广州获得2010年第16届亚运会举办权。广州亚申委、中央电视台和市政府在琶洲国际会展中心举办《中国心·亚运情》文艺焰火晚会。广州成为中国继北京之后第二个承办亚运会的城市。

7月14日至17日 首届泛珠三角区域经贸合作洽谈会在广州国际会展中心举行，11个省、区代表团出席开幕式。会上正式签署《关于加强泛珠三角区域教育交流合作框架协议》。洽谈会设产业投资类、基础设施类、商务与贸易类、旅游类、农业类、科技类、电子信息类和能源环保类，展场面积2万多平方米，总展位1056个。洽谈会首日签约项目847个，总成交额2926亿元。

7月28日 广州市创建文明示范村镇工作会议在番禺沙湾镇召开。会议就开展文明示范村镇工作作出部署：从2004年开始，力争到2010年将广州市扶持建设的15个中心镇全部建成文明示范镇；同时市文明委将在白云、番禺、花都、增城、从化5个区、县级市进行创建文明示范村试点工作，力争用一年左右时间，初步建成一批富有广州特色的文明示范村，到2010年，广州市将建成50个左右体现广州市创建工作水平的市级文明示范村。

8月5日 广州新白云国际机场正式投入使用。启用首日进出港航班583架次，进出港旅客约6万人。新白云国际机场历时3年零10个月建设，总投资198亿元，是中国首个按照中枢理念设计建造的枢纽航空港，是中国规模最大、功能最完善、现代化程度最高的民航机场，是中国连接世界各地的重要口岸和国际航空枢纽。

8月9日 市委、市政府召开创建国家卫生城市动员大会，部署突出抓好整治“六乱”和内街内巷环境卫生、“城中村”及城乡接合部的环境卫生、饮食食品行业卫生等5项专项整治工作。

8月12日 美国Cyberner Net Group（CNG）集团中国区总部正式落户广州天河软件园，这是广州市引进的投资规模最大的软件类企业。位于天河软件园的CNG研发中心将成为全球软件开发的核心，为全球客户提供软件设计、开发以及维护服务。

8月26日至29日 市政府在香港举办“穗港合作，共同发展”系列活动。此次广州重点推介的项目包括，申办亚运成功后新一轮城市建设重点项目、地产业发展项目和一批现代服务业项目等。签约项目50多个，涉及制造业、金融、房地产、酒店等多个门类，总金额131亿港元。

8月27日 市委、市政府印发《关于进一步加快中心镇建设的决定》，出台多项促进中心镇建设的利好政策，包括中心镇建设规划、财政资金支持、农村人口户籍改革、完善农村社会保障、农民培训和富余劳动力转移等方面。该决定为广州中心镇的建设设定总体目标：按照“统筹兼顾、优化布局、管理高效、各具特色”的原则，切实抓好15个中心镇的建设，每个中心镇中心区约20平方公里、可容纳 20 万人左右的规模。

8 月 30 日 广州石化千万吨炼油改扩建工程正式动工。该项目总投资 30.7 亿元，将建成 120 万吨 / 年加氢裂化、210 万吨 / 年加氢处理、200 万吨 / 年柴油加氢精制、100 万吨 / 年航煤加氢等炼油装置，改造一批生产装置和配套的公用工程及贮存系统。

8 月 31 日 广州市农村卫生暨新型合作医疗工作会议召开。会议透露，是年起，以保大病、保住院、减轻农民群众大额医疗费用负担，缓解农民因病致贫、因病返贫为主要目的的农民医疗保障制度在广州全面推行，惠泽广州 200 多万农民，符合条件的农民可获住院医药费用 30%以上的补助，一年累计住院费用补助 1 万元以上。

△是日 广州南方大厦转制合同签订。9 月 1 日起，南方大厦实行股份制经营模式，由多家民营企业参股经营。改制后的南方大厦经营范围由经营百货为主转为经营数码类产品为主。

9 月 1 日 广州市第一次经济普查工作正式启动。1.3 万多名普查员开始正式上门，在全市范围内进行为期两个月的单位清查和个体经营户普查。普查范围涉及国民经济行业分类中除农业外的 19 个行业门类、90 个行业大类、378 个行业中类、875 个行业小类；调查对象包括第二、第三产业的全部法人单位和产业活动单位以及个体经营户。

9 月 14 日 市委、市政府召开全市深化政府机构改革动员大会，部署市、区（县级市）政府机构改革工作。调整后，市政府将设 41 个工作部门，另设议事协调机构的常设办事机构 1 个，市政府派出机构 2 个。

9 月 16 日至 17 日 首届泛珠三角省会城市市长论坛在中国大酒店举行。9 个省会城市的市长共同签署《泛珠三角区域省会城市合作协议》。在此届市长论坛和 2004 年广州博览会期间，泛珠三角省会城市共达成合作项目 942 项，投资总金额 1406.91 亿元。泛珠三角省会城市信息互通平台”正式开通。

9 月 28 日 珠江西部唯一深水码头、广州港南沙港区一期工程 4 个超 5 万吨级深水泊位建成投产，南沙一期码头泊位总长 1400 米，码头纵深 1300 米，同时建有冷藏箱位和危险品货物箱位，能满足世界最先进、最大型货运船舶和散货作业的需要，标志着广州港实现从河口港向海港发展的新跨越。

9月 中山大学、华南理工大学等10所高校的大学城校区正式开学，首批近4万名学生进驻广州大学城。大学城选址番禺小谷围岛，规划投资200多亿元，一次建成10所高校新园区。一期工程投资150多亿元，从2003年1月开始启动。

10月15日 广州市南洲水厂正式竣工投产。南洲水厂包括广州市南部供水其他部分总投资约26亿元，是全国第一家规模最大、工艺最先进、日供水能力达100万立方米的饮用净水厂，刷新广州乃至国内城市供水建设的多项纪录，其出厂水质完全符合国家饮用水标准并向欧洲标准看齐。

10月18日至22日 首届中国中小企业博览会在广州花城会展中心举行。共设有展位1860个，展览内容涉及工艺品、纺织等领域，来自全国30个省（区、市）和香港、澳门的1950家企业参展，总成交额达320亿元。除产品展示和采购洽谈外，此届中博会还举办中国中小企业高峰论坛、中小企业融资洽谈会和科技成果发布会等活动。

10月19日 广州市城市管理服务热线12319在新成立的市城市管理投诉服务中心正式开通运作，该热线24小时接受公众对违法建设、违章施工、“六乱”、噪声扰民、“三废”污染、道路保洁、市政设施、供水煤气、物业管理、危房险情等方面的城管问题的举报和投诉。这是全国首个代表市政府24小时接听、受理市民投诉、举报城市管理问题的专线。

10月22日 广州市正式启动“教育e时代”工程，为全国首创。工程分2—3期进行，第一期包括广州市教育科研网、广州名师辅导网、“心灵导航”——学生心理健康教育网站、广州市教育科研网数字图书馆、广州市教育科研网教学资源库、学生专用电子邮箱等10个项目。

10月28日 花都区花东镇山下村至联安村的客运班线正式开通。至此，广州市通公路的1199条行政村全部开通公路客运班车，开行线路共235条，提前完成“村村通班车（公交）”的工作目标。

11月1日至2日 2004年中国市长论坛在花都举行。论坛主题为“城乡统筹，协调发展”。来自全国70多个城市的数十位市长，中央、省、地、县等各级政府官员，银行金融家和城市科学研究专家学者共400多人就城乡统筹规划与协调发展、城乡统筹管理与建设、投融资与城乡经济3个主题进行研讨。

12月22日 中共中央总书记胡锦涛视察广州科学城、猎德污水处理厂、东山区大塘街社区服务中心和广州新白云国际机场。在考察广州科学城时，胡锦涛对区内的高新技术产业和项目给予高度评价，并指出要探讨“为什么发展、怎样发展”的问题。在大塘街社区服务中心，他与市民亲切交谈，并为社区党员上党课。在猎德污水处理厂，他仔细询问污水处理采用的技术特别是中水利用的情况，指出要减少污水排放、提高处理率和复用率，使江河水清岸绿，大力推进资源的节约和综合利用，大力加强生态环境保护和建设，逐步构建节约型社会，积极发展循环经济。

12月23日 总长7049米的广州珠江黄埔大桥动工，标志着国道主干线广州绕城公路东段（东二环）高速公路正式进入施工建设阶段。珠江黄埔大桥位于黄埔区与番禺区间跨珠江主航道上，工程建成后将广州北二环、西二环高速公路及广明高速公路（广州段）连成一体，直接沟通经济开发区、黄埔区、番禺区和南沙开发区。

△**是日** 本田出口轿车生产基地一期工程建成批量试产。基地位于广州出口加工区，是全国唯一出口轿车生产基地，由本田汽车（中国）有限公司投资建设。该项目由广州汽车集团有限公司、东风汽车工业投资有限公司和本田技研工业株式会社共同投资组建，2003年5月29日正式动工，首期投资总额1.25亿美元，注册资本8200万美元，占地面积78.5万平方米，主要生产1—1.5升排量经济型轿车及其零部件，企业起步生产规模为5万辆，产值约40亿元人民币。

△**是日** 广州白云国际机场年旅客吞吐量首次突破2000万人次，创广州民航史上旅客吞吐量新纪录，成为继北京首都机场之后，国内第二家跨入世界最繁忙机场行列的机场。

12月27日 在国家建设工作会议上，广州市荣获“中国人居环境范例奖”，获奖的项目是广州市珠江滨水地区环境治理。这是广东省2004年唯一获此殊荣的项目。

12月30日 新广州火车客运站在番禺钟村石壁正式动工。该工程为铁道部规划的全国铁路四大客运中心之一，北接武广客运专线，南接珠三角城际快速轨道交通广珠段及广深港客运专线，与广州站、广州东站连接，总投资 130 亿元。

12 月 31 日 广州南沙港快速路（原暂定名广州南部地区快速路）主线全线贯通。南沙港快速路是广州“南拓”战略的主要干道，总投资 65 亿元，全长 72 公里，设计行车时速 80 公里。主线分别与多条城市主干道、快速路、高速路相连接，并通过环城高速公路与广东省的高速公路网相连，使白云国际机场航空港和生物岛、大学城信息港以及龙穴岛深水港由南至北连成一线，形成一条快速通道。

2004 年 广州各级政府部门大力清减数百种涉农税费，一次性取消 5699 万元的农业税，使广州农民率先实现零赋税。

△是年 广州市地区生产总值突破 4000 亿元大关，达到 4115.81 亿元，比上年增长 15%。三次产业的比重为 2.81 ∶ 44.16 ∶ 53.03。按户籍人口计算，全年人均 GDP 为 5.63 万元，比上年增长 13.7%；按当年平均汇率折算，约合 6800 美元，在国内大城市中位居前列。

2005年

1月13日　市委、市政府召开广州市城市管理年暨推进创建全国文明城市工作大会，部署从2005年至2007年，重点开展以城市环境、食品安全、流动人员为主要内容的城市管理工作。

1月18日　2005年广州市民营经济工作暨百强民营企业表彰大会在市政府礼堂举行。广州富力地产股份有限公司等100家民营企业获“广州市百强民营企业”称号。市民营百强企业的获选条件和评选标准，不仅有如企业营业收入、利税等经济指标，还有衡量企业发展潜力的自主知识产权拥有量等指标，对企业的信誉度也有极高要求。

1月21日　广州市保持共产党员先进性教育活动动员大会在中山纪念堂举行。根据中央和省委的要求和部署，广州市从2005年1月开始，用一年半左右的时间，分3批对全市约1.85万个党组织、40余万名共产党员进行一次集中教育，引导广大党员坚定理想信念，增强执政为民责任感，提高促进发展能力，塑造干净干事形象。

1月　合众汽车销售服务（中国）有限公司在广州成立。注册资本3000万元，投资总额5000万元，主要经营进口五十铃系列汽车。这是中国对外开放以及CEPA（关于建立更紧密经贸关系的安排）实施以来，首家获准设立的汽车零售领域的外商独资企业，标志着中国汽车销售领域的对外开放取得实质性突破。

3月16日　在浙江省义乌市举行的中国会展财富论坛暨2004年中国会展产

业年度评选颁奖典礼上，广州与北京、上海同膺国内三大最具影响力会展城市。

3月18日 广州芭蕾舞团、广州歌舞团和广州艺术学校成建制正式划归广州大学。“两团一校”并入广州大学之后，将与原来所属的广州市文化主管部门脱钩，广州芭蕾舞团、广州歌舞团和广州艺术学校分别为该校领导下的具有独立法人资格的专业演出团体和办学实体。这种“团校合一”的文化体制改革模式在全国尚属首创。

3月21日至26日 市政协十届三次会议召开。会议审议通过关于同意陈开枝辞去市政协主席职务的决定、十届政协常务委员会工作报告、十届二次会议以来提案工作情况的报告、十届二次会议以来提案审查情况的报告和政协十届三次会议决议，选举朱振中为政协第十届广州市委员会主席。

3月23日至28日 市十二届人大三次会议举行。会议通过关于广州市人民政府工作报告的决议、关于广州市2004年国民经济和社会发展计划执行情况与2005年国民经济和社会发展计划的决议、关于广州市和本级2004年预算执行情况和2005年预算的决议、关于广州市人民代表大会常务委员会工作报告的决议、关于广州市中级人民法院工作报告的决议、关于广州市人民检察院工作报告的决议。通过《广州市人民代表大会代表议案条例》，并报请省人大常委会批准。这是全国第一个人大议案条例。

3月29日 广州岭南（国际）企业集团有限公司在花园酒店挂牌成立，为广州第一个跨行业的大型企业集团。该集团由商贸食品加工业、酒店业、旅游观光业和食品物流配送业四大板块组成，总资产规模达76.48亿元，净资产规模达36.2亿元，注册资本15亿元。

4月2日 位于广州花都马溪工业区、总投资18.7亿元、年水泥生产能力230万吨的广州水泥厂环保迁建工程（广州市越堡水泥有限公司）举行点火试产仪式。

4月6日 美国联合包裹服务公司（UPS）正式开通广州—美国安克雷奇定期往返直航全货运航班，成为首个开通广州直航航班的国际快递公司，每周以6个全货运航班往返广州与美国安克雷奇。这是广州与美国之间第一条不经停货运航线。

4月8日至9日 “亚运·广州城市设计论坛”在广州艺术博物院举行。论坛形成“麓湖共识”，提出面向亚运会的阶段性城市建设目标应该与城市环境建设和发展的长远目标相结合。借举办亚运会的契机，广州调整城市规划，确定将广州市建成为“文化广州，岭南古郡；商贸广州，国际都会；活力广州，体育强市；生态广州，山水名城”现代化大都市。

4月27日 广州市智能交通系统应用试点示范课题——广州市ITS（智能交通系统）共用信息平台通过国家的验收。在全国10个“十五”智能交通系统建设示范城市中，广州成为第一个组织验收并顺利通过验收的城市。

4月28日 投资1.1亿元的广州南沙新客运港正式启用，旧客运港同时停止使用。新客运港设计标准为年客运量160万人次，设计旅客聚集量1600人，为国际客运港。新建码头共设置4个泊位，已建成3个泊位，可同时停靠3艘高速客轮。

4月30日 投资2000万元的广州地方历史文献整理出版工程——《广州大典》编纂工程在中山图书馆正式启动。该编纂工程是继清光绪十三年（1887年）刻印《广雅丛书》之后近120年来首次全面整理抢救广州地方文献的工作。丛书将从广州史料、穗人以及外地来穗人士的著述、广版丛书中选辑，整理包含经、史、子、集和丛书等类别书籍共约3000种文献。

6月1日 广州市第二少年宫落成典礼在珠江新城举行。该少年宫与规划中的广州图书馆、广州歌剧院、广东省博物馆共同组成文化广场上的标志性建筑，为广州新城市中轴上中央公共领域的重要组成部分，总建筑面积45917平方米，总投资约3.6亿元，可同时容纳2万名少年儿童活动，是全国首个互动探索型儿童博物馆。

6月3日 国务院正式批准设立广州南沙出口加工区。其位于国家级广州南沙经济技术开发区万顷沙镇十涌至十一涌之间，规划面积1.36平方公里。出口加工区采用封闭卡口管理，实行“境内关外”政策，直接面对国际市场。区内企业可同时享受国家级经济技术开发区和国家出口加工区的各项税收优惠政策，落户园区的企业不出园区即可办理完一切进出口手续。

6月8日 全国首次通过司法途径盘活烂尾地补偿被拆迁户的拍卖在广州市

房地产交易中心响槌，龙田地块以高出底价 2100 万元的 8200 万元顺利卖出，南京一家房地产公司竞得该地块。8 月 15 日，海珠区人民法院举行执行龙田烂尾地块款项发布会，124 户被拆迁户作为全国通过司法程序解决烂尾地问题的首批受益者，领取到合计人民币 3188.73 万元的拆迁补偿款。

6 月 12 日 “星海之声”万众歌会开幕式暨冼星海作品大型音乐会在广州体育馆举行。这是继 10 年前的万人大合唱后广东首个规模巨大的音乐会，旨在纪念人民音乐家冼星海诞辰 100 周年，大力弘扬以爱国主义为核心的民族精神。

△**是日** 2005 年全国安全生产万里行出发仪式在广州宏城广场举行。这是该活动自 2002 年启动以来首次在北京以外的城市举行出发仪式。活动的主题是“遵章守法、关爱生命”，行程跨越广东、湖南、湖北三省，到 6 月 29 日结束。

6 月 13 日 国家发改委发布公告，审核确定广州高新技术产业开发区实际测算面积调整为 37.34 平方公里，下辖广州科学城、天河科技园（软件园）、黄花岗科技园、民营科技园、南沙资讯科技园 5 个园区。广州高新区成立于 1991 年 3 月，经国家科委审定的面积为 18.6 平方公里。此前，国家科技部再次审核确认广州高新区审批的四至范围实际测算面积均符合土地利用总体规划和城市总体规划，并发函相告国家发改委。

6 月 21 日 广州汽车工业集团有限公司与韩国现代汽车株式会社正式签署《广州现代商用车项目合作基础协议》。根据协议，广汽集团与韩国现代汽车将在商用车领域展开全面合作，按各占 50% 的股权比例共同出资，在花都兴建年产 20 万辆的广州现代商用车基地。

6 月 23 日 市委印发《中共广州市委关于部分行政区划调整有关问题的通知》，决定撤销东山区、芳村区，原东山区并入越秀区、原芳村区并入荔湾区。设立广州市南沙区、萝岗区，保留广州经济技术开发区（广州高新技术产业开发区、广州出口加工区、广州保税区）管委会和广州南沙经济技术开发区管委会。

6 月 24 日 本田汽车（中国）有限公司（CHAC）生产的 150 辆经济型轿车 JAZZ 在广州新沙港装船出口德国，标志着中国制造的汽车正式进入欧美等发达国家市场。CHAC 是中国汽车产业历史上第一个专门生产出口产品的公司，于 2005 年 4 月投产。CHAC 生产的 JAZZ 轿车全部出口德国等欧洲市场，通过 Honda 在欧洲当地的法人进行销售。

7 月 2 日 广州南沙开发区南沙货运实业码头正式投入使用。南沙货运实业码头是南沙物流中心的主要配套工程，拥有 1 个万吨级泊位和 3 个千吨级泊位，岸线总长 480 米。万吨级泊位水深 9.8 米，码头设计年吞吐量 24 万标准箱，码头配套堆场总面积 4.5 万平方米。

7 月 13 日 广东省机场管理集团公司与美国联邦快递公司签署在广州白云国际机场设立联邦快递在中国的首个转运中心——FedEx 亚太转运中心的协议。这是第一家在中国设立转运中心的全球性快递公司。项目总投资约 24 亿元，包括建设滑行道、连接造、停机坪、货运处理仓库以及征地的费用。该中心占地约 2400 亩，按 2020 年日平均快件吞吐量 17.9 万件，快件及货物吞吐量 1823 吨，快件日分拣量 12.5 万件的规模设计。

8 月 9 日 “广州抗战史迹展”在广州艺术博物院展出。这是广州规模最大、内容最全面的反映广州军民抗战历程的展览。展览内容包括 300 多幅图片、100 多件文物、10 余辑录像等，内容涉及政治、军事、经济、文化、教育、文艺、新闻和社会生活各个方面。

8 月 12 日 广之旅获“中国用户满意鼎”，这是中国旅游行业第一个“满意鼎”，也是广州获得的首个“满意鼎”。此奖项作为国内质量管理领域的最高奖项，将中国宝鼎作为弘扬中国质量文化的象征载体，表现追求质量第一、服务第一、信誉第一的永恒理念。全国有 14 家企业获奖。

8 月 18 日 国家网游动漫产业发展广州基地挂牌仪式举行。这是国家新闻出版总署在全国规划建立的，继北京、上海、成都之后的第四个国家级网游动漫产业发展基地。基地落户于天河软件园，一期规划总面积 6.69 平方公里，其中网游动漫产业用地 200 亩，计划总投资 1.2 亿元，建设规模为 10 万平方米，建成后可以容纳 30 ~ 50 家网游动漫企业。

9 月 9 日至 13 日 国务院总理温家宝先后到珠海、中山、佛山、广州、东莞、深圳，围绕研究制定“十一五”规划进行考察。在穗期间，考察广州本田汽车有限公司、中科院广州生物医药与健康研究所、中山大学、星海音乐学院，并到荔湾区逢源街耀华社区看望居民，了解群众生活情况。28 日，市委召开常委扩大会议，传达学习国务院总理温家宝视察广州时的讲话精神，研究贯彻落实措施。

9 月 29 日　南沙区第一届人民代表大会依法选出南沙区第一届人大常委会和一府两院领导。9 月 30 日，南沙区人大常委会、区政府和区政协举行揭牌仪式，标志着南沙区作为广州市的一个行政区正式成立。

△**是日**　广州市北部江高—石井、九佛、竹料、龙归四大污水处理系统动工，四大污水处理系统总服务面积 473 平方公里。一期工程建设规模 23.5 万吨 / 天，总投资 19.557 亿元。

9 月 30 日　广清高速公路连接线地面道路竣工，标志着广清高速公路全线通车。该连接线工程按城市主干道设计，道路规划宽度 60 米，全长 5.4 千米，工程总投资额 2.7 亿元，由主线地面道路及"广清—北环"互通式立交地面道路两大部分组成。

△**是日**　4 条广州—佛山公交线路正式开通，实行分段收费，最低起价 2 元。结束了佛山市无公交车进入广州市的历史，标志着广佛经济一体化中公共交通行业正式进入实操阶段，实现佛山与广州公交网络的无缝衔接。

10 月 26 日　中央精神文明建设指导委员会召开大会，广州市被评为全国创建文明城市工作先进城市。这是广州自 2002 年被中央文明委授予该称号以来，再获殊誉。

10 月 31 日　市政府常务会议通过《广州市政府领导接听群众来电工作方案》，在全国率先将市政府领导接听群众来电工作制度化。

11 月 3 日至 4 日　市委八届五次全会召开。全会的主要任务是：认真学习贯彻党的十六届五中全会和省委九届七次全会精神，听取市委八届三次全会以来市委常委会的工作报告，回顾总结广州市"十五"期间的工作，以邓小平理论和"三个代表"重要思想为指导，以科学发展观统领经济社会发展全局，按照党中央、省委关于"十一五"规划的建议要求，紧密结合广州实际，审议通过《中共广州市委关于制定全市国民经济和社会发展第十一个五年规划的建议》，进一步谋划和推动广州现代化大都市建设的新发展。市委书记林树森代表市委常委会在第一次全体会议和第二次全体会议上作讲话，市长张广宁就该建议（讨论稿）作说明。

11月11日 广州市聋人电信固定电话中转平台正式建成。该平台在国内信息无障碍建设领域中处于领先水平，是广州继移动通信盲人定位导向呼叫中心建成后，又一项国内首创项目。

12月5日 中国总部经济高层论坛发布《全国35个主要城市总部经济发展能力评价报告》。广州综合发展能力排全国第三位，与北京、上海一起成为中国总部经济发展的第一能级城市。

12月8日至9日 首届中国总部经济与广州发展论坛在广州举行。论坛旨在总结和展望总部经济在广州的历史成就与发展趋势，探讨建立中国总部经济发展协调机制，加强资源整合，进一步扩大广州的国际竞争力。与会代表重点围绕总部经济与中心城市经济结构升级、总部经济与城市规划等议题展开探讨。

12月22日 国务院原则同意《广州市城市总体规划（2001—2010年）》。在批复文件中，国务院对广州作出如下定位：广州市是广东省省会，华南地区中心城市之一，国家历史文化名城。该总体规划调整重点是对因行政区划的变化和新的发展形势而带来的城市整体空间结构、土地利用、道路交通等方面的调整，并补充番禺、花都两个新区的内容。

12月26日 广州市轨道交通三号线首通段（客村至广州东站）、大学城专线（试验性工段）开通仪式在广州大学城举行。同时，二号线的延长段琶洲至万胜围一站一区间也开通运营。在同一天同时开通两条轨道交通新线，在国内尚属首次。广州首次形成真正意义上的地铁环状运营线网。

12月27日 “星光平安钟”服务从是日起逐步在全市范围内铺开，至2007年覆盖全市各社区，全市的老年人将享受到信息化的养老服务。“星光平安钟”服务试点工作始于2004年9月，市民政部门在越秀区范围内进行试点，依托区社区服务中心，采取香港“一线通呼叫服务中心”的技术和管理模式，与市电信局共同合作，建立“星光平安钟”呼援服务。

2005年 国家发改委正式批复并同意广州市根据城市总体规划目标确定的轨道交通总体建设规划，以及分阶段实施的建设方案。根据规划，广州将陆续建设轨道交通二号线嘉禾至三元里段及江南西至广州新客站段、三号线新机场至广州东站段、四号线奥林匹克中心至新造段、五号线滘口至文冲段、六号线浔峰圩至燕塘段、八号线晓港至凤凰新村段，线路总长度共计 127.6 公里。

△**是年** 市市容环卫局下属的环卫设备厂成功研制国内首辆餐厨垃圾专用收运车，并率先在越秀区进行试用。该车采用先进的真空密闭和油泵系统，可一次装运垃圾 8 吨，无滴漏、无异味，在车厢内就可实现油水渣分离。

△**是年** 广州市地区生产总值突破 5000 亿元大关，达 5154.23 亿元，比上年增长 12.97%；人均生产总值 8456 美元。三次产业全面增长。第一产业增加值 130.22 亿元，比上年增长 5.6%；第二产业增加值 2045.22 亿元，比上年增长 13.0%；第三产业增加值 2978.79 亿元，比上年增长 13.3%。三次产业的比重为 2.53∶39.68∶57.79。

2006年

1月5日至6日 市委八届六次全会召开。会议提出，2006年的工作要积极推动经济社会发展模式转型，突出抓好改革开放，突出增强自主创新能力，突出提高城市建设和管理的现代化水平，突出加快和谐社会建设。全会从八个方面对2006年的经济工作进行具体部署。

1月6日 在“2006诚信旅游论坛”上，广之旅国际旅行社股份有限公司公布全国首个《旅行社诚信经营自律公约》，响应国家旅游局诚信旅游的号召，在一贯坚持诚信经营的基础上，首次向消费者公布服务和产品的量化承诺。

1月17日 广州JFE钢板有限公司（GJSS）40万吨镀锌项目在南沙区竣工试产。作为南沙钢铁基地的首家企业，广州JFE钢板有限公司是珠三角汽车及相关产业链建设的环节项目之一，可为汽车和家电产业提供原板。该公司第一期项目——南沙40万吨热镀锌钢板项目占地28万平方米，毗邻龙穴岛南沙港口岸，总投资1.68亿美元，采用许多JFE专利和技术，是世界最先进的热浸镀锌工艺技术，是中国最高水平热浸镀锌生产线，也是华南地区唯一生产高档热镀锌板的生产线。

1月21日 “广州市总工会进城务工人员权益咨询服务部”挂牌成立，作为为进城务工人员提供维权服务的常设机构，主要向进城务工人员提供法律咨询指导服务和法律援助。这是全国首个专门为进城务工人员设立的权益咨询机构。

1月 国家知识产权局正式下文确定广州开发区为国家知识产权试点园区。从2003年开始，广州开发区管理委员会建立知识产权办公会议制度，进一步加强对全区知识产权工作的领导、组织和协调。以知识产权办公会议为核心，“政府主导、企业主体”的全区知识产权管理和保护大协作局面基本形成。

2 月 9 日 交通部、省政府正式批复《广州港总体规划》。根据该规划，广州港主要划分为内港港区、黄埔港区、新沙港区、南沙港区和珠江口水域锚地。为适应经济形势发展的需要，明确未来广州港的发展方向，优化港口的规划布局，合理、有效地开发港口资源，促进港口与城市、腹地协调发展，充分发挥主枢纽港的作用，广州港务局与交通部规划研究院开展广州港总体规划工作，编制《广州港总体规划》。

△是日 国家火炬计划花都汽车及零部件产业基地和广东省汽车产业集群升级示范区在花都挂牌。花都汽车产业基地于 2003 年成立，是科技部批准的国内第一个汽车及零部件专业产业基地，落户花都汽车产业基地的企业达 100 家，投资总额超过 140 亿元。

3 月 5 日 广州市“爱国、守法、诚信、知礼”现代公民教育暨学雷锋行动日活动在人民公园市府前广场主会场以及广州各区（县级市）12 个分会场同时举行。活动内容包括《广州市市民礼仪手册》首发式、书法家书写中华道德名言、“睦邻日”活动等。

3 月 7 日 国家汽车质量监督检验中心（襄樊）广州工作部在华南理工大学正式挂牌成立。国家级汽车检验机构在地方成立质量监督检验机构，在国内尚属首次。该工作部成立后，双方将在科研项目、技术研发、检测、检查、培训、计量、国家政策、检测信息沟通等领域展开合作。

3 月 16 日 加快广州市北部山区经济社会协调发展第二次工作会议召开。会议透露，从 2006 年至 2010 年，广州每年安排给每个山区镇的市、区（县级市）两级财政预算不少于 500 万元；市委农村基层办继续对 6 个山区镇的 94 条行政村进行财政补贴，补贴标准由年收入 5 万元提高到 6 万元，解决村两委行政办公经费问题。

3 月 17 日 广州市食品安全工作会议召开。会议透露，2006 年，广州市食品安全工作重点放在加强农产品牲畜的源头管理上，年内建立 30 家以上市级以上农业标准化示范区，年底基本消灭中心城区经营场所的无证照生产经营现象；室内肉菜市场的“放心肉”销售比例超市95%以上，室内肉菜市场80%以上，农贸市场65%以上。

3月20日 东风日产乘用车技术中心在花都区正式启用。该中心总投资3.3亿元，总占地面积20万平方米，是华南地区最大规模的汽车研发基地。作为日产的全球第四个研发中心，花都的乘用车技术中心将采用日产的全球研发技术平台，针对中国市场要求进行快速高效的产品研发。

3月21日至26日 市政协十届四次会议举行。会议听取并同意市长张广宁所作的政府工作报告，讨论并同意《广州市国民经济和社会发展第十一个五年规划纲要（草案）》和市中级人民法院工作报告、市人民检察院工作报告。会议审议通过政协十届常务委员会工作报告、关于十届三次会议以来提案工作情况的报告、关于十届四次会议提案审查情况的报告和十届四次会议决议。

3月23日至29日 市十二届人大四次会议召开。会议听取和审议市政府工作报告，审议和批准广州市国民经济和社会发展第十一个五年规划纲要，通过广州市2005年国民经济和社会发展计划执行情况与2006年国民经济和社会发展计划、广州市2005年市本级预算执行情况的报告和2006年市本级预算，听取和审议市人大常委会工作报告以及市中级人民法院、市人民检察院工作报告。

4月4日 广州市工会工资集体协商顾问团成立。首批20名各具专业知识的顾问团成员，可根据委托，代表职工方参与政策性、专业性较强的工资集体协商工作。这种引入专业人员对工会工资集体协商进行指导和帮助的做法，在全国尚属首次。

4月6日 黄沙市场上的两大主要水产集团——广州港集团和广州水产商业集团正式成立广州黄沙水产交易中心有限公司。此举标志黄沙市场上的水产品交易实现一体化管理、经营和发展。广州水产品交易中心在黄沙水产市场西北方向地域新征地2.5万平方米，建设成为占地面积5万平方米的国家级的广州水产品中心批发市场。

4月12日 市政府召开广州市2006年环境保护暨创建国家环境保护模范城市工作会议，并印发《关于深化创模工作巩固创模成果的措施》。市长张广宁向28个环境保护目标责任单位下达2006年广州市环境保护目标任务书，要求继续重点抓好水和大气污染问题。

4月30日 第十六届亚运会组委会工作委员会（简称亚工委）组建工作会议在广州大厦召开。第十六届亚运会组委会工作委员会正式成立，2010年亚运会各项筹备工作进入实质性全面启动阶段。亚工委是第16届亚运会组委会的工作机构，内设16个工作部门。

5月1日 广州新电视塔工程正式开工。工程位于海珠区新港中路艺苑路，总占地面积约8.4万平方米，总建筑面积约11万平方米，塔总高610米。建筑安装工程概算约16亿元人民币。

5月8日 市劳动和社会保障局转发《关于企业年金方案和基金管理合同备案有关问题的通知》，向全市推出企业年金，企业及其职工可在依法参加基本养老保险的基础上，自愿建立补充养老保险制度，年金可以由企业出资，也可以企业和职工按比例共同出资。

5月20日 中共中央政治局常委李长春考察广州南沙开发区。他强调："今后南沙的开发要继续牢固树立和落实科学发展观，实施'生态优先'战略，高起点规划、高标准建设、高效能管理，把南沙地区建设成为产业布局合理、基础设施配套、自然环境优美的现代化生态型新城区。"

△**是日** 国务院批准文化部确定的第一批国家级非物质文化遗产名录共计518项。其中广州市申报的项目广东音乐、狮舞、广绣、象牙雕刻被确定为第一批国家级非物质文化遗产。

5月24日 广州市召开全市深化文化体制改革工作会议。会议指出：全市文化事业单位改革将分三类进行，坚持区别对待、分类指导；将逐年加大对公益性文化事业的财政投入，以筹备亚运会为契机，建设一批特色鲜明、功能完备、方便群众的现代文化设施；改革对文化发展专项资金的拨款办法，对重大文化精品生产可以采取招标制或以奖代拨；实施文化"走出去"战略，鼓励有条件的文化企事业单位与境外知名文化机构合作，在境外合办报刊、出版社、频道、节目和展览，力争把广州建成华南文化产品交流批发中心。

6月2日 《广州市流动人员录用备案管理工作规范》颁发施行，流动人员录用备案信息首次实行实名制，身份证号、姓名、性别、年龄、文化程度、社保情况等必须齐备。广州市全面启动流动人员的录用备案业务。

6月6日 广州港南沙汽车滚装船码头在南沙开发区沙仔岛建成投产。该码头有3个深水泊位，能靠泊世界上最大的汽车滚装船，年通过能力达100万台，一次停放汽车2万台。

6月9日 在环保总局举行的全国首届“环境友好工程”颁奖典礼上，广州地铁二号线获“环境友好工程”奖。这是广东省唯一的获奖项目，也是全国轨道交通行业唯一的获奖项目。广州地铁二号线首期工程总投资90亿元，其中环保投资就有0.59亿元。

6月26日 广州市纪念中国共产党成立85周年暨先进性教育活动总结大会在中山纪念堂召开。大会表彰先进性教育活动中涌现出的楷模标兵，总结先进性教育的经验成果。31个先进基层党组织、122名优秀共产党员和32名优秀党务工作者代表受到表彰。从2005年1月开始，广州约1.85万个党组织、42万多名党员分3批集中开展先进性教育活动。

7月1日 中共三大会址、中共中央机关旧址保护工程竣工暨纪念馆落成典礼在恤孤院路3号中共三大会址广场举行。中共三大会址的复建工程包括四大部分：中共三大主会场旧址工程；修缮三大期间陈独秀、李大钊、毛泽东等党的重要领导人活动的主要场所春园、逵园、简园（统称为“三园”）；新建用于文物和历史资料展览的三大陈列馆；新建一个大型停车场。整片建筑面积达到4200平方米。

7月11日 市委决定，广州市将实行派驻纪检监察机构并实施统一管理。派驻纪检组组长兼任驻在部门纪委书记，担任驻在部门党委委员，参加党代会选举。首批派驻机构单位包括市中级人民法院、市建委、市财政局、市国土房管局等11个单位。

7月18日 瑞典国王卡尔十六世·古斯塔夫和王后乘坐瑞典“哥德堡号”仿古船抵达南沙客运码头，广州在码头举行了盛大欢迎仪式。这艘从2005年10月2日下水，沿着古海上丝绸之路驶向中国的仿古船，历经9个半月航行后抵穗，并于7月22日至8月13日向市民开放参观。“哥德堡号”在广州停留期间，中方和瑞方举办涉及经贸、文化、旅游等领域的一系列活动。

7月19日 市委印发《关于林树森同志免职的通知》。经中央批准，林树森已调贵州省任职，免去其广东省委常委、广州市委书记职务。是月，经中央批准，朱小丹任广州市委书记。

7月24日 投资额为50亿美元、中国最大的外资项目——中科合资广东炼油项目落户广州南沙区。项目由中国石油化工集团公司与科威特国家石油公司合资建设，对缓解广东地区成品油供应压力和促进广东经济持续快速发展有重大的意义。

7月28日 广州北部水系建设首期工程动工。该工程是广州市水系建设的标志性工程，从珠江西航道广和大桥上游至白云湖，总长4.6公里，总投资12.68亿元，首期工程主要为广和泵站、引水渠、白云湖三大部分，按两百年一遇防洪标准设计。工程完工后，每天可以从珠江西航道引入100万立方米的活水，改善北部60多条河涌水质。

8月2日至5日 环保总局创模技术评估专家组到广州，对广州的创模工作进行为期3天的技术评估核查和检查。专家组到新河浦涌、猎德污水处理厂、南洲水厂、粤华发电厂、西关大屋社区、省汽车站等27个现场实地检查，并同意广州通过创模技术评估。11月18—20日，广州市创模考核验收小组对广州创模进行考核验收。20日，市政府召开广州市创建国家环境保护模范城市考核验收反馈意见会，国家创模考核验收组宣布广州创模通过考核验收。

8月18日 广州最大地下主题商场“动漫星城”在人民公园下沉广场开城。这是全国首个动漫体验基地，投资达6亿元，总建筑面积3.2万平方米，也是国内首个获得地下物业产权的主题式商场。随着动漫星城的投入使用，全国首个地下商业圈也初具形态。

8月22日 中远太平洋有限公司与A.P.穆勒—马士基集团合作经营广州港南沙二期码头协议签字仪式在广州举行，双方联合广州港集团，建设广州港南沙港区二期6个集装箱专用深水泊位以及相应配套设施，总投资约40亿元。

8月28日 广州市天然气利用工程项目正式点火投产启动仪式在番禺金山门站举行，标志着广州正式进入清洁能源的新时代。工程创广州燃气建设史上3项纪录：投资最大（项目总投资达23亿元）、建设规模最大（110公里高压输气线、

3座天然气接收门站、5座高中压调压站和后方基础设施，以及市区中压管网的延伸和改造工作）和建设速度最快（2005年3月底开工，2006年8月28日投产）。

9月10日至15日 在第五届世界水大会上，广州市获中国人居环境奖（水环境治理优秀范例城市）。广州先后建成9座城市污水处理厂，铺设的污水收集管网系统达420公里；生活污水日处理能力从2001年的58万吨/日提高到2005年的155.3万吨/日；每年从珠江及80多条河涌水面打捞垃圾6万多吨。

9月24日至10月1日 第二十七届世界摔跤锦标赛在广州举行。本届世锦赛是国际摔联历史上首次把自由式、古典式和女子自由式3个摔种安排在一起举行的比赛。这是历史上办赛规模最大、参赛人数最多的世界摔跤锦标赛，也是广州近年来举办的最高规格、最高水平的国际比赛。

9月25日 广州市智能交通管理指挥系统开通。该系统历时5年开发研制，耗资2.1亿元，由15个子系统组成，全部投入使用后，城市主干道交通监控和电子警察覆盖面从50%提高至90%，接受和处理警情更快，交通管理指挥的效益和效率将得到提升。

9月28日 市妇联和广州军区总医院联合举行的百名特困家庭重症心脏病儿童救治活动正式启动。市妇联筹集救治款300万元，广州军区总医院承担手术治疗并减免部分医疗费，为102名特困家庭的患有先天性心脏病的重症儿童进行手术治疗。这种大规模开展救治重症儿童的行动在广州尚属首次。

10月12日 市委、市政府召开广州市建设中医药强市会议。会议提出，广州将实施中医和中药“三名”战略，打造名院、名科、名医和名企、名店、名药。大力改善基础设施条件，建设13个中医基础设施项目，总投资9.6亿元。用3年到5年时间，争取达到各级各类中医医疗机构功能完善、布局合理，中医药卫生服务网络健全、分工明确，中医药学科齐全、名医汇聚的目标。

10月15日至30日 第100届中国出口商品交易会在广州举行。15日晚，在广州国际会展中心广场举行开幕式暨庆祝大会，国务院总理温家宝宣布从第101届起，中国出口商品交易会正式更名为中国进出口商品交易会。此届广交会共设展位31408个，展览面积为28.2万平方米，共有50个交易团，14001家企业参展，累计成交额340.6亿美元。广州交易团在此届广交会出口成交10.54亿美元，首次突破 10 亿美元。

10 月 25 日 李坑生活垃圾焚烧发电厂正式投产。该厂位于白云区太和镇永兴村，占地 10 万平方米，设计处理能力为 1040 吨 / 日，是广州首座以循环经济和资源再生利用为理念、国内第一个也是唯一采用中温次高压参数的焚烧发电厂。该发电厂是广州市重点工程项目，由市政府投资 7.25 亿元、引进国际先进环保技术建设。2002 年 12 月正式动工，2005 年 10 月 23 日点火试运行。

11 月 1 日至 2 日 市委八届七次全会召开。全会认真学习贯彻党的十六届六中全会和省委九届九次全会精神，总结广州和谐社会建设取得的成绩，分析广州和谐社会建设面临的形势，审议通过《中共广州市委关于贯彻〈中共中央关于构建社会主义和谐社会若干重大问题的决定〉的实施意见》，部署广州推进和谐社会建设的各项工作。

11 月 3 日 广州第三座 500 千伏输变电工程——广南输变电工程投产。广南变电站通过 500 千伏线路，连接沙角电厂、台山电厂等广东电网大电源，可为广州电网源源不断地输送电能。当 500 千伏广南输变电工程及其配套 220 千伏线路工程全部完工投产后，将有效解决南部电网供电的“卡脖子”问题。

11 月 10 日至 12 日 2006 年首届中国（广州）国际果蔬交易会在江南果菜批发市场举行。会场展馆面积近 3 万平方米，参展内容包括名优水果、蔬菜等农业加工产品、果蔬种子、果蔬包装、加工机械、检验检测仪器等。共有 1800 家国内外企业参加，100 多个名优果蔬产品参展，签订购销合同金额 40 亿元。

11 月 13 日 《“书香羊城”——全民阅读系列活动方案》出台。从 2006 年起，把每年的 12 月定为全民读书月。这是广州市首次从市委、市政府的高度对市民阅读活动作出整体策划和部署。16 日，首届“全民阅读月”活动启动仪式暨 2006 年羊城书展开幕式在天河体育中心举行。书展为期 4 天，占地 1.8 万平方米，展位 600 多个，展出最新的出版物 10 多万种。

11 月 17 日 广州对 8 宗地块挂牌出让，其中金沙洲推出的 4 幅地块在限套型、限房价的基础上，采用竞房价、竞地价的方法出让，这是全国首次运用“双限双竞”模式进行土地出让，是对解决房地产发展的症结问题和全国土地拍卖模式改革的一次重要尝试。

11月20日 《广州市进一步扶持软件和动漫产业发展的若干规定》正式实施。从2007年起5年内，广州每年安排1.5亿元设立软件和动漫产业发展资金，用以鼓励对软件和动漫产业的投资，对软件和动漫企业及其高级技术和管理人员予以奖励，提供政策性补助以吸引国内外大型软件和动漫企业或研发机构落户广州，支持软件和动漫人才的引进、培训以及扶持软件和动漫产业基地建设等。

12月6日 市委、市政府与百色市委、市政府在广州召开座谈会，纪念广州百色扶贫协作10周年，并正式签署《“十一五”时期广州—百色扶贫协作计划协议书》。5年内，广州每年安排650万元无偿财政资金，用于支援百色市20个左右的贫困村开展整村推进扶贫项目建设和基础设施及移民培训项目。扶贫协作10年来，广东省和广州市共向百色无偿援助各种扶贫资金4亿多元，加上各种捐物折合款项达6亿元。广州与百色达成250多项经贸协作项目，总投资90多亿元，为百色捐建希望小学243所。

12月22日 广州最大的人工湖白云湖水利工程举行开工典礼。该项目是“十一五”期间广州水利建设首个重点工程。白云湖规划占地面积2.07平方公里，水域面积达到1.05平方公里。白云湖主体工程完工后，每天可从珠江西航道引入100万立方米的活水，改善广州市北部60多条河涌的水质。

12月25日至29日 中共广州市第九次代表大会召开。市委书记朱小丹作题为《坚持科学发展观，构建和谐广州，把现代化大都市建设推向新阶段》的报告。大会同意报告提出的以全面建成小康社会、率先基本实现社会主义现代化为目标，以办好2010年亚运会为契机，以改革开放和自主创新为动力，以全面加强党的建设为保证，深入实施富民强市、科教兴市、依法治市、可持续发展战略，扎实推进科学发展，努力构建和谐广州，把现代化大都市建设推向新阶段等今后5年全市工作的总体要求、主要目标和发展思路，为实现发展目标而必须紧紧把握的4个战略性着力点，以及关于全市促进科学发展、构建和谐广州的各项工作部署。大会选举产生第九届市委委员、候补委员、市纪委委员和广州市出席广东省第十次党代会代表；通过关于市纪委工作报告的决议。

12月29日 市委九届一次全会召开，选举产生以朱小丹为书记的新一届市委领导班子；审议通过新一届市纪委会议，选举苏志佳为市纪委书记。

12月30日 广州地铁三号线全线、四号线新造至黄阁段正式开通运营。三号线是国内首条最高时速达到120公里的城市轨道交通快线，四号线采用世界首个中大运量直线电机运载系统。三、四号线的开通使广州地铁运营总里程达到116公里。

2006年 共分五期工程开发建设的狮岭（国际）皮革皮具城完成，建有商铺4200多个。该城由广州贵丽投资实业有限公司于2000年7月投资兴建，总投资约8亿元，占地面积53.33万平方米，建筑面积达70万平方米。

△**是年** 作为市政府“菜篮子”工程重点项目，投资5亿元的广州江南果菜批发市场改扩建工程基本完成，并投入使用。该市场交易面积从15万平方米扩至40万平方米，日流通水果蔬菜总量从7000吨增至1.5万吨。

△**是年** 从化首批“万村千乡市场工程”的98家农家店通过国家商务部专家小组的验收。从化市已在农村建立6个配送中心和22个镇级农家店、70个村级农家店，总营业面积9500平方米，月均销售额460多万元。

△**是年** 广州市实现地区生产总值（GDP）6073.83亿元，比上年增长14.8%；工业总产值超过8000亿元；社会消费品零售总额超过2000亿元；外贸进出口总额超600亿美元；经济总量在全国主要大城市中居第三位（在上海、北京之后）。三次产业全面增长，第一、第二、第三产业对经济增长的贡献率分别为1.03%、42.75%和56.22%。

2007 年

1 月 3 日 有“中国环保第一爆”之称的天河城西塔爆破工程成功完成，拆除地上 4 层的钢筋外墙。该爆破工程采用世界首创的环保清洁拆除法，实现无飞石危害、无冲击波影响、低粉尘污染和低噪声污染的效果，为旧城改造中采取环保爆破方式拆除旧楼提供成功范例。

1 月 8 日 微软、英特尔、IBM 和百事高 4 家国际顶级高科技企业举行项目投资签约仪式，正式落户广州科学城，项目总投资超过 4 亿美元。

1 月 10 日 广州市水利工作会议透露，北江防洪体系重要工程——“两涌一河”（芦苞涌、西南涌、白坭河，共 72.406 公里堤防）综合治理主体工程完工。工程概算总投资 3.01 亿元，对沿岸的环境美化、生态保护、国土资源利用、排灌系统改造、交通道路等进行治理。

1 月 11 日 广州市劳动保障咨询热线“12333”正式开通，首期开通 60 条线，为市民提供 24 小时的自动语音应答和正常工作时间内的人工语音应答服务。内容涉及劳动就业、社会保险、劳动保障权益维护等方面的政策咨询、信息查询、举报投诉受理、文件传真等。

1 月 12 日 广州市工商业经济工作会议召开，总结 2006 年广州工商业经济工作情况，提出 2007 年全市工商业工作任务与重点。会议透露广州批发市场已初步形成包括塑料、金属、燃油、音像、茶叶等在内的 15 种“广州价格”。

1 月 16 日 广州白云国际会议中心主体工程竣工。项目总规划用地面积 25 公顷，总建筑面积 31.6 万平方米，建设总投资 39.36 亿元。它以广东省、广州市人大、政协等召开的大型政务会议为主要服务对象，设有展览、商业用房、酒店等配套服务设施的大型综合性会议中心。

1 月 17 日 市委九届二次会议召开。全会的主要任务是：学习贯彻中央经济工作会议和省委九届十次全会精神，总结市委八届六次全会以来的工作，全面部署 2007 年的工作。市委书记朱小丹代表市委常委会向全会报告工作，对 2007 年工作提出要求，并就学习贯彻胡锦涛总书记在中央纪委七次全会上的重要论述、进一步加强领导干部作风建设作讲话。市长张广宁总结 2006 年全市经济社会发展情况，对 2007 年经济社会工作作具体部署。

1 月 20 日至 26 日 市政协十一届一次会议召开。会议听取广州市政协第十届常务委员会工作报告及关于提案工作情况的报告，通过关于十一届一次会议提案审查情况的报告和政协十一届一次会议决议。并选出新一届政协主席、副主席、秘书长及常委，朱振中当选为政协第十一届广州市委员会主席。

1 月 22 日至 30 日 市十三届人大一次会议召开。会议听取和审议市政府工作报告，通过广州市 2006 年国民经济和社会发展计划执行情况的报告与 2007 年国民经济和社会发展计划、广州市 2006 年市本级预算执行情况的报告和 2007 年市本级预算，听取和审议市人大常务委员会、市中级人民法院、市人民检察院工作报告。并选举产生市十三届人大常委会主任、副主任、秘书长和委员，朱小丹当选为市人大常委会主任，张广宁为市长，并对副市长、市法院院长、检察长进行重新选举。

2 月 4 日至 7 日 OACC2006—2007 华语动漫盛典在广州举行。此次被誉为“华语动漫奥斯卡”的动漫盛典也是“金龙奖”落户广州以来首次在穗举行。5 日晚，第三届金龙奖原创动画漫画艺术大赛的各奖项揭晓。

2 月 5 日 市政府印发《关于委托广州经济技术开发区管委会和南沙经济技术开发区管委会办理外贸投资项目审批有关事项的通知》。决定自 2007 年 3 月 1 日至 2012 年 3 月 1 日，委托广州和南沙两个经济技术开发区管委会受理外商投资（含增资）1 亿美元以下鼓励类、允许类项目审批申请并送达以市政府名义发出的批准证书。

2 月 7 日 广州市举行工商业经济又好又快发展工作交流会，要求加快发展汽车、石化、电子信息和装备制造业，抓好产业结构优化，通过发展壮大支柱产业、总部经济、名牌战略和“退二进三”，带动整个珠三角地区的产业升级。

2月9日 广州城市规划系统召开2006年度总结大会，表示2007年规划工作的重点是在深化《亚运建设纲要》基础上制定亚运行动计划，重点包括场馆改建和建设、综合交通、市政公用设施、公共服务设施、环境整治等专项内容。同时启动对城市色彩控制实施地区进行修建性详细规划与城市设计，并正式向社会征求广州城市色彩的意见。

2月10日 广州本田汽车有限公司第100万辆轿车下线。自1999年3月第一辆雅阁轿车下线，仅用8年时间，广州本田汽车有限公司实现由1到100万量的跨越。

2月13日 国家环保总局印发《关于授予广州市国家环境保护模范城市称号的决定》，正式批准广州为国家环境保护模范城市。广州成为中国成功创模城市中经济总量最大、建成区面积最大、工业企业最多、城市化进程最快的城市。

△**是日** 深圳发展银行、广东发展银行、招商银行、中信银行、中国民生银行、中国光大银行、上海浦东发展银行、华夏银行、兴业银行共9家股份制银行广州分行正式签署银团贷款、跨行通存通兑业务和风险管理信息3份合作协议。

3月1日 广州全面启动志愿文化建设。广州青年志愿者协会正式推出吉祥物“扬扬”，钟南山、丁磊、庞波、赵荣、杨景辉、赵广军以及李游、林丹妮正式出任广州志愿者形象大使。广州市注册志愿者62万人（含青年志愿者45万人），主体是大、中学生。

3月3日 广州地区“迎亚运、讲文明、树新风、促和谐”全民行动暨文明交通宣传整治活动启动仪式举行。整个全民行动历时3年多时间，分3个阶段进行。第一阶段从即日开始到2007年12月，以整治城市交通秩序为重点；第二阶段从2008年1月到12月，以改善城乡环境为重点；第三阶段从2009年到2010年，以文明优质服务迎宾为重点。

3月9日 第十六届亚运会理念发布暨会徽设计颁奖仪式举行。“激情盛会，和谐亚洲”（Thrilling Games，Harmonious Asia）被确定为第十六届亚运会理念，

“五羊圣火”为亚运会会徽设计终选作品。自广州亚运会理念和会徽征集工作开展以来，共收到理念作品 1738 条，会徽作品 2555 件（套）。

3 月 11 日 广州医药集团在全国率先建立起过期药品回收机制。授权广州 34 家药店为“永不过期”药店，对家庭过期药品进行免费更换。凡是由广药所属企业生产并由正常渠道销售到消费者手中的药品，列入《回收药品品种目录》中的家庭过期药品将按 1∶1 比例更换为新批号产品。

3 月 13 日 2007 年广州新春投资推介会暨《广州外经贸发展白皮书》发布会在香港会展中心举行。这是广州首次以白皮书的形式在境外发布外经贸总体情况。全书 20 余万字，展示广州重点产业发展以及招商引资方向，营商环境和主要产业园区特色，各区重点招商计划和投资指引，以及在广州投资可以享受的优惠政策和鼓励措施等。

3 月 23 日 国家软件产业基地（广州）软件平台系统竣工验收会议在天河软件园高唐新建区召开，经来自不同领域的专家审查和评审，该软件平台系统通过竣工验收。国家软件产业基地（广州）是全国 11 个国家软件产业基地之一，其扩建首期工程分别被列入 2001 年国家高技术产业发展项目计划及 2002—2006 年省、市高技术产业化重点建设项目。

4 月 1 日 广州成为全国首个由政府购买服务、向全市推行免费婚检的省会城市。是日起，广州越秀区妇幼保健院等 16 家定点医院实行免费婚检。夫妻双方只要一方是广州市户籍人口，并在广州登记结婚，在婚姻登记前 3 个月及婚姻登记后 1 个月内，都可到指定医院进行一次免费婚检。

4 月 4 日 广州市召开农村工作会议。会议指出，要坚定不移地贯彻工业反哺农业、城市支持农村和“多予、少取、放活”的方针，以发展都市型现代农业为首要任务，以促进农民增收为中心环节，以维护农村和谐稳定为根本保障，着力统筹城乡一体化发展，着力转变农业增长方式，着力解决农民群众的切身利益问题，着力加强农村基层民主建设，着力培育新型农民，在推动科学发展、构建和谐广州进程中，全面促进社会主义新农村建设。

4 月 9 日 是日起，广州市房地产市场秩序专项整治工作组成立，开展为期一个月的房地产市场秩序专项整治检查行动，重点打击非法囤积土地等六大违法违规行为。

4月12日 广州深圳四线铁路全线建成。这是国内第一条四线铁路。广深铁路全长147公里，原有3条铁路线。2004年10月铁道部正式批准立项建设广深铁路第四线，于2005年8月全面开工建设。

4月17日 广深铁路成为全国首条实现公交化且时速高达200公里的城际专线铁路。是日7时27分，从广州东开往深圳的“广深和谐号”动车组直达车从广州东站首发，相距147公里的广州和深圳两大城市真正进入“一小时生活圈”。

4月24日 市国土房管局、市建委、市规划局印发《广州市关于加快住房和土地供应加强住房管理抑制房价过快增长若干问题的意见》。该意见明确，激励房地产开发企业调整住房户型结构，加快开发建设普通商品住房，推出由开发商投资建设白云区松洲、海珠区新港中路、天河区车陂广氮和珠吉4个新区，促进现有空置住房的销售。

4月25日 白云区举行沙河涌综合整治工程启动仪式，标志着广州北部水系沙河涌综合整治正式启动。市政府计划投入人民币约24亿元，把沙河涌列为全市河涌的重点整治项目，拟通过截污、建堤、清淤、补水和景观建设、市政设施配套等措施，彻底解决水环境污染，美化两岸环境。

4月28日 市国资委举行独立董事颁证仪式，向25家广州市国资委直属企业派出72名独立董事。此次被聘任的72名独立董事是国资委采取个人报名，组织推荐等形式建立起的190多人的独立董事人才库里抽取的。派驻的独立董事，一方面要参与国有企业重大事项的决策；另一方面不得参与国有企业内部员工工资福利和奖金分配，直接由国资委支付报酬，以保持独立董事的独立性。

4月29日 荔湾区党恩新街新社区经济适用住房建设工程举行开工仪式，标志着广州市2007年涉及14个项目的政府保障型住房开工建设。该项目用地面积1.06万平方米，建筑面积2.86万多平方米，可建住宅约400套。

4月30日 市政府常务会议召开，审议并通过《广州市食用农产品市场交易管理办法》。该管理办法明确规定，在菜市场出售的蔬菜等食用农产品，必须有详细的品名、产地、生产者、生产日期和质量证明等“身份证”信息，凡不具备“身份证”的肉菜，不能进入菜市场。

5月8日 《中共广州市委、广州市人民政府关于切实解决涉及人民群众切身利益若干问题的决定》(穗字〔2007〕2号)(简称“惠民66条”)正式公布实施。该决定共分11个部分66条，涉及改善农民生产生活条件、就业、教育、社会保障、医疗卫生、公共安全、住房保障、城市交通、人居环境、文化体育和政务服务水平等方面的民生问题，致力于为城乡居民提供均等化公共服务、共享型社会保障和生态型人居环境，不断满足人民群众日益增长的物质文化需要，努力创造惠及全市人民的富裕和谐新生活。

5月9日 市政府正式发文，将五羊传说、广东音乐、广东醒狮、粤剧、广绣、凉茶等35个项目列入广州市第一批非物质文化遗产并予以公布。并要求认真贯彻“保护为主、抢救第一、合理利用、传承发展”的工作方针，切实做好广州市非物质文化遗产的保护、管理和合理利用工作。

5月10日 广州亚运会市场开发工作全面启动。主要包括：赞助计划、特许经营（包括邮品、纪念币及其他纪念品）、票务和社会捐赠等。广州亚运会的市场开发将采取代理公司和亚组委共同开发的模式进行，代理商已经确定为日本电通公司。

5月11日 广州旧城改造试点项目——荔湾区恩宁路连片危破房改造项目正式开始动迁。该改造项目占地面积11万平方米，共需拆除房屋约15万平方米，涉及住户2100多户。这是广州首次尝试大面积的连片危改项目。

△是日 市委宣传部、市精神文明建设委员会办公室、团市委联合下发《关于开展向青年志愿者赵广军同志学习活动的通知》，要求各级党、团组织发动全市市民深入学习赵广军关爱他人、奉献社会的崇高精神，广泛开展向赵广军学习的主题教育实践活动，为促进广州政治经济文化社会协调发展、城市文明程度和市民素质全面提升和全国文明城市创建目标的顺利实现，充分利用榜样的力量，激励广州人民为共建共享和谐广州而努力奋斗。

5月17日 广州市城市规划委员会召开第一次工作会议。市城市规划委员会成立于2006年11月。12名来自广州地区各高校、研究所、专业咨询机构以及相关的工作机构的专家、公众代表以及政府部门的委员，首度行使自己的委员审议权，审议通过《广州市总体规划（2010—2020年）编制工作》等6项规划。

5月19日 广州市政府政务公开宣传日活动在人民公园南广场举行。市政府8个部门现场倾听民声，为人民群众排忧解难。这是广州市2002年来全面推行政务公开以来开展的第一次全市性政务公开宣传活动。

5月29日 广州市召开传达贯彻省第十次党代会精神大会。市委书记朱小丹强调，全市共产党员和广大干部群众要把思想和认识统一到省第十次党代会精神上来，把智慧和力量凝聚到实现省第十次党代会提出的目标任务上来，扎实推动科学发展，努力构建和谐广州，在现代化大都市建设中迈出新步伐，为建设经济强省、文化大省、法治社会、和谐广东，实现全省人民的富裕安康作出新贡献。

6月1日 广州南岗污水处理系统工程区域合作协议书正式签订。这是国内首个全球环境基金组织赠款区域合作项目。该项目由广州市、广州经济技术开发区共同投资建设，全球环境基金组织赠款227万美元。

6月10日 广州市首支家庭志愿服务队和志愿者预备队成立，由50个家庭组成。旨在号召广大市民家庭利用节假日及休息时间，参与“清洁小家，文明大家”全民清洁活动。广州志愿者预备队是广州市首支正式成立的以14周岁以下儿童为主的志愿者队伍。

6月17日 在第一届中国生物产业大会上，国家发改委向广州国家生物产业基地等9个国家生物产业基地城市授牌。广州国家生物产业基地是国家级高技术产业基地，它的授牌标志着广州生物产业被正式纳入国家生物产业总体发展规划战略布局。迄今为止，先后有3批共12个国家生物产业基地获认定，其中，广州、北京和上海分别是珠三角地区、环渤海地区和长三角地区唯一的综合型国家生物产业基地。2006年，广州生物产业总产值约215亿元，约占全市高新技术产品产值的10%。

6月20日 市人大常委会执法检查组与市政府有关部门在听取市政府汇报和视察之后交换执法检查意见。这是《监督法》实施之后第一次执法检查，也是人大和政府第一次面对面互动式交流执法检查意见。综合市民和检查组人员的意见，就规划工作中需要关注的问题，交流会提出14条意见，市政府有关部门逐一作出回应。

6 月 26 日 省委组织部、市委组织部在中共三大会址纪念馆举行首批党员教育基地揭牌暨授牌仪式。中共三大会址纪念馆、广州农民运动讲习所旧址、广州起义烈士陵园等被授予省、市党员教育基地。

6 月 28 日 全国首条城际轨道交通线——珠江三角洲城际快速轨道交通广州至佛山段正式开工。2005 年，国务院批准同意《珠江三角洲城际快速轨道交通线网规划》，明确要建设以广州为中心，覆盖区内主要城市，衔接港澳地区的城际轨道交通网络，广佛线就是其中的一个重要组成部分。广佛线项目总投资 146.75 亿元，省政府给予一定补贴，由广州、佛山两市按 51∶49 的股比共同出资建设。

7 月 3 日 广州市城市总体规划（2010—2020 年）编制领导小组成立暨第一次工作会议召开，广州市新一轮城市总体规划编制工作正式启动。会议决定成立广州市城市总体规划（2010—2020 年）编制领导小组，由市长张广宁任组长。

7 月 10 日 广东省产业集群升级示范区建设工作会议在花都召开。与会代表参观花都汽车产业集群升级示范区和狮岭皮具产业集群升级示范区。这两大产业集群都是首批被确立为广东省 36 个产业集群升级示范区。广州汽车及零部件、石油化工、电子信息等八大集群聚集了 5836 家企业，2006 年完成工业产值 3800 多亿元，占全市工业总产值的比重超过 47%，成为拉动区域经济发展、提高产业竞争力的重要方式。

7 月 16 日至 26 日 以“团结、奋进、文明、育人”为主题的全国第八届大学生运动会在广州大学城举行。这是历届全国大学生运动会中参赛人数最多、规模最大的一届，共设 12 个比赛大项 225 个小项，来自港澳和内地各省市代表团的参赛人数有 6000 多人。

7 月 18 日 广州市百家名企志愿行动计划全面启动。广州青年志愿者协会、广州富力地产股份有限公司在广州大厦举行战略合作签约仪式，富力地产计划 3 年捐资 500 万元，支持广州志愿者事业的发展。广州青年志愿者协会发起百家名企志愿行动计划，计划 3 年内动员 100 个具有良好的经营记录和社会形象的知名企业参与活动，为志愿者协会提供经费、场地、物品等，主要用于亚运会、民运会、乒乓锦标赛等在广州举行的大型赛事志愿者的招募、培训和管理。

8月1日 市交委发布出租车运力投放听证会结果，确定2007年投放700辆出租车运力。其中，广州市区600辆，南沙区和萝岗区各50辆。26日，最终确定分别由广州白云出租汽车有限公司、广州交通集团出租汽车有限公司和广州市广骏旅游汽车企业集团有限公司中标。

8月8日 市政府举行加快广州区域性金融中心建设专家座谈会，听取专家学者和业内人士对广州建设区域性金融中心的建议和意见。广州未来将从5个方面推进区域性金融中心建设，其中包括申请恢复设立广州期货交易所以及争取在广州开发区设立广州金融服务创新区。

8月10日 广州科学城总部经济区正式动工建设。该区地处科学城中心区东部，规划总用地面积约为17.7万平方米，总建筑面积约34万平方米，总投资约13亿元，分4期推进。主要以吸引跨国公司、大中型企业及机构总部进驻办公为主，同时提供研发、中试、孵化、金融、展示、销售等生产服务及配套服务功能。

8月14日 市委、市政府召开工作会议，通报前一阶段《中共广州市委、广州市人民政府关于切实解决涉及人民群众切身利益若干问题的决定》的贯彻落实情况，并对深入推进贯彻落实工作进行全面动员和部署。

△是日 南沙区规模以上非公有制企业党组织授牌暨广州南沙慧视通讯科技有限公司党支部揭牌仪式在慧视公司举行。据统计，南沙区规模以上非公企业133家，共产党员共有1230人，其中建立党组织已有120家企业，占规模以上非公企业总数的90.23%。

8月23日至24日 2007改革论坛——建设现代化大都市与构建和谐广州在广州白云国际会议中心举行。论坛围绕“以改革求发展、促和谐，进一步加快广州现代化大都市建设”这一主题，在理论和实践的结合上，认真总结广州改革发展的经验，深入探讨全面推进广州各方面改革的新思路和新对策。此次论坛是市委、市政府探索通过借助社团组织力量，共同进行理论研究创新的一种新的尝试。

8 月 27 日至 28 日 市委书记朱小丹和市长张广宁率领广州市党政代表团，实地考察深圳市自主创新和高新技术产业发展情况，并与深圳市党政领导班子进行座谈。28 日，广州市党政代表团召开学习考察小结会议，结合广州实际，研究探讨进一步提高自主创新能力、发展高新技术产业、加快创新型城市建设的思路和对策。

9 月 3 日 以"保障食品安全，倡导诚信经营"为主题的广州市食品安全宣传周正式启动。多项与食品安全相关的"惠民"措施出台，包括利用国际通用的 EAN · UCC 系统条码技术，给蔬菜贴上"身份证"；放心早餐推广到城乡接合部；至 2008 年建立起食品安全监控中心，实时掌握全市食品安全状况。

9 月 4 日 市政府召开全市重点项目工作会议。"十一五"期间，广州将全面实施基础设施、生态环保、技术创新、支柱产业、优势产业、社会发展、能源资源、亚运场馆八大重点工程，规划安排重大建设项目 52 项，总投资 4668 亿元，"十一五"期间计划投资 3806 亿元，是"十五"期间完成投资的 3.2 倍。1 月至 7 月，全市 71 个重点建设项目累计完成投资 190.3 亿元。

9 月 5 日 广州市召开职业技术教育工作会议，总结"十五"期间全市职业技术教育发展的成绩和经验，研究部署之后一个时期全市发展职业技术教育的思路和措施。《广州市职业技术教育发展总体规划（2006—2020 年）》和《关于贯彻落实〈中共广东省委、广东省人民政府关于大力发展职业技术教育的决定〉的实施意见》正式印发实施。

9 月 7 日 广州举行大力发展现代服务业经验交流现场会，为企业搭建互动的平台。广州将依托"退二"载体和区位优势，"政府推动、企业主动、集聚区联动"三管齐下发展现代服务业，对"退二"存量资源进行整体推介，广泛组织形式多样的对接会、推介会，充分发挥市场作用，引导投资商、开发商和专业机构进行策划、开发、管理和运营。突出抓好工业设计平台、中小企业融资平台、人才培训平台、对外合作交流平台建设。

9 月 7 日至 8 日 广州市城市总体规划（2010—2020 年）编制领导小组召开会议，按照"政府组织、部门合作、专家领衔、公众参与、科学决策"的原则，邀请中国科学院院士、中国工程院院士吴良镛、周干峙等国内专家，对北京清华规划设计院、同济大学、中国城市规划设计院、广东城乡规划设计院、广州市城市规划勘测设计研究院、中山大学6家国内设计单位有关“广州2020城市总体发展战略规划咨询”的研究成果进行评议和讨论。市政府在专家研讨会的基础上，对2020城市总体发展战略规划进行进一步的深化和完善，同时咨询公众意见，完成《广州2020：城市总体发展战略》的编制。

9月12日至13日 全国农民工业余学校经验交流会在广州召开。据统计，广州工地工人总数超过40万人，在建工地总数超过2000个。在开办农民工业余学校方面广州已先行一步，形成一套行之有效的体系：一是依托在建工地，由施工项目总承包单位创建农民工业余学校。二是由各区政府或者建筑集团企业建立农民工业余总校，把零散的农民工组织起来，相对集中进行培训。

9月15日至18日 第四届中国国际中小企业博览会暨中日中小企业博览会在琶洲国际会议展览中心举行。此届中博会以“增进了解，加强合作，扩大交流，共同发展”为展会主题，展示面积超过12万平方米，展位规模达到6000个标准展位，突破原定计划的5000个，其中境外企业展位1800个，占总展位数的30%，刷新前3届中博会的纪录。

9月16日至22日 广州首个“全民志愿行动周”启动。全市12个区（县级市）的1130多个志愿者服务队、890多个单位，超过10万名的机关干部、企事业单位员工、市民群众、高校学生参加志愿活动，为群众提供超过100个项目的志愿服务。

9月21日 《广州2020：城市总体发展战略》正式出台。明确提出：2020年，广州市成为广东省的政治、经济、文化、交通中心，国家中心城市，影响东南亚的现代化大都市。历史文化名城的保护范围扩大到整个市域，首次将村庄规划建设纳入城市总体规划体系，把1142个村庄分为三类分别管制。

9月24日 以“新形势　新思维　新发展——文化·创新·竞争力”为主题的跨国企业文化论坛在花园酒店举行。此次论坛是广州第七届企业文化节暨首届跨国企业文化节（广州）的系列活动之一，也是广州跨国公司联谊会成立3周年年会的主要内容。首届跨国企业文化节（广州）由广州开发区发起举办，旨在为跨国企业构筑一个全面展示先进企业文化的平台。

10 月 9 日 广东省道路运输协会透露，广州被交通部确定为国家公路运输枢纽。在全国确定的 179 个国家公路运输枢纽中，广东共有 12 个城市位列其中。其中，广（州）佛（山）、深（圳）莞（东莞）为组合枢纽。

10 月 10 日 广州市与中山大学在花园酒店签订《广州市与中山大学关于建立市校战略合作关系的协议书》。双方在城市总体规划、科学技术、医疗卫生、人才培养和教育、广州亚运会等 8 个具体项目上签订协议和合作意向书，共同推动大学与城市互动发展、互利共赢。

10 月 12 日 广州市第一巴士有限公司、广州市第二巴士有限公司、广州市第三巴士有限公司正式挂牌成立。广州 14 家公交公司进行结构性调整，实行资源整合，三大旗舰公司整合 10 家公交企业。

10 月 27 日 广州东部（增城）产业基地落户仪式在增城市新塘镇举行，包括汽车零部件、机械装备制造业等在内的 20 个项目同时落户增城，项目总投资超过 43 亿元。基地规划控制面积 22 平方公里，预计总投资 50 亿元，首期 6 平方公里，以打造广州东部汽车产业高新化、集群化、规模化发展的核心区域为目标，以广州本田增城工厂为龙头，以汽车、摩托车及其零部件产业集群发展为主导，大力发展高质量经济。

△**是日** 广州中船龙穴造船有限公司与中海发展股份有限公司在广州签署 4 艘 23 万吨矿砂船（VLOC）的建造合同，这是中船龙穴造船首次在广州举行船舶建造合同签字仪式。至此，中船龙穴造船已经手持造船订单 400 万载重吨，接近广州地区年造船总量的 7 倍。

10 月 28 日至 31 日 市长张广宁率市政府代表团出席在韩国济州举行的世界城市和地方政府联合组织（UCLG）第二届世界大会。张广宁当选 UCLG 联合主席，这是中国城市市长首次当选该组织领导人。其间，广州市在济州国际会议中心举行广州城市展，介绍广州风光和城市发展建设情况。

11 月 6 日 花园酒店举行白金五星级饭店挂牌仪式，在产权收归广州市政府即将满 3 年之际，成为全国 3 家白金五星级酒店中的一家，也是其中唯一一家中国人自主经营管理的白金五星级酒店。2006 年 7 月 7 日，国家旅游局宣布在广州花园酒店等 4 家老牌五星级酒店实行创建“白金五星”试点。8 月，花园酒店开始启动改造工程，并顺利通过国家旅游局酒店星级评审委员会的审查和验收。

11月10日至19日 第八届全国少数民族传统体育运动会在广州举行。全国34个代表团、55个少数民族的6381名运动员、850多名裁判员和36个观摩团以及工作人员、少数民族体育工作先进代表、中外记者等1.4万多人参加运动会。此届民族运动会是历届规模最大的一次，也是第一次在非少数民族地区举办的全国民族运动会。

11月13日 广州西塱污水处理系统工程全面启用。该项目是中国第一家以公私合作（PPP）模式交付的污水处理项目，最高日污水处理能力达26万立方米。西塱污水处理厂是广州第一家以公私合作模式交付使用的污水处理厂，采用“建设—运营—转让”（BOT）模式，即私营一方负责污水厂的建设与运营，在期满后将其持有股份移交公共部门一方。美国地球工程公司拥有对该厂为期17年的经营管理权。

11月13日至16日 市十三届人大二次会议召开。大会的主要议程是选举广东省第十一届人大代表。会议通过《广州市第十三届人民代表大会第二次会议选举办法》，依法选出广东省第十一届人民代表大会代表共104名。

11月14日 市委、市政府印发《扶持和促进从化市进一步发展的政策措施》，帮扶政策措施涉及8个方面共19条。文件指出，在今后城市发展规划和建设实施中，将从化纳入广州城市发展总体规划范围，使从化城镇建设发展融入广州组团式发展总体布局。适当调整原街口地区的总体规划和建设规模，努力建设成为适宜创业发展和适宜生活居住的广州城市副中心。

11月16日 “特色经济·创新番禺”百亿投资项目系列庆典活动以及广汽集团汽车研发生产基地奠基仪式在番禺区举行。庆典活动共有18个经济建设项目，具体包括4大基地、6大项目等生产力骨干项目，以及3个物流商贸项目和5个高科技项目等新上马项目。广汽研发生产基地集研发、生产于一身，重点发展自主品牌乘用车、动力总成及相关汽车零配件研发和生产，占地面积约150万平方米，总投资68亿元。

11月19日 市长张广宁主持召开市政府常务会议，讨论并通过《关于“农转居”和“城中村”改造有关政策问题的意见》。该意见就“农转居”土地政策问题、“农转居”土地和房屋确权问题、“城中村”土地改制问题、“农转居”后的社区配套建设问题、农村集体经济组织的发展问题、“农转居”人员的户籍及政策配套问题等作出相关规定。该意见提出，“城中村”改造坚持政府主导、以村为主、一村一策等原则，可采取整体改造、抽疏建筑、打通交通道路和消防通道等多种方式，应当尽量保留能充分传承传统建筑风貌和文化特色的建筑等，并在规划设计方面尽量兼顾延续旧村文化特色建筑和景观。

11月26日 第十六届亚运会规模最大的建设项目——广州亚运城正式开工。亚运城规划占地面积约2.73平方公里，由运动员村、技术官员村、媒体村、国际广播中心和主新闻中心、亚运公园等部分组成。

11月28日 广州首次大规模摇珠分配廉租住房。共提供位于白云区金沙洲、同德新社区和海珠区大塘新社区的3200套廉租住房供摇珠分配。

11月 信息产业部正式批准广州市成为全国首个创建国家信息化示范城市试点。广州在2010年亚运会前将实现全市无线宽带网络覆盖，市民在市内的写字楼、商场、医院等任何角落都可使用无线宽带网络。

12月1日 是日起，广州所有市属医院正式启用病历“一本通”。凡是到市属各级医院看病需要购买新病历的患者，医院全部发放新病历本，以后市民只要持此病历本到市级的任何一家医院挂号就诊，都不需再购买新病历本。而市民已持有的旧病历本，仍可继续使用。

12月2日 纪念广州志愿服务20周年暨志愿者表彰大会在中山纪念堂举行。20年前，广州中学生心声热线开创中国内地志愿服务的先河。全市拥有1121支志愿服务队伍，634个志愿服务基地，68万注册志愿者。

12月3日至7日 2007中国（广州）国际纪录片大会举行。大会评优活动以“奥林匹克之路”为主题，有来自24个国家的44部作品参加评优活动，其中21部纪录片入围。共颁发包括纪录片大奖在内的6个奖项，广东出品的《龙吟水乡》获四大奖项之一的“评委奖”。

12月4日 广州开发区招商工作座谈会召开。为适应经济发展模式转型的要求，开发区将推出新的招商优惠政策。从2008年开始，开发区加快推进开发区发展模式从主要由第二产业驱动向第二、第三产业协调驱动转变。2007年1—10月，开发区新批和增资外资项目共254个，其中投资1000万美元的项目90个，新引进世界500强跨国企业投资项目3家，累计98家。

12月7日 “广州，有礼”——广州市文明礼仪展示活动晚会在广州电视台举行。“广州，有礼”——广州市文明礼仪展示活动于2007年6月启动，它创新思想道德教育的形式，在省内乃至国内尚属首次。

12月13日 亚太总裁与省、市长国际合作大会在广州召开，市委书记朱小丹，市长张广宁，亚太总裁协会全球主席、澳大利亚前总理鲍勃·霍克和来自亚太国家和地区的政要、《财富》500强、《福布斯》2000强企业的总裁、董事长和CEO等共600人出席大会。这是当时广州有史以来规模最大、层次最高的国际经济合作会议。大会期间还举办总部经济发展、全球产业转移、环境保护与可持续发展3个分论坛，组织与会嘉宾实地考察广州开发区和南沙开发区，帮助与会企业发掘新的发展商机。

12月19日 广东省教育强市督导验收组分别到广州市白云、黄埔、番禺、花都、南沙、萝岗、从化、增城各区（县级市）考察教育情况。21日，督导验收组正式宣布广州市创建教育强市各项指标达到广东省教育强市的验收标准。待省审批后，广州市将正式成为广东省教育强市。

12月24日 广州汽车集团股份有限公司和日野自动车株式会社共同投资设立的广汽日野汽车有限公司在从化明珠工业园举行成立奠基仪式。广汽日野项目于2007年7月30日经国家发改委一揽子核准，由广汽集团、日野公司各出资50%设立新合资公司广汽日野，并按照“一个项目，两个基地”的方式重组广州羊城汽车有限公司和沈阳沈飞日野汽车制造有限公司。

12月25日 市文明委召开广州市农村精神文明建设工作座谈会。会议总结交流前一阶段广州市开展文明示范村创建的工作情况，并对第二批和第三批26个创建文明示范村工作达标村和17个共建工作先进单位给予命名授牌。至此，广州市创建文明示范村达标村已达36个。

12月27日 广东省和广州市“十一五”规划的重点项目——广纸南沙环保造纸基地一期工程、异地迁建九号机试产庆典在南沙区举行。南沙环保造纸基地项目总投资 75 亿元，以新闻纸、文化用纸为主导产品。基地一期、异地迁建九号机工程总投资约 26 亿元，新闻纸年产量为 40 万吨。

2007 年 全国首个限价商品住宅——保利西子湾开工建设。它是采取“双限双竞”（限套型、房价，竞房价、地价）方式公开出让限价商品住宅用地，由保利房地产股份有限公司开发的项目。这是广州在全国率先开建开售的限价商品住宅。2008 年 2 月 16 日，首批 843 套限价房正式发售。

△**是年** 广州市地区生产总值达到 7109.18 亿元，比上年增长 14.9%。全年全市三次产业结构比例为 2.11 ∶ 39.48 ∶ 58.41。城市居民人均可支配收入为 22469.22 元，比上年增长 13.2%；农村居民人均纯收入为 8612.84 元，增长 10.6%。

2008 年

1 月 3 日　广州市举行统一战线实施“十百千工程”从化项目 1000 万元捐赠仪式。本次捐赠用于为从化市捐建 5 所学校，扶持 60 所村级卫生站，资助 600 名贫困高中生和 60 户困难家庭。“十百千工程”是市统一战线发动广大统战成员配合市委、市政府“惠民 66 条”措施，积极实施为广州市农村地区十所学校、百所村级卫生站、千名贫困学生的工程。

1 月 4 日　《中共广州市委、广州市人民政府关于大力推进自主创新加快高新技术产业发展的决定》（穗字〔2008〕1 号文）出台。该决定共分 8 个部分 36 条。明确把推进自主创新、加快发展高新技术产业作为主导广州全局和长远发展的优先战略。决定把电子信息制造和软件产业、生物产业、信息服务和创意产业、数控装备制造业列为发展重点，同时把以高新技术和先进适用技术改造和提升传统产业作为重要内容。

△是日　广州市被联合国开发计划署正式确定为外来务工人员工伤保险项目实施城市。联合国开发计划署为广州市提供约 12 万美元的援款。广州自 1993 年 8 月 1 日起建立和实施工伤保险制度，截至 2007 年 11 月底，全市参加工伤保险 273.68 万人，其中外来务工人员 148.96 万人。由于广州工伤保险工作成效显著，具有实施国际合作项目的条件，因此被确定为中国实施该项目的五个城市之一。

1 月 5 日　广州市兴丰生活垃圾卫生填埋场获 2007 年度国家优质工程金质奖，这是 1981 年设立该奖以来广州第一个由政府投资建设获此奖项的工程项目，同时也是全国同行业中唯一的国家优质工程金质奖。

1月7日至8日 市委九届四次全会召开。全会的主要任务是：以党的十七大精神为指导，以“继续解放思想，坚持改革开放，努力争当实践科学发展观排头兵”为主题，认真学习贯彻中央经济工作会议和省委十届二次全会精神，总结市委九届二次全会以来的工作，部署2008年工作，坚定不移地推动科学发展、促进社会和谐，进一步开创广州各项工作新局面。全会提出2008年工作的总体要求：全面贯彻党的十七大精神，高举中国特色社会主义伟大旗帜，以邓小平理论和“三个代表”重要思想为指导，深入贯彻落实科学发展观，继续解放思想，坚持改革开放，着力转变经济发展方式，着力提高自主创新能力，着力发扬民主加强法治，着力改善民生促进和谐，着力保护环境优化生态，以改革创新精神全面加强党的建设，努力在科学发展中发挥排头兵作用。

1月11日 第六届（2007）中国政府网站绩效评估结果发布，广州市政府门户网站（www.gz.gov.cn）获地市级政府网站第一名。其中，广州在地市级政府网站中的信息公开、在线办事、公众参与、日常监测四类指数排名第一。2007年广州市政府门户网站信息量超过15万条，其中政务类信息7.5万条。

1月13日 青春建功新农村——百村千号行动在从化市开展统一行动。广州市100个基层团委和1000多个各级青年文明号集体与从化市100个行政村和1000个经济社结对开展帮扶。2007年7月“百村千号”行动开展以来，援助的各类物资和资金近150万元，万余名城市青年参与这项行动，开展各类服务活动150多次，活动覆盖人群10余万，受益人群近1.5万人。

1月15日 广州市召开干部下基层驻农村工作总结表彰暨城乡基层党组织互帮互助工作会议。会议强调，2008年继续选派干部下基层驻农村，在城乡开展“双学双促双建”活动。广州日报报业集团等100个驻村工作先进单位，50个先进驻村工作组，200名优秀驻村干部受到表彰。

1月28日 1月10日以来，中国南方大部分地区遭遇历史罕见的低温雨雪冰冻的极端天气。时值春运，10多万旅客被滞留在广州火车站。是日，市民政局首次启动应急救济方案，紧急调配一批物资运往火车站，并呼吁社会各界积极参与募捐；市总工会发出《关于做好外来务工人员留穗过年相关工作的紧急通知》。是日晚6时45分，广州市交通部门正式启动已退火车票旅客疏运行动，免费搭载已退票旅客返回原出发点。

1月30日 严重的低温雨雪冰冻灾害发生后，国务院总理温家宝到广州火车站、广州长途汽车站、南方电网公司、广州东川新街市农贸市场等地，看望广大乘车、候车旅客，了解市场供应和价格问题，以及电力供应情况，听取省委、省政府和铁道部负责人的工作汇报，接见奋战在一线的武警官兵、公安干警和铁路职工。

2月1日 市委书记朱小丹、市长张广宁紧急召集市政府相关职能部门及海珠、越秀等区政府负责人召开紧急会议，研究贯彻落实省委书记汪洋、省长黄华华的指示精神，进一步完善春运应急预案，确保春运秩序正常、稳定进行。会后，广州市相关部门分头行动，迅速落实各项准备工作。

2月17日至22日 市十三届人大三次会议召开。会议表决通过关于广州市人民政府工作报告的决议、关于广州市2007年国民经济和社会发展计划执行情况与2008年国民经济和社会发展计划的决议、关于广州市2007年预算执行情况和2008年预算的决议、关于广州市人民代表大会常务委员会工作报告的决议、关于广州市中级人民法院工作报告的决议、关于广州市人民检察院工作报告的决议。

2月25日 广州市番禺区沙湾镇获“国家新农村建设科技示范镇”称号，并获广东省“农村基层信息化建设示范镇”称号。拥有3家广州市高新技术企业和6家民营科技型企业的沙湾镇，2007年共有7家企业申报9个科技项目，其中7项被确定为科技攻关和产业化推广项目。

2月28日 广州市政务服务中心正式对外服务。该中心以企业为主要服务对象，按照满足重点、配套成龙的原则，集中28个涉及企业投资、经营、管理的主要政府审批部门，以及监察、法制、技术支持部门，共31个单位201个服务窗口，为市民和企业提供736项行政许可及配套事项服务，形成注册登记、固定资产投资审批、贸易管理3个审批一条龙的服务链条。它是国内第一个集政务审批和投资服务于一体的服务平台。

3月14日 广州国际友城外办主任及友协会长联席会议召开。来自世界五大洲的22个国家的26个国际友好城市和友好合作交流城市的外办主任、友好协会会长和代表等约100人出席。38位外国友人被授予“友好使者”称号。

3 月 18 日 海珠区瑞宝花园小学举行“全国民办学校先进单位”挂牌仪式，这是广州市唯一获得该殊荣的学校。它于 2000 年 2 月开办，是由市教育工会海珠区委员会举办的一所国有民助性质的全日制小学，招收地段生及流动人口子女。2007 年，该校曾被全国妇联评为“全国千所流动人口子女、农村留守儿童示范家长学校”。

3 月 25 日 市政府在香港举行穗港经贸合作交流会暨《2008 年广州外经贸白皮书》发布会，签署《穗港现代服务业合作备忘录》，宣告穗港两地政府将开拓合作新思维，推进现代服务业互利共赢。从 2008 年起，穗港两地政府将建立服务业合作年会制度和联络员制度，并重点在金融业、会展业、物流业、服务外包四大重点领域推进全面合作。

3 月 27 日 市委、市政府举行全市 2008 年春运和抗灾救灾总结表彰大会，大会认真贯彻广东省抗灾救灾表彰大会特别是省委书记汪洋在会上的重要讲话精神，总结春运和抗灾救灾工作经验，对在春运和抗灾救灾中做出突出贡献的 108 个先进集体和 337 名先进个人予以表彰。

△是日 中国服务外包基地城市广州示范区和国家汽车及零部件出口基地广州分基地授牌仪式在广州举行，标志着广州这两个国家级基地的建设正式启动。广州开发区、南沙开发区、天河软件园、黄花岗科技园被确认为中国服务外包基地城市广州示范区；花都区、南沙开发区、广州开发区、番禺区、增城市被确认为国家汽车及零部件出口基地广州分基地。

3 月 28 日 市政府发布《关于推进市区产业“退二进三”工作的意见》。推进市区产业“退二进三”工作，是实施城市“中调”战略、优化城市产业结构和空间布局、走新型工业化道路的重要举措，是实施“青山绿地、蓝天碧水”工程、改善城市环境的重要组成部分。

4 月 2 日 广州市举行非公有制经济代表人士纪念改革开放 30 周年座谈会。60 多位广州市早期创业和得益于改革开放政策并从中发展起来的非公有经济代表人士参加座谈会。广州市个体私营企业已从 30 年前的 5502 家发展到近 50 万家，其中私营企业达 131456 家，注册资本超过 1633.22 亿元。

4 月 10 日 全球 PE 投资中国之旅暨广州产权市场项目洽谈会在广州白云国

际会议中心开幕。这次会议是广州市举办的第一次大型私募股权投资洽谈会，吸引包括摩根斯丹利、凯雷、美林在内的全球近60家知名私募股权机构参加，基金总额达700多亿美元，与广州市200多个涉及总额达300多亿元的项目进行洽谈对接。广州是国内发展私募股权投资最早的地区之一。

△**是日** 市政府举办广州电子信息产业投资交流会。广州作为国家信息产业基地，已形成以广州科学城为核心基地，花都区、从化市、增城市、南沙区、番禺区等为辐射转移区的产业发展布局，并形成以通信设备、计算机及外围部件、电子元器件、家用视听设备、应用电子制造业为主的五大电子信息制造产业集群，聚集众多的国内外知名企业。据统计，2007年广州市规模以上电子产品制造业实现产值837.23亿元，增长1.7%，全年实现高新技术产值2857.11亿元，增长28.8%，占全市规模以上工业总产值的近3%。

4月12日 市政府印发《广州市2008—2010年空气污染综合整治实施方案》。提出到2010年，完成省下达治污减排任务，有效治理灰霾，推进“蓝天”工程；建立珠三角联动机制，控制区域污染；全年空气污染指数（API）小于等于100的天数达到330天以上；亚运会期间（2010年11月）全市空气质量各主要污染指标的日均浓度值、小时浓度值达到国家和国际的基本要求。

4月14日 广州市国家环境保护模范城市授牌表彰仪式暨2008年环境保护工作会议在中山纪念堂举行。国家环境保护部向广州市授予“国家环境保护模范城市”牌匾。2007年2月，广州被正式命名为“国家环境保护模范城市”。

4月15日至30日 第103届中国进出口商品交易会（简称“广交会”）举行。本届广交会首次启用琶洲展馆二期，在琶洲展馆A区、B区和流花路展馆同时分两期举行。总展览面积达85.1万平方米，是历史上规模最大的一届，创下展览面积世界第一。

4月16日 市长张广宁就中心城区轨道交通规划、大学城旧村改造和综合服务区建设等问题进行调研，要求通过科学规划积极探索推进大学城旧村改造的新路子，切实协同解决好大学城未来新增5万名大学生及教师的公寓配套建设；强调要未雨绸缪研究制订广州未来轨道交通线网的规划优化方案，切实解决好市民的出行问题，力争实现轨道交通承担全市交通运输量70%以上的目标。

4 月 18 日至 19 日　省委书记汪洋到广州进行专题调研。他要求，广州要坚持走全面、协调、可持续的城市化发展路子，努力成为广东省建立现代产业体系和建设宜居城市的“首善之区”，闯出一条中心城市发展的新路。22 日，市委召开常委扩大会议。强调要按照汪洋关于广州要“坚持走全面、协调、可持续的城市化发展路子，努力成为广东省建立现代产业体系和建设宜居城市的‘首善之区’”的重要指示精神，继续解放思想，牢固确立与贯彻落实科学发展观和建设“首善之区”要求相适应的广州城市现代化发展新目标、新定位。

4 月 28 日　市委、市政府印发《关于继续解放思想深化文化体制改革推动文化事业和文化产业加快发展的决定》。文件指出，一要加快推进文化事业单位改革，二要加强公共文化服务体系建设，三要大力推动文化产业发展，四要大力培育现代文化市场体系，五要建立健全文化管理体制。30 日，全市深化文化体制改革工作会议召开。

△**是日**　停工 9 年的广珠铁路全线正式复工。广珠铁路是按国家一级标准建造的电气化铁路，设计时速为 120 公里，以货运为主，与国家铁路干线网相接。南端引出，纵贯广州、佛山、江门、珠海四市，全线设 10 个车站，全长 189.376 公里。

4 月 29 日　世界卫生组织专家对广州港南沙港区卫生控制能力进行技术评估，南沙港区以高分成绩通过评估。世界卫生组织官员代表和国家质量监督检验检疫总局代表在《实地测评报告》上签字，宣布广州港南沙港区成为全国首批国际卫生港口之一。

5 月 5 日　市国资委决定从即日起到 2008 年 11 月底，在广州市国有企业中开展贯彻落实“七个不准”专项工作，进一步规范国有企业领导人员廉洁从业行为。并把开展贯彻落实“七个不准”的专项工作作为 2008 年广州市国有企业党风和反腐倡廉建设工作的一项重要内容。专项工作分为学习宣传、自查自纠、监督检查 3 个阶段。

5 月 13 日　5 月 12 日下午 2 时 28 分，四川省汶川县发生里氏 8.0 级地震。市委、市政府发出紧急通知和《告全市人民书》，号召各机关、单位、企业和全体市民，以捐款捐物等形式，向灾区人民伸出援手。同时，市委、市政府分别向四川省和成都地震灾区发去慰问电，并分别捐赠500万元和200万元。16日，广州举行第二次支援地震灾区大募捐活动。截至下午5时，全市共接收捐款9359.82万元，接收捐赠物资价值1300多万元。市委、市政府决定再向灾区捐款500万元。19日，市委组织部向全市各单位党组织发出通知，号召广大党员缴纳一次性党费，截至22日晚7时，收到党员自愿上缴的特殊党费3938万元。

5月20日 广州市“退二进三”工作会议召开。会议提出，在已经关闭中心城区147家污染企业的基础上，广州市将于2009年前、2012年前和2015年前分3批，引导列入“退二进三”实施范围的200多家影响环保类企业和危险化学品类企业有序退出市区。

5月28日至31日 广州五单位联合发出《为四川地震灾区援建过渡安置房的倡议书》。广州负责在四川阿坝建设4万套共100万平方米的过渡安置房，为此，倡议社会各界继续奉献爱心，踊跃捐款，积极参与“我为地震灾区献爱心捐建安置房‘十个一’活动”——捐建一个平方米安置房、一个学生座位、一套安置房、一间诊所、一间教室、一栋安置房、一间幼儿园、一所学校、一间福利院、一个小区。

5月29日 市政府印发《关于推进广州市城市基础设施投融资改革工作方案的通知》，提出按照“自主经营、自负盈亏、具有自我发展能力、企业产权清晰”原则，先组建水务、垃圾处理、地铁、交通、燃气、亚运城建设、“新中轴线”建设7个专业性基础设施建设投资集团。

6月5日 广州中一药业有限公司联合中华环保联合会共同举办“我环保，我健康——药品包装环保回收机制”活动。这是国内药企首次开展废旧药品外包装环保回收行动。活动主要是通过在全国各地设立定点回收零售药店的方式，进行药品包装的有偿回收。第一阶段开展5年，计划覆盖国内24个省、自治区及直辖市，600多个城市，覆盖逾8亿人口的范围。

6月7日 市政府与中国船舶工业集团公司签署《广州市人民政府、中国船舶工业集团公司关于加强合作，进一步推进船舶工业发展的框架协议》。根据协议，双方将依托南沙龙穴造船基地，在番禺区新建一个集船用低速、中速柴油机和船用辅机、船舶中间产品制造为一体的船舶配套产品生产基地，把广州建设成为全国最大的船用柴油机制造基地。项目总投资约 270 亿元。

6 月 18 日至 24 日 广州市赴华东党政考察团前往南京、苏州、上海、杭州四市学习考察。23 日，考察团在杭州召开学习考察小结会议，根据所看所学，结合广州实际，研究探讨以新一轮思想解放推动广州科学发展、建设全省“首善之区”的思路和对策。

6 月 26 日 广州市首次试行市长、区长、局长同时公开接访。三级行政首长共 1039 人在全市 202 个点参与接访，共接待群众 4576 批 8350 人次。当场解决的信访问题有 200 多宗。

6 月 28 日 科学发展南方论坛——广州增城市启动全区域公园化战略高峰研讨会在增城开幕。与会的专家学者结合广州增城市的实践，围绕探索科学发展的有效方式、开创科学发展的美好未来这一主题进行研讨。会议产生国内首个生态文明宣言——“广州增城宣言”。

7 月 2 日至 3 日 市委九届五次全会召开。会议总结全市开展解放思想学习讨论活动情况，形成“五个针对、五个破除”和建设全省“首善之区”的“六点新共识”。审议《关于推动广州科学发展，建设全省“首善之区”的决定》（简称《决定》），明确广州实现科学发展的总体要求和目标任务，审议通过《中国共产党广州市第九届委员会第五次全体会议决议》。全会对贯彻落实《决定》提出明确要求，强调坚定不移地向着推动广州科学发展、建设全省“首善之区”的目标迈进。

7 月 4 日 市委、市政府印发《关于推动广州科学发展，建设全省“首善之区”的决定》。该决定明确建设全省“首善之区”的主要目标是：力争用 5 年到 10 年的时间，基本建立科学发展的体制机制，推动经济社会发展切实转入科学发展轨道，努力把广州打造成为坚持走中国特色城市化道路、建立现代产业体系和建设宜居城市的示范区，引领全省科学发展的“首善之区”，面向世界、服务全国的国家经济中心城市之一，跻身亚洲重要城市行列，整体提升在世界城市体系中的地位。

7 月 9 日 广东南沙出口加工区通过海关总署、国家发改委等九部委联合验收，正式挂牌成立并随即开始封关运作，成为全省第三个正式封关运作的国家级出口加工区，是广州关区内的首个海关特殊监管区域。

7月10日 中医药防治病毒性传染病产学研联盟在广州成立，这是国内中医药界首个跨领域产学研联合体。该联盟由白云山和黄中药有限公司（简称“白云山和黄中药”）联合多家科研机构共同发起，包括钟南山在内的5名院士加盟其中。首批参与联盟的单位和机构包括中华医学会、中国中药协会、华中科技大学同济医院以及白云山和黄中药等50多家高校、科研院所、医院、企业。

7月14日 市政府召开创建宜居“首善之区”——加强城市社区人居环境综合整治与管理工作会议。会议提出加快推进老城区片区有机更新项目和城中村改造；每个社区要建设“五个一”工程（一个社区服务中心、一个社区卫生服务机构、一个小公园、一个群众娱乐场所、一个社区治安视频监控中心）；社区环境综合整治三项任务：修旧如旧，建新如故；雨污分流，取消化粪池；“三线下地”（三线指电线、网线、电视线路），管线同步整治；增大区一级政府的管理权限。同日，“推动广州科学发展，建设全省‘首善之区’”宣讲活动全面部署启动。

7月18日 广州番禺区迎宾变电站正式宣布投产，填补番禺东北部电网220千伏电压等级空白，将有力保障2010年广州亚运会的电力供应，也使广州成为全国第一个拥有200个变电站的省会城市及副省级城市。迎宾变电站还是广州供电输变电工程建设历史上第一个实现竣工资料电子化移交的变电站。

7月19日至20日 国务院总理温家宝考察广州永胜钢铁制品有限公司等地，调研广东经济运行情况，总结出广东30年改革开放的经验主要是：（一）解放思想引领改革开放，坚持“不争论，大胆地试，大胆地闯”；（二）坚持从实际出发；（三）坚持发挥中央、地方两个积极性；（四）坚持改革和开放相互推动；（五）坚持把改革开放的力度、发展的速度与社会可承受的程度统一起来。

7月24日 《广州历史文化名城规划方案》正式提交广州市规划委员会审议，并首次公开。越秀路至江湾大桥共20.39平方公里的封闭环状地区被列为历史城区范围，对广州典型骑楼分为四大区重点保护，新增13个历史文化街区，全市共划定48片历史文化街区（保护区）。1982年广州被国务院公布为首批国家历史文化名城，2000年市政府公布第一批16片历史文化保护区和21片内部控制历史文化保护区。从2003年8月开始，开始广州市历史文化名城保护规划，2007

年 11 月提交规划的最终成果。

7 月 28 日 市政府常务会议原则通过《中共广州市委、广州市人民政府关于切实解决涉及人民群众切身利益若干问题的决定的补充意见》。该意见共 17 条，涉及社会保险、农村合作医疗、最低生活保障、医疗救助、住房保障等内容，是“惠民 66 条”的进一步细化，也为“惠民 66 条”的贯彻实施提供政策保障。8 月 6 日，市委常委会议审定该意见。

8 月 12 日 市委、市政府举行抗震救灾先进集体先进个人表彰大会暨抗震救灾先进事迹报告会。109 个先进集体、315 个先进个人获表彰。至此，全市先后派出 20 多支专业队伍约 2600 人次奔赴汶川地震灾区一线直接参与抗震救灾，社会各界累计捐款总额达 16 亿元，向灾区发送救灾物资价值近 1.2 亿元，群众献血约 483 万毫升，累计完成和落实过渡安置房 5796 套 11.6 万平方米。

8 月 27 日 商务部印发《关于第 104 届广交会和今后一个时期广交会改革方案》，自 2008 年第 104 届广交会起，广交会从原来的每届分两期举办拆分为三期举办：一期以机电产品为主，二期以日用消费品及礼品为主，三期以纺织服装、箱包及文体用品、医药保健及医疗用品、食品及土特产品等为主。展览规模从第 102 届广交会的 3.2 万个展位增加到 5.4 万个展位。展区从 34 个调整为 50 个。今后将根据国家产业政策的要求和出口商品结构的变化，适时调整展区设置。将现有的品牌、名优新特、招展和分配性等四类展位，简化为品牌和一般性两类展位。

9 月 1 日 市委常委扩大会议召开，传达学习省委、省政府召开的珠三角地区推进建设现代产业体系工作座谈会精神，结合实际深入研究贯彻意见，就广州加快发展现代产业体系作出部署。市委书记朱小丹提出，要坚持“四个突出”（突出以现代服务业为主导，现代服务业、高新技术产业和先进制造业有机融合、互动发展；突出提高自主创新能力；突出产业的高端集聚与发展；突出产业发展与人口资源环境相协调）；狠抓“四大重点”（科学制定建设现代化产业体系总体规划和重点产业发展规划，加快推进重点产业集聚区建设，全力落实重点项目建设，精心组织重大招商引资活动）；促进“四个优化”（优化产业政策，优化软环境建设，优化产业空间布局，优化人才集聚机制）。

9月3日 市委、市政府印发《关于加快发展现代服务业的决定》。该决定确立现代服务业在现代产业体系中的主导地位，明确发展现代服务业的指导思想、总体目标、基本原则和重点领域，提出促进现代服务业加快发展的主要举措和政策措施。该决定依据省、市对广州的战略定位，将“国际化”作为现代服务业发展导向之一，提出“把广州建设成为面向世界、服务全国，在国内外具有较强影响力和辐射力的区域性现代服务业中心”和“着力打造亚洲物流中心、区域金融中心、国际商务会展中心、国际化信息港、亚太地区重要总部经济区、区域‘创意之都’”。

9月7日 市交委、团市委和广州青年志愿者协会联合发起“友爱在车厢”志愿者行动周活动。500多名“小红帽”志愿者手持礼让旗，在广州火车站、广州火车东站、中山八路、天平架、机场路、广卫路6个公交站场64条公交线路，引导乘客有序候车，每趟公交车由一名志愿者随车同行，途中向让座的乘客赠送“礼让书签”等纪念品。

9月9日 广州市举行创建广东省教育强市授牌仪式暨庆祝教师节大会，并对创建省教育强市41个先进集体和90名先进个人进行表彰。广州自2002年启动创建省教育强市工作，2007年3月4日获“广东省教育强市”称号。

9月24日 广州保税物流园区通过国家八部委联合验收，成为广州首家保税物流园区。这也是继上海、青岛、宁波、大连、张家港、厦门、深圳和天津试点“区港联动的保税物流园区”之后，国家批准设立的第九个保税物流园区。经国务院批准，广州保税物流园区于2007年12月3日正式设立，规划面积0.507平方公里。园区位于广州保税区内，东至东江边、南至金桥路、西全广保大道、北至保盈大道，实施封闭式围网管理，实现与黄埔新港等码头的联动运作。

9月26日 广州市城市管理综合执法局正式挂牌成立，整合广州市城市管理委员会办公室和广州市城市管理综合执法支队后成立的市城管局，主要职能包括城市管理和综合执法两方面，具体承担12个部门涉及16个方面的207项行政执法任务。

10月6日 市委召开常委会议，传达学习全党深入学习实践科学发展观活动动员大会暨省部级主要领导干部专题研讨班精神，以及广东省深入学习实践科学发展观活动动员大会精神，研究部署广州学习实践科学发展观活动。会议讨论并原则通过《中共广州市委关于开展深入学习实践科学发展观活动的实施意见》《广州市第一批开展深入学习实践科学发展观活动的实施意见》，决定成立市委深入学习实践科学发展观活动领导小组。8日，全市深入学习实践科学发展观活动动员大会在市委礼堂召开。

10月10日 广东华南新药创制中心正式成立。该中心坐落于广州科学城，是从事新药创制和公共服务的科技类民办非企业机构。12月，被列入《珠江三角洲地区改革发展规划纲要（2008—2020年）》中重点建设的三大创新平台之一。

10月15日 第104届中国进出口商品交易会在广州国际会议展览中心开幕。广州国际会议展览中心展馆A、B、C三区全部建成投入使用，占地面积超过80万平方米，建筑面积超过110万平方米，总展览面积34万平方米，共37个展厅。这是亚洲设施最先进、功能最齐全的现代化展馆。

10月19日 市政府印发《城市建设投融资体制改革方案》。该方案指出要在交通、水务、地铁等领域培育七大专业投融资集团；按照“自主经营、自负盈亏、具备自我发展能力、企业产权清晰”的原则，推进投资主体的组建工作；切实培养壮大投资主体、盘活存量资产、转变政府职能、提高城市建设效率。

10月20日 广州市最大过江隧道——洲头咀隧道二标段（水下段）正式开工。洲头咀隧道工程水中段全长750米，是洲头咀隧道系统工程中最为关键的部分，该隧道设计为双向6车道，呈喇叭状与周边道路相接，为广州规模最大、组织难度最为复杂的过江隧道。洲头咀隧道系统工程总投资约16亿元，西接芳村花蕾路，与芳村大道相交后下穿珠江，东连海珠区内环路的洪德路立交。

10月22日至25日 在世界大都市协会第九届大会暨世界大都市奖颁奖仪式上，市规划局报送的《新河浦历史文化保护区保护规划》代表广州市荣获世界大都市奖第二名。这是世界大都市奖评选三届以来第一次有中国城市获奖。

11月3日至7日 第一期全市农村党组织书记、村委会主任高级培训班在市委党校开班。全市固本强基示范村、受省、市表彰的先进村、社会主义新农村建设示范村、市领导挂钩联系村的党组织书记、村委会主任参加培训。140多名村干部重点围绕科学发展观、“三农”问题、农村基层组织建设、农村基层民主管理和维护农村和谐稳定等内容进行学习。市委组织部在是年5月全市1142条村“两委”换届选举完成后，即着手策划对全市农村党组织书记、村委会主任分期分批进行全面轮训工作。

11月4日 市委、市政府举行国家卫生城市授牌暨表彰大会，回顾总结广州市18年来开展创卫工作的历程，表彰为广州创卫工作作出突出贡献的先进集体和先进个人。全国爱卫会向广州市颁授“国家卫生城市”牌匾。272个单位被授予“创建国家卫生城市先进集体”称号，1095名同志被授予“创建国家卫生城市先进个人”称号。

11月13日 广州港集装箱吞吐量突破1000万标准箱，标志着广州港成为中国内地继上海港、深圳港之后第三个跨入千万标准箱行列的国际大港。

11月14日 广州市农村社会养老保险实施动员大会召开。《广州市农村社会养老保险试行办法》是日起实施，办法遵循低门槛、广覆盖、可衔接、能持续的基本原则，实行养老保险、就业保障、福利保障的分类保障体系。

11月18日 广州对口援建的汶川县第一小学、汶川县羌族骨伤科医院、汶川县新建水厂工程等首批十大民生工程在汶川县城举行奠基典礼，涉及总投资约4.5亿元，标志着广州市对口支援汶川县威州镇（县城）灾后恢复重建工作全面展开。

11月28日 市政府办公厅印发《关于进一步扩大内需促进我市经济平稳较快增长若干措施的通知》。为贯彻落实中央和省关于进一步扩大内需、促进经济平稳较快增长的决策部署，围绕筹办2010年亚运会，加快建设“首善之区”，2009年至2010年计划安排重大建设项目总投资6500亿元，两年预计完成投资额约3500亿元，预期带动完成全社会固定资产投资5000亿元，促进经济平稳较快增长。该通知提出贯彻落实的18项工作措施。

11月30日 中山大道快速公交（简称“BRT”）试验线正式动工，这是广州市的首条BRT。中山大道BRT西起天河路，东至黄埔区夏园，设计全长22.9公里，路中央设双向两条BRT公交专用道，外侧设双向6～10条社会车道，总投资达7.2亿元。

11月 南沙保税港区获得国务院批准设立，这是由国务院批准的国内第九个保税港区，也是广州“南拓”战略的又一重大突破。广州南沙保税港区享受保税区、出口加工区相关的税收和外汇管理政策。港区设有码头作业区、物流仓储加工区、港口配套服务区等功能区，规划面积 7.06 平方公里，包括 3 个地块。

12 月 1 日 市委召开全市第一批学习实践活动转入分析检查阶段工作会议，认真总结广州学习实践活动第一阶段工作，研究部署第二阶段工作。全市第一批开展学习实践活动的 162 个局以上单位、12 个试点街镇已按规定完成广泛发动、深入学习、组织讨论、深化调研和主题实践等学习调研的 5 个环节工作，共有 1.29 万个党组织、计 24.15 万名党员参加学习实践活动。

12 月 10 日 广州市城市建设投资集团有限公司正式挂牌成立。该公司是在广州市建设投资发展有限公司基础上转制组建的，是广州市创新城市建设投融资体制，从根本上改变城市建设投融资渠道单一现状的新举措。广州城投集团承担“政府制定道路、特定区域开发、文化旅游、地下停车场及全市管线共同沟的投融资建设、运营管理和维护”等任务。

12 月 16 日 广州东二环高速公路（黄埔大桥）举行通车仪式。是日下午 6 时起正式通车运营，标志着京珠高速公路实现真正意义上的全线贯通。黄埔大桥项目属于特大型系列、复杂的综合性公路桥梁和隧道工程，项目大型构造物集中，包括华南地区跨径（1108 米）最大的钢箱梁悬索桥、国内跨径（383 米）最大的独塔双索面钢筋梁斜拉桥、世界最大跨径（62.5 米）移动模架进行施工的连续梁和连续钢构及国内第一座双洞分离式 8 车道高速公路长隧道等代表性工程。

△**是日** 广州市水务投资集团（简称“水投集团”）正式挂牌成立。水投集团统筹中心城区供水、污水处理、河涌综合整治、滨水土地及其附属水利设施等涉水项目的投融资、建设和运营，并通过市场化运作发展成为以广州为中心的水务龙头企业。

12 月 18 日 国务院常务会议原则通过《珠江三角洲地区改革发展规划纲要（2008—2020 年）》，将包括广州在内的珠三角地区改革发展提升到国家战略层面，从国家战略高度，明确提出广州要充分发挥省会城市的优势，增强高端要素集聚、科技创新、文化引领和综合服务功能，强化国家中心城市、综合性门户城市和区域文化教育中心的地位，建设成为广东宜居城乡的“首善之区”和面向世界、服务全国的国际大都市。

12月19日 市委、市政府举行纪念党的十一届三中全会召开30周年大会，认真学习贯彻胡锦涛总书记的重要讲话精神，回顾总结30年来广州改革开放和社会主义现代化建设的巨大成就和宝贵经验，团结动员全市广大干部群众高举中国特色社会主义伟大旗帜，以邓小平理论和“三个代表”重要思想为指导，深入贯彻落实科学发展观，认真贯彻党的十七大和十七届三中全会精神，继续解放思想，坚持改革开放，进一步推动广州科学发展，加快建设全省“首善之区”。

12月23日 广州新华出版发行集团股份有限公司在广州天河购书中心成立，标志着广州市深化文化体制改革取得新突破。广州新华出版发行集团股份有限公司由广州出版社、广州市新华书店集团有限公司、广州音像出版社等出版发行单位组建而成。拥有总资产10亿多元，员工2000多人，40多个营业网点遍布全市，营业面积共约4万平方米，经营品种超20万个。

12月25日 第十一届中国留学人员广州科技交流会在广州白云国际会议中心开幕。同时，还举行第三届“春晖杯”中国留学人员创新创业大赛颁奖暨广州十大优秀留学回国人员表彰大会、广州创建广东“首善之区”报告会暨市政府留学人员专家顾问团授聘仪式、市政府留学人员专家顾问团咨询会议等活动。包括钟南山、曾益新、周福霖3位院士在内的10位获奖者获得首届“广州十大优秀留学回国人员”荣誉。市长张广宁向22位广州市政府留学人员专家顾问团成员颁发聘书。首批顾问团共聘请电子信息、生物科技、先进制造业、环保能源、现代服务业和国际政治经济六大领域的30位留学人员专家，聘期为两年。在首届广州市政府留学人员专家顾问团咨询会议上，留学人员专家顾问就广州发展可再生能源、借鉴澳大利亚科技开发政策、打造“无线广州”、建立科研团队、提高文化软实力、建设现代产业体系、应对金融危机等提出建设性意见和建议。

△是日 广州市实施八项措施缓解中小企业融资难，包括支持市融资担保中心开展再担保业务、加大财政对融资担保支持力度、支持设立小额贷款公司等。

12月29日 广州市8个医疗保险二级经办机构正式挂牌成立，这是国内副省级城市中率先建立的市医疗保险服务管理中心垂直管理的二级经办机构。广州两级医保经办机构共同承担全市社会保险医疗事业的服务管理工作，直接服务管理的对象累计达 1294 万人，承担 778 家社会保险定点医疗机构及 402 家医疗保险定点零售药店的监督管理工作。

△是日 广州市西江引水工程开工建设。该工程取水点位于佛山市三水区西江思贤滘下陈村，取水规模 350 万吨/日，主管线沿途跨越广佛两市三区 25 个行政村、113 个自然村，引水管全长达 70 公里，项目总投资概算为 89.53 亿元，由广州市自来水公司负责建设。

12 月 31 日 市委、市政府召开广州市科学技术大会，表彰奖励获得 2007 年度广州市科学技术奖的科技工作者，部署推进加快实施自主创新战略、建设国家创新型城市和华南科技创新中心的工作。广州的科技水平和综合实力位居全国大城市前列，连续 5 次荣获“全国科技进步先进城市”称号。2007 年，全市高新技术产品产值达 3075.33 亿元，比 1998 年增长 11.4 倍，年均增速超过 30%。

2008 年 广州市实现地区生产总值 8215.82 亿元，比上年增长 12.3%；人均地区生产总值 81233 元，增长 10%。产业结构进一步优化，三次产业结构比例为 2.04∶38.94∶59.02。

2009年

1月8日 广州开建全球规模最大的商品展示交易中心——广州国际商品展贸城。该项目是广州市2009年启动的第一个大型建设项目。作为广东省的新十项工程之一，该项目投资超过140亿元，计划打造全球最具复合性的现代展贸一体化商城、全世界最大批发市场园区，全部建成后建筑总面积约576万平方米。

△**是日** 国务院颁布《珠江三角洲地区改革发展规划纲要（2008—2020年）》，明确要求广州要强化国家中心城市、综合性门户城市和区域文化教育中心的地位，将广州建设成为广东宜居城市的“首善之区”和面向世界、服务全国的国际大都市。

1月12日至14日 市委九届六次全会召开。全会认真学习党的十七大、十七届三中全会、中央经济工作会议和省委十届四次全会精神，总结2008年工作，分析当前形势，部署2009年工作。会议审议《中共广州市委、广州市人民政府关于加快形成城乡经济社会发展一体化新格局的实施意见》和《广州市贯彻实施〈珠江三角洲地区改革发展规划纲要（2008—2020年）〉工作方案》，评议《广州市委、市政府领导班子贯彻落实科学发展观分析检查报告》，审议通过《中国共产党广州市第九届委员会第六次全体会议决议》。市委书记朱小丹要求全市各级各部门要全力以赴扎实推进“三促进一保持”、统筹城乡一体化发展、迎亚运和创建全国文明城市、改善民生和维护稳定等各项重点工作，全面推进党的建设新的伟大工程，把全省“首善之区”建设推向前进。

1月18日 广州大型装备产业基地暨中船大岗船用柴油机制造与船舶配套产

业基地（围堤吹填）工程开工。该项目是积极响应国家扩内需、保增长、调结构的总体部署，贯彻实施《珠江三角洲地区改革发展规划纲要（2008—2020年）》，大力发展现代产业体系的重要举措。

2月7日 广州白云国际机场联邦快递亚太转运中心正式投产运营，此后每周联邦快递将有16条国际货运航线、136架货机进出这个新转运中心。

2月22日至26日 市政协十一届三次会议在广州白云国际会议中心召开。大会报告要求，市政协及其常委会在市委的领导下，高举中国特色社会主义伟大旗帜，以邓小平理论和“三个代表”重要思想为指导，深入贯彻落实科学发展观，积极、主动应对各种变化，坚持把开展深入学习实践科学发展观活动与推动政协工作新发展紧密结合起来，以科学发展观统领、指导政协工作的认识有新提高，履行政治协商、民主监督、参政议政职能有新作为，为推动广州科学发展、建设全省“首善之区”有新成效。大会还审议并通过市政协十一届三次会议决议、市政协常委会工作报告等。

2月27日 市委学习实践活动领导小组召开第四次会议，总结第一批学习实践整改落实阶段工作情况以及整个第一批学习实践活动情况，研究部署开展第二批学习实践活动的有关工作。28日，《广州日报》刊载《广州市委、市政府领导班子深入学习实践科学发展观活动整改落实方案》。3月5日，广州市深入学习实践科学发展观活动第一批总结暨第二批动员大会召开。广州市第二批学习实践活动从3月5日正式启动，到8月底基本完成。

3月2日 广州、佛山两市召开党政领导工作座谈会，议定加快推进广佛同城化的有关重大事项：建立领导机构和协调机制，成立由两市党政主要负责人组成的4人领导小组，建立市长联席会议制度，建立两市对口部门的专责小组，起草广佛同城化合作框架协议，制订广佛同城化规划、年度工作计划和专责小组工作规划。19日，广州市党政考察团赴佛山学习交流。两市签署《广州市、佛山市同城化建设合作框架协议》以及交通基础设施、环境保护、城市规划、产业协作4个对接协议。

3月16日 共青团广州市委员会组织的150个广州共青团青年就业创业见习基地建立，提供覆盖金融、商贸服务、医疗卫生等行业的2000多个见习岗位。

首批建立见习基地的单位中，属于政府机关和行政事业的单位有 43.9%，属于企业单位的有 56.1%。

3 月 18 日 常务副市长苏泽群出席第五届世界水论坛。该论坛是世界上最大规模、也是最具权威、最为重要的世界水论坛，广州市因在大力推进水环境治理方面所采取的行动获得世界水理事会专家的高度评价，从全球 30 多个参评城市中脱颖而出，荣获“第五届世界水论坛水治理奖”第一名。

3 月 29 日 全国首个跨地区产权交易平台——珠三角产权交易统一市场在广州成立。该平台由广州产权交易所发起，按照统一市场平台、统一交易规则、统一商业模式、统一培训机制、统一沟通协调机制进行实质性运作。

4 月 19 日至 21 日 国务院总理温家宝到广州等地考察工作。并就应对国际金融危机、增强企业自主创新能力等问题深入调查研究。他强调，要把深化改革开放同加强科技创新结合起来，充分发挥体制、政策、人才优势，战胜困难，力争在扩大内需、保持经济平稳较快发展上走在全国前列，在深化改革开放，促进科学发展上走在全国前列。

4 月 22 日 是日为第四十个世界地球日，也是广州市首个全民爱国卫生运动日。市长张广宁向全市发出“关爱地球，节约资源，垃圾分类从我做起”的号召，并与广大市民一起参与生活垃圾分类全民行动，标志着广州市的垃圾分类工作已由过去的小范围试点发展到整个城市的全面实施。

5 月 13 日 第十六届亚运会体育图标和文化活动、环境、志愿者标志正式发布。作为广州亚运会形象景观重要的基础视觉元素，这些标志与广州亚运会的会徽、吉祥物等标识一起，构成广州亚运会的形象标识体系。它们不仅具有很强的功能性，也是传达亚运会举办理念和主办国文化的重要载体。亚运体育图标共有 56 个，文化活动标志以粤剧的人物脸谱为主体形象。

5 月 28 日 市政府颁布《广州市建设现代产业体系规划纲要》。重点推进五大现代服务业功能区规划建设，促进现代服务业加快发展。广州市第三产业实现增加值 5546 亿元，增长 13.6%，对经济增长贡献率达 70.1%。金融业实现增加值 553 亿元，增长 29%。

5 月 31 日 广州市召开研究部署深化国有企业改革发展的专题会议，全面总结近年来推进国有企业改革发展的做法和经验，适应新形势新任务的要求，推动新一轮国有企业的改革发展。《关于进一步推动国有企业改革与发展的意见》正式出台，广州国企将从体制、薪酬、创新方面作出探索。

6月22日 广州“北优、西联”交通大动脉——华南路三期（即华南快速干线东西线）开通，华南快速干线形成东西—南北方向十字网络。该路段通车后，不仅改变广州城区北部地区长期纵多横少的交通道路现状，该地区交通和投资环境也将得到显著优化，而且由于它为广州西联佛山开辟新的通道，势将进一步加快广佛同城化发展的步伐。

7月6日 全省发展现代服务业工作现场会召开。市长张广宁代表市委、市政府在广东省发展现代服务业工作现场会上汇报广州加快发展现代服务业的情况，部分企业代表也介绍发展现代服务业的经验做法。会议指出，广州市紧紧围绕建设“首善之区”的目标，抓现代服务业发展决心大，思路清，规划早，措施硬，成效好，已初步建立以服务业为主体的都市型产业结构。

7月7日 市政府常务会议召开，研究广州市2015年前轨道交通线网建设计划及资金安排情况，讨论并原则通过《广州市轨道交通线网规划深化方案》。广州市新一轮轨道交通规划由“环形线＋放射线+X对角线”构成，提升中心城区轨道交通的服务水平，加密中心城区轨道交通线网，填充东风路、黄埔大道、滨江路、二沙岛等原轨道交通空白区域，支撑中心城区与萝岗、番禺、南沙、花都、增城、从化四区两（县级）市的互联互达。

7月14日 广州南沙客运港—香港国际机场新航线正式启航。市委书记朱小丹，市委常委、秘书长凌伟宪，副市长、南沙开发区党工委书记、管委会主任、区委书记陈明德，香港特别行政区运输及房屋局副局长邱诚武，香港机场管理局行政总裁许汉忠以及霍英东集团主席霍震霆为新航线启航按下启动球。此后，乘客在南沙客运港办理出境检查手续，到达香港国际机场后，经过全封闭通道直达机场候机楼，无须再经港方查验即可直接登机离境前往目的地国家或地区。这意味着南沙客运港由一个纯海港转变为一个“准空港”。

7月20日 市政府常务会议通过《关于进一步促进高校毕业生就业工作的意见》和《推动我市与中央企业（国内大型企业）战略合作的工作方案》。该意见从多个方面提出了促进措施，鼓励和支持高校毕业生自主创业，建立高校毕业生见习基地和扩大见习毕业生数量。

7月30日至31日 市委九届七次全会召开。会议主要任务是，认真贯彻落实省委十届五次全会精神，总结上半年工作，深入分析当前经济形势，研究部署下半年工作。市委书记朱小丹向全会报告市委常委会上半年的工作，并对下半年及今后一个时期的工作作出部署，并作总结讲话。市长张广宁对上半年全市经济工作作总结，对下半年的经济工作作具体部署。会议还审议通过《中国共产党广州市第九届委员会第七次全体会议决议》。

8月3日 广州中央企业及国内大型企业战略合作活动在广州举办。多家中央企业及国内大型企业与市政府及本地企业共同寻求战略合作机遇，创造共赢发展格局。是日下午，在广州白云国际会议中心举行广州—中央企业及国内大型企业战略合作座谈会暨项目签约仪式。来穗中央企业及国内大型企业与广州市相关企业签订28个项目的合作协议，签约资金300多亿元。

8月7日 市政府颁布《健康亚运健康广州全民健康活动方案》。翌日，2009年广东省、广州市全民健身活动日活动启动仪式在广州举行。省长黄华华、市委书记朱小丹在启动仪式上讲话。汪洋、黄华华、朱小丹、林木声、张广宁等省市领导和3000多名各界群众一起健身跑。

8月9日 以“能源革命：增长·绿色·合作”为主题的首届亚洲能源论坛在广州白云国际会议中心开幕。中共中央政治局委员、省委书记汪洋，全国人大常委会原副委员长成思危，省长黄华华，亚洲能源论坛主席吴建民，菲律宾能源部部长安吉洛·雷耶斯等出席论坛开幕式。市长张广宁，国家能源局副局长孙勤和安吉洛·雷耶斯先后讲话。论坛分设3个主题讨论：亚洲经济增长与能源革命、低碳经济与亚洲以及亚洲成品油贸易发展趋势。

8月16日 在全国文化体制改革经验交流会闭幕式上，广州市作为全国文化体制改革先进地区代表在会上介绍经验。市委书记朱小丹就近年来广州市推进文化体制改革的情况向大会作汇报发言。

△是日 市规划局公布城市自然生态及历史文化特色区步行系统规划。该规划是广州市营造世界文化名城及建设宜居城市的重要环节，这是广州市首次规划

建设步行系统。

8 月 24 日 第十六届亚运会组委会在广州举行第五次执委会会议全体委员会议。是日，广州 2010 年亚残运会组委会组成人员会议召开，审议并通过《亚残运会筹办工作总体计划》、《亚残运会筹备工作报告》和亚残运会组委会内设机构设置。随后，广州 2010 年亚残运会组委会成立大会举行。

9 月 2 日 《人民日报》头版发文介绍广州经济转型的成果："千年羊城，南国明珠"。2008 年，广州服务业实现增加值 4849.1 亿元，占地区生产总值的比重为 59%，2009 年上半年已达 60%，居全国内地大城市第二位。

9 月 3 日 市委出台国内首部政治协商规程——《中共广州市委政治协商规程（试行）》。首次明确：今后广州市有关城乡建设的总体规划和行政区划的重大调整，广州市重大建设项目，关系民生和事关全局的重大问题，应对重大危机的预案和实施方案，均必须事先经过政治协商。

9 月 3 日至 18 日 由当代中国研究所、中国图片社、市委宣传部、新华社广东分社和中华人民共和国国史学会联合主办的中国巨变（1949—2009）——庆祝中华人民共和国成立 60 周年图片展览在广州艺术博物院举办。中国社科院副院长、当代中国研究所所长朱佳木，市委书记朱小丹等市领导以及各主办单位负责人出席开幕活动并参观图片展。

9 月 25 日 广州市卫生系统七大惠民工程完成，包括：市妇女儿童医疗中心工程、市第八人民医院新院区（迁建）项目、市疾病预防控制中心迁建项目、广州医学院第一附属医院就地改造二期、广州医学院第二附属医院新临床教学楼工程、广州血液中心业务大楼项目、市皮肤病防治业务大楼扩建工程。该惠民工程总投资 21.2 亿元，建设规模 31.7 万平方米。

9 月 27 日至 28 日 广州召开《广州城市总体发展战略规划 2010—2020 年》专家研讨会，首次将主体功能区规划、城市总体规划与土地利用总体规划"三规合一"。市委书记朱小丹、市长张广宁出席会议并讲话。

10 月 1 日 市委、市人大常委会、市政府、市政协分别举行庆祝中华人民共和国成立 60 周年升国旗仪式。仪式结束后，参加升国旗仪式的全体人员分别在各机关集中收看首都各界庆祝中华人民共和国成立 60 周年大会。是日 20 时 30 分至21时，由市委、市政府主办的以“祝福祖国，祝福广州”为主题的2009年广州地区国庆焰火晚会在广交会琶洲展馆江面主会场和珠江白鹅潭江面分会场同时举行。

△**是日** 是日起，由市政府颁布的《广州市展会知识产权保护办法》正式实施。该办法的基本思路是遵循政府监管、展会主办方负责、参展商自律、社会公众监督的原则，建立展会主办方依合同处理纠纷和负责知识产权行政管理部门的行政处理相结合的“双轨”保护机制。

△**是日** 是日起，市委、市政府决定提高广州市农村最低生活保障标准，将目前农村平均低保标准从220元调整到271元，增幅为23%，提前3年实现农村低保标准为城市70%以上的目标。

10月13日 市委组织部组织召开广州市600名干部基层机关双向交流挂职锻炼报到大会暨援川援藏援疆事迹报告会，对广州市2009年“千人计划”选派的600名干部双向交流挂职锻炼工作进行部署。市委书记朱小丹，挂职干部派出单位和接收单位分管领导、组织人事部门负责人及挂职干部本人近1000人参加会议。

10月19日 中国文化生态协会成立一周年庆典暨“全国生态文化示范基地”“全国生态文化村”授牌仪式在人民大会堂隆重举行。广州市番禺区南村镇坑头村被评为首批“全国生态文化村”，这是广东省唯一获此殊荣的单位，意味着广州对生态文明建设和文化建设的重视。

10月22日 市财政局网站公布《2009年广州市本级部门预算》，全市114个政府部门预算均供免费下载，这是广州市首次在网上公开年度“账本”，表明广州市政府信息公开向前迈出很大一步。

△**是日** 广州市社会科学院发布《中国广州汽车产业发展报告（2009）》蓝皮书。报告指出，2008年广州全市共生产汽车88.16万辆，汽车产量全国第一，广州成为中国乘用车“第一城”。报告还对2008—2009年广州汽车产业发展形势分析与预测。

10月26日 少先队广州市第十一次代表大会在广州市蓓蕾剧院举行。市委书记朱小丹出席大会，并点亮火炬。来自全市各区、县级市的491名少代会代表和 500 多名列席代表参加开幕式。

10 月 27 日 粤港澳三地政府有关部门在澳门联合举行《大珠江三角洲城镇群协调发展规划研究》成果发布会。研究报告提出以粤港澳合力建设充满生机与活力、具有全球竞争力的、协调可持续的世界级城镇群为总体目标，通过优化空间结构、构建高可达性交通网络和优质环境等策略，促进区域经济高度融合、人居环境提升，提高“大珠三角”整体的国际竞争力。这是中国首个跨不同制度边界的空间协调研究。

10 月 28 日 省委书记、省党风廉政建设责任制第一考核组组长汪洋率考核组对广州市落实党风廉政建设责任制、建立健全惩治和预防腐败体系情况进行考核检查。市委书记朱小丹汇报广州市落实党风廉政建设责任制的情况。汪洋强调，要认真学习贯彻党的十七届四中全会精神，把反腐倡廉建设摆在更加突出的位置抓紧抓好，为广东实现科学发展创造良好的政治环境和社会氛围。

11 月 6 日 广州 2010 亚洲残疾人运动会会徽、吉祥物、口号在陈家祠正式发布。会徽图案以国际残奥委会会标使用的红、绿、蓝三原色拼出运动的人形，形象取材于广州西关花窗的造型；吉祥物“芬芬”是一朵绽放的木棉花；口号是：我们欢聚，我们分享，我们共赢！

11 月 12 日至 14 日 以“城市智慧应对全球金融危机”为主题的 2009 年世界城市和地方政府联合组织世界理事会会议暨广州国际友城大会在广州举行，来自 60 多个国家、210 多个城市和地方组织逾千名代表出席大会。中共中央政治局常委、国家副主席习近平出席开幕式并发表重要演讲。

11 月 16 日 由省委书记汪洋和新加坡国家领导人共同倡导的中新知识城项目汇报会在广州科学城举行。市委书记、知识城项目领导小组组长朱小丹出席会议并讲话。朱小丹指出，知识城项目是粤新合作的标志性项目。粤新双方要在前期工作取得显著成果的基础上，更加紧密携手、精诚团结，继续深入研究、真诚合作，统筹谋划、扎实推进各项重点工作，努力早日启动知识城开发建设，开拓广州、广东科学发展的新天地，打造中新战略合作的新典范。

11 月 23 日 农业部以第 1291 号公告宣布广州亚运无规定马属动物疫病区通过评估正式建成。广州亚运无规定马属动物疫病区是中国第一个接受农业部现场评审并正式建成的无疫区，是中国第一个马属动物疫病无疫区，是中国第一个接受国际评估检验的无疫区。

12月1日 广佛肇经济圈第一次市长联席会议在广州举行。会议研究审定广佛肇经济圈市长联席会议及工作协调机制、广佛肇经济圈建设2009—2010年度重点工作计划（第一批）和广佛肇经济圈发展规划编制工作方案，并签署交通运输、环境保护、教育培训和产业合作4个专项合作协议。24日，《广佛同城化发展规划（2009—2020年）》正式出台。

12月5日 "争当志愿者，创造新生活"——广东省青少年迎亚运志愿行动启动仪式暨亚运志愿服务全民体验日活动在英雄广场举行。市委书记、亚组委副主席朱小丹等省市领导及省市受表彰的优秀志愿者和志愿组织代表、广州志愿者形象大使、亚运志愿者名人堂成员共1500人参加启动仪式。

12月11日 "你我他，齐行善——2009年广州慈善日启动仪式暨大型慈善募捐晚会"举行，现场共筹款1.01亿元，创10年来募捐晚会之最。张广宁、朱振中、张桂芳等领导参加亮灯仪式并接受捐赠，还为捐赠者颁发荣誉证书。市政府决定，自是年开始，每年的12月12日定为广州慈善日。

12月21日 广州市质量技术监督局发布国内首个《食品生产溯源系统管理要求》。广州市食品生产企业已建溯源管理系统，消费者只需通过带摄像头的手机扫描产品包装上的二维码，就能查询产品的相关信息，查询记录还会保留在系统内，一旦产品需要召回就可以直接发送短信通知消费者。

2009年 广州市实现地区生产总值9138.21亿元，比上年增长11.7%。实现社会消费品零售总额3615.77亿元，增长13.4%。全年城市居民人均可支配收入和农村居民人均纯收入分别为27610元、11067元，分别比上年增长9.1%和12.6%。城市居民消费价格比上年下降2.5%。

2010年

1月8日 广州市召开事业单位岗位设置管理工作会议。会议指出，全市事业单位岗位管理改革工作从1月9日起全面启动，9月底结束，4000多个事业单位共20多万人拟以岗位管理代替身份管理，由固定用人转向合同用人。经费主要由财政核拨、财政核拨补助以及自理的事业单位均纳入实施范围。

1月13日 市民营企业商会成立20周年暨第七届理事会就职典礼在东方宾馆举行。市委书记朱小丹要求广州市民营企业商会更好发挥桥梁纽带作用，紧密团结引导广大民营经济人士，促进民营经济做大做强，为广州加快经济结构整合发展方式转变作贡献。

1月14日至15日 市委召开九届八次全会。会议总结2009年全市经济发展情况，提出2010年经济社会发展主要预期目标。会议审议通过《中国共产党广州市第九届委员会第八次全体会议决议》和《中共广州市委贯彻落实〈中共中央关于加强和改进新形势下党的建设若干重大问题的决定〉的实施意见》，审议《广州市贯彻落实〈珠江三角洲地区改革发展规划纲要（2008—2020年）〉实施细则》。

1月20日 市企业改制上市工作交流会举行。常务副市长邬毅敏要求按照“做强一批、上市一批、申报一批、改制一批、培育一批”的思路，全力推进企业改制上市工作，要推动一批具有竞争优势的传统型中小企业改制上市，重点支持一批处于成长期的高新技术企业、创新性企业上市，争取广州高新技术产业开发区成为股份代办转让系统试点园区。

△**是日** 广州市“千人创业万人就业暨就业援助月”启动。现场推荐创业项目20个，81户企业提供招聘岗位超2000个。2010年的“千人创业万人就业”活动将征集100个创业项目，扶持100个创业基地，确定一个国家创业孵化基地，组织100场创业进校园活动，完善创业带动就业的援助政策。广州还将进一步简化小额担保贷款申领手续，全年拟发放小额担保贷款5000万元。

1月27日 广州市第九届纪律检查委员会五次全会召开，市委书记朱小丹强调，加强反腐倡廉制度建设，不断提高反腐倡廉建设科学化水平，就要努力形成一整套用制度管权、按制度办事、靠制度管人的有效机制。

2月1日 市长张广宁主持召开亚运城市协调委工作会议，总结2009年亚运城市行动工作，研究部署2010年任务。会议听取2009年亚运城市行动工作情况汇报、各分项工作组情况汇报、广州亚组委2009年工作总结和2010年工作要点通报，原则同意《2010年亚运城市行动工作意见》。

△**是日** 广州科学城总部经济区启用，由广州开发区管委会投资建设，总建筑面积30万平方米。25个重点项目分别签约入驻总部经济区和科学城科技企业加速器，注册资本近40亿元。25个项目中，既有实力雄厚的金融机构总部、大型连锁和物流总部，也有电子信息、新能源、生物医药等战略性新兴产业前沿的科技企业，更有高成长性的创新企业和上市公司，这25个项目的引进将进一步促进广州开发区、萝岗区高端产业集群集聚发展，成为该区乃至广州市经济发展的又一推动力。

2月5日 广州市农村工作会议召开。会议提出，要完善强农惠农政策，建立基本农田保护补偿机制；要鼓励具备条件的村集体经济实行股份制改革，提高农民资产性收入；2010年，全市拟逐步取消农业户口与非农业户口的划分，实行城乡统一的户口登记制度，并制定农民工落户政策。

2月23日 广州市绿道网建设现场办公会在增城市召开。会议提出广州绿道网以完善、提升原有林带和绿带为主，在有条件的地方加入步行道、自行车道、景观节点等休闲、旅游设施。

2月23日至24日 广州市政府垃圾处理项目专责领导小组召开广州市生活垃圾处理专家咨询会，32位专家学者结合公众所提出的意见和建议，围绕如何推进垃圾分类回收处理、广州市应采取何种方式处理生活垃圾、如何加强对垃圾处理的环保监督 3 个中心议题展开讨论，形成《广州市生活垃圾处理专家咨询会专家咨询意见》。

3 月 1 日 市长张广宁率团到澳门考察，实地参观澳门垃圾焚化中心管理和监管机制，详细了解澳门生活垃圾焚烧发电、垃圾分类等情况，学习借鉴澳门生活垃圾焚烧发电的成功经验，并就垃圾资源化利用、加强垃圾处理监管等问题进行交流，加强穗、澳两地环境保护与垃圾处理技术、管理的合作。

3 月 8 日 广州市纪念三八国际劳动妇女节 100 周年大会在广州白云国际会议中心举行。市委书记朱小丹号召全市广大妇女要让“三八”精神在新的时代条件下发扬光大。

4 月 1 日 龙芯嵌入式芯片研发及其产业化基地落户广州大学城的国家数字家庭应用示范产业基地，并作为华南地区龙芯产业化的唯一载体。“龙芯”是中国拥有自主知识产权的 CPU（芯片处理器）。

4 月 8 日 国内港口首个立体商品汽车库在广州港集团新沙港区建成投产。该项目投资过亿元，总面积 10 万平方米，设计堆存能力 39200 辆，车库车道地面采用防滑环氧矿粒地坪等安全保卫设施。

4 月 9 日 广州市召开领导干部大会。广东省委常委、组织部部长胡泽君宣布中央和省委关于广州市主要领导调整的决定：朱小丹不再担任广州市委书记；广州市市长张广宁任中共广东省委常委、广州市委书记。

4 月 20 日至 26 日 2010 年上海世博会广州案例馆开馆投入试运营。它是世博会城市最佳实践区案例馆，主题为“上善若水，和谐广州”，案例为“城市建设可持续发展——水环境治理行动”，采用 360 度 4D 体验等虚拟仿真手段，以广州独特的“山、水、城、田、海”城市格局为基础，呈现水城广州，展现岭南文化、水文化历史和亚热带水城风情。试运营期间共接待游客 7000 人。

4 月 29 日 市委书记、亚组委副主席兼秘书长张广宁主持召开广州亚运会、亚残运会赛会运行指挥部第一次会议暨广州 2010 亚运城市行动协调委员会第三次工作会议，正式启动亚运赛会运行和城市保障运行一体化指挥体系，并检查第二次工作会议以来亚运城市行动实施情况，部署下阶段工作任务，进一步推动“迎亚运、促大变”各项工作任务的落实。

5月10日至16日 由中华人民共和国文化部、广东省人民政府主办，广州市人民政府承办的中国（广州）优秀舞台艺术演出交易会（简称“演交会”）在广州举行，展览面积12216平方米。6.16万人参加，其中国内采购商216位，演艺从业人员超过1万名。签约交易项目36个，累计交易金额15501.14万元。最受专业采购机构欢迎的剧目前8名依次是:《雷雨》《图兰朵》《长绸》《八层半》《梁祝》《月上贺兰》《天鹅湖》《清明上河图》。

5月13日至16日 中央政治局常委李长春到广东考察指导工作期间，先后察看广州汽车集团乘用车有限公司、增城市增江西岸景观大道、亚运会开闭幕式场地建设和城市环境综合整治情况，并参观广州大剧院、广州羊城创意产业园等地，就深入贯彻落实科学发展观、加快经济发展方式转变、推进城市精神文明建设、深化文化体制改革、发展文化事业和文化产业等进行调研。

5月17日 市政府常务会议召开。讨论并原则通过《关于加快推进社会工作及其人才队伍发展的意见》及《广州市政府购买社会服务考核评估实施方案（试行）》等5个配套实施方案（简称“1+5文件”）。“1+5文件”提出，广州力争在5年内以建立健全社会工作制度为重点，以加强教育培训、完善岗位设置、培育社会组织、推行政府购买服务机制为手段，建设一支社会工作人才队伍，形成“党委统一领导、政府主导推动、社会组织运作、公众广泛参与”的社会工作发展格局。

5月26日 广东规模最大、技术水平最高的LED芯片生产和研发基地——晶科电子（广州）有限公司大功率高亮度LED产业基地在南沙区奠基。

5月29日 广州率先试行单病种限价管理，由南方医院托管的南方燕岭医院正式开业运营。单病种限价，即对单个病种实行严格的临床路径，从病人确诊后入院的检查、用药、治疗、手术耗材都有严格标准，在此基础上对整个手术的费用实行最高限价，并只能用于常见多发病。6个病种实行单病种限价，限价后收费比同类手术的三级医院“市场价”低10%—20%。

6月1日 广州迎亚运千家企业清洁生产行动启动。此次行动覆盖全市100户万吨标煤能耗企业，200户5000—10000吨标煤能耗企业和1000户5000吨以下标煤能耗企业，占全市工业能耗企业的 80% 以上。

6 月 6 日 广州首座厨余垃圾处理厂——番禺厨余垃圾生化处理厂正式开始试运作，日处理能力最高可达 1 吨。该处理厂位于钟村钟汉路，占地 1300 多平方米，分为预处理车间和生产处理车间两大部分，应用纯生物降解的方式处理厨余食品垃圾，可在 6 日内将厨余垃圾转化为有机肥料，厨余垃圾的来源主要是试点的海龙湾小区。这是广州首个以居民厨余垃圾为来源的处理项目。

6 月 10 日 广州市首座钩臂式垃圾车配套压缩站——白云区永平街永泰垃圾压缩站试运行。该压缩站占地面积 3400 平方米，建筑面积 1000 多平方米，为三厢 20 吨中型压缩设备的压缩站，初步配备钩臂式垃圾收运车将代替镇、村垃圾收集点原有的垃圾池、垃圾桶，避免垃圾落地、堆积等造成的二次污染。

6 月 11 日 市规划局发布白鹅潭地区控制性详细规划。白鹅潭地区位于广州中心城区西部，西邻佛山，规划总用地面积 35.11 平方公里，北至大坦沙尾，南至环翠路与环城高速公路，东到工业大道中和工业大道南，西至芳村大道北和花地河；规划居住人口 79 万人，提供 67 万个就业岗位。

6 月 16 日 华南最大塑胶粒配送中心——广新外贸集团属下合捷南沙博禄塑胶粒物流配送中心落户南沙。该项目总投资 3.5 亿元，是珠三角地区第一个为承接跨国化工企业服务外包而设立的包装和配送物流项目，拟为南沙港带来 2.4 万标准箱物流量，货值超过 25 亿元。

6 月 20 日 世界上第一个 ±800 千伏直流输电工程——云广特高压直流输电工程在广州竣工投产。该工程是国家“十一五”重点建设项目及直流特高压输电自主化示范工程，于 2006 年 12 月 19 日开工建设。这是迄今世界电压等级最高的直流输电项目。

6 月 30 日 广东与新加坡合作的战略性标志项目——中新广州知识城在广州市萝岗区举行奠基仪式。市政府与广州知识城投资开发有限公司、新加坡知识城私人有限公司签订知识城三方合作总体协议，首批签约入驻知识城项目 33 个。

7 月 13 日 广东省首家汽车金融公司正式开业，由广州汽车集团股份有限公司和法国东方汇理个人金融股份有限公司合资设立。该公司是省内首家汽车金融服务公司，使广州成为继北京和上海之后第三个拥有汽车金融公司的城市。

7月15日 泛珠三角近60家机场组成中国最大规模的区域机场联盟在广州正式启动泛珠三角“9+2”区域机场合作。南方航空公司分别与福州、江西、广西、海航、四川、贵州、云南等机场集团签署《空中快线合作框架协议》。至此，从广州始发的泛珠三角地区的空中快线达到11条。

7月16日 由荔湾区逢源街道办与香港邻舍辅导会合办，并由市福利公益金提供资金支持的逢源邻舍长者日间护理中心在逢源街文昌花苑内正式试业运行。这一养老模式为全市首创，设有5名专职的服务人员，并有街道社工提供志愿服务。

△**是日** 中国东方电气出海口基地三期工程联合厂房在广州市南沙区黄阁镇工业园竣工。该厂房是目前华南单体面积最大的重型钢结构厂房，是在广州建成的全球最大核电加工基地。该工程于2008年9月26日动工，总投资为5.09亿元。新厂房投用后，东方电气出海口基地的生产面积增加56640平方米，产能提升至年产5套完整的1000MW级核岛主设备、16台汽水分离再热器。

△**是日** 广东省第十三届运动会闭幕，广州代表团共864名运动员参加25个大项，囊括此届省运会所设的金牌、奖牌、总分、青少年陆上五项、水上五项、重竞技五项、球类五项7个第一名，名列21个地级市第一位。

7月24日 国内第三个、也是面积最大的空港综合保税区——广州白云空港综合保税区正式获国务院批复设立。该保税区规划纵跨广州花都和白云两区，总面积为7.385平方公里，计划建成集口岸通关、保税加工、保税物流、进出口贸易、金融服务、科技研发等多功能于一体的综合特殊功能区，重点发展航空物流、商务会展、电子信息等临空产业集群。

△**是日** 广州医药集团与白俄罗斯心脑血管疾病诊治和药物研究中心联合成立广药集团心脑血管中药国际（独联体）研究中心，并启动首批奇星华佗再造丸、白云山脑心清片等八大名优心脑血管中药独联体专项研究重大国际科技合作项目。

8月2日 广州市内首个电动汽车充电设施——6台电动汽车充电桩投入运行。充电桩由广州供电局自发研制并投资建设，可为电动汽车提供三相充电电源，额定功率为21千瓦，并以预付费的形式实施收费。充电桩主要建在亚运城主媒体中心和综合体育馆的露天停车场，将为运行在亚运城的示范电动车提供方便快捷的能源。

8 月 5 日 广州市“迎亚运、保平安”整治交通秩序百日会战行动正式启动。此次行动着力突出整治 3 个重点难点，整治范围涉及电动车、摩托车等五类车辆非法营运和交通违章现象，四类重点地区的交通秩序，以及行人和机动车驾驶员的违章行为。

8 月 8 日 《广州市全民健身条例》正式开始实施。该条例是广州市首部体育地方性法规，为广州市全民健身工作提供了法制保障，是广州市进一步实现“依法治体”的一个里程碑，本着“赛中运动员使用、赛后老百姓健身”的便民原则，广州在规划亚运场馆时，也充分考虑到赛后的持续利用，增强场馆的全民健身功能。

8 月 11 日 增城经济技术开发区正式挂牌。2010 年 3 月，国务院正式批准，将增城工业园区升级为国家级经济技术开发区，成为继广州开发区、南沙开发区之后，全市第三个国家级经济技术开发区，也是省内首个落户县级市的国家级开发区。

8 月 13 日 市政府召开加快民营企业经济发展工作座谈会。大会听取了 14 位知名民营企业家对于即将出台的《中共广州市委、广州市政府关于加快发展民营经济的实施意见（讨论稿）》的意见和建议。广州市领导与企业家们“面对面”畅所欲言，共商加快民营经济发展大计。

8 月 18 日 荔湾区流动摊贩集中摆卖点试点工作会召开。荔湾区率先设立南源街、逢源街两个全市首批流动摊贩集中摆卖点，管理费用主要以政府补贴为主，共提供 370 个摊位。

8 月 19 日至 25 日 以“南国书香节、阅读嘉年华”为主题的“2010 南国书香节暨羊城书展”在中国进出口商品交易会展馆举行。此次书香节首次实行全省联动，除广州主会场外，各地市也同时举办书香节。

8 月 31 日 广州亚运城竣工，亚运城选址于番禺区中东部，2007 年 11 月 26 日正式开工建设，规划总用地面积 273 万平方米，赛时总建筑面积约 148 万平方米，分为运动员村、媒体村、技术官员村、媒体中心、体育馆区、后勤服务区、亚运公园 7 大部分，共 22 个子项目。赛后作为广州新城启动区域，带动周边区域的整体建设。

9月1日 由市民政局和市慈善会共同制定的《广州市慈善医疗和应急救助试行办法》是日起正式实施，有效期3年，救助试行办法在全国属首次。该办法明确指出，慈善医疗和应急救助金来源包括社会捐款、福利彩票公益金资助及可用于慈善医疗和应急救助的其他资金。

9月11日 广州市“迎亚运讲文明树新风”城市文明志愿服务全民行动启动。此次全民行动时间为9月至11月，包括平安亚运、文明出行、社区文明、清洁城市、微笑使者、文明景区、环境保护、学“双语”（英语、手语）、唱响亚运九项百日志愿行动，并将每周日定为志愿服务全民行动日。

9月13日 市政府出台《关于大力发展低碳经济的指导意见》。该意见要求全市围绕“资源节约型、环境友好型社会”建设，立足广州国家中心城市的功能定位和城市总体规划要求，突出抓好产业、能源、交通、消费等领域的低碳化，扎实推进低碳“十大”工程，提高低碳经济发展水平。

9月18日 “羊城天盾——2010城市人民防空演习”举行，在全市12个区（县级市）范围内进行防空警报试鸣，广州已初步形成地下、地面、机动“三位一体”的人民防空指挥网络。此次演习首次启动由13辆指挥通信车和市本级1辆信息采集车构成的人防机动指挥所；在广东省率先建立第一个区（县）级人口疏散基地——广州（越秀）从化田心人口疏散基地，中心城区300万人口转移到人口疏散基地的时间缩短为1—2天。

9月24日 在肯尼亚举行的第四十六届国际规划大会上，广州市战略规划获“国际杰出范例奖”，广州成为中国首个获得全球规划最高级别奖项的城市。大会奖项评审团认为，广州战略规划实践，充分学习和吸收20世纪60年代以来世界各国在编制城市发展战略规划的有益经验，并结合中国的社会经济现实条件，进行深入的制度创新。广州战略规划的编制与实施模式，值得全世界发展中的城市广泛借鉴。

9月26日 珠江新城核心区地面广场正式命名为“花城广场”，位于黄埔大道以南、华夏路以东、冼村路以西、临江大道以北，总面积56万平方米，是目前全市最大的市民广场公园；周边规划有39幢公共建筑与艺术殿堂，植有600

多棵大树，成为全市面积最大、品种最多的花卉观览场所；建有三层地下空间，同时也成为全市最大的市民休闲、娱乐、购物中心。

9月29日 广州西江引水工程通水运行，西江优质水源正式从佛山引入广州。西江引水工程管线全长71.6公里，跨越广州、佛山两市，途径25个行政村、113个自然村；供水水质常年处于Ⅱ类标准，丰水期个别指标达到Ⅰ类，建成通水后，每天向广州输送350万吨原水，全面置换广州西北部石门、西村、江村三大水厂的现有水源。广州市中心城区水源水质100%达标，广州也提前两年在全国大城市中率先达到国家《生活饮用水卫生标准》（GB5749-2006）。

9月30日 广州市深化行政管理体制改革工作会议召开。分类推进广州事业单位改革，按照政事分开、事企分开和管办分离的要求，根据不同层级、不同类型事业单位的特点，不搞“一刀切”，因地制宜，先易后难，条件成熟的率先改革，暂不具备条件的允许过渡。

10月12日 第十六届亚洲运动会（简称“亚运会”）火炬点燃暨火炬传递活动启动仪式在北京天坛公园祈年殿南广场举行。中共中央总书记、国家主席胡锦涛点燃主火炬，宣布第十六届亚运会火炬传递活动开始。仪式由广东省省长、第十六届亚运会组委会执行主席黄华华主持。国家体育总局局长、第十六届亚运会组委会主席刘鹏，亚奥理事会主席艾哈迈德·法赫德·萨巴赫亲王在仪式上讲话。

10月19日 国内首家由专业社工服务机构参与研发、设计、监理的社区综合服务中心——联和街社区综合服务中心在萝岗区揭牌成立。该中心由萝岗区政府投入150万元新建而成，委托中山大学社工服务中心承办，包含老人爱心饭堂、亲子互动营、青少年课后辅导、家庭能力建设、民间社团组织孵化、民间生活馆等110个服务项目。

10月27日 广州市首个河涌水质净化工程在东濠涌正式完工。位于越秀桥旁边的东濠涌净水厂正式启用，日处理能力约13万吨。东濠涌水质净化工程于2009年12月初进场施工，范围为东濠涌南段（东濠涌东风路至珠江边的1.89公里明渠段），主要工程包括河道清淤拓宽、堤岸综合整治、景观创建、河床清淤、调水补水净水及截污系统。

11月1日至10日 广州市开展“清洁家园，喜迎亚运”为主题的城市道路和公配设施全面清洁行动。清洁范围重点保障250多条亚运通道、每个亚运场馆周边道路，全方位清洁城市主次干道、人行步道、道路绿化花基、道路侧石、商业街、公共广场等地域。

11月3日 市委、市政府正式印发《关于加快经济发展方式转变的实施意见》，重点围绕当前广州转变经济发展方式所存在的体制机制障碍，以促进形成经济社会又好又快发展的长效机制为目标，立足于“可操作、可考评”的基本原则，提出要“加快形成四个长效机制、推动实现三个转变”。

△是日 14时，中国首条地下城际轨道交通线——广佛地铁首通段（佛山魁奇路—广州西朗）开通试运营。该线于2007年6月28日正式动工开建，全长32.16公里，首通段总长21公里，全为地下线路，共14个站点，其中西朗站、菊树站、龙溪站位于广州境内，其余均设在佛山市内，全程票价为6元。

11月10日至11日 中央政治局委员、国务委员刘延东到广州考察并专题研究亚运筹办工作，观看开幕式彩排，考察亚运会总指挥部运行中心、主媒体中心、运动员村和有关场馆，看望中国代表团。公安部部长孟建柱到广州检查指导亚运安保工作，先后考察广惠高速萝岗治安检查站、开闭幕式主会场、广州大学城中心体育场、亚运城、猎德社区和水上安保区域，实地查看各项安保措施落实情况，听取工作介绍，慰问奋战在安保一线的公安民警、武警和解放军官兵以及安保志愿者。

11月11日至12日 国务院总理温家宝到广州先后考察百佳超市、越秀区都府社区、广电运通金融电子股份有限公司、中科院广州生物医药与健康研究院、禾信分析仪器有限公司以及东濠涌水环境整治项目等，看望广大干部群众，了解经济社会发展情况。

11月12日 是日20时，第十六届亚洲运动会在广州开幕。国务院总理温家宝出席开幕式并宣布此届亚运会开幕。广州亚组委执行主席黄华华、广州亚组委主席刘鹏、亚奥理事会主席艾哈迈德·法赫德·萨巴赫亲王先后在开幕式上讲话。

11月12日至14日 由国家教育部、广州市政府主办，广东省教育厅、广州市教育局承办的亚洲大学校长的盛会——亚洲大学校长论坛在东方宾馆举行。出席本次论坛的亚洲大学校长就“亚洲高等教育与区域经济社会发展”的主题展开交流与对话，探讨大学共同面临的机遇与挑战。这是首次由政府部门牵头举办的亚洲地区大学校长论坛。来自亚洲 20 多个国家和地区的 80 多所大学校长参加论坛。

11 月 13 日 第二十九届亚奥理事会全体大会在广州花园酒店国际会议中心召开。市委书记张广宁作关于第十六届亚运会筹备情况的报告，亚奥理事会授予于再清、张广宁荣誉勋章，亚奥理事会主席艾哈迈德·法赫德·萨巴赫亲王、国际奥委会主席罗格、广州亚组委主席刘鹏颁发勋章和证书。艾哈迈德·法赫德·萨巴赫亲王对广州在过去 7 年中为筹备亚运会所付出的努力表示感谢，认为广州亚运会开幕式办得非常成功、非常漂亮，是亚运史上最好的开幕式。

11 月 16 日 在国家发改委于深圳举行的国家高技术服务业基地授牌大会上，广州国家高技术服务业基地获授牌，成为广州经国家发改委认定的第五个高技术产业基地。目前，广州高技术服务业已初具规模，形成信息技术、生物、数字内容、研发设计等主要产业集群。

11 月 20 日 市委书记、广州亚组委副主席兼秘书长张广宁主持召开广州亚运会亚残运会赛会运行总指挥部工作会议，学习贯彻省委书记汪洋、省长黄华华关于广州亚运会、亚残运会工作的重要指示精神，听取亚运会赛事运转、亚残运会筹备工作及转场、亚运会亚残运会内外宾接待及票务等有关情况汇报，研究解决有关问题，部署进一步完善服务保障措施，确保更好地完成亚运会、亚残运会各项工作任务。

11 月 27 日 是日 20 时，第十六届亚洲运动会闭幕式在广州海心沙广场举行。亚奥理事会主席艾哈迈德·法赫德·萨巴赫亲王宣布此届亚运会闭幕，并将亚奥理事会会旗移交给第十七届亚洲运动会举办城市仁川市市长宋永吉。此届亚运会实际参赛运动员 9704 人，共刷新 3 项世界纪录、15 项亚洲纪录和 27 项亚运会纪录，29 个国家和地区获得亚运会金牌，36 个国家和地区获得亚运会奖牌，其中中国体育代表团获得 199 枚金牌，连续八届名列亚运会金牌榜首位。

12 月 1 日 广州召开广州亚残运会对接工作会议。传达广东省迎接广州 2010 年亚洲残疾人运动会动员大会精神，贯彻落实国务委员刘延东，省委书记汪洋，市委书记张广宁重要讲话精神，研究部署亚残运会对接工作。

12月3日至5日 第十九届世界脑力锦标赛在帽峰山举行。这是此项世界脑力运动领域最高级别赛事首次在中国举办，也是历届规模最大的一次，共有来自22个国家、148名选手参加比赛，中国队以5金3银6铜列首位。

12月4日 广州2010年亚洲残疾人运动会火炬点燃暨火炬传递活动启动仪式在北京举行。国家副主席习近平出席仪式并点燃主火炬，宣布广州2010年亚洲残疾人运动会火炬传递活动开始。5日，广州2010年亚洲残疾人运动会广州火炬传递起跑仪式在花城广场举行，是日至11日，亚残运会“潮流”火炬在广州进行传递，共640名火炬手参加，传递总里程为57公里。

12月8日 广州公布《关于利用资本市场促进我市国有企业做强做大的意见》。该意见提出，将加快国有企业上市步伐，提出将分别采取改造、培育、上市、做强等针对措施，推动市属国有企业上市融资。至此，全市国有控股上市公司达21户，市值达2264亿元，比上年底增加1067亿元，提高89%。

△是日 是日起，广州日报报业集团联合全市12区（县级市）委宣传部及市旅游局、市林业和园林局等部门举办“新广州好”大型推选活动。该活动以百景评选、征文、摄影作品征集、书法绘画长卷创作、图片展览等形式来传扬新广州的变化，诠释广州城市新内涵。通过海选出台的“新广州好”将成为广州的靓丽名片画入《新广州好》百米长卷，成为广州城市建设新发展的永恒记录。

12月9日 广州汽车集团股份有限公司（简称“广汽集团”）与浙江吉奥投资有限公司合资的广汽吉奥有限公司在浙江杭州正式成立并运营，成为国内汽车业内首个国有控股企业与民营企业合作案例。广汽集团以现金方式出资持有51%的股权，合资公司注册地位于浙江萧山经济技术开发区。

12月12日 是日20时，广州2010年亚洲残疾人运动会在广东奥林匹克中心开幕。中共中央政治局常委、国务院副总理李克强出席开幕式并宣布开幕。19日，广州2010年亚洲残疾人运动会闭幕。亚洲残奥委会41个会员国家和地区共派出2512名运动员参加19个项目的比赛，截至18日15时30分，共31个代表团获得奖牌、6个代表团20人21次打破17项世界纪录、13个代表团74人98次打破82项亚洲纪录，其中，中国体育代表团获得185枚金牌。

12月12日至13日 国务院副总理李克强到广州调研，先后考察花城广场、亚运城和国家数字家庭应用示范产业基地，并强调要全面贯彻落实党的十七届五中全会和中央经济工作会议精神，加快转变经济发展方式，努力在结构调整和提升质量效益上有更大进展，在保障和改善民生上取得更多成效，协调推进经济发展和社会建设。

12 月 20 日 广州港货物吞吐量正式突破 4 亿吨，集装箱吞吐量突破 1200 万标准箱，生产规模继续保持世界港口领先地位，成为继上海港、宁波舟山港之后全国第三个货物吞吐量跨入 4 亿吨行列的国际大港，位列世界港口第五。

12 月 25 日 中新广州知识城管理委员会揭牌暨重点项目签约仪式举行。同时，京东商城、勤上光电、万全集团、广东天联集团、金域集团等公司的知识密集度高、科技含量高、产业关联强、生态环境好的重点知识经济项目签约。是年 10 月 22 日，市政府发布《关于明确中新广州知识城管理委员会管理权限的决定》，从规划、国土、投资、公共设施、环保、建设、外资管理等方面赋予中新广州知识城管理委员会市一级管理权限。

12 月 26 日 在新华社《瞭望东方周刊》和中国市长协会《中国城市发展报告》工作委员会联合于长沙主办的 2010 年中国（大陆）最具幸福感城市颁奖典礼上，广州首次入选中国最具幸福感城市榜单，也是京沪穗深四大一线城市中唯一的入选者。

12 月 28 日 广州广船国际股份有限公司为中海港联航运有限公司打造的迄今国内最豪华、装修标准最高的客滚船——1400 客位 /2000 米车道客滚船首制船“龙兴岛”号，在广州长洲岛签字交船。

2010 年 广州市地区生产总值突破 1 万亿元，达到 10748.28 亿元，比上年增长 13.2%。其中，第一、二、三产业增加值分别比上年增长 3.2%、13.1% 和 13.6%。城市居民人均可支配收入 30658 元，农村居民人均纯收入 12676 元，分别比上年增长 11% 和 14.5%。城市居民消费价格上涨 3.2%。

2011 年

1 月 1 日 以“传承亚运、和谐共享”为主题的 2011 年广州市元旦万人健步行活动在天河体育中心举行。这是广州进入后亚运时期举行的首个万人健步行大型活动，180 多个单位、1 万多名市民参加。健步行起止于天河体育中心南广场，全程约 4 公里。

1 月 7 日 广东省首条城际轨道——广州至珠海城际铁路在广州南站举行开通运营仪式。此次开通运营的广州南至珠海北段全长 93 公里，江门支线长 27 公里，运营车站共 12 个。广珠城际铁路的开通运营标志着珠三角地区进入轻轨时代，珠海、中山、江门将全面融入“珠三角一小时经济圈”。

1 月 11 日 广州首个由保障房和限价房合建的小区及首个大型公租房小区——龙归保障房示范小区开工仪式在白云区太和镇举行。龙归项目东临广从路（105 国道），南近龙兴西路，西邻 106 国道，北靠黄兴田路。项目总用地面积 34.57 万平方米，总建筑面积约 105 万平方米，规划建设 1.2 万套住房，居住人口约 3 万人。

△是日 广州港股份有限公司揭牌成立，广州地区首个基础产业“港口航母”完成重组，广州港集团进入新的跨越式发展时代。该公司由广州港集团有限公司和国投交通公司、广州发展实业控股集团股份有限公司共同设立。

1 月 12 日 广州利通广场获国际公认最为先进和最具实践性的绿色建筑认证——LEED 金级预认证，为广州首例。该广场位于广州珠江新城中轴线北入口市民广场，设计高度 302.7 米、64 层，利用全球首创的室外竖向彩釉玻璃结合室内百叶的组合遮阳系统、VAV 中央空调系统、冷冻温差节能、空调余热回收、冷凝水回收等 10 项节能技术，施工过程中建筑废弃物填埋转移达 75%，并采用建材再生材达 20%。

1 月 13 日 广州市通过《广州市旧厂房改造专项规划》。规划指出，广州 5328 个旧厂房改造用地面积 137.15 平方公里，确定十大重点地区及旧城启动旧厂房改造，改造重点分别在于提升功能和优先完善公共配套。同日颁布《广州市政府投资项目审计办法》，自 3 月 1 日起施行。

1 月 17 日至 19 日 市委九届十次全会举行。会议审议通过《中共广州市委关于制定国民经济和社会发展第十二个五年规划的建议》《广州市依法治市第五个五年规划（2011—2015 年）》《关于加强街（镇）党委书记职级配备的实施意见（试行）》《广州市处级党政领导干部交流工作实施办法（试行）》《中共广州市委、广州市人民政府关于简政强区（县级市）事权改革的决定》《广州建设文化强市培育世界文化名城规划纲要（2011—2020 年）》《中国共产党广州市第九届委员会第十次全体会议决议》。

1 月 21 日 微信在广州正式推出第一个版本——微信 1.0 for iPhone（测试版）。这是广州腾讯有限公司开发的一款快速发送文字和照片、支持多人语音对讲的手机聊天软件。用户可以通过微信与好友进行形式上更加丰富的类似于短信、彩信等方式的联系。微信软件本身完全免费，也因为更灵活、方便、智能，且节省资费受到大家喜欢。

2 月 2 日 市委、市政府印发《广州建设文化强市培育世界文化名城规划纲要（2011—2020 年）》。主要包括公共文化服务和文化产业、精 神文明建设、社科理论、文学艺术、新闻出版、广播影视、网络新兴媒体和对外文化交流等方面，部分涉及城市规划和教育、体育、旅游等相关内容。

2 月 17 日 首届“广府庙会”在城隍庙忠佑广场开幕，2 月 23 日在五仙观闭幕，共吸引游客 350 万人。此届庙会以城隍庙忠佑广场、中山四路（文德路口至北京路口）、府学西街、北京路、惠福东路美食街、大佛寺、五仙观为支点，共有展位 123 个，80 户企业参展，其中中华老字号企业 7 户。19 日 10 时，庙会举行民俗文化巡游，巡游队伍人数约 250 人。

2月20日至25日 市政协十一届五次会议召开。会议审议通过了林元和代表常务委员会所作的工作报告，郭锡龄所作的提案工作情况报告。会议通过部分主席会议成员辞去政协第十一届广州市委员会领导职务的辞呈，选举增补常务委员会部分组成人员，撤销张克强参加政协第十一届广州市委员会的资格。

2月21日至25日 市十三届人大六次会议召开。会议表决通过《广州市政府投资管理条例》；通过广州市人民代表大会常务委员会关于修改《广州市社会治安综合治理条例》等17件地方性法规的决定；通过广州市人民代表大会常务委员会关于召开广州市第十三届人民代表大会第六次会议的决定；通过广州市第十三届人大常委会代表资格审查委员会组成人员名单；通过《广州市人民代表大会常务委员会联系代表办法（修订）》；通过关于进一步推进广州市教育均衡发展实施方案；通过关于重视广州市基层卫生服务网络建设实现医疗公共服务均等化和加快医疗机构规划发展的实施方案；会议还表决通过有关人事任免事项。此次会议首次通报、公开会议期间代表、列席人员考勤情况。

3月1日 番禺区医疗保险独立统筹区正式纳入广州市级社会医疗保险统筹，全区52.7万名参保人受惠。至此，广州所有医疗保险独立统筹区全部纳入市级统筹范围，广州医保同城基本完成布局，“同城不同待”正式成为历史。

3月31日 广州市天河中央商务区（天河CBD）管委会揭牌暨进驻项目签约仪式举行。天河CBD以珠江新城为核心，涵盖天河北及员村延伸区，集聚128个金融机构，规划建设39个建设项目，是继北京、上海之后的全国第三大中央商务区。此次签约的28个进驻项目涉及金融服务业、高端商贸服务业、专业服务业、文化创意产业等领域，投资总额超过262亿元。

4月1日 市政府印发《广州市国民经济和社会发展第十二个五年规划纲要》。该纲要提出开创国家中心城市科学发展新局面、积极推动内外需协调发展、加快发展现代产业体系、率先建成国家创新型城市、促进绿色低碳发展、优化城市发展格局、强化综合性门户功能、提升文化软实力、保障和改善民生、加强和创新社会管理、深化全方位开放合作。

4月19日 市政府与澳门特别行政区政府正式成立穗澳合作专责小组，并签署《穗澳共同推进南沙实施CEPA先行先试综合示范区合作协议》，建立两地长效合作机制，全面开展双方在旅游及健康服务、影视及文化创意、教育培训、鲜活农产品产供销、商贸会展、中医药国际化、城市规划和管理、通关便利化、居民待遇和医疗保障等方面的合作。

4 月 23 日 广州地区首届外籍人才招聘会开幕。中央电视台、广东外语外贸大学等数十家大型企业、高校、科研院所现场设展，共发布岗位需求信息 1000 多个；来自美国、日本、欧洲等 20 多个国家和地区的 600 多名外籍人才现场求职，涉及企业管理、工程设计、生物医药、计算机、市场营销、语言等专业领域。

4 月 25 日至 26 日 广州市召开社会管理服务改革创新试点工作总结现场会，深入贯彻中央政治局委员、省委书记汪洋考察广州市社区建设及服务管理重要讲话和市委九届十次全会精神，总结全市 14 条开展整合街道机构和聘用人员改革试点工作的街道以及 20 条开展社区综合服务中心建设的街道社区改革创新试点经验，并对加强和创新街道社区管理服务作出部署；25 日下午和 26 日上午为现场观摩会，26 日下午为总结交流大会。

5 月 5 日 19 时 30 分，广州市农村路灯建设启动暨增城市派潭镇溢汾村路灯建设亮灯仪式举行。这标志着作为当年市政府十项民生工程之一的农村道路“亮化”工程正式启动。按照计划，当年建设 5 万盏农村路灯，使全市 30% 的农村道路实现“亮化”。

5 月 6 日 中共中央、国务院在广州中山纪念堂举行广州亚运会、亚残运会总结表彰大会。国务委员刘延东出席会议并讲话。人力资源和社会保障部部长尹蔚民首先宣读《人力资源和社会保障部、国家体育总局、解放军总政治部、中国残疾人联合会、中共广东省委、广东省人民政府关于表彰广州亚运会亚残运会先进集体和先进个人的决定》，省长黄华华宣读《中共广东省委、广东省人民政府关于表彰广州亚运会亚残运会先进集体和先进个人的决定》。随后，会议向受表彰的先进集体和先进个人代表颁奖。第十六届亚运会组委会等 240 个集体获先进集体称号，王锷一等 328 人获先进个人称号。13 日，广州亚运会、亚残运会广州市总结表彰大会在市委礼堂召开。

5 月 17 日 广州市农用地产能核算项目成果通过省级验收。该项目成果将在耕地保护、基本农田保护、占补耕地质量控制等方面发挥重要的基础作用，特别是为征地补偿提供重要参考。

5月18日 “羊城新八景”评选发布典礼在中山纪念堂举行。羊城新八景为：塔耀新城、珠水流光、云山叠翠、越秀风华、古祠流芳、荔湾胜境、科城锦绣、湿地唱晚。

5月20日 广州市对口援建威州前线工作组圆满完成援建任务，正式撤离汶川。3年援建任务两年完成，广州市在援建效率上又走在全国前列，形成独特的广州援建模式。两年多时间，广州援建完成28亿元，77个项目，将威州镇建成现代化小城。

5月26日 市政府以政府令55号公布《广州市扩大区县级市管理权限规定》，确定64项事权由市下放给区（县级市）行使。下放的事权涉及市场监管、社会治理、民生保障等各个领域，同时完善12个区、县级市的财政保障、雇员管理、监督考评等配套措施。6月1日，市委、市政府在市委礼堂召开简政强区（县级市）事权改革动员大会，正式启动简政强区事权改革工作。

6月2日 市委、市政府在市委礼堂召开广州市创建国家创新型城市大会暨科技奖励大会，表彰2009年度广州市科学技术奖，研究部署创新型城市建设工作。市委书记张广宁出席会议并讲话。张广宁强调，提高自主创新能力、创建国家创新型城市是时代发展的客观需要，是加快转变经济发展方式的内在要求，是建设国家中心城市的必由之路。我们要切实树立抓创新就是抓发展的理念，大力弘扬“敢想会干为人民，和谐包容共分享”的广州亚运精神，以更加有力的工作措施，抓好创建国家创新型城市各项工作。

6月3日 广州市首个政府与社会力量合作建设的保障房项目——富力金沙洲保障房项目和广州市2011年首个公共租赁住房项目——广州大学城教师公寓一期工程正式开工。广州大学城教师公寓项目一期工程总用地面积22378平方米，住宅总建筑面积6.26万平方米，提供住房838套。

6月15日 泛珠三角区域部分省及省会城市社会医疗保险异地就医合作框架协议签约仪式暨研讨会在广州白云国际会议中心举行。广州牵头协调海南省、湖南省、云南省及南昌市、长沙市、南宁市、成都市、福州市3省5市签订《泛珠三角区域部分省及省会城市社会医疗保险异地就医即时结算合作框架协议》，推动泛珠三角部分地区异地就医即时结算，全面实现后将惠及合作区域内 1 亿多参保群众。

7 月 1 日 上午，广州市组织全市党员干部收听收看庆祝中国共产党成立 90 周年大会。下午，在市委礼堂举行广州市庆祝中国共产党成立 90 周年大会。市委书记张广宁出席大会并作讲话。张广宁号召全市党员干部，牢记党的光荣传统，永不自满、永不懈怠、永不停步，大力弘扬“敢想会干为人民，和谐包容共分享”的广州亚运精神，在率先加快转型升级、建设幸福广州的实践中，充分发挥党组织的战斗堡垒作用和共产党员的先锋模范作用，不断开创建设国家中心城市和全省宜居城乡“首善之区”的新局面，更好造福广大人民群众。

7 月 5 日 是日起，《广州市价格调节基金管理规定》正式实施。是月起，市政府向卷烟和酿酒、房地产开发、汽车生产、市内发电四类垄断或高利润企业征收价格调节基金，由市地方税务部门统一代征、代缴上缴财政，实行“收支两条线”管理，专款专用。

7 月 6 日 广州南车城市轨道装备有限公司首列地铁车辆下线。省长黄华华、常务副省长朱小丹、市委书记张广宁等省市领导出席仪式。是日下线的列车将服务于广州地铁三号线，标志广州装备制造业实现战略性主导产业的新突破，首次实现“广东地铁广东制造”。

7 月 7 日 《广州市第三批市级非物质文化遗产名录》公布，共 12 个项目入选：“传统舞蹈”有从化麒麟舞、从化鳌头醒狮、从化猫头狮；“传统美术”有广州榄雕、广绣、象牙雕刻；“传统技艺”有沙河粉传统制作工艺、莲香楼广式月饼传统制作技艺、致美斋广式调味品制作技艺；“传统医药”有传统天灸疗法；“民俗”有龙潭村扒龙舟、从化市掷彩门。

7 月 8 日 广州国际生物岛开岛。广州博济医药生物技术有限公司研发总部、广东中医药国际临床研究中心研发总部、威尔登海豚白金五星国际酒店等 26 个生物科技项目和 14 个高端配套项目签约落户生物岛，总投资额超 25 亿元。

7 月 18 日 2011 年穗澳合作会议在南沙举行，双方签署《广州澳门加强会展业合作协议》《穗澳加强旅游合作备忘录》《2012 澳门—广州名品展合作备忘录》《关于举办“2011 年穗澳商协会联席会暨行业合作对接洽谈会”的合作协议》

4项合作协议，全面推进双方在经贸、旅游、会展、文化产业等方面的合作，共同推进南沙实施CEPA先行先试综合示范区建设。

7月19日 市委九届十一次全会召开。专题研究街道社区和镇村管理服务工作。会议审议通过《中共广州市委、广州市人民政府关于全面推进街道、社区服务管理改革创新的意见》，讨论《中共广州市委、广州市人民政府关于加强和创新镇村社会服务管理的意见》《关于街道、社区服务管理体制改革创新的实施办法》等4个文件。

7月21日 民建广州市委在广联礼堂举行庆祝广州民建成立60周年暨表彰大会，大会回顾广州民建成立以来的历史路程，对为民建事业作出努力和贡献的广大会员表示衷心感谢。大会对2009—2010年度在会务工作中表现突出的17个先进基层组织、234名优秀会员进行表彰，向满60年会龄的26名会员授予荣誉证书。

7月26日 广州市“菁英计划”留学项目首批派出留学生座谈会召开。项目属于全国首个地方公派留学项目，广州市财政共安排1356万元（含学费、旅费、生活费）专项资金资助首批40名优等生到世界排名前300名大学攻读博士学位或完成博士研究生学业。

8月3日 增城经济技术开发区、增城市与央企中国电力投资集团公司南方分公司举行合作协议签字仪式，首期投资11.4亿元的200MW高能效薄型单/双面晶体硅太阳电池及分布式能源项目生产基地，作为光伏产业链龙头核心项目正式落户增城经济技术开发区省级太阳能光伏产业园。

8月13日至15日 中共中央总书记胡锦涛在广州考察，先后考察广州汽车集团乘用车有限公司、广州佳都集团有限公司、广州番禺节能科技园、广州T.I.T创意产业园、金沙洲保障性住房小区、北京街盐运西社区和东濠涌综合整治情况并接见驻广州部队师以上军官。与广大干部群众共商率先全面建成小康社会大计。

8月17日 广州互联网产业园在天河智慧城核心区——高唐新建区揭牌并投入营运。广州互联网产业园占地面积约1.2万平方米，总建筑面积23150平方米。它是广州第一个以互联网为主的生态产业园，秉承“开放、分享、创新”的核心理念，重点发展电子商务、移动互联网、网络游戏行业，联合国内外著名互联网企业，共建软性服务平台，可为3万多家客户提供安全、可靠的互联网营销服务。

△是日 长26公里的广州市首条“水上绿道”在番禺东涌建成，并对外开放。通过依托东涌特有的河涌资源，将濠涌、沙鼻梁涌、三稳涌3条河涌与相邻的道路、村庄有机地联系在一起，有水、有景、有沙田，形成岭南水乡巨大的亲水平台印象。游客可沿途欣赏村落、流水、石桥、古榕等散落其中的原生态特有景致，也能够泛舟河道间，感受疍家人的渔民文化和地道的岭南沙田文化。

8月18日 增城市经全国绿化委员会、国家林业局认定，成为全国首个“全国生态文明建设示范市”。增城市近几年来坚持绿色发展战略，走生态文明发展路子，把社会经济发展、林业生态工程建设和城乡绿化等紧密结合在一起。全国绿化委员会、国家林业局要求各地认真学习借鉴增城市生态文明建设经验。

8月22日 市政府印发《广州国家创新型城市建设总体规划（2011—2015年）》。该规划确立到2015年将广州建成国家创新型城市的总体目标，并从科技创新、产业创新、城市管理创新、体制机制创新等方面对广州建设创新型城市作出全面规划部署。

8月 增城健身绿道获国家体育总局“国家健身步道示范工程”命名，成为广东省第一个、全国仅两个的国家级健身步道示范工程之一。增城市按照主干道路生态型、乡村郊野型、城区都市型的分类标准，率先规划建设500余公里具有自身特色的自驾车、自行车、水上游三大绿道网络，其中自行车健身绿道长250公里，连结景区、景点和村庄，沿线规划建设全民健身路径、乒乓球台、篮球场、网球场、足球场、羽毛球场等户外运动设施，成为一项新兴的户外体育健身设施模式。

9月6日 全国最大的冷热电三联供分布式能源站——广州大学城华电新能源公司能源站正式落户，标志着广州的低碳产业发展实现新突破。能源站占地11万平方米，为广州大学城18万平方公里区域内10所大学20万人提供电力能源。

9月8日 广州地铁安全预警与应急平台正式上线启动。这是国内首个涵盖地铁工程建设、运营、设施保护的城市轨道交通应急平台，也是国内首个贯穿安全生产管理“事前—事中—事后”全过程的城市轨道交通应急平台。

9月16日 广州市首届艺术节开幕，持续至10月28日。此届艺术节活动内容包括走进大剧院——世界名家名剧展演、广州优秀剧目惠民演出、中外优秀剧目展演、中国广州国际演艺交易会、广州非物质文化遗产展示暨社区文化活动以及展览展示活动、广州首届残疾人文化艺术节。

9月20日 据《南方日报》报道，广州被网友评选为“最中国文化城市”之一。该项评选活动由国务院新闻办公室、文化部和国家旅游局指导，中国国际广播电台主办，由专家评审团推荐北京、西安、广州等20个城市作为候选城市，由主办方使用26种语言向全球展示推介。经过6月1日至7月30日两个月的全球网络和短信投票，最终共获得全球576.131万投票，其中，境外网民投票数量占65.84%，充分显示广州等中国城市多元而独特的文化在海外网友心中的巨大魅力。

9月22日至23日 广州开发区创建国家生态工业示范园区工作通过国家环境保护部、商务部、科技部验收，成为华南地区第一个国家生态工业示范园区。该区正努力建设“转型升级先行区、科学发展示范区、生态工业特色区”，探索高增长、低能耗的“双赢”之路。

9月26日 首届广州国际灯光节在广州塔北广场开幕。沿珠江两岸以及江面乃至天空皆为灯光表演区域，开幕式充分利用舞台灯光、激光、光画、投影、行为舞蹈、焰火表演等光影联动。此次广州国际灯光节从26日开始至10月15日举办，为期20天。灯光节期间，市民除了观赏集科技、文化于一体的艺术灯光展外，还可以到主办方举办的节能照明展览会参观各种最新的照明产品、照明技术、城市亮化以及节能成果展示等。

9月30日 广州空港经济区管理委员会、广州白云机场综合保税区管理委员会揭牌。广州空港经济区管理委员会作为市政府派出机构，享有市一级经济管理权限，集中力量对288平方公里的空港经济区进行统一开发建设和管理。

△是日 广州中心城区最大人工湖——海珠湖举行开园，免费对外开放。海珠湖位于广州市海珠区，规划用地面积149.89公顷，湖心区面积达94.84公顷，于2010年3月29日正式动工开挖，成为中华人民共和国成立后广州市继麓湖、流花湖、东山湖、荔湾湖之后建成的第五个人工湖。

9月 国家发改委和财政部批复同意市发改委、市交委共同组织编制的《基于物联网的城市智能交通应用示范工程项目实施方案》，该项目正式成为首批国家物联网应用示范工程，也是全国唯一基于物联网的城市智能交通应用示范工程，标志着广州物联网应用被正式纳入国家总体发展战略布局。

10月7日至9日 以“演中华古今、交世界舞台”为主题的2011年中国广州国际演艺交易会举行。此届演艺交易会展厅面积7000平方米，国内225个、国外43个演艺机构参展，共设展位318个，达成签约项目58个，累积交易金额4.17亿元，2万名市民到场参观。

10月8日 辛亥革命纪念馆开馆。该馆于2010年8月底正式施工，2011年9月30日全面竣工，总投资3.19亿元，占地面积77338平方米，其中展厅总面积6350平方米，设开辟共和新纪元——辛亥革命史主题展、辛亥革命时期的广东名人、伟人后代的平凡人生——孙婉女士遗物展3个主题展览，展出文物近1900件（套）。

10月9日 是日起，新《广州市城市管理综合执法细则》正式颁布实施，明确的城管执法机关职责增至232项，城管执法范围新增户外广告和招牌设置、燃气管理、井盖设施的行政处罚权，并扩大规划管理中对违法建设的查处范围，新增“乡村违法建设和尚可采取改正措施消除对规划实施影响的违法建设”的行政处罚权。另外，还首次提出“新违法行为”的概念。

10月12日 由广州基督教青年会承办的天河区黄村街家庭综合服务中心举行揭牌仪式，为期一年的服务项目正式启动，实现广州市宗教团体承接政府购买服务项目历史性的突破，为宗教团体参与社会服务提供新经验。

10月13日至14日 国务院总理温家宝在广州出席第110届广交会开幕式期间，就经济形势尤其是当前外贸企业情况进行调研，重点考察国光电器股份有限公司和广州大阳摩托车有限公司，详细了解企业经营、研发和产品出口等情况，并主持召开外贸企业负责人座谈会，听取意见和建议。14日，第110届中国进出口商品交易会（广交会）开幕式暨中国加入世界贸易组织10周年论坛在广州举行。中共中央政治局常委、国务院总理温家宝出席开幕式并讲话。

10月16日至25日 第七届全国城市运动会在江西南昌举行，广州体育代表团派出371名运动员参加16个大项的比赛，共获34枚金牌、33枚银牌和26

枚铜牌，总奖牌数93枚，总积分994分，首次获城运会金牌、奖牌、总分三项第一名，名列全国57个城市体育代表团第一位，并获体育道德风尚奖。

10月31日 在第十五届“全球最适宜居住城区奖”总决赛上，广州市南沙区获金奖，成为继北京市东城区、上海市松江区之后国内副省级以上城市第三个获此荣誉的城区。该奖项是目前世界城市建设与社区管理领域的最高荣誉之一，享有“绿色奥斯卡”之称。

10月下旬 中国船级社广州分社参与检验的3000米深水半潜移动平台“海洋石油981”建造完工交付使用，标志着中国海洋工程开始走向深水。“海洋石油981”是中国首个深水半潜式钻井平台，由中船集团为中国海洋石油总公司设计与建造，是中国首座深水钻井平台。该平台整合全球一流的设计理念和一流的装备，是世界上首次按照南海恶劣海况设计的，能抵御200年一遇的台风。

11月1日 增城市增江画廊水利风景区入选“全国第十一批国家水利风景区”，成为全市首个国家水利风景区。增江画廊位于增城市增江河上，全长35公里，沿线分布天然沙滩泳场、鹤之洲湿地公园和榄林竹海等数十个景观。

11月10日至14日 中共中央政治局常委李长春先后到广州等地的企业、社区、科技园区和宣传文化单位进行调研。先后赴番禺节能科技园和海珠湖公园考察新能源汽车推广应用、节能环保和水环境治理情况，到广州粤剧院有限公司观看粤剧排练，考察太古仓商业文化项目规划建设情况。

11月12日 广州市举行纪念广州亚运会成功举办一周年全民健身展示活动暨广州市万人10公里长跑活动启动仪式。20时，亚运回响——第十六届亚洲运动会一周年纪念晚会在海心沙举行。

11月 广州中山大道BRT试验线项目，作为亚洲唯一入选项目参加美国史密森尼博物馆（Smithsonian Institution）“为世界上90%的人而做的设计”展览。该项目由广州市市政工程设计研究院设计。此展览在联合国大厦大厅持续展出至2012年1月9日。

△**是月** 《传承中华经典，滋养大学精神，培育具有民族文化品格的当代大学生——广州大学中华经典诵读活动的实践与探索》荣获2011年全国高校校园文化建设优秀成果特等奖。该成果是广州大学的科研成果。广州大学是此次广东省

唯一获特等奖的高校，也是唯一获此殊荣的地方高校。“中华诵”经典诵读活动是党和国家站在弘扬传统文化和提高全民素质的高度号召开展的。

12月5日至9日 2011中国（广州）国际纪录片节在广州举行，从本届开始由原来的纪录片大会升格为纪录片节。主要活动内容包括纪录片评优、展播、国际论坛和市场活动，以及开幕式暨颁奖晚会、“广东日”及“广州之夜”等活动。来自中国、德国、法国、加拿大等56个国家和地区的683部影片参加评优和展播，还组织开展为期一个月的公众展播活动，48部影片在高校、社区、农村、创意园区和院线等共展播363场次。

12月7日 广州市首部《广州市供水总体规划》实施。该规划对全市常用水源、应急备用水源、水厂进行全面优化布局，形成东江、西江、北江和本地水源的多水源格局，提出集约联网供水、互为应急、高效保障的供水模式。这是广州市有史以来第一部覆盖全市的供水总体规划。

12月19日 广州官方微博发布平台——“中国广州发布”在新浪、腾讯、人民网同时开通。作为市委、市政府的官方政务微博，“中国广州发布”由广州市委宣传部统筹，广州市互联网信息办公室负责管理。全市24个党政部门、社会团体和企业的官方认证微博同时亮相，成为广东省地级以上市第一个政务微博群。

12月20日 在中央文明委召开的全国精神文明建设工作表彰大会上，中央文明委正式授予广州市“全国文明城市”称号。

△**是日** 第十四届中国留学人员广州科技交流会（简称“留交会”）开幕。此届留交会首次将外裔高层次人才列为服务对象；广州市鼓励海外人才来穗创业“红棉”计划正式实施。留交会持续至24日，约10万人次进场参观洽谈，洽谈项目6500个次，岗位应聘1.5万人次；达成落户或合作意向的海外人才项目和创博会项目分别达905个和102个，累计投资总额近360亿元。

12月24日至27日 中共广州市第十次代表大会在市委礼堂召开。会议主要议程有：听取和审查中国共产党广州市第九届委员会报告；审查中国共产党广州市第九届纪律检查委员会工作报告；选举中国共产党广州市第十届委员会；选举中国共产党广州市第十届纪律检查委员会；选举广州市出席中共广东省第十一次代表大会代表。大会审议通过九届市委的工作报告，提出以建设国际商贸中心和世界文化名城为战略重点，坚持低碳经济、智慧城市、幸福生活的城市发展理念，推进战略性基础设施、战略性主导产业、战略性发展平台实现重大突破。

12月 UCLG世界理事会会议在意大利佛罗伦萨召开，会议同意设立国际城市创新奖，即广州奖，该奖的设立旨在表彰城市和地方政府在城市创新领域的成功实践，是首个以中国城市名创设的城市创新领域国际大奖。广州奖每两年举行一次评奖活动，每届颁奖数目不超过5项。每个广州奖获奖者将获得两万美元奖金、奖杯及获奖证书。

2011年 广州市实现地区生产总值12423.44亿元，比上年增长11.3%。其中，第一产业增加值204.54亿元，增长3.0%；第二产业增加值4576.98亿元，增长11.7%；第三产业增加值7641.92亿元，增长11.3%。三次产业增加值的比例为1.65∶36.84∶61.51。

2012年

1月5日至9日 市政协十二届一次会议召开。会议审议通过政协工作报告和关于提案工作情况的报告。委员们列席广州市第十四届人民代表大会第一次会议，听取并讨论政府工作报告，讨论市中级人民法院工作报告和市人民检察院工作报告。会议选举苏志佳为政协第十二届广州市委员会主席。

1月6日至11日 市十四届人大一次会议在广州白云国际会议中心世纪大会堂召开。代市长陈建华代表市政府向大会作《政府工作报告》。大会选举陈建华为市长、张桂芳为市十四届人大常委会主任。会议表决通过关于广州市人民政府工作报告的决议草案、关于广州市2011年国民经济和社会发展计划执行情况与2012年国民经济和社会发展计划的决议草案、关于广州市2011年预算执行情况和2012年预算的决议草案、关于广州市人民代表大会常务委员会工作报告的决议草案、关于广州市中级人民法院工作报告的决议草案、关于广州市人民检察院工作报告的决议草案等草案。

1月10日 市民族宗教事务局与广州大学合办的广州市爱国宗教人士研修班签约仪式在广州大学桂花岗校区举行。广州市爱国宗教人士研修班学制2年，是广州地区由政府部门与高等院校联合专门针对宗教人士合作办学的首次尝试。3月6日，广州市爱国宗教人士研修班开学典礼在广州大学桂花岗校区举行。研修班学员共200多人参加典礼。

1月12日 番禺区南村镇华南碧桂园社区建立首个气象信息服务站，该社区是全国综合防灾减灾示范社区。主要做法是在社区建立电子服务显示屏，滚动播放气象信息和气象防灾减灾知识，遭遇灾害性重大天气时在电子服务显示屏上及时发布。

1月13日 广州市对外贸易经济合作局和澳门贸易投资促进局共同举办的以“品味魅力澳门、发现精彩广州”为主题的“2012澳门—广州名品展”在广州锦汉展览中心开幕。该届展会是在广州首次举行的澳门名品大型展会，展览面积8500平方米，展位数205个。展会分设广州展区和澳门展区。

1月17日 广州市唯一的少数民族聚居村——正果镇畲族村的畲族民俗馆开馆。该馆用地面积1000多平方米，以图文说明、实物陈列、情景设置、多媒体互动等方式，重点展示畲族的生产工具、生活用品、宗教用品、民族服饰等物质文化和传统习俗、文献史料等精神文化，并利用畲族民俗馆向全世界展示畲族文化的独特韵味和魅力，培育少数民族旅游产业的发展。

1月23日 以“龙腾水舞新广州”为主题的2012年广州春节焰火晚会在员村亲水码头主会场和白鹅潭分会场举行。晚会首次采用奥运高科技焰火燃放手段，共分《龙腾》《水舞》《新广州》三大乐章，共12.6万人次的市民群众到场观赏。

1月29日 广州市自来水公司根据国家发改委《城市供水定价成本监审办法》的要求，正式向全社会公开从2008—2010年间有关经营情况和成本数据。广州成为国内首个严格按照国家发改委有关文件要求逐项向社会公开供水成本的特大城市。

2月3日至4日 国务院总理温家宝到广州考察。先后视察海瑞克（广州）隧道设备有限公司、中国南方人才市场、白云国际物流园区、白云机场综合保税区、白云区江高镇水沥村、白云电气集团等地调研考察，召开座谈会，了解经济社会发展状况，听取基层干部群众对政府工作的意见和建议。

2月8日至9日 市委十届二次全会在市委礼堂召开。全会表决通过《中国共产党广州市第十届委员会第二次全体会议决议》，审议《关于推进“三个重大突破”率先转型升级建设幸福广州的实施意见》和《中共广州市委关于贯彻〈中共广东省委关于加强市、县领导班子建设若干问题的决定〉的实施意见》。

2月14日 国家科学技术奖励大会在人民大会堂举行。在广东省获奖的34个奖项中，广州地区摘得其中14项，基础研究方面的自然科学二等奖4个，应用性较强的技术发明二等奖 1 个，科技进步奖一等奖 1 个、二等奖 8 个。

2 月 16 日　“三个重大突破”重点项目之一的 500 千伏木棉输变电工程在广州举行开工仪式。位于白云区太和镇的木棉变电站是广州供电局第 6 座 500 千伏变电站，是“西电东送”落地广州的重要节点。2013 年 9 月，建成投产 4 组 100 万千伏安变压器。该变电站的建成投产，破解广州北部地区仅有一座 500 千伏北郊变电站供电的困局。

3 月 1 日　首届岭南民俗文化节、第八届广州民俗文化节暨黄埔“波罗诞”千年庙会在南海神庙开幕。此届“波罗诞”千年庙会历时 7 天，共接待游客 123 万人次，日均游客达 18 万人次。其中，3 月 4 日周末接待客流量逾 40 万人次，再创历史纪录。省委书记汪洋、省委宣传部部长林雄、副省长雷于蓝、省政协副主席徐尚武等出席开幕式。

3 月 5 日　市长陈建华主持召开市政府全体会议，审议《广州城市总体规划纲要（2011—2020）》。陈建华强调，各级各部门要依法履职，确保建议提案办出实效，取信于人大代表和政协委员，取信于广大市民。要解决一批涉及广大市民切身利益的实际问题，使建议提案办理工作成为一项市民群众能够切实感受到的民心工程。要重视城市规划的引领作用，以世界眼光、战略思维，超前谋划城市功能定位和发展战略。

3 月 15 日　广州市万亩果园湿地保护区“只征不转”获国务院批准。万亩果园“只征不转”的审批方式属全国首创，破解广州市中心城区用地规模不足的难题，利于加强广州市中心城区生态用地的保护，是一条中心城区生态资源保护新模式。

3 月 19 日至 27 日　市政府十四届九次常务会议召开。审议并原则通过《广州市城市管理“十二五”规划纲要（2011—2015）》《广州市服务业发展“十二五”规划》等文件。会议结束后，市政府立即召开新闻发布会，向媒体记者发布《广州市人居环境综合治理管理规定》出台的背景及内容。广州在国内城市中率先建立市政府常务会议会后即时新闻发布制度。

3 月 23 日　首届“老广州民间艺术节”在荔湾区荔枝湾水上半岛舞台开幕。本届艺术节于 3 月 23—28 日举行，为期 6 天，全面展现以西关文化为代表的岭南民俗风貌，复兴三月初三游荔枝湾的地道传统风俗。

4月1日 广州市召开全市首批认定总部企业授牌大会，南方电网有限责任公司、广发证券股份有限公司等220户企业被认定为2010年度首批认定总部企业。

4月12日 据新华社广州报道，广州市为协调环境保护和经济发展而创新的“只征不转”征地模式已经国家有关部门批准。广州将投资超过60亿元，通过征地不改用途的方式保护万亩果园这一“广州绿肺”。这种“只征不转”的征地模式在全国尚属首次。

4月21日至23日 全国首个国际级时尚盛事——T.I.T国际时尚周在广州T.I.T创意产业园举行，本次活动由广州市举办，活动中将由不同国家的服装设计师竞逐原创设计师大奖。该T.I.T国际时尚周主办场地位于由原广州纺织机械厂改造而成的T.I.T创意产业园，是广东创意产业新星。园区以服装服饰为主题，集设计、研发、展示、发布于一体。

4月26日 中国首个隧道盾构机刀盘生产基地在广州南沙区黄阁工业园的广州海瑞克隧道机械有限公司落成。该基地占地面积3290平方米，是中国目前唯一专业生产隧道盾构机各型刀盘的基地。

△是日 广州荣获“国家知识产权示范城市”称号，标志着广州知识产权工作走上新台阶。广州市率先提出“知识产权奖励体系”理念，并首创“广州市专利奖”和“广州市保护知识产权市长奖”等。据统计，2011年广州市专利申请量为28087件，同比增长35%；发明专利授权量同比增长58.2%。2011年，该市商标注册量增至21.5万件，同比增长16%，仅次于北京、上海，位居全国第三。

4月27日 广州首家引入专业社工机构管理，集工会组建、帮扶、维权以及开展活动于一体的一站式服务机构——工会异地务工人员活动中心凤阳站揭牌。该站位于广州市异地务工人员比较集中的海珠区鹭江西街13号。

4月29日至30日 2012中国智慧城市大会在北京召开，广州等7个城市被授予全国“智慧城市领军城市”称号。大会组委会认为，广州市委、市政府把智慧城市作为城市未来发展三大发展理念之一，智慧广州规划理念新，建设基础较好，创造性地提出智慧城市“树型结构”，在电子政务、公共安全、城市管理、智能交通、智慧医疗、电子商务等领域较好地应用物联网、云计算、宽带泛在网络等新一代信息技术，走在全国前列。

5 月 1 日　《广州市水务管理条例》正式实施。该条例是全国第一部水务管理的地方性立法。该条例在水资源、水域、水务管理等方面都作出创新，其中地表径流控制制度更是首次在地方法规中确立。该条例分总则，水资源管理，河道、河涌及水工程管理，排水管理与防洪排涝，法律责任，附则 6 章 62 条，尤其加大对违法排水和损坏排水设施行为的处罚力度。

5 月 4 日　在北京召开的团中央表彰大会上，广州地铁公司的青年工作受到团中央肯定，广州地铁团委荣获“全国五四红旗团委”，成为广州市唯一一家获此殊荣的企业团委。2011 年广州地铁团委为服务市民和地铁运营，共组织志愿服务 8 万人次，全年志愿服务时间长达 48 万多小时。

5 月 7 日　广州南沙新区、深圳前海合作区、珠海横琴新区在南沙签署《南沙、前海、横琴三地友好合作协议》，建立区域合作关系，探索中国转变经济发展新模式，为全国区域经济的开发合作与协调发展闯新路，打造粤港澳合作新载体、珠三角地区最具活力和竞争力的核心区域。三地还商定实行联席会议制度，三地主要领导定期每 4 个月会晤一次。

5 月 8 日　广东省纪念建团 90 周年暨团一大纪念广场落成仪式在广州东园中国社会主义青年团第一次全国代表大会旧址举行。团一大纪念广场是广东省首个共青团历史文化主题纪念广场，总面积达 3744 平方米，主雕塑高 9.9 米。

5 月 25 日　国内首个儿童融合媒体实验室——广州市青少年融合媒体实验室在市少年宫揭幕。该实验室是承担广州青少年媒介素养教育的具体培训工作的场所，是国内首个集全媒体教学、科研和制作为一体的儿童媒介素养教育基地。

5 月 30 日　广州超级计算中心揭牌暨先导系统开通仪式在广州大学城中山大学举行。广州超级计算中心是广州重点建设的科技一号工程，是助推战略性新兴产业发展、支撑国家创新型城市和智慧广州建设的重大战略性基础设施。

5 月　BRT 管理公司荣获英国标准协会颁发的“可持续发展——绿色低碳奖”，成为国内首家获得此殊荣的公共交通企业。12 月，广州 BRT 荣膺联合国 2012 年应对气候变化灯塔项目， 是中国唯一入选的项目，广州 BRT 也因此成为 2012 年世界 9 个入选项目之一。

6月3日 广州3岁女童琪琪悬挂4楼阳台，一名黄衣男子徒手爬上3楼防盗窗，将女童托举了10余分钟。在女童获救后悄然离去。路人将这段视频发布到微博，引发众多网友转发。随后几天，黄衣男子成为全城“通缉”目标，这位被网友称为“托举哥”的黄衣男子终于被找到，他叫周冲，湖北省孝感市孝昌县周巷镇人，24岁。

6月21日 广州市首家国有小额贷款公司——广州越秀小额贷款有限公司率先进驻广州民间金融街。越秀小额贷款公司是由越秀金融集团携手广州无线电集团、广州轻工工贸集团、广州港集团、南方报业集团等大型地方国企发起设立，注册资金3亿元人民币。

6月25日 广州市政府在全国率先建立市政府领导定期新闻发布会制度，自本月起，每月安排1名市政府领导担任新闻发布会主发布人，发布有关信息并现场回答记者提问。当天举行的首次市政府领导新闻发布会由市长陈建华担任新闻发言人。

6月28日 广州民间金融街开业仪式在长堤大马路大三元酒家旧址举行，广州民间金融研究院和广州民间金融商会同时挂牌成立。经过不到半年的筹备，广州民间金融街完成首期建设任务，已入驻小额贷款公司、融资担保公司、典当行、银证保等金融机构达32家。

6月 市政府印发《关于加快推进三旧改造工作的补充意见》，对市“三旧”改造政策进行优化提升，形成“政府主导、规划先行、成片改造、配套优先、分类处理、节约集约”的原则。

7月1日 《关于广州市试行中小客车总量调控管理的通告》正式实施，广州市实施小汽车“限量”政策，试行期为一年。试行期间，全市中小客车增量配额为12万辆，按照每月1万辆进行配置。

△是日 《广州市绿化条例》实施。该条例强化绿化保护力度，首次设立“永久保护绿地”制度，规定任何单位和个人不得擅自改变永久保护绿地的使用性质；首次明确城市绿化管理方面的全部行政处罚权移交绿化行政主管部门。

7月17日 民革广州市委员会在台资企业海鸥卫浴用品股份有限公司举行“定点服务台资企业”启动仪式，民革广州市委员会长期以来高度关注在穗台企的发展，曾连续多年在海鸥卫浴用品股份有限公司开展义诊活动，具有良好的服务基础。建立“台企服务点”后，将在以往的基础上进一步扩大服务领域，充分发挥人才优势，定期开展义诊、法律咨询、心理咨询、社会保障政策咨询等服务工作，切实履行参政党职责，推动穗台两地经济、文化交流合作。

7月26日 全国首家“水上邮局”在广州蓝海豚游船上开业。市旅游局、市邮政局和蓝海豚游船公司共同举行水上邮局开业仪式及明信片船票首发仪式。

7月 总部位于广州的广发银行推出全国首家24小时智能银行，以客户自助服务和远程客服协助替代传统柜台服务。由此，智能网点引领国内银行服务进入另一重要发展阶段——客户体验为主的阶段。广发银行广州分行营业部是广发银行全力打造的第一个智能终端网点，也是国内银行首个自主推出的智能终端网点。

8月3日 广州白云国际机场扩建工程开工仪式在白云机场举行。该工程是国家“十二五”规划和《珠江三角洲地区改革发展规划纲要（2008—2020年）》明确加快发展的重点项目。该工程总投资188.54亿元，以2020年为设计目标年，设计年旅客吞吐量为8000万人次、货邮吞吐量250万吨、飞机起降量62万架次。

△**是日** 广州市首家社区级的家庭服务中心在萝岗区联和街玉树社区揭牌成立。该中心采取政府购买服务的方式营运，由中大社工服务中心专业社工全程参与研发、设计和监理。该中心内设有社区博物馆、社区组织孵化室、社区庇护所、星光老人之家、创意馆等12个功能室，实现“社会服务就在家门口”的目标。

8月9日 广州股权交易中心开业仪式在广州科学城总部经济区举行。广州股权交易中心是根据国务院关于建设区域性股权交易市场工作安排、经省政府批准筹建的服务全省乃至全国的场外交易市场，由广东粤财投资控股有限公司、广州国际控股集团有限公司和广州凯得控股有限公司等大型国有企业在广州开发区发起设立，注册资金1.8亿元。

8月12日 11名广州籍运动员参加7月27日至8月12日在英国伦敦举行的第30届夏季奥林匹克运动会。7个项目的比赛，共获得2枚金牌、1枚铜牌、2个第六名、2个第七名，中国跳水小将曹缘和张雁全夺得男子双人10米台的冠军。

广州籍运动员张雁全为广州赢得伦敦奥运会首枚金牌，广州籍运动员雷声摘得中国男子花剑历史上的首枚奥运金牌。广东外语外贸大学学子罗茜与其他中国花泳队员勇夺伦敦奥运会花样游泳集体项目决赛银牌。这是自1984年以来广州竞技体育史上参加境外奥运会取得的最好成绩。

8月20日　广州最后一个区（县级市）灯光夜市——番禺区市桥城区步行街灯光夜市宣布停办。该灯光夜市开办近30年，停办后恢复城市道路使用功能，同时对周边环境进行“穿衣戴帽”升级改造，重新铺砌路面、提高绿化档次、改造周边商铺立面等，提升档次，打造集购物、餐饮、休闲为一体的岭南特色商业街。

8月22日　国土资源部批复同意《广州市城乡统筹土地管理制度创新试点方案》。赋予广州市在规划计划、耕地保护、土地整治、土地市场、用地监管和用地审批6个方面19项先试先行优惠政策。

8月24日至25日　国务院总理温家宝到广州、佛山、东莞等地，就当前经济走势特别是稳定外需、加快外贸转型升级等问题到广州鸿利光电公司、唯品会信息科技公司、佛山伊之密精密机械股份有限公司、三星视界公司、科创实业公司等企业调研，了解当前生产经营和出口状况。

8月　广州医药集团有限公司（简称“广药集团”）荣登中国工信部发布的医药工业百强榜首位。在本次的评选中，工信部首次要求所有入围的百强企业必须出具有法律效力、能够证明其医药工业部分数据的审计报告。2012年广药集团实现主营业务收入及利润总额双双正增长，主营业务收入增长16.56%，主营业务收入超300亿。

9月4日　广州市花都区首批纯电动汽车投入运营仪式在花都广场举行。此次有21辆日产纯电动汽车“聆风”充实到花都出租车与公务车系统中，其中6辆作为出租车运营。这标志着广州市首批纯电动汽车正式投入运营，并且是广州市首次将纯电动汽车引入出租车领域。

9月6日　国务院正式批复《广州南沙新区发展规划》。广州南沙新区成为全国第六个、华南地区首个国家级新区。南沙新区发展国家战略定位是：立足广州、依托珠三角、连接港澳、服务内地、面向世界，建设成为粤港澳优质生活圈、以生产性服务业为主导的现代产业新高地、具有世界先进水平的综合服务枢纽、社会管理服务创新试验区，打造粤港澳全面合作示范区。《广州南沙新区发展规划》新闻发布会在国务院新闻办公室新闻发布厅举行。

9 月 10 日 新广州·新商机——百家知名企业广州推介会在广州香格里拉大酒店举行。本次推介会共吸引全国 189 家资本雄厚、最具实力的装备制造业和战略性新兴产业领域的龙头企业来穗对接合作，签订 12 项战略合作协议，总投资金额超 400 亿元。

9 月 11 日 广州碳排放权交易所在广州联合交易园区挂牌成立。该交易所由广州交易所集团独资成立，主要搭建“立足广东、服务全国、面向世界”的第三方公共交易服务平台，为企业进行碳排放权交易、排污权交易提供规范的、具有信用保证的服务。是全国第一家以“碳排放权”命名的交易机构。该交易所前身是 2009 年 6 月 30 成立的广州环境资源交易所。

9 月 15 日 首届广州国际夜光龙醒狮邀请赛在白云山举行。来自荷兰、马来西亚、新加坡、印度尼西亚以及中国香港、澳门、台湾、广州等国家和地区的龙狮团队共 160 多名选手参赛。

9 月 26 日 由全球最大的电子商务运营商阿里巴巴集团有限公司投资建设的阿里巴巴华南物联网营运中心项目奠基仪式在增城经济技术开发区举行。该项目是阿里巴巴集团在华南区域首个签约落户的电子商务及物联网项目。项目正式运营后，每年可实现数十亿元的电子商务供应链业务，以及产值约 1000 亿元的网络购物交易额。

9 月 27 日 由世界品牌实验室和世界经理人集团共同编制和发布的 2012 年“亚洲品牌 500 强”排行榜在香港揭晓。《广州日报》位列亚洲品牌 500 强第 132 名，并进入亚洲传媒行业 10 大品牌，在中国的纸媒中仅排在《人民日报》《参考消息》之后。

9 月 28 日 市委、市政府召开美丽乡村和幸福社区建设现场会暨试点建设工作启动大会，启动 122 个美丽乡村和 26 个幸福社区建设试点工作。

9 月 29 日 全国第一家农民工博物馆开馆典礼在白云区马务村举行。该馆是全国首家真实记录农民工创业发展历史的农民工博物馆，博物馆共收集 3.5 万多件展品，其中精选逾万件。省委书记汪洋、省长朱小丹、省政协主席黄龙云、国家人力资源和社会保障部副部长杨志明等出席开馆仪式，并与农民工代表一起为农民工博物馆开馆揭幕。

9月 番禺区的东涌镇、大岗镇、榄核镇划归南沙区管辖。

10月23日 南沙国际仲裁中心揭牌仪式在南沙区举行。南沙国际仲裁中心由南沙开发区管委会与广州仲裁委员会、香港国际仲裁中心、澳门世界贸易中心仲裁中心签约共同设立。并制定仲裁规则，可选择适用香港、澳门等地仲裁规划和用英语、葡语等进行仲裁，仲裁结果国际适用。

10月25日 广州市启动行政管理体制改革首个试点，荔湾区综合行政执法局揭牌成立。荔湾区整合城管、卫生、环保、文化、交通、食药、安监等12个部门的执法职责，成立荔湾区综合行政执法局，探索行政管理决策、执法、监督“三权制衡”。

10月26日 千人计划南方创业服务中心挂牌仪式在广州市越秀区中环广场隆重举行。千人计划南方创业服务中心是经中央人才工作协调小组批复组建的3大国家“千人计划”服务平台之一，是运用市场化机制服务高层次人才创业的创新举措，是广州大力实施人才集聚工程、建设“国际人才港”的标志性大事。建成后的南方创业服务中心，坚持企业主办、市场运作、国际接轨、政府扶持的原则，为“千人计划”专家和高层次人才提供系统的专业服务，促进人才、科技与产业加速融合，为广州、广东乃至华南地区加快产业转型升级、提升产业竞争力提供强有力的人才保障和智力支撑。

10月27日 2012年广州增城国际女子七人制橄榄球邀请赛在增城升幕。此次比赛为期两天，共有来自美国、泰国等国家的8支国际级女子橄榄球队同场竞技，是迄今为止国内举办的最高级别国际橄榄球赛。本次国际橄榄球邀请赛共有哈萨克斯坦队、菲律宾队、新加坡队、南非队、泰国队、美国队、中国队、中国二队8支国际顶级女子橄榄球队参加。

10月30日 广州首座综合处置废弃物的市政基础设施——广州市废弃物安全处置中心举行一期工程投运仪式。项目位于白云区钟落潭镇良田村，占地约33万平方米，设计总填埋量86万立方米，其中一期为15万立方米。

11月14日至17日 首届国际城市创新奖及广州国际城市创新大会与世界大都市协会董事会年会（简称“一奖两会”）在广州召开。首届广州国际城市创新奖颁奖典礼在广州大剧院举行。土耳其科喀艾里、马拉维利隆圭、韩国首尔、加拿大温哥华、奥地利维也纳5个城市获首届广州国际城市创新奖。

11月17日 中国工业和信息化部在第十四届高交会上，授予广州“中国软件名城”称号。广州在移动互联网、信息服务业等传统优势领域保持全国领先地位，并在数字内容创意产业、工业软件、卫星导航等领域涌现新亮点。2011年，广州市软件和信息服务业收入达1750亿元人民币，同比增长25%；软件和信息服务业相关企业达3500余家。

11月22日 第六届羊城国际粤剧节开幕。由粤剧节组委会举办的广州抢救非物质文化遗产——粤剧成果展、粤剧名伶剪影剪纸作品展和工艺与戏曲专题展览等一系列粤剧成果大汇展，在广东民间工艺博物馆（陈家祠）拉开帷幕，原广州市市长、振兴粤剧基金会会长黎子流出席开幕式。

11月28日 首个国家级木材价格指数——鱼珠·中国木材价格指数在广州正式发布。鱼珠·中国木材价格指数是国家发改委计划编制发布的12个重要商品和服务价格指数之一，提升了“广州价格”在全国乃至全球的话语权。

12月1日 广州话剧获全国戏剧文化奖话剧金狮奖多个奖项。广州话剧艺术中心创作排演的话剧《春雪润之》荣获2012全国戏剧文化奖话剧金狮剧目奖，广州话剧艺术中心董事长、总经理王筱頔荣获2012全国戏剧文化奖话剧金狮经营管理奖，广州话剧艺术中心演员孙亚军荣获2012全国戏剧文化奖话剧金狮表演奖。

12月3日 市政府14届第四十六次常务会议审议通过《广州市水上巴士发展规划》和《广州市水上巴士发展规划近期（2013—2016年）实施工作方案》。水上巴士的功能定位及目标是：为充分利用广州市特有的珠江水域资源，从缓解陆域交通压力和构建广州市靓丽的水域名片出发，构建多层次的水域客运交通体系。

△是日 2012年穗澳合作会议在澳门特区政府总部多功能厅举行。穗澳双方签署多个合作协议，包括《农产品供应合作框架协议书》《穗澳加强文化产业合

作意向书》《关于相互支持2013年五大会展项目的合作协议》。

12月5日 广州市反腐倡廉智能化管理平台正式启用，包括六大系统，分别是：廉政风险排查系统、综合电子监察系统、预防腐败信息系统、网络反腐舆情监测系统、农村廉情预警防控系统、案件监督管理系统；实现六大功能，包括风险排查、分析研判、实时监察、预警纠错、协同办案、在线指挥；覆盖八大领域，包括行政机关、基层农村、国有企业、社会领域、公共资源交易、公共资金监管、公共服务行业以及惩治腐败等。

12月6日 海珠区南华西街被授予“全国社区睦邻文化建设工程示范街道”称号，是广州市唯一获得此殊荣的街道。南华西街龙武里社区被授予“全国社区睦邻文化建设工程示范社区”称号。

12月11日 中共中央总书记习近平到越秀区东濠涌视察，并听取广州治水和城市建设情况汇报，同时主持召开经济工作座谈会，强调经济结构调整是大势所趋，必须保持清醒头脑，正视面临的困难和挑战。未来要坚定不移推进体制创新、科技创新，为推动科学发展增添新动力。

12月13日 黄埔区云埔电子商务园区在《IT时代周刊》第八届CEO年会上获“首届电子商务与区域经济发展高峰论坛2013年区域电子商务引领示范奖”。该会议由《IT时代周刊》、IT商业新闻网联合主办，国家工信部、商务部等中央部委参会，相关地方高新产业区、国家电子商务示范基地，世界五百强企业中国区CEO、中国行业百强企业CEO及研究机构等领导、专家、学者1000余人参加会议。

12月17日 市长陈建华主持召开市政府常务会议，审议并原则通过《广州市人民政府关于第五轮行政审批制度改革取消调整和保留行政审批备案事项的决定》。按照市场优先和社会自治的原则，大力清理、压减行政审批、备案事项。

12月24日 广州市网上办事大厅（http://gzbs.gz.gov.cn）开通仪式在市电子政务中心举行，标志着广州市电子政务建设迈上一个崭新的台阶，市长陈建华出席仪式并启动广州市网上办事大厅开通运行装置。广州市网上办事大厅已实现571项政府服务事项全流程办理，具备政务信息网上公开、投资项目网上审批、社会事务网上办理、公共决策网上互动、政府效能网上监察五大功能。

12 月 27 日　广东省首个科技类社会组织孵化器——广州市科技类社会组织孵化基地正式成立。广州市科技类社会组织孵化培育基地是广州的学会之家、培育基地、信息平台和科技集市。

12 月 28 日　广州图书馆新馆正式开放。位于珠江新城的广州图书馆新馆投资 13.4 亿元，占地 2.1 万平方米，建筑总面积近 10 万平方米，2006 年 2 月 20 日动工。总馆藏 658 万册（件），阅览座位 4000 个，供读者使用的计算机数量 500 台，有线网络节点 4000 个，无线网络覆盖范围 100%。

12 月 29 日　广珠铁路正式通车。广珠铁路是国铁 I 级电气化铁路，设计时速每小时 120 公里，年运量 6000 万吨。线路自国家铁路大动脉京广线、华南最大的编组站江村编组站南端双线引出，终于高栏港站，全长 189.376 公里。广珠铁路是全国为数不多的直接建到港区的货运铁路，目的是“下火车装轮船、下轮船装火车”，实现以港兴市，带动珠海以及沿线城市大发展的目标。

12 月 31 日　广州岭南集团持有的“皇上皇”商标被国家商标评审委员会认定为“中国驰名商标”，实现广式腊味品牌在国家级商标认定中“零”的突破。

2012 年　广州市实现地区生产总值 13551.21 亿元，比上年增长 10.5%。其中，第一产业增加值 213.76 亿元，比上年增长 3.2%；第二产业增加值 4720.65 亿元，比上年增长 8.5%；第三产业增加值 8616.8 亿元，比上年增长 12%。人均地区生产总值 105909 元，比上年增长 10%。城市居民人均可支配收入 38054 元，农村居民家庭人均纯收入 16788 元，分别比上年增长 11.4% 和 13.3%。城市居民消费价格总水平上升 3%。

2013年

1月7日 市民政局宣布广州已杜绝孤儿民间收养。除集中供养外，广州还发展出社区自然家庭寄养、模拟家庭、机构代养等多元化养育模式，其中的“模拟家庭”养育模式为全国首创，市福利院通过政府购买服务，为“模拟家庭”提供专业社工服务。

1月10日 在北京召开的2013中国智慧城市年会上，广州市天河区凭智慧广州先行区（天河一期）项目——康城幸福社区建设项目获得智慧城市创先应用奖。同时获得该奖项的有14个城市，北京市东城区和广州市天河区是全国仅有两个区级获奖单位。

1月13日 广州市首个经济联社公共交易站——白云区同和经济联社交易站成立。白云区对经济社财务监管平台、集体资产交易平台以及相关制度建设进行验收。试点联社所有股民均可以申请账号，通过平台了解联社的资产状况、物业租赁管理等，做到民主管理、民主监督。

1月15日 首届“中国法治政府奖”评选暨颁奖典礼在北京国家会议中心举行。广州市法制办《广州市政府信息公开规定》项目获得首届“中国法治政府奖”，《广州市规章制定公众参与办法》项目获得首届“中国法治政府奖提名奖”。

1月16日 市政协十二届八次主席会议作出决定：在市政协网公布政协常委和委员2012年度履职量化考核前5名，各专委会履职量化分数排名居末的委员将被约请谈话。这是市政协首次公布履职量化结果。委员履职表现可以用分数来衡量，这在国内尚属首创。

1 月 18 日至 22 日 市政协十二届二次会议召开。会议审议通过政协第十二届广州市委员会常务委员会工作报告、关于十二届一次会议以来提案工作情况的报告、关于十二届二次会议提案审查情况的报告和会议决议；表彰政协第十二届广州市委员会第一次会议以来的优秀提案和表扬提案；讨论市政府工作报告及有关报告；增补刘毅东等 5 位同志为政协第十二届广州市委员会常务委员。

1 月 19 日至 23 日 市十四届人大三次会议召开。会议听取和审议广州市人民政府工作报告等 8 项。此外，大会还将对广州市 2013 年国民经济和社会发展计划草案、广州市和市本级 2013 年预算草案进行审查，对市国土局、市水务局部门预算和广州民营科技园项目预算进行专题审议，共 581 名代表出席此次大会。

1 月 22 日 市公安局举行智能手机应用——“警民通”新闻发布会。“警民通”智能手机业务提供包括全市路况地图、交通违法查询、车辆及驾驶证状态和累计计分查询等 48 项具体功能，由广州警方提供免费服务。这在全国城市公安机关中尚属首创。

1 月 24 日 市人大常委会发布《广州市公众参与地方立法指南》，为公众参与立法提供详细指引。该指南对公众如何参与上述各种立法活动，包括如何获悉立法信息等都提供明确、具体的指引，这在全国地方人大系统为首创。

2 月 1 日 广州市发布首个广州制造业采购经理指数（重点企业 PMI）为 49.6，比上年 12 月回落 1.5 个百分点。广州市为全国首个公布 PMI 的市级城市，且该指数以后每月 1 日定期发布。

2 月 7 日 首届“广州水上花市”在荔枝湾启动，活动持续到 3 月 13 日。开幕式上的水上歌舞剧《西关·影·画》将公园湖景与文艺节目相结合，用歌舞、音乐再现广州水上花市。歌舞剧围绕“花”的主题，以歌舞、朗诵、讲古、小品等表现手法，借助现代化舞台的炫彩光影，在短短数个小时，以四季转换浓缩西关古今千年文化。

2 月 9 日 世界合唱理事会和国际文化交流基金会一致通过决议，授予中国广州市“世界合唱之都”称号。广州市长期以来，重视青少年的合唱音乐教育，有组织、有计划、有效建设形成良好的社会合唱文化氛围。在 2012 中国（广州）星海国际合唱锦标赛期间，广州地区参加大奖赛团队共 11 支，共获奖 11 个（星海奖 1 个、铂金奖 6 个、金奖 3 个、参与奖 1 个），是所有参加该次合唱锦标赛获奖最多的地区。

2月22日 《广州市现代物流发展布局规划（2012—2020）》经市政府审定同意正式印发。该规划旨在摸清广州市现代物流发展现状，科学预测现代物流发展需求，合理制定发展战略和目标，统筹规划物流体系布局，并通过现代物流资源整合，有效推进广州物流业向集聚化、高端化发展，构建与广州城市和产业发展相适应的现代物流发展格局。

2月 《广州市土地利用总体规划（2006—2020 年）》正式公布。该规划提出新增建设用地将优先保障“南拓”“东进”，该规划还提出转化和改造农村居民点的分类措施，并提出广州“三纵、五横、多公园”绿地生态格局，到 2020 年，中心城区人口不超过 690 万人。

3月7日 市中级人民法院在全省法院系统成立首家金融审判庭。此举将涉银行纠纷案件，涉证券、保险、信托、期货纠纷案件，涉民间借贷纠纷等案件从原来的商事审判中单独剥离出来，实现专业化审判。为金融机构和金融消费者提供高效便捷的纠纷解决途径，为金融创新和监管提供有力的司法引导和支持。

3月13日 国内首个会展业孵化专业园区——琶洲会展产业孵化基地（启盛园区）举行启动仪式。该园区位于新港东路海珠科技产业基地园区内，总规划建筑面积 30 万平方米。园区重点引进会展服务创新产业，重点培育和孵化服务会展经济的检测认证企业和会展创意企业。

3月18日 全球首家浆纸交易综合服务平台——广东浆纸交易所在广州开发区志诚大道 333 号广东浆纸交易大厦挂牌交易。该交易所是经省政府批准成立，并由国务院部际联席会、商务部、证监会审查通过的国内浆纸行业唯一的大宗商品交易综合服务平台，服务于全球造纸、印刷产业，致力于打造全球浆纸交易中心、全球浆纸信息数据中心、全球浆纸价格指数中心、全球浆纸综合服务中心。

3月26日 市政府常务会议讨论通过《关于加强广州市“十二五”时期文化基础设施建设的工作意见》。“十二五”期间，广州市将全面铺开包括广州博物馆新馆、广州美术馆在内的 39 项文化基础设施建设。

3月27日 市政府印发《广州市建设工程项目优化审批流程试行方案》，

以达到优化本市建设工程项目投资发展环境，提高审批效率，促进经济快速增长的目的。方案适用于政府投资建设工程项目和企业投资建设工程项目两大类。抢险救灾、应急工程、临时性建筑工程、文物修缮和保养工程等有特殊规定的另行规定。

3 月 28 日 广州民俗文化节暨黄埔“波罗诞”千年庙会被省文化厅命名为广东省“特色文化品牌”，成为广州市获此荣誉的三个公共文化服务项目之一，位列各区特色文化品牌首位。

3 月 28 日至 31 日 时代地产 · 2013 年乒乓球团体世界杯赛在广州天河体育馆举行。有来自中国、德国、韩国、澳大利亚、巴西、埃及等国家和中国香港、中国台湾等地区约 200 名男女运动员参赛，中国队包揽男、女团体冠军。至此，广州成为首个举办乒乓球赛事“大满贯”的城市。

3 月 广州市快速公交系统（BRT）获世界 BRT 黄金标准的官方认证，是国内唯一获此认证的 BRT。自 2010 年 2 月 20 日 BRT 正式运营以来，日均客流量达 80 万人次，最高日达 96 万人次，通道内平均运营速度每小时 24 公里，比开通前提高 84%。

4 月 12 日 国家开发银行广东省分行作为金融机构代表分别与市国土资源和房屋管理局、市三旧改造办公室签订共计约 3500 亿授信额度的战略合作协议，开创广州市土地资本和金融资本“两资融合”的先河。

4 月 18 日 广州市第一个名校教育集团——广州育才教育集团成立。集团成员包括广州市育才中学、越秀区育才学校和广州市育才实验学校。集团形成小学到高中的公办学校教育体系，以理事会形式实施管理，探索建立现代学校管理制度。

4 月 21 日 市委、市政府就 4 月 20 日四川省雅安市芦山县发生 7.0 级地震造成人员伤亡和物资损失向四川省和雅安市致慰问电，并向四川省捐赠救灾资金 500 万元。

4 月 27 日 广州首家“金不换中途之家”在花都法院揭牌成立。这个集食宿、帮教、培训、矫正、就业于一体的矫正示范基地，依托一家民办汽车修理厂，将主要接纳外地户籍的缓刑少年。这是广州在解决未成年人非监禁刑适用上的首次有益探索。

5月1日 广州无害化处理中心“女子掏粪班”被中华全国总工会授予“全国工人先锋号”荣誉称号，成广州市获此殊荣的5个班组之一。该奖项是全国总工会为表彰在社会经济、政治文化建设以及生态文明建设中作出突出贡献的先进集体，专门授予企事业单位、机关和社会组织中的车间、工段、班组和科室。

5月2日 广州市白云出租汽车集团全面启动司机聘任制改革，签约司机成为企业员工，享有底薪、社保、公积金和固定休息时间的待遇，公司负责车辆的维修、故障公诉费。广州是全国首个实行出租车司机聘任制的城市。

5月16日 市政府决定，划拨3000万元科技经费帮助支持在穗台资企业转型升级。市政府明确，市财政将逐年增加财政拨款科技经费的投入，并在科技经费中连续3年，每年投入1000万元，与台湾有关机构合作在穗设立研发中心，全力支持台资企业加强科技研发工作，促进企业转型升级。

5月22日 荔湾区首个异地务工人员服务组织——东沙工业园异地务工人员服务中心正式揭牌。这是全市首个落户工业园区的该类服务中心。通过该服务中心和遍布东沙的33家服务联络站，异地务工人员可就近办理居住证、预订车票等。

△是日 《广州市功能片区设计方案》经市政府常务会议审议通过。在不打破各区（县级市）行政区界情况下，设置越秀核心发展、荔湾核心发展、天河智慧城、海珠生态城等22个功能片区。

5月28日 萝岗区九龙镇九龙工业园内的110千伏云平变电站正式投入运行。该变电站是广州市首座投入运行的20千伏出线变电站。中新广州知识城20千伏配网的一次网架结构和二次智能系统在国内尚属首例。

5月29日 《广州市南沙新区条例（草案征求意见稿）》向公众征求意见。该草案拟规定，广州本市制定的地方性法规不适应南沙新区发展的，市政府可提请市人大，对适用范围进行修改。本市制定的政府规章和规范性文件不适应南沙新区发展的，南沙新区管理机构可以提请市政府就其在南沙新区的适用作出决定。

5月 全国首家社会工作服务机构“影子中心”在广州市工会异地务工人员活动中心凤阳站成立。该站以“社工＋社工学生”联动“学生＋外来工＋本地居民”的模式为凤阳地区20多万名外来务工人员提供心灵驿站、工伤探视、生活帮扶等社工服务。

△**是月** 市政府公布第四批市级非物质文化遗产代表性项目名录。截至 5 月底，广州市已拥有市级非遗名录项目 77 项，其中包括省级非遗名录项目 51 项，国家级非遗名录项目 17 项，人类非遗代表作 2 项。

6 月 11 日 2013 年广州市“5·12 防灾减灾日”暨地震应急演练活动在华南农业大学举行，活动模拟广州发生 6.5 级地震、震源深度约 10 千米的地震应急疏散活动。这是广州首次在大学开展模拟地震演练，也是广州有史以来规模最大的地震演练。

6 月 18 日 广州数字化学习中心花都云山学习中心在花都区新华街挂牌成立，该中心是广州市第一家直接面对社区居民的综合性学习中心。社区居民可以通过“三位一体、资源共享”的模式，报读大专、本科学历教育或者职业技能认证培训等。

△**是日** 广州市融资担保中心有限责任公司移交广州越秀集团有限公司暨开业仪式在穗举行。该移交仪式由市财政局与市国有资产管理监督委员会共同见证，标志着广州唯一可全面开展各项担保业务的国有融资担保公司正式诞生。

6 月 19 日 全国首个地区性独立第三方慈善组织社会专业监督机构——广州市慈善组织社会监督委员会（简称慈监委）在广州成立。慈监委将对广州地区慈善组织的募捐活动、慈善资金使用管理、承接政府购买服务以及信息公开等方面进行独立监督，成立后首要任务是监察首届广州市慈善项目推介会千个项目的 3 亿元善款。

6 月 21 日 广州市农村医疗卫生机构签约式家庭服务试点工作在萝岗区九龙镇佛塱村和埔心村启动。责任医师团队与辖区居民签订健康管理服务协议，实行家庭医生式服务。该区农村地区镇卫生院、村卫生站都开展家庭医生式服务试点工作，行政村和居民社区覆盖率 100%。

6 月 26 日 位于广州市白云区太和镇永兴村的李坑二厂点火试运行，并举行调试试运行启动仪式。该厂占地面积约 7 万平方米，由广州环保投资集团有限公司负责整体投资、建设和运营。采用世界先进的丹麦伟伦垃圾焚烧技术和丹麦尼鲁烟气处理技术，配备 3 台日处理能力 750 吨的焚烧炉排炉和 2 台 25 兆瓦的汽轮发电机组，设计日均处理生活垃圾2250吨，是国内规模最大的垃圾焚烧发电厂之一。

7月1日 是日起，《广州市科技创新促进条例》正式施行。这是广州市第一部促进科技创新的综合性地方性法规，凝聚广州市全社会加速推进科技创新、建设国家创新型城市的共识，将从解决企业创新能力不强等四个方面着力提升广州自主创新能力。

7月3日 广州公共资源交易中心挂牌成立。该中心整合广州建设工程交易中心、市政府采购中心、市信息工程招投标中心、市房地产交易登记中心、广州产权交易所等交易平台，业务范围涵盖建设工程交易、政府采购、土地使用权和矿业权出让、政府特许经营权出让和综合性产权交易等，覆盖中央、省、市、区、镇（街）、村共6级的工程项目，年交易量在4000亿元人民币以上，是全国进场交易业务领域最广、交易规模最大的区域性公共资源交易平台之一。

7月8日 世界权威杂志《财富》（FORTUNE）公布2013年财富世界500强榜单，广州汽车工业集团首次进入500强，以总产值241.448亿美元位居全球第483位。广州汽车工业集团有限公司位居上榜中国汽车类企业的第六位，成为广州首家进入世界500强的市属企业。

7月22日 广州市中级人民法院诉讼信息公众服务平台正式开通。这是市中级人民法院在全国12368司法服务热线基础上自行研发、集查询与互动功能为一体的信息化服务系统。其中，12368热线电话人工服务功能在全国法院系统率先采用“一对一”人工服务，做到办案信息“主动告知”，当事人“有问必复”。

7月23日 广州市人才工作局揭牌暨“人才广州”政务微博开通仪式举行。这是全国首家地方人才工作局，注重高层次人才引进、使用和服务。

8月1日至6日 在第二十八届全国青少年科技创新大赛中，广州参赛队伍分别获得创新项目一等奖2项、二等奖4项、三等奖2项，科技辅导员创新三等奖2项，少年儿童科学幻想绘画项目一等奖4项，青少年科技实践活动二等奖1项，“英特尔英才奖”1项，“茅以升科学技术奖”1项，“广东科学中心专项奖”2项。

8月5日 市政府办公厅印发《广州市基本公共服务均等化重点工作实施方

案（2013—2016 年）》。根据该方案，到 2016 年，全市居民平等享有公共教育、医疗卫生服务、公共文化体育、公共交通、社会保障、住房保障、就业服务、人居环境、公共安全等基本公共服务。

8 月 5 日至 11 日　王老吉·2013 年世界羽毛球锦标赛在广州天河体育馆举行。锦标赛设男单、女单、男双、女双、混双 5 个项目，有来自中国、英格兰、澳大利亚、加拿大、墨西哥、马来西亚、中华台北等 48 个国家和地区等 337 名运动员参赛。至此，广州成为中国首个举办世界羽联所有顶级赛事“大满贯”的城市。

8 月 6 日　市政府十四届第二十九次常务会议审议并原则通过《广州市战略性新兴产业发展规划》，将积极发挥南侧临海战略性新兴产业基地和北侧临空战略性新兴产业基地“双翼助推”作用，促进“创新驱动，内生增长”的经济良性发挥，把战略性新兴产业培育成广州国民经济先导产业和支柱产业。

8 月 7 日　花都区被国家知识产权局授予“国家知识产权强县工程示范县（区）”称号。全国首批名单中，共确认 22 个国家知识产权强县工程示范县区，花都区成为广东省两个入选县（区）之一，广州市唯一的国家知识产权强县工程示范县（区）。

8 月 8 日　广州市全民健身中心正式对外开放。该中心在广州亚运体育文化中心（原广州第十六届亚运会组委会办公楼）内，总面积 3780 平方米，共有 3 层，包括乒乓球馆、健身器械区、多功能操房、瑜伽室、形体室、培训室、国民体质监测中心及运动康复室等，每天免费开放 2 小时，惠民优惠开放 10 小时。

8 月 29 日　《广州南沙新区城市总体规划（2012—2025）》及《广州南沙新区明珠湾区城市设计及起步区控制性详细规划》提交广州市规委会讨论，并获得全票通过。至 2020 年，南沙将从现状的 72 万人口增至 200 万人，至 2025 年增至 300 万人。建设规模将从现状的 185 平方公里，增至 2025 年的 300 平方公里。在城市功能结构方面，按照主体功能区理念，构建“紧凑型、多组团、网络化”的城乡空间布局，形成“一城三区”四大功能组团，分别为中心城区、北部组团、南部组团和西部组团。

8 月　广州市获批为全国水生态文明建设试点城市，将力争四年打造具有“岭南水乡”特色的水生态文明城市。

9月2日 广州市商事登记制度改革启动仪式在市政务中心举行，广州成为第一个实行商事登记制度改革的国家中心城市，广州将在南沙等6个试点区域试行“先照后证”“一址多照”“零元办公司”等新制度，此举为全国首创。

9月13日 广州市属12区（县级市）政府部门，164个街（镇）政府机构全部完成挂网公布“三公”经费账单，广州市成为全国首个实现三级政府“三公”经费全面公开的城市。

9月22日 由广州市市政工程设计研究院设计的广州中山大道快速公交BRT荣膺2013年BRT系统业内最高荣誉“金牌标准”奖，在全球50个参评的BRT系统中，成为亚洲唯一被评为“金牌标准”的BRT系统。

9月30日 广州市召开推进市属经营性国有资产统一监管工作会议，市国资委监管企业由28家扩容至130家，资产总额由6071.4亿元扩容至15302亿元。

△是日 市委常委会审议通过《广州市花城绿城水城建设方案》，这是继亚运后广州又一轮城市蜕变计划。按照方案要求，成立广州花城绿城水城建设工作小组，由市长陈建华任组长，塑造“山、水、城、田、海”城市形态，以生态湖和大型绿地为重点，以绿化带和水系为纽带，合理布局“森林、花卉、绿道、湿地、河涌”五大元素，集中打造展示岭南文化花城绿城水城片区。

10月15日 广州正式成为华南地区第一个国家电子商务示范城市跨境贸易电子商务服务试点城市。试点涉及B2C（企业与消费者间电子商务模式）一般出口（邮件/快件）、B2B2C（电子购物平台模式）保税出口、B2B（企业与企业间电子商务模式）一般出口等三类业务，主要针对利用电子商务平台进行国际贸易，以及运用邮件和包裹等形式邮递货物的中小微商家，在可提供增值税凭证的情况下可申请出口退税，减轻企业负担。

10月17日 市委公开市委组织部、市纪委、市委党校和市委老干部局四部门上年度“三公”经费决算，此举开全国党委系统工作部门公开“三公”经费的先河。同时，41个市直政府部门、市人大、市政协“三公”经费也同步公开。这是广州2010年公开市直部门“三公”账目以来，公开范围最为全面的一次。

10月21日 广州市启用114统一求助热线短号。广州市6个救助站全部与

114 联网，生活无着流浪乞讨求助人员或热心群众可拨打电话 114 求助。此举在全国属首创，大大缩短流浪者的电话呼援等候时间。

10 月 21 日至 23 日　市长陈建华在新加坡参加中新双边合作联合委员会第十次会议，并开展广州与新加坡双方系列经贸活动。其间，举办中新广州知识城新加坡主题推介会，双方签署中新广州知识城管委会与新加坡知识产权学院合作备忘录、萝岗区与新加坡人民协会青年组织合作交流备忘录、新加坡速印控股华南区总部项目合作备忘录等 7 个合作备忘录。

10 月 23 日　广州市首个垃圾热能就地处置站在萝岗区九龙镇建成投产，该站处理能力为 16 吨 / 天，每年垃圾减量预计可达 7300 吨，处理垃圾能耗费用仅为 17.5 元 / 吨。

10 月 28 日　全国首个儿童媒介素养教育中心在市第二少年宫正式成立。该中心致力于让孩子从小全面认识媒介、合理使用媒介，趋利避害，利用新媒介为自己的生活和学习服务。

11 月 4 日　市政府第十四届第八十九次常务会议审议并原则通过《关于加快转变广州市体育发展方式的意见》及 3 个相关配套文件（简称“1+3”文件）。12 月 17 日出台《广州市人民政府关于加快转变广州市体育发展方式的意见》《广州市人民政府关于印发广州市群众体育工作实施方案和竞技体育工作实施方案的通知》《广州市人民政府关于印发广州市体育设施向社会开放管理办法的通知》。

11 月 6 日　广州医科大学附属第一医院举行肺移植 10 周年活动。该院肺移植团队是广东省唯一一个肺移植技术的准入单位，成功施行手术 61 例，患者存活率全国最高。

11 月 8 日至 10 日　第十届中国（广州）模拟联合国大会在广东外语外贸大学举行，来自国内外 116 所高校的 446 名代表参加本届模拟联合国大会，是历届中国模拟联合国大会规模最大的一次。联合国秘书长潘基文向大会发来贺信。

11 月 9 日　广州恒大足球队在广州天河体育中心以 1 比 1 的比分战平韩国首尔 FC 队，获得亚冠联赛冠军。这是亚冠联赛改制以来中国球队首次获得亚冠冠军。广州恒大足球俱乐部在亚冠主场创下上座率亚洲之最，刷新亚冠联赛史上进球最多、净胜球最多、每场平均进球数最多等多项新纪录。

11月10日至12日 第二届广东粤曲私伙局大赛总决赛在广州番禺举行，全省48支队伍进入决赛。比赛设节目综合奖、最佳演唱奖、最佳伴奏乐队奖、优秀组织奖4个类别奖项，节目综合奖设金奖、银奖、铜奖，最佳演唱奖和最佳伴奏乐队奖各10名。同时，组委会将结合各地组织工作情况和比赛成绩，综合评选出若干优秀组织奖。

11月11日 广州市总部经济协会成立。该协会由广州市发展和改革委员会牵头推动，经市政府认定的总部企业发起成立，主要致力于服务全市总部企业实现转型升级。广州汽车工业集团有限公司为总部经济协会会长单位。

11月25日 市委常委会审议通过《广州市加快推进十大重点产业发展行动方案》，统筹规划产业发展。该行动方案围绕加快发展促转型的中心任务，这十大产业包括汽车、精细化工、重大装备、新一代信息技术、生物与健康、新材料、新能源与节能环保、商贸会展、金融保险和现代物流。

11月27日 《福布斯》发布2013年中国内地最佳商业城市排行榜，广州市连续第三年夺魁。28日，增城市入选2013年《福布斯》中国内地最佳县级城市榜，位列第八，为广东省内唯一入选城市。

11月29日 在中国基层卫生发展大会上，广州市黄埔区红山街社区卫生服务中心主任蒋羽萍被评为“2012年中国最具领导力社区卫生服务中心主任”，成为广州市唯一获此殊荣的社区卫生服务机构管理负责人。

11月 广州被国家住建部列为全国唯一的村庄规划编制和信息化建设试点城市，领先全国进行村庄规划方面的创新探索。

12月5日 天河口岸通过世界卫生组织口岸核心能力建设考核验收。至此，广州市“海、陆、空”三大口岸，即广州港、天河铁路口岸、白云国际机场口岸全部达到《国际卫生条例（2005）》要求。是年7月4日，广州港口岸通过世界卫生组织口岸核心能力建设考核验收；白云国际机场口岸因于2006年以优秀成绩通过世界卫生组织国际卫生机场实地测评验收而免于考核。

12月8日 一代粤剧大师红线女因突发急性心肌梗死，在广州去世，享年89岁。17日，红线女遗体告别仪式在广州殡仪馆举行。中共中央总书记习近平、国务院总理李克强等党和国家领导人为红线女送来花圈。12月25日，永恒的舞台——纪念粤剧大师红线女专场演出在红线女艺术中心小剧场举行。

12 月 9 日至 12 日 2013 年中国（广州）国际纪录片节召开。其间，国家新闻出版广电总局向广州市颁发“全国版权示范城市”牌匾，广州市成为广东省首个全国版权示范城市；同时，促成纪录片交易总额 1.5 亿元，创历年最高纪录。

12 月 12 日 广东省首个经国务院批准成立的综合保税区——广州白云机场综合保税区（一期）顺利通过市政府与广州海关组织的联合预验收，向正式封关运作迈进关键一步。白云机场综合保税区分为北区、中区和南区 3 个片区，总规划面积 7.385 平方公里（其中一期建设规划面积 1.645 平方公里），是目前国内开放层次最高、综合功能最强、管理政策最优惠、通关手续最便利的海关特殊监管区域之一。

12 月 17 日 中国首个省级政府搭建的大型区域性物流公共平台——南方现代物流公共信息平台正式上线运作。该平台是构造南方地区整体物流现代化发展的共性基础平台。当天，南方平台建设单位与 20 家企业签订战略合作协议。

12 月 19 日 国内首创的两台泥水、土压双模式盾构机在广州下线。该设备填补国内相关技术空白，获得国家专利，计划用于广州地铁九号线的土建工程，以适应当地复杂地质条件施工的需要。

12 月 28 日 广州地铁六号线首期开通试运营，是广州市建成投入使用的第 9 条地铁线路，属于城市轨道交通系统。线路全长 24.5 公里，大致呈“U”形走向，主要经过坦尾、珠江北岸、先烈路、广州大道北、燕岭路、广汕路，共设 22 座车站、1 个车辆段和 1 个停车场，列车编组为 4 节 L 形车编组。

12 月 广州国际金融中心（珠江新城“西塔”）荣获 2012—2013 年度中国建筑工程鲁班奖，该奖为全国建筑行业工程质量的最高荣誉。

2013 年 广州市全年实现地区生产总值 15420.14 亿元，比上年增长 11.6%；全年完成规模以上工业总产值 17310.24 亿元，比上年增长 12.9%；实现社会消费品零售总额 6882.85 亿元，比上年增长 15.2%；商品进出口总值 1188.88 亿美元，比上年增长 1.5%；城市居民消费价格（CPI）比上年上涨 2.6%，涨幅比上年回落 0.4 个百分点。

2014年

1月2日　广州市12345投诉举报平台暨广州12345政府服务热线开通仪式举行，此次平台开通，首先实现市信访局、市工商局、市科技和信息化局、市住房公积金管理中心等27个市属职能部门服务专线的整合试运行，市民拨打12345，统一接听、回复或转办，并与110、119、120、122等紧急热线建立互动机制。

1月3日　全国首个乡村儿童活动中心在从化鳌头镇龙聚村挂牌。该中心由市妇联与省华美教育慈善基金会联合建设，广州市巾帼志愿者将依托乡村儿童活动中心，定期为孩子们免费开展艺术支教、读书沙龙、素质拓展训练等活动，为留守儿童打造安全、快乐、兴趣延伸的校外活动阵地。

1月20日　《广州市公办养老机构入住评估轮候试行办法》实施，在全国率先建立全市统一的公办养老机构评估轮候制度。全市公办养老机构按照公开、公平、公正原则面向全市户籍老年人开放，优先保障所属行政区域内经济困难、生活不能自理、无人照料的特殊困难老年人养老服务需求。

1月28日　国务院同意建立由国家发改委牵头的广东前海、南沙、横琴建设部际联席会议制度，协调解决深圳前海、广州南沙、珠海横琴建设中在政策实施、项目安排、体制机制创新等方面需要中央政府予以支持的事项。联席会议由国家发改委、外交部、教育部、科技部、工信部、公安部等32个部门和国家开发银行、广东省政府、深圳市政府、广州市政府、珠海市政府，香港特别行政区政府、澳门特别行政区政府组成。

△**是日** 广州市来穗人员服务管理局揭牌仪式在市政府礼堂举行，在全国副省级省会城市中率先设立外来人员服务管理局，是广州市深化改革、转变政府职能、完善社会治理体系的一项体制性创新，市领导为“市来穗人员服务管理局”揭牌。

1月 国家公共文化服务体系示范区（项目）创建工作会议在上海召开。越秀区以“中心城区公共文化服务体系创新工程”入选，在所有参评的东部城区中名列第一。

△**是月** 国务院批准广州市部分行政区划调整：撤销黄埔区、萝岗区，设立新的黄埔区；撤销县级从化市，设立广州市从化区；撤销县级增城市，设立广州市增城区。行政区划调整后，广州市辖越秀、海珠、荔湾、天河、白云、黄埔、花都、番禺、南沙、从化、增城 11 个区。

2月17日 国家版权局批复同意在广州市越秀区建立国家版权贸易基地，开启广州版权贸易市场新局面。基地将整合各方面优势资源，以版权产业建设为重点，面向版权产业相关企业提供版权交易、评估、质押、投资、融资、维权等“一站式”全产业链服务，创造产业经济新增长点。

△**是日** 广州越秀集团以 116.4 亿港元收购香港创兴银行 75% 的股权（3.26 亿股）。这是改革开放以来广州市在香港的最大收购案，也是地方国企在香港首次并购银行。

2月17日至20日 市政协十二届三次会议在珠岛宾馆召开。会议通过政协第十二届广州市委员会常务委员会工作报告、提案工作情况的报告以及会议决议。此次会议以实事求是、简朴实效的作风，力求“开短会、讲短话、写短文、讲实效”，会期为历年来最短。

2月18日至22日 市十四届人大四次会议在广州白云国际会议中心召开，会议表决通过关于广州市人民政府工作报告的决议、关于广州市 2013 年国民经济和社会发展计划执行情况与 2014 年国民经济和社会发展计划的决议、关于广州市 2013 年预算执行情况和 2014 年预算的决议、关于广州市人民代表大会常务委员会工作报告的决议、关于广州市中级人民法院工作报告的决议、关于广州市人民检察院工作报告的决议和《广州市人民代表大会审查批准监督预算办法》。

2月21日 市政府印发《广州市人民政府关于推动专业批发市场转型升级的实施意见》，意见要求，依照“市区联动、属地管理，试点推进、典型示范，规范提升、整合转型”的原则，推动广州市专业批发市场转型升级。

2月27日 市委全面深化改革领导小组第一次会议召开，审议通过《2014年广州市全面深化改革要点》《中共广州市委全面深化改革领导小组工作规则》《中共广州市委全面深化改革领导小组专项小组工作规则》《中共广州市委全面深化改革领导小组办公室工作细则》，在行政审批、财税、金融、投资、社会民生等重要领域推出13个方面共226项改革。

2月 国家林业局正式批复《广东海珠国家湿地公园总体规划》，由海珠湖、湿地一期和湿地二期共同组成的海珠湿地正式升级为国家级湿地公园。

3月11日 市政府官方网站发布2014年广州市人口调控和入户政策“1+3”文件，分别为《关于加强广州市人口调控和服务管理的意见》以及《广州市户口迁入管理规定》《广州市积分制入户管理办法》《广州市引进人才入户办法》3大配套文件，对城市发展缺口较大的高技能人才、特殊专长人才、艰苦行业一线从业人员、重点项目发展急需人才等，进一步加大入户政策倾斜力度。

3月20日 《广州市燃煤电厂“超洁净排放”改造工作方案》实施，按照国家、省对重点地区“燃气轮机大气污染物特别排放限值”标准，分阶段对全市燃煤电厂进行“超洁净排放”改造，实施“50355”工程，预计改造完成后氮氧化物、二氧化硫、烟尘排放浓度分别下降到50、35、5毫克每立方米以下，是强化广州市能源保障、推进煤炭清洁化生产利用的重要措施。

3月29日 中国水网正式发布《中国100个城市供水服务满意度指数调查研究报告》，广州城市供水、供水价格、供水账单及交费方式等3个满意度指标均位列第一。

3月30日 全市1142个行政村、1464个社区“两委”换届选举任务全面完成。换届后，村“一肩挑”比例达到91.3%、“交叉任职”比例90.2%；社区“一肩挑”比例达到97.7%、“交叉任职”比例92.8%，全部超额完成“两个80%左右”的工作要求，有效强化党组织在基层的领导核心地位。社区居民积极参与“两委”选举，全市1230个社区实现直选，直选率达84.1%，一次选举成功率达89.1%。

通过换届选举，一批“三高三强”型人才被选进“两委”班子，新一届“两委”成员平均年龄 41.9 岁（比上届下降 0.4 岁），具有大专以上学历的有 8341 人（占总数的 46.1%，比上届提高 1.9 个百分点）。

4 月 2 日 九元航空有限公司在白云区人和镇完成工商注册登记，取得营业执照。这标志着国内第三家、广州市第一家低成本航空公司正式成立并进入运营筹备阶段。今后，九元航空将以白云机场为主运营基地，借鉴国内外低成本航空公司发展经验，开创廉价航空运营新模式。

4 月 4 日 广州国家级文化和科技融合示范基地在广州科技创新基地揭牌。广州国家级文化和科技融合示范基地重点聚焦工业设计、软件和信息服务、动漫游戏、数字媒体四大领域。主要以中新广州知识城文化创意产业园、广州高新区创意产业园、国家新型工业化产业示范基地、励丰文化科技产业园、广东省国家级移动数字出版产业基地、黄花岗科技园“创意大道”和“岭南文化遗产数字化保护与创意传播”项目 7 大产业项目为重点，加速推进示范基地进程。

4 月 18 日 广州金融资产交易中心开业运营，标志着广州市乃至全省的金融交易市场平台建设取得新的重大突破，对规范金融资产流动，实现金融资产结构优化，降低交易成本，提升金融业风险管理水平具有重大意义。

4 月 23 日 市总工会举办“户外职工小休站”揭牌仪式，广州联通天河南营业厅、天河南公交站场、邮政储蓄银行天河南支行 3 家“户外职工小休站”示范点正式对外服务，解决广州市户外工作人员休息难、饮水难、如厕难等问题。

4 月 29 日 市纪委印发《广州市领导干部加强作风建设和廉洁自律“十个严禁”》，首次以文件形式明确规定领导干部不得出入歌舞厅、夜总会，不得将公车停放在高尔夫球场、歌舞厅、夜总会等场所，不得违规用现金支付公务消费费用，不得违规收取润笔费。

4 月 天河区普法办被评为全国“六五”普法中期先进普法办，是广州市唯一获此殊荣的区县级普法办，花都监狱警察陈明辉、龙则灵被司法部评为全国监狱工作先进个人。市司法局法律援助处被评为第四届“全省人民满意公务员集体”，市司法局基层工作指导处被授予 2013 年度广东省“巾帼文明岗”称号。

5 月 5 日 广州市正式启动家禽生鲜上市试点工作，33 个试点肉菜市场的 66

个试点档口销售生鲜家禽产品，约占方案的22%。越秀区、荔湾区（原芳村区和桥中街除外）、天河区珠江新城区域和番禺区大学城区域为首批试点，区域内82家肉菜市场没有活禽销售。

5月9日 《市跨境贸易电子商务服务试点工作领导小组办公室关于印发跨境贸易电子商务试点企业名单的通知》印发，共认定20家企业为广州市跨境贸易电子商务试点企业。

5月13日 市重大人才项目——2014年“菁英计划”留学项目选派工作正式启动。作为广州市头号“公派留学”项目，成功申请者将获资助最长5年的生活费和国际旅费，广州地区企事业单位在职人员均可申请，成功申请者可入读“全球名列前150名的国外一流大学或排名前50名的学科领域”。

5月26日 市中级人民法院电子商务审判合议庭正式挂牌成立。这是广东地区乃至全国首个电子商务审判合议庭，也是率先推行“让审理者裁判、由裁判者负责”办案机制的合议庭。

5月28日 市教育局召开广州市推进中小学教育质量阳光评价改革实验启动仪式，发布“广州版”的评价框架。中小学教育质量阳光评价是教育部推进的改革，主要是扭转评学生看分数、评学校看升学率的倾向，促进学生德智体全面发展。广州被教育部确定为全国30个改革实验区之一。

5月 广州塔、广州大剧院、广东科学中心获菲迪克百年重大建筑项目杰出奖。菲迪克奖是世界工程咨询行业的最高奖。为庆祝菲迪克（国际咨询工程师联合会）成立百年，首次在全球94个国家和3个地区举办“菲迪克百年工程项目奖”评选活动。最终，中国有8个建筑获得最高奖“菲迪克百年重大建筑项目杰出奖”，广州占其中的3个。

△是月 中共中央组织部公布国家高层次人才特殊支持计划（“万人计划”）第一批入选名单，全国共819人入选，广州地区有24人。其中，科技创新领军人才8人，科技创业领军人才2人，哲学社会科学领军人才2人，教学名师3人，百千万工程领军人才1人，青年拔尖人才8人。

6月1日 市儿童公园、海珠（一期）儿童公园、白云儿童公园、黄埔儿童公园、番禺（一期）儿童公园、南沙（一期）儿童公园、萝岗（一期）儿童公园、增城（一期）儿童公园8个新儿童公园同时开放，市长陈建华等市领导参加开园活动。当天进园人数达19.6万人次，其中市儿童公园6.8万人次。至2014年六一节，全市“1+12”新儿童公园已建成开放8个。

6月9日 广州大学中国政务研究基地在广州市政务服务中心揭牌，标志着国内首家政务研究基地正式落户广州。该政务研究基地由主要以政府管理系师资力量和学术团队为基础，以中国政务的前瞻性研究和广州政务的追踪性研究为主要任务，力求打造成为改革开放前沿的思想高地和高校服务地方经济社会发展的特色智库。

6月17日 《广州市引进人才入户管理办法实施细则》正式实施。新的引进人才政策实现多个突破，包括拓宽引进人才范围、放宽人才年龄限制等。

6月20日 市金融办、市人才工作局印发《广州市高层次金融人才支持项目实施办法（试行）》，广州将重点支持三类高层次金融人才，包括金融领军人才、金融高级管理人才和金融高级专业人才。其中对当年新引进的金融领军人才将给予一次性安家补贴100万元，而对于特别优秀的金融领军人才，可按照“一事一议、补贴资金上不封顶”的原则研究办理。

6月30日 广州市非公经济党组召开纪念建党93周年大会。广州非公企业已有5万多家，连续多年为广州贡献45%左右的生产总值、65%的出口贸易额和超过50%的就业岗位。

7月2日 广州市启动城市社区网格化服务管理试点。市委、市政府召开城市社区网格化服务管理试点工作总结暨全面启动视频大会，部署全面推进城市社区网格化服务管理。根据会议部署，市委、市政府出台《广州市推进城市社区网格化服务管理工作总体方案》及一系列配套方案和制度，打造覆盖全市的基础网格，组建专职网格员队伍，形成“横到边、纵到底、全覆盖、无缝隙”的“大城市、小网格”服务管理网格，有力提升广州城市社区治理水平，是社会治理、城市管理革命性的改革。

7月18日 广州市青少年足球训练基地揭牌仪式暨“富力杯”第一届广州市中小学足球联赛开球仪式在燕子岗体育场举行。中国足球协会副主席容志行被授予广州市青少年足球训练基地形象大使，广州恒大足球俱乐部、广州富力足球俱乐部被授予广州市青少年足球发展战略合作单位。训练基地位于海珠区，占地面积约6.0207万平方米，配有运动员宿舍楼、体育设施综合楼、运动员饭堂、健身器材室、培训课室、广州足球运动荣誉室等功能用房。

7月29日 广州白云机场综合保税区（一期）封关仪式在广州空港物流园举行。该保税区一期1.645平方千米，区内企业享有境外货物入区保税、境内货物入区退税、区内流转自由免征增值税和消费税等优惠政策，已入驻企业200多家。市长陈建华出席封关运作仪式并致辞。

7月31日 《广州市南沙新区条例》获省十二届人大常委会第十次会议表决通过。8月11日，该条例正式出台，9月1日起正式实施。该条例将南沙新区管理机构作为新区开发建设和管理的责任主体；授权南沙新区管理机构行使市级管理权限；南沙新区管理机构依托辖区人民政府实施行政管理和社会治理；南沙新区管理机构实行一站式受理、集中审批、限时办结、跟踪服务等制度，标志南沙新区开发建设取得实质性突破。

7月 由广州发展集团全资子公司广州发展新能源有限公司独资投资建设的万宝冰箱光伏发电项目通过验收，正式并网发电。该项目位于首批“国家级分布式光伏示范区”从化明珠工业园内，主要利用万宝冰箱厂房屋顶铺设光伏组件发电，是广州市第一个、南方5省第二个享受度电补贴的分布式光伏发电项目，也是广东省三个国家级光伏应用示范区首个建成项目。该项目投产后年均发电量为363万千瓦时，节约标煤1184吨，减少排放二氧化碳3078.3吨、二氧化硫33.2吨、氮氧化物8.3吨、粉尘1.8吨。

8月4日 广州市决定停征14项涉企行政事业性收费，其中包括工业产品生产许可证收费（含审查费）等13项收费和2015年1月1日起停征的堤围防护费。停征政策全面实施后，每年可为企业减负近40亿元，按2013年收入情况统计，约占全市纳入公共财政预算管理的行政事业性收费收入总额的40%，是近年来广州市启动的为企业减负力度最大的一项改革。

8月5日 市委、市政府向云南省委、省政府并昭通市委、市政府发去慰问电，向8月3日鲁甸6.5级地震中的遇难者表示哀悼，并向地震灾区捐赠人民币500万元。截至13日下午5时，全市各慈善会、捐赠站（点）共接收捐赠款物

500 多笔，共计 313 万多元。

8 月 6 日至 15 日 广州市第九届残疾人运动会在广州市残疾人体育运动中心举行。此本届市残运会首次融竞技体育、群众体育于一体，设有群体、游泳、羽毛球、田径、轮椅网球、轮椅篮球、举重、聋人足球、聋人篮球、乒乓球等项目，来自全市 1000 多名残疾人运动员参与各项赛事的角逐。

8 月 7 日 广州白云山中一药业召开两化融合管理体系贯标启动大会，白云山中一药业是全国第一家启动两化融合贯标的企业。两化融合管理体系是企业系统地建立实施信息化和工业化的高层次深度融合的管理机制，覆盖企业全局，可帮助企业依据为实现自身战略目标所提出的需求，以形成获取可持续竞争优势所要求的信息化环境下的新型能力。

8 月 8 日 广州—澳门直升机航线试运营成功。这是大珠三角地区开辟的第一条跨境低空空域航线，标志着广东低空空域管理体制改革取得阶段性成果。

8 月 27 日 广州市召开领导干部大会。省委常委、组织部部长李玉妹宣布，经中央批准，任学锋任省委委员、常委，兼任市委书记。

8 月 增城区县域村镇体系规划及正果镇总体规划列入住建部规划试点。增城区被列为全国仅有的 5 个国家级县域村镇体系规划试点之一，是全省唯一被列入试点的区县；增城区正果镇总体规划列入全国 4 个旅游试点镇规划之一，也是广东省唯一入选的镇。

9 月 2 日 2014 年“中国企业 500 强”榜单发布，广汽集团、广药集团、广州建筑集团、广钢集团、广州轻工、万宝集团 6 家市属国企上榜。

9 月 9 日 市政府十四届第一百三十一次常务会议原则通过《广东省广州南洲水厂引水工程管理规定》，强调要在全面推进水环境整治、做好水源保护工作同时，进一步加强水源储备和供水网络互通建设工作，促进西江、北江、流溪河等流域应急备用水源网络的连通，有效保障广州市的水源供应。

9 月 13 日 中宣部第十三届精神文明建设“五个一工程”评选揭晓，由省委宣传部选送，市委宣传部、市文广新局出品，广州歌舞剧院创演的音乐剧《西关小姐》获“五个一工程”奖，这是广东省唯一一部获奖的舞台作品。

9 月 16 日至 22 日 广东省第五届少数民族传统体育运动会在惠州举行。广州市共有262名少数民族运动员参加，共获得108枚奖牌（45金、21银、17铜、11个第四、7个第五、2个第六、5个第七），总分1566分（比赛分1121分，基础分445分），夺得金牌总数第一，奖牌总数第一，团体总分第一的优异成绩，并获得体育道德风尚奖、优秀组织奖。

9月21日 市少年宫合唱团在星海音乐厅庆祝合唱团建团60周年。1954年，广州市少年宫合唱团成立，是全市性的儿童合唱团体，曾多次为来自世界各国的音乐家、教育家及友好团体表演，也多次出访国外及香港、澳门举行交流演出。

9月22日 市政协举行庆祝人民政协成立65周年活动。学习习近平总书记在庆祝中国人民政治协商会议成立65周年大会上的讲话精神，传达全国政协十二届常委会第七次会议的主要精神，参观在办公楼举办的“人民政协光辉历程图片展”。

9月24日 从化区农村土地承包经营权确权登记颁证试点工作动员会在温泉镇龙岗村召开。全省有16个县、7个镇（街）设立试点单位，龙岗村是广州地区农村土地承包经营权确权登记颁证的唯一试点村。

△**是日** 广州两级法院庭审网络直播统一平台——广州法院庭审直播网正式开通，市中级人民法院及基层法院13名院长、副院长所审理的案件全部通过网络直播。市中级人民法院64个法庭、基层法院24个法庭，均实现同步全程直播庭审，这在全国法院系统尚属前例。

9月27日 广州港集团南沙港三期码头两个10万吨级深水泊位建成投产。该项目是广东省、广州市重点建设项目，总投资概算约为75亿元，含万吨级集装箱泊位6个，2000吨级集装箱驳船泊位24个，岸线总长4178米，设计通过能力570万标准箱，码头陆域纵深1177米，陆域面积约276.6万平方米。

10月6日至10日 在海德拉巴举行的世界大都市协会第十一届世界大会上，广州当选为世界大都市协会首任联合主席。会议同时决定世界大都市协会亚太区联络办公室落户广州，统筹64个亚太城市国际交往网络，广州市国际地位得到进一步提升。市长陈建华的论文《科学统筹，积极探索，全面加快广州国家创新型城市建设》入选《市长之声》文集。

10月12日至13日 第十届泛珠三角区域合作与发展论坛暨经贸洽谈会在广州举行，由福建、江西、湖南、广东、广西、海南、四川、贵州、云南省（区）

及香港、澳门特区政府联合主办，粤港澳三地政府共同承办。“9+2”各方行政首长和政府代表团、部分工商界代表等共约 1200 人参加此次大会。开幕式上，各方 50 多个项目完成集中签约，并通过共同签署联席会议纪要和《泛珠三角区域深化合作共同宣言（2015—2025 年）》。

10 月 17 日 经中国国家旅游局批复，广州市成为中国旅游综合改革试点城市，这是继北京、成都之后第三个成为全国旅游综合改革试点副省级及以上城市。广州旅游的综合竞争力仅次于北京和上海，居全国旅游城市第三，已成为广州国民经济的支柱产业，随着广州旅游综合改革试点工作的启动，将促进广州旅游产业结构转型升级，为全国旅游业科学发展探索路子。

10 月 28 日 广州市劳动能力鉴定中心在广东省工伤康复医院启动广州市首次劳动能力现场鉴定工作，取消鉴定前被鉴定人必须到指定诊断医院进行诊断的环节，安排鉴定专家直接面见被鉴定人，缩短办事流程，加强管理，规范行为，为工伤职工提供便利。

10 月 29 日 国务院颁布《国务院关于调整城市规模划分标准的通知》，对城市规模划分标准进行调整。根据新的城市规模划分标准，城区常住人口 1000 万以上的城市为超大城市，广州的头衔由“特大城市”晋级为“超大城市”。

11 月 3 日 广州汽车工业集团有限公司基于跨平台模块化架构（CPMA）的汽车正向开发技术研究与应用项目在中国汽车行业内最高级别的科学技术奖项、被誉为中国科技界汽车“奥斯卡”的 2014 年度中国汽车工业科学技术奖颁奖大会上荣膺一等奖殊荣。该奖项是迄今为止广州汽车工业集团有限公司获得的行业研发类最高级别奖项。

11 月 7 日 2014 年广州市投放以约租方式营运的出租汽车听证会在广州公路主枢纽指挥中心举行，就广州创新出租车服务形式，投放 2950 辆以约租方式营运的出租汽车运力事项广泛听取社会公众意见，以 19 票赞同、1 票反对的结果顺利通过。约租车的投放将在满足市民多样化、差异化的出行需求方面发挥积极作用。

11 月 11 日 《广州历史文化名城保护规划》获省政府批准实施。该保护规划提出历史文化名城的保护目标和保护主题，确立市域历史文化遗产、历史城区、历史文化名镇名村、历史文化街区及历史风貌区、传统村落、不可移动文物、历史建筑和传统风貌建筑、非物质文化遗产保护相结合的名城保护体系，明确广州市历史文化名城保护对象和保护措施，对于保护、传承、弘扬岭南历史文化具有重要意义。

11月17日 国际TOP500组织在美国新奥尔良举办的2014年超级计算年会上发布世界超级计算机500强排行榜，国家超级计算广州中心主机系统“天河二号”超级计算机以峰值计算速度每秒5.49亿亿次、持续计算速度每秒3.39亿亿次再次位列榜首，获得四连冠，标志着中国在超级计算机领域已走在世界前列。

11月20日 全国首个破产管理人自治组织——广州市破产管理人协会在市中级人民法院挂牌。该协会是非营利性、公益性社会组织，对于推动广州市企业破产和清算工作健康发展具有重要意义，在全国范围内也将对相关领域工作开展起到积极示范作用。

11月28日 根据《中共广州市委关于成立市委全面深化改革领导小组的通知》《广东省机构编制委员会办公室关于设立中共广州市委全面深化改革领导小组办公室的批复》，设立中共广州市委全面深化改革领导小组办公室，与中共广州市委政策研究室“一个机构、两块牌子”。

12月2日 中国工商银行广东省分行营业部成功运作万宝集团并购意大利ACC压缩机资产项目。该项目是广州市国资系统首笔海外收购项目，帮助国有企业实现技术突破和“走出去”战略。

12月3日 陈云英博士受聘广州市教育名家工作室主持人暨陈云英博士特殊教育工作室成立仪式在市政府举行。市长陈建华颁发聘书。陈云英是中国第一位特殊教育学博士，归国后一直致力于特殊教育事业，是中国特殊教育的奠基人、开创者。

12月3日至4日 “青春志愿行　共筑中国梦”志愿服务广州交流会暨首届中国青年志愿服务项目大赛颁奖礼在琶洲保利世贸博览馆举行。3日，来自全国的优秀志愿服务项目以省区市为单位分区域展示。赛会期间，所有项目都获得爱心企业、慈善公益组织和热心人士的支持，签约金额共计3784万元。

12月5日至7日 由市人力资源和社会保障局、市总工会联合主办、广州开发区高技能人才公共实训管理服务中心承办的广州市首届产业人员职业技能竞赛在广州开发区高技能人才公共实训鉴定基地举行，共有来自全市 85 家企事业单位共 182 名选手报名参加竞赛。

12 月 9 日 “廉洁广州 2014 年度人物”颁奖暨首场先进事迹报告会在市委礼堂举行，会前，市委书记任学锋、市长陈建华会见 10 位“廉洁广州”2014 年度人物。

12 月 15 日 《关于支持广州南沙新区深化粤港澳台金融合作和探索金融改革创新的意见》正式发布。这是继 2012 年《广东省建设珠三角金融改革创新综合试验区总体方案》后，广东省第二个、广州市首个经国务院批准实施的金融专项政策，也是南沙新区继《广州南沙新区发展规划》后又一个经国务院批准实施的专项政策。

12 月 16 日 全国首个不设行政级别的法院——广州知识产权法院在萝岗法院现址揭牌成立。广州知识产权法院在未来 3 年内，在广东省内跨区域管辖（除深圳市外）诸多类型的一审案件，对于广州市各基层人民法院作出的一审著作权、商标等知识产权民事和行政裁判的上诉案件，也拥有二审管辖权。

12 月 27 日 全国人大常委会公布中国（广东）自由贸易试验区 116.2 平方公里，其中广州南沙新区片区 60 平方公里，包括海港区块 15 平方公里，明珠湾起步区区块 9 平方公里，南沙枢纽区块 10 平方公里，庆盛枢纽区块 8 平方公里，南沙湾区块 5 平方公里，蕉门河中心区区块 3 平方公里，万顷沙保税港加工制造业区块 10 平方公里。

12 月 30 日 广州市推进政府职能转变和机构改革工作电视电话会议召开，对全市政府职能转变和机构改革工作进行部署，标志着市政府职能转变和机构改革正式启动。市政府工作部门由 41 个缩减至 39 个。广州市新组建全国首个城市更新局，将市“三旧”改造工作办公室的职责，市有关部门统筹城乡人居环境改善的职责整合划入市城市更新局。

2014 年 广州市全年实现地区生产总值 16706.87 亿元，比上年增长 8.6%，增速高于全国（7.4%）和广东省（7.8%），其中三次产业分别完成增加值 237.52 亿元、5606.41 亿元和 10862.94 亿元，分别增长 1.8%、7.4% 和 9.4%。

2015 年

1 月 1 日　市政府印发《广州市社会组织管理办法》，以立法形式确认广州市社会组织直接登记改革成果，是全国地级以上城市第一部以政府规章形式制定社会组织登记管理方面的综合性法律法规。

1 月 4 日至 6 日　国务院总理李克强在省委书记胡春华、省长朱小丹陪同下，在深圳、广州考察。调研期间，李克强在广州白云区实地了解外来务工人员生活情况，察看危房改造项目，考察广东自贸区南沙片区以及广东电力设计研究院，并出席在广州召开的外向型企业负责人座谈会，了解外贸企业生产经营情况。

1 月 14 日　李坑二厂城市固废物环境教育项目荣获 2014 年中国人居环境范例奖，这是全国 54 个获奖项目中唯一一个关于城市固废物环境教育的获奖项目。李坑二厂不仅通过采用国际领先的垃圾焚烧技术，最大限度减少对周边环境污染，还积极搭建环境教育基地，通过跟城市居民零距离沟通、现场实地体验垃圾处理无害化技术流程，宣传垃圾处理新型环保理念，从而减少反对兴建垃圾处理项目的市民阻力，达到化解“垃圾围城”危机、打造生态文明城市的目标。

1 月 29 日　广州增城金融战略合作签约仪式暨广州南粤基金管理有限公司揭牌仪式举行，宣布广州南粤基金管理有限公司正式揭牌运作。广州南粤基金管理有限公司与 20 家金融机构和合作单位签订战略合作协议，签约资金规模达 630 亿元。同时与广州产业投资基金管理有限公司共同成立产业投融资平台。

1 月 30 日至 31 日　市委召开十届六次全会，会议总结 2014 年工作，部署 2015 年工作，市委书记任学锋代表市委常委作工作报告，市委副书记、市长陈建华作经济工作专题讲话。会议审议通过《中共广州市委贯彻落实〈中共中央关于全面推进依法治国若干重大问题的决定〉的意见》，并提出要对接“一带一路”、自贸区等国家发展战略，以建设国际航运中心和物流中心、贸易中心、现代金融服务体系为目标，巩固和提升国家中心城市地位。

2月1日至4日　市政协十二届四次会议在广州白云国际会议中心召开。会议审议通过政协第十二届广州市委员会常务委员会工作报告、关于十二届三次会议以来提案工作情况的报告、关于十二届四次会议提案审查情况的报告和会议决议，表彰政协第十二届广州市委员会第三次会议以来的优秀提案和表扬提案。

2月2日至6日　广州市召开十四届人大五次会议，表决通过关于《广州市人民政府工作报告》《广州市2014年国民经济和社会发展计划执行情况与2015年国民经济和社会发展计划》《广州市2014年预算执行情况和2015年预算》《广州市第十四届人民代表大会部分专门委员会组成人员人选名单》等决议。市人大在全国省会城市中首次增设市人大预算委员会。

2月10日　广州从化农村土地承包经营权确权登记颁证工作动员人会在流溪影剧院召开。2014年，从化被广东省农业厅列为农村土地承包经营权确权登记颁证工作试点区（县）。此次开展的农村土地承包经营权确权登记颁证工作，是在农村集体土地所有权登记发证的基础上，进一步完善农村土地承包经营权确权登记颁证工作，查清承包土地实际面积、四至界限和空间位置，强化对农村土地承包经营权的物权保护。

2月13日　潘翠玲党代表工作室和广州党代表学习交流园地在广州市友生园林有限公司揭牌。这是广州地区首个农民党代表个人工作室。

2月28日　交通银行广东省分行广州大道支行荣获中央文明委授予的第四届全国文明单位称号。该支行为广东省获此殊荣的6家金融单位之一，同时为广州市唯一一家获此殊荣的金融单位。

2月　国家工商总局公布新一批驰名商标名单，广州市共有“广药集团”“大参林”等16件商标被认定为中国驰名商标。至年底，全市拥有注册商标约32万件，其中，驰名商标112件，广东省著名商标483件，广州市著名商标829件。商标注册数量居全国副省级城市和计划单列市首位，驰名商标首次突破百件大关，形成具有地区特色、以驰（著）名商标为核心的地方知名品牌群。

3月4日 市委书记任学锋调研空港经济区，实地考察白云机场综合保税区、新科宇航广州飞机维修基地、白云机场第二航站楼建设现场和中远空运、威时沛运保税仓、富力物流、白云物流公司，主持召开座谈会，提出做实空港经济区，加快建设国际航空枢纽的战略部署。

3月25日至26日 由市委、市政府主办，市招商办、市商务委承办的“新常态 新机遇”2015年中国广州国际投资年会系列活动在广州白云国际会议中心举办。年会共收集重大项目140个，总投资额2395.1亿元人民币，涉及高端制造、信息科技、商业零售、金融服务、医疗健康及总部经济等产业。其中外资项目41个，投资总额510.1亿元人民币；国企项目35个，投资总额1184.2亿元人民币；民企项目64个，投资总额700.8亿元人民币。同时，年会向国内外投资者重点推介21个招商项目，总投资额超过1100亿元。

3月27日 广州互联网金融协会正式成立，对广州互联网金融行业自律、创新、健康发展将起到积极作用。协会成员非常广泛，除P2P（对等计算机网络）平台、众筹平台、第三方支付、互联网小贷公司等基础会员，还有银行、证券、保险、广州股交中心、广州仲裁委、行业门户网站和评级机构、上市顾问以及专家教授等，囊括了金融及其关联业态。

3月31日 广州民营科技园召开企业座谈会，并发布2014年发展成绩单。百亿元以上产值企业有1家，10亿元以上有4家，亿元以上有47家。89家工业企业中，83%（73家）的企业盈利，17%（16家）的企业亏损。

3月 广州交投集团利用机场高速公路收费收益权为基础资产开展资产证券化融资方案正式获市国有资产管理工作联席会议审议通过。这是广州市属国有企业首例利用资产证券化业务拓宽融资渠道、盘活存量资产、提高资产流动性、改善资产负债管理的融资模式创新。此次融资产品拟分两期发行，第一期发行规模不低于46亿元，总发行规模不低于70亿元。

4月13日 坐落于广州科学城创新基地的广州开发区反腐倡廉教育基地正式启用，建筑面积2530平方米，其中反腐倡廉教育展示区面积1960平方米。该馆在设计上注重说理性和互动性，采用现代化的声光电技术，合理运用本区和全国的素材，通过丰富的展陈手段，让参观者受到教育、培训、感染和启迪。

4 月 16 日 广药集团宣布成立王老吉校园足球俱乐部，这是国内首个以企业出资建立的校园足球俱乐部。该俱乐部将成立校园足球发展基金，全方位支持中国青少年足球事业的发展，首批在全国 100 个学校内援建 100 个足球场。

4 月 21 日 广州市首个行政村社会工作服务站在增城区中新镇山美村成立。其服务内容主要有基层政权建设、农村社区建设、弱势群体服务、资源链接工作 4 个模块。

4 月 22 日 天河区青少年法治教育基地揭牌。该基地的成立是推动青少年法治教育阵地化、规范化的具体措施，也是司法行政、文化、教育等部门协调联动开展普法的实践成果，将进一步丰富青少年法治教育形式，提高普法实效，促进青少年健康成长。

4 月 24 日 民政部在天津召开的美丽社区建设经验交流暨社区治理工作推进会上，广州市越秀区和荔湾区 2 个区获得“全国和谐社区建设示范城区”称号，越秀区北京街道、荔湾区金花街道、海珠区沙园街道 3 个街道获得“全国和谐社区建设示范街道”称号，越秀区北京街道盐运西社区、荔湾区逢源街道耀华社区、海珠区沙园街道广重社区等 14 个社区获得“全国和谐社区建设示范社区”称号，该奖项是和谐城（社）区建设领域的最高荣誉。

4 月 30 日 《广州大典》编纂工作完成，历经 10 年编纂正式完成出版首发。《广州大典》汇集历史文献 4064 种，分经、史、子、集、丛五部，编成 520 册，是广州史上继学海堂和广雅书局刻书之后的第三次大型古籍整理，也是迄今为止最全面的广州历史文化史料著作集成。市长陈建华、国家文化部原副部长周和平出席出版座谈会。广州大典研究中心成立揭牌，广州大典网络服务平台上线开通。

5 月 1 日 《广州市公共图书馆条例》施行，该条例在国内首次以地方性法规形式设立市、区（县级市）、镇（街）和社区（行政村）四级图书馆总分馆服务体系，建立全市公共图书馆通借通还制度，为广州市“图书馆之城”建设提供制度保障。

5 月 11 日 《珠江两岸三带工作方案总纲》经市政府审议通过。《珠江两岸三带工作方案总纲》通过深入调研珠江沿线现状，提出构建泛珠三角对接“一带一路”的核心纽带、国际竞合中的创新发展驱动引擎和全民共享的岭南幸福家园等“三个愿景”和“六大策略”，从产业布局、城市更新、基础设施等方面，带动城市功能布局优化和城市环境品质提升。

5月13日 全国首批跨国入境调运人民币现钞在机场海关顺利通关。中国工商银行股份有限公司广东省分行营业部从新加坡经白云机场调运人民币现钞入境一批，毛重93.1公斤（1公斤=1千克），面值800万元人民币。此次跨国境调运人民币现钞入境，标志着人民币现钞跨国调运业务从以往的单向流动拓展升级为双向流动。

5月15日 广州市跨境电商交流服务中心成立揭牌仪式暨跨境电商行业峰会在海珠区举行，这是广东首家官方跨境电商交流服务中心。至年底，广州跨境电商企业已达777家，其中电商企业630家、物流企业112家、支付企业35家；建成及在建11个投资额5000万元以上的跨境电商园区。

5月16日 由中船黄埔文冲船舶有限公司承建的全球首制R-550D型自升式钻井平台在南沙出坞。该平台于2013年12月20日开工建造，其中关键的主船体、升降装置、钻井装置、控制装置等均在国内生产制造，国产化率达到80%以上，造价仅相当于国外同类规格平台的70%—80%。

5月22日至23日 第一届中国创新科技成果交流会在广州举行，26位院士与1000多名全国科技工作者参加活动，共有675个参展单位1100个创新科技成果项目参展。中央政治局委员、国家副主席李源潮亲临展会调研，充分肯定科交会的工作。科交会期间共促成26项创新科技成果项目转化落地并签订协议，涉及金额达45亿元，另有100多个项目在会上和会下达成对接合作意向。

5月23日 由广州市未成年人保护委员会、团市委联合主办的“2015广州市未成年人保护宣传周系列活动”普法专项行动启动仪式在白云区五号停机坪星期八小镇举行。同时，广州市首个青少年普法教育基地创建单位在星期八小镇挂牌。

5月26日 广州市召开重点商场质量首负责任制试点工作会议。会上，友谊商店、广州百货、麦德龙和苏宁集团4家企业作为重点商场首负责任制试点单位签订质量首负责任制承诺书，20家供应商代表各自向4家试点企业分别签订质量承诺书，率先在全国开展质量首负责任制工作。

△**是日** 广州市召开推进行政审批“集成服务”改革工作部署会议，正式启动广州市行政审批“条块结合、四级联动、以区为主、重心下移、集成服务”改革。5月上旬，市委办公厅、市政府办公厅联合印发《广州市推进行政审批“条块结合、四级联动、以区为主、重心下移、集成服务”改革实施方案》，打造具有广州特色的行政审批服务品牌，将行政审批制度改革工作进一步推向深入。

5月29日 广州市增城区委、区人大、区政府、区政协、区纪委、区国防动员委员会挂牌仪式举行，增城1616平方公里的土地纳入广州城区范围，将为广州城市拓展、产业转移提供广阔的空间。市长陈建华，市委常委、常务副市长陈如桂，市委常委、增城区委书记欧阳卫民等与增城区五套班子成员出席挂牌仪式。

6月5日 国内第一个通过产权交易所平台挂牌选定市场开发和赛事运行服务合作方的2015—2017年广州马拉松赛市场开发和赛事运行服务合作方签约新闻发布会在广州举行。此次挂牌交易的成功，标志着广州马拉松赛不仅成为国内第一个通过产权交易所平台挂牌选定市场开发和赛事运行服务合作方的城市马拉松赛事，而且也是华南地区首例通过产权交易平台成功运作的大型体育赛事。

6月12日 省发改委以《同意有关地区开展企业投资项目清单管理试点的函》批复广州空港经济区成为广东省企业投资项目清单管理工作试点区域，为全省4个试点区域之一。

6月15日 国内首家城中村社区大学——三元里社区大学，在三元里村举行揭牌仪式和开学典礼。三元里社区大学为全国首家植根于城中村的社区大学，是广州市城乡基层社会协同治理特色平台创建试点，由街道、村、社会组织三方联手办学，以发挥各方优势，实现资源的最佳整合，主要为外来务工人员和本村居民提供流动儿童早教培训、外来工社区融入培训、青年创业培训等服务。

6月17日 海珠社会组织诚信联盟启动仪式在琶洲国际会展中心举行，标志着广州首个社会组织诚信联合自组织正式成立。启动仪式上，12家发起单位和首批加入的50多家社会组织宣读海珠社会组织诚信宣言，郑重承诺将信守职业道德、诚信服务，接受各界监督、阳光透明。

6月30日 市政府举行广州国际贸易“单一窗口”上线试运行仪式，首期上线业务包括进出口货物申报、进出境运输工具申报、跨境电商和信息查询4项业务，涵盖海关、国检、海事、边检、港务等多个部门，共有12家企业参与试点。在试点成熟的基础上，逐步扩展建设“单一窗口”的加工贸易、进出口许可、支付结算、企业性质、国际会展、物流监控、物流商务等项目内容。同时，探索建设“单一窗口”长效运行保障机制。

7月1日 广州市振兴粤剧领导小组会议在市政协召开，研究粤剧红船等10项振兴粤剧重点工作以及12个文化基础设施项目建设工作。市长陈建华出席会议并讲话。他指出，粤剧是广府文化的核心内容之一，是具有岭南特色的非物质文化遗产，市各有关部门要齐心协力，抓好振兴粤剧各项工作的落实。要重视粤剧研究，按计划推进广州粤剧院、粤剧博物馆等项目建设，大力培养粤剧人才，加大粤剧的宣传推广，继续开展粤剧进校园、进社区等公益演出活动。

7月2日 广州城市矿产协会在江湾大酒店举行揭牌活动。这是全国首个正式挂牌运作的城市矿产协会，旨在鼓励社会企业全方位参与城市废弃物的回收与利用，建设一个循环的、健康的、可持续发展的绿色广州。

7月5日 广州市外来工篮球协会在白云区嘉禾街新时代展贸中心成立，该协会是国内首个在民政部门登记注册的外来工体育社团。2007年前，广州市第一支外来工篮球队成立，其中有超市职工、药品销售员、冰箱厂工人，也有室内设计师、国企工程师、法官，成立首年就参加广州市运会，并连续多年受邀参加广州市男子篮球联赛，创队发展历史被列为珍贵收藏品收入中国（广州）农民工博物馆。

7月8日 广州市在全国率先实施政府购买查验服务，试点区域为广州南沙新区（包括广东自贸区南沙片区）、广州空港经济区。该项改革主要是落实《国务院关于改进口岸工作支持外贸发展的若干意见》中“对查验没有问题的免除企业吊装、移位、仓储等费用”的要求，实施后，海关对货物查验没有问题的，将免除企业吊装、移位、仓储等费用，此类费用由政府负担，对企业减负增效、促进通关贸易便利化具有重要意义。

7月14日 市政府批复同意北环高速公路广氮收费站、道路历史用地项目供地方案，是广州市依据现行政策法规，结合历史实际情况，完善高速公路历史用地手续的一次重大实践，为高速公路历史用地确权起到示范作用，是盘活存量土地资源、集约节约利用土地的新途径。

7月16日 市委常委会议通过《广州市建设市场化法治化国际化营商环境三年行动方案（2015—2017年）》。着力营造透明高效的政务环境、竞争有序的市场环境、公平正义的法治环境、良好的创新环境，打造市场化法治化国际化营商环境高地，增强广州核心竞争力和国际影响力。

7月17日 《人民日报》第2版刊发专题报道《广州外贸逆水行舟速不减》，关注广州上半年外贸在全国“一枝独秀”的成绩，介绍广州外贸稳增长、调结构经验。上半年，广州外贸进出口同比增长8.8%，同期全国进出口下降6.9%。

7月19日至20日 广州市邀请38家中央、省、市重点新闻媒体、重点新闻网站、主要商业网站及其“两微一端”和10家国内知名新闻客户端、自媒体公号，以及10名科技和经济方面的权威专家及行业专家评论员代表共110人组成百人采风团，对广州创新创业情况进行集中采访报道。

7月20日 由市政务管理办公室制订的《广州市“五个一”社会治理政府公共服务平台建设工作方案》经市委、市政府审定同意后正式印发。该方案的实施，将进一步整合全市现有政府服务资源，建设全市“五个一”平台，在全市实施“一卡通行、一号接通、一格管理、一网办事、一窗服务”“五位一体”的新型社会治理政府公共服务模式，实现全市政府服务管理工作的资源整合、流程再造、数据共享、业务联动。

7月21日 国家发改委办公厅、国家体育总局办公厅正式批准广州市为国家体育产业联系点城市，今后，广州市将通过开展体育产业联系点工作，进一步做好产业承接，打造一批效益显著的特色产业、优势项目和赛事品牌。

7月22日至23日 由市国土规划委承办的第十届城市发展与规划大会在广州白云国际会议中心召开，来自城市规划、交通运输、生态城市、风景园林与环境保护等领域的设计机构、开发建设运营企业、高校及研究机构代表近2000名代表与会，规模为历届之最。大会以“生态智慧·一带一路·绿色发展”为主题，主要活动包括开幕式、主论坛和26个专业论坛，系统展现具有广州特色的公众参与城市治理新模式，对珠江景观、创新、经济带、南沙未来发展建言献策。

7月25日至8月16日 广东省第十四届运动会在湛江市举行。本届省运会分竞技体育组和学校体育组两大组别比赛，广州体育代表团共派出1212名运动员参加除帆船以外27个大项的角逐，最终以总分7156.62分，金牌123枚、奖牌327枚的优异成绩，位居本届省运会竞技体育组团体总分、金牌、奖牌数第一位。

7月27日 市政府十四届第一百七十三次常务会议审议通过《关于加强法治政府建设的若干意见》，该意见在提高政务服务能力、提高制度建设质量、健全行政决策机制、严格规范行政执法、强化政府信息公开、完善依法行政监督与保障措施等方面，为推进依法行政、加快法治政府建设提出多项切实可行的意见。

△是日 广州市第一、第二、第三巴士公司以及电车公司联袂推出如约巴士，这是全市首次通过微信号“广州定制公交”推出由政府平台开发的定制公交，运营初期共开通7条线路。

7月29日 国内首个促进新加坡企业在华投资一站式服务平台暨中新广州知识城新加坡中心成立，通过为新加坡企业机构提供高效、集中的“一站式”“全流程”投资创业服务和资金扶持，协助提供生活居住优质便利化服务。

△是日 国务院同意在广州市等9个城市开展国内贸易流通体制改革发展综合试点。试点工作将以市场化改革为方向、以建设法治化营商环境为主线、以新的流通创新为引领，坚持问题导向，着重从体制改革、制度创新入手，围绕探索建立创新驱动的流通发展机制、探索建设法治化营商环境、探索建立流通基础设施发展模式、探索健全统一高效的流通管理体制4个方面进行改革创新，力争用一年左右的时间形成一批可复制推广的改革成果。

8月1日 广州中小微企业金融服务区开园。作为广州第五大金融服务区，园区进驻企业达305家，已营业210家，其中金融机构34家，金融配套服务机构18家。园区旨在解决中小微企业的融资难、融资贵难题，为其提供一站式的金融综合服务。

△是日 《广州市退休人员社会服务管理规定》正式施行，广州成为国内第一个以地方政府规章颁布退管服务的城市。该规定将适用范围从企业退休人员扩大到广州市行政区域内各类单位退休人员，对职责分工、资金筹集、移交程序以及跨区转移关系、探访慰问、养老服务、文体活动、维权投诉规范、法律责任等社会服务管理有关内容作出明确规定，有效地保护广大退休人员的合法权益，为

广州退管事业的大发展奠定制度保障基础。

8月6日 国家交通运输部印发《关于公布第一批综合运输示范城市的通知》，广州成功入选全国第一批综合运输示范城市。广州将依托国家的“一带一路”建设战略布局，紧靠“三中心一体系”发展战略，围绕17个重点任务和建设项目的实施，努力推动综合客运枢纽、物流集疏运中心、运输服务共享、综合运输组织模式、综合运输服务工作机制、综合运输服务标准建设，将广州打造成国家三大国际性综合交通枢纽之一。

△**是日** 市政府公布《中国（广东）自由贸易试验区广州南沙新区片区建设实施方案》，明确南沙片区的战略定位、总体目标、功能布局，提出自贸试验区建设5大核心任务9个方面共95项创新工作。南沙新区片区发起设立海上丝绸之路港口开发建设基金，建立沿线国家城市港口联盟。

8月19日 《广州市人民政府办公厅关于进一步加快民航业发展的实施意见》印发实施，提出广州要加快发展通用航空，建立以广州为枢纽的省内直升机运营网络。20日，《关于调整完善广州空港经济区管理体制的方案》印发实施。方案提出，要进一步明确空港经济区的功能定位、职责任务，通过简政放权，加强机构建设，激发空港经济区的发展动力，形成自主、快速发展新格局。

8月31日 市政府十四届第一百七十八次常务会议审议通过《广州市足球协会改革方案（试行）》。这是继《中国足球改革发展总体方案》《中国足球协会调整改革方案》出台后第一个地方足球协会改革方案，改制后广州市足球运动管理中心撤销，广州市足球协会与广州市体育局脱钩，将按照政社分开、权责明确、依法自治的原则，建立科学化、社会化和专业化足球管理体制和运行机制。

9月1日 广州市新黄埔区正式挂牌成立，黄埔区委、区人大、区政府、区政协、区纪委的新牌同时揭开，市长陈建华出席挂牌仪式。2014年，新黄埔区的经济总量已达2751.87亿元，仅次于天河，位居广州市第二。人均地区生产总值超过5万美元，高居全市第一。新黄埔区成立，将加速广州攻坚国家自主创新示范区的步伐。

△**是日** 《广州市生活垃圾分类管理规定》正式公布施行。2015年，广州市第三、四、五、六、七资源热力电厂已开工建设，兴丰垃圾填埋场七区及配套工

程、餐厨废弃物循环处理试点项目、李坑垃圾综合处理厂项目等有序推进。当年，市第一资源热力电厂二分厂城市固废物环境教育项目荣获住房城乡建设部“2014年中国人居环境范例奖”。广州市垃圾分类处理项目在联合国开发计划署及新华社《瞭望东方周刊》主办的“2015中国城市可持续发展国际论坛”上，荣获“2015中国城市可持续发展范例奖”。

9月11日 市政府印发实施《建设广州国际航运中心三年行动计划（2015—2017年）》，广州将建设智慧型国际航运物流枢纽和“互联网＋航运＋金融”新业态发展作为建设广州国际航运中心的两大战略支点，发挥“海港”和“空港”枢纽双引擎叠加优势，举全市之力建设国际航运中心。同时，建设广州国际航运中心领导小组成立。

9月18日 中国广州花都（皮革皮具）知识产权快速维权中心获国家知识产权局批准设立，这是全国首家皮革皮具知识产权快速维权中心，将有效缓解制约皮具产业创新发展的专利授权周期长、维护权益难和知识产权服务能力弱等问题，专利授权最快只需一周。

9月22日 广州海关为广州首架以保税融资租赁方式进口飞机办理快速通关手续。飞机于当日抵达广州白云机场，广州白云机场海关为其办理进入机场综保区通关手续，并顺利办理转关出区至海口海关相关手续。该架飞机的落地标志着广州已具备飞机租赁业务的配套政策环境，实现广州飞机租赁业务的零突破。

9月25日 广州市各直属机关完成封存现有公务用车，只保留20%一般公务车，这意味着广州公务用车改革取得阶段性成果，此次纳入改革范围的公车有6000多辆。

9月 中共中央办公厅、国务院办公厅印发《关于在部分区域系统推进全面创新改革试验的总体方案》，其中广东被列入省级行政区之中，着眼于深化粤港澳创新合作。

10月12日至16日 广州交通投资集团首次开展国内市场资产证券化路演推介工作，先后在广州、深圳、上海、北京4地向20多家金融机构进行面对面推介，40多家涵盖银行、保险、证券、基金、信托公司等实力雄厚的大型金融机构参与认购，认购资金一度高达266亿元，认购倍数超10倍。此次融资开创多渠道融资模式积累宝贵的经验，为市属国企开展资产证券化工作提供有益的借鉴。

10 月 19 日 广州市天河区正式落地实施《关于促进科技园区、孵化器、众创空间企业注册登记便利化的指导意见》，在全市率先为天河科技园、孵化器、众创空间内企业提供“卡位注册、集群注册、一址多照”等便利化服务。这是广州市首个科技园区、孵化器、众创空间扶持政策，亦是首次在省内推行“集群注册”。

10 月 27 日 广州市第一家农民专业合作社工会在从化区鳌头镇白兔村成立。同时，现场举行农业企业、农民专业合作社农民工集中入会暨白玉花生种植专业合作社工会揭牌仪式，900 多名社员获发中华全国总工会会员证。

10 月 28 日至 31 日 由市政府承办的“2015 广东 21 世纪海上丝绸之路国际博览会——港口城市发展合作高端论坛”在广州白云国际会议中心举行，中央政治局委员、省委书记胡春华，中国国际贸易促进委员会会长姜增伟，省长朱小丹等出席大会，市委书记任学锋主持大会，市长陈建华在市长对话环节作演讲。此次活动参加的境外嘉宾达到 350 多人，有效地宣传广州的国际营商环境。

11 月 2 日至 6 日 首期国际城市创新领导力研讨班在广州举行，共有来自 12 个国家 14 个城市的 22 名市长、副市长以及地方政府、国际机构官员参加。研讨班以“变迁中的城市与城市创新领导力”为主题，此次举办研讨班是广州市开展地方政府多边外事活动的创新举措。

11 月 4 日 广州民间金融街“金融街在线”上线运营暨互联网金融孵化中心揭牌活动在越秀区果菜西金融社区互联网金融孵化中心举行。线上民间金融街借助“互联网 +”机遇期，依托金融街在线平台，以实体金融街集聚的各类金融机构及配套服务机构为基础，打造准公益性综合网络借贷服务平台，引领园区内小贷公司、担保公司等民间金融机构“上线”发展。

11 月 9 日 市政府常务会议通过《广州市保护非物质文化遗产弘扬岭南文化工作方案》，广州将开通两条非物质文化遗产旅游专线推广非遗：一条位于荔湾区，开辟包含粤剧、广彩广绣、西关打铜工艺、皇上皇腊肠制作技艺等非物质文化遗产项目在内的旅游专线；另一条位于花都区，打造体验式、互动式岭南灰塑非遗旅游景点。

11月16日 市政府十四届第一百八十七次常务会议审议通过《关于向中国广东自由贸易试验区南沙新区片区下放第一批市级管理权限的决定》，坚持“应放尽放”原则，兼顾可操作性和经济合理性，合理分配市、区事权配置，第一批下放58项经济管理方面的市级管理权限。

11月17日 市政府印发《广州市法治政府建设规划（2015—2020年）》，明确广州市法治政府建设工作的总体目标、主要任务和具体措施，法治政府建设作为适应改革发展新常态、提升广州竞争力的重要任务。

11月28日 最高法院批复同意设立广东自由贸易区南沙片区人民法院，管辖广东自由贸易区南沙片区内的案件，与广州市南沙区人民法院实行“一个机构、两块牌子”，这是全国首家以自贸区冠名的法院。

12月2日至3日 市委召开十届七次委员会议，深入学习贯彻党的十八届五中全会和省委十一届五次全会精神，审议通过《中共广州市委关于制定国民经济和社会发展第十三个五年规划的建议》，提出要充分发挥动力源和增长极作用，加快建设国际航运中心、物流中心、贸易中心和现代金融服务体系，重点建设国际航运枢纽、国际航空枢纽和国际科技创新枢纽，优化提升珠江两岸经济带、创新带和景观带，推动国家中心城市建设全面上水平。

12月3日 广州市海珠区南华西街被中国社会工作联合会评为“全国法治社区建设示范街道”，辖内聚龙社区被评为“全国法治社区建设示范社区”，均为广州市获得该称号的唯一一个街道和社区。

12月8日 副省长温国辉专题调研花都区农村分级诊疗和村卫生站免费治病工作。花都区通过实行镇村医疗机构一体化管理，以政府购买服务方式，让全区45万名农民在村卫生站免费看病，为推进分级诊疗制度提供有益借鉴。这是农村分级诊疗的花都样本，也称为“花都模式”。

△是日 市国土规划委编制完成的《都会区生态廊道总体规划与东部生态廊道概念规划》成果正式经市政府审定。首次在都会区范围内构建区域生态廊道—组团隔离带—绿道三级生态廊道体系，并以东部生态廊道为示范区开展生态廊道概念设计及规划建设指引研究。将成果纳入“一张图”管理平台，作为指导规划审批管理工作的刚性依据，并指导广州各区分批开展生态廊道控规调整及东部生

态廊道建设实施。

12月21日 市政府印发《关于加快服务贸易发展的实施意见》。这是广州市出台的第一个促进服务贸易发展的政策文件。该意见明确在与港澳服务贸易自由化中先行先试，创新发展服务贸易10个领域，市财政每年将安排2000万元资金支持服务贸易发展。

12月23日 民盟广州市委在蓓蕾剧院举办纪念中国民主同盟成立七十五周年暨广州民盟地方组织成立七十周年纪念大会，民盟广东省委副主委王学成，市政协副主席陈明德参加会议。会议表彰25个先进集体盟务工作先进集体、130名优秀盟务工作者、248名优秀盟员。

△是日 市政府在白云国际会议中心组织召开《广州市城市环境总体规划（2014—2030年）》专家论证会，邀请环保部、国土资源部、中国社科院等一批国内环境保护相关行业的专家参加。该规划系统分析广州市环境与经济社会发展形势，制定环境与发展总体战略和目标指标、产业环境政策划定生态保护红线，提出生态环境空间管控、资源环境承载调控、环境质量改善、环境风险防范战略。

12月29日 《广州市历史文化名城保护条例》经省第十二届人大常委会第二十二次会议批准，将于2016年上半年施行。条例共7章78条，包括总则、保护名录、保护规划、保护措施、监督检查、法律责任、附则。

12月31日 广明高速公路广州段主线建成通车。广明高速广州段起于番禺区化龙镇接东二环高速，终于佛山市南海区桂城街与广明高速公路佛山段相接，全长约30公里（穗境段28.3公里），按双向六车道高速公路标准建设，设计速度为时速100公里，总投资61.6亿元。广明高速全线包括广州段、佛山段、高明段，串联起珠三角及粤西主要城市，形成一个“90分钟交通圈”。

2015年 广州市全年地区生产总值比上年增长8.4%，突破1.8万亿元，实现“十二五”规划总量目标。一般公共预算收入1349.09亿元，比上年增长9.1%。城市居民消费价格指数（CPI）比上年上涨1.7%，城镇登记失业率2.2%，均控制在预期目标内。

2016年

1月4日 市长陈建华出席在广州大厦召开的广州创新企业座谈会，就如何进一步营造良好的创新创业环境，促进广州创新企业发展，与有关部门负责人和企业代表进行交流。

1月10日 是日为广州公安110报警服务台成立30周年纪念日，广州警方在天河体育中心南广场举行公安工作回顾展暨110报警服务台成立30周年宣传活动。

1月15日 广州举行首次金融人才工作会议。会上评选出218名高层次金融人才，其中金融领军人才1名，金融高级管理人才60名，金融高级专业人才157名。

1月16日至17日 市委十届八次全会召开。会议的主要任务是，全面贯彻党的十八大和十八届三中、四中、五中全会以及中央经济工作会议、中央城市工作会议精神，以邓小平理论、“三个代表”重要思想、科学发展观为指导，深入学习贯彻习近平总书记系列重要讲话精神，按照“五位一体”总体布局和“四个全面”战略布局，落实省委十一届五次、六次全会部署，总结2015年工作，部署2016年工作，进一步动员全市干部群众锐意进取，开拓创新，努力实现“十三五”发展良好开局，推动广州国家中心城市建设全面上水平。市委书记任学锋主持第一次全体会议并代表市委常委会作工作报告。会议表决通过《中国共产党广州市第十届委员会第八次全体会议决议》。

1月18日 陈云英教授特殊教育工作室“强人计划”在市教育局研究院举行

开班仪式。该项计划将培训 100 位特殊教育领域的专业强人，促进广州市特殊教育事业的发展。

1月26日 中央批准：提名陈建华为广州市人大常委会主任候选人，不再担任广州市市长职务；提名温国辉为广州市市长候选人；张桂芳不再担任广州市人大常委会主任职务。省委批准：温国辉任广州市委委员、常委、副书记，免去陈建华的广州市委副书记、常委职务。

1月31日至2月3日 市政协十二届五次会议在珠岛宾馆召开。市政协主席苏志佳代表政协第十二届广州市委员会常务委员会向大会报告工作。来自市各党派团体各族各界的 600 多名市政协委员履行政治协商、民主监督、参政议政职能，积极建言献策。会议通过政协第十二届广州市委员会常务委员会工作报告，通过政协第十二届广州市委员会常务委员会关于十二届四次会议以来提案工作情况的报告，通过政协第十二届广州市委员会第五次会议决议。

2月1日 全国优秀农民工和农民工工作先进集体表彰大会在京召开。广州市优秀农民工代表秦小青、曾金桃、章红艳、戚炳威、冯文虎、阮一洲、张玉飞 7 人荣获“全国优秀农民工”称号，市中级人民法院民事审判庭荣获“农民工工作先进集体”称号。

2月1日至5日 市十四届人大六次会议在广州白云国际会议中心召开，市长陈建华向大会作政府工作报告。大会审议广州市国民经济和社会发展第十三个五年规划纲要草案；审查广州市 2015 年国民经济和社会发展计划执行情况与 2016 年计划草案的报告、广州市 2016 年国民经济和社会发展计划草案；审查广州市 2015 年预算执行情况和 2016 年预算草案的报告、广州市 2016 年预算草案。会议选举陈建华为市第十四届人大常委会主任，选举温国辉为广州市市长。

2月2日 广州首批 50 台双擎混合动力出租车正式投入运营。广州丽新汽车服务有限公司与广汽丰田汽车有限公司举行雷凌双擎出租车交付及发车仪式。这是丽新公司为更好地响应市政府“绿色公交出行”的环保要求，在广州地区率先提供的环保、安全的混合动力出租车服务。

2月4日 是日晚 8 时，珠江红船在海心沙码头首航，粤剧《船说》首演。广州市振兴粤剧事业工作领导小组组长陈建华、副组长苏志佳及媒体记者等 200

余人观看首场演出。《船说》大胆采用互动式表演，观众可以近距离看到演员的一举一动，甚至不少角色演员就在观众当中。此后，粤剧《船说》正式公演并对外售票。

2月5日 国务院原则同意《广州市城市总体规划（2011—2020年）》。在批复文件指出：广州是广东省省会、国家历史文化名城，中国重要的中心城市、国际商贸中心和综合交通枢纽。

2月19日 中国政府网发布《国务院关于广州市城市总体规划的批复》,《广州市城市总体规划（2011—2020年）》获国务院批复。根据该总体规划，广州城市定位由华南中心城市变为国家中心城市，到2020年，广州市域常住人口控制在1800万人以内，市域建设用地控制在1772平方公里以内，其中城镇建设用地控制在1559平方公里以内。

2月23日 省委书记胡春华，省委副书记、省长马兴瑞在广州会见香港特别行政区行政长官梁振英。双方表示将全面提升合作水平，落实《粤港合作框架协议》，深化投资贸易、科技创新、环境保护、教育人文、自贸区建设等领域的互利合作，携手参与“一带一路”建设，不断深化粤港合作。

3月1日至2日 共青团广州市第十五次代表大会举行。大会选举产生共青团广州市第十五届委员会以及新一届领导班子。团市委常委会中首次出现“两新”组织成员。

3月5日 是日为“学雷锋”53周年纪念日，也是第五个广州志愿者行动日。市委宣传部、市文明办、团市委在团一大广场共同启动“人人学雷锋，共创模范城”——2016年广州市学雷锋全民志愿服务行动月活动。180名新注册志愿者庄严宣誓，加入广州志愿者行列。

3月10日 广州市科技创新工作会议召开。广州2015年共有17项科技成果获国家科学技术奖，占全省获奖总数的51.52%；164项科技成果获广东省2015年科学技术奖，占全省获奖总数的69.2%，并囊括省奖的全部突出贡献奖（2人）和特等奖（1项）。

3月16日 市政府印发《广州市国民经济和社会发展第十三个五年规划纲要（2016—2020年）》。本纲要根据《中共广州市委关于制定国民经济和社会发展第十三个五年规划的建议》编制，主要阐明未来 5 年全市发展目标、重点任务和重大举措，明确政府工作重点，引导市场主体行为，是全市人民共同奋斗的行动纲领。

3 月 17 日 市委召开全面深化改革领导小组第九次（扩大）会议。会议传达学习中央和省委全面深化改革有关会议精神，总结 2015 年全面深化改革工作，部署 2016 年工作。会议审议并原则通过《全面深化改革 2016 年工作要点》《关于加强市纪委派驻机构建设的意见》《关于全面落实市纪委向市直机关派驻纪检机构的方案》《广州市加快推进传统媒体和新兴媒体融合发展行动方案》《广州市司法体制改革试点工作组织推进方案》等改革文件。

3 月 22 日 省经信委公布首批 15 家机器人骨干企业，以生产工业机器人为主。广州 5 家上榜，分别是广州数控设备有限公司、广州瑞松科技有限公司、广州井源机电设备有限公司、广州市远能物流自动化设备科技有限公司和广州启帆工业机器人有限公司。

3 月 28 日 经粤港双方政府同意，广东省人民政府印发《实施〈粤港合作框架协议〉2016 年重点工作》。在第七项“重点合作区域”这块，第八十六条对市政府提出如下要求：落实《中国（广东）自由贸易试验区广州南沙新区片区建设实施方案》中关于粤港合作的项目和措施，加快推动南沙新区片区金融服务、航运服务、专业服务、公共服务、电信服务和商贸合作等领域对香港的进一步开放，支持香港业界参与该片区的开发建设，落实区内教育、医疗及税收等配套措施。

3 月 30 日 市交委通报，市交委联合公安、属地等部门加强联合执法，重点整治网络约租车等各类违规营运行为，试点开展电子执法工作。2016 年 3 月，查处网络约租车违规营运案件 32 宗。各网络约租车平台企业已累计清理网络约租车约 14.5 万辆。

3 月 31 日 是日为世界读书日，越秀区图书馆在全市率先推出公共图书馆“互联网 +”创客空间，利用馆藏文献、数字技术、创新工具、互联网形成复合型交流空间，让市民自由交流协作、共同分享创造。盒子空间是越秀区图书馆创客空间的一大特色，在全市首创为创客提供手电钻、扳手、测量仪器、拼装模块、

Arduino 入门实验套件等上百件制作工具和材料。

4月1日 由市委宣传部、市文明办、市交委、市文广新局指导，广州图书馆、广州市电车公司主办的全国首条公交“阅读专线”在广州图书馆首发。阅读专线由106、107两条公交线路的5台电车组成。市民可以体验能读、能听、能玩的移动图书馆。

4月8日 市青年就业创业服务中心、市穗台经济文化交流中心、海峡两岸（汇龙）信息产业科技园等联合主办的汇龙青年就业创业孵化基地揭牌仪式暨穗台青年A轮项目投资推介会在白云区鹤龙街海峡两岸（汇龙）信息产业科技园举行。

4月11日 广州市召开供给侧结构性改革工作会议。贯彻落实中央精神和省委、省政府要求，部署全市供给侧结构性改革工作。市委书记任学锋主持会议并讲话。任学锋强调，推进供给侧结构性改革，必须坚持稳中求进，把握方向，明确路径，与实施“十三五”规划相衔接。以企业稳定发展为根本，保护和激发企业家精神，构建“亲”“清”新型政商关系，增强企业发展活力。

△是日 市交委、市交警支队联合对滴滴、优步、神州、易到、星星、AA等网约车平台企业开展集中约谈。要求各平台企业“不得以排挤竞争对手为目的，以低于成本的价格提供运营服务，造成不公平竞争”。截至是日晚10时，滴滴、优步、AA网约车app上，在广州市的直接优惠促销活动已全部下架；神州、易到、星星表示今起关闭所有优惠促销活动入口。

4月16日 广州体育学院足球学院挂牌成立，这是《中国足球改革发展总体方案》颁布实施以后成立的广东首家足球学院，也是全国首个足球学院。足球学院下设足球专业一个大专业，实行本科招生，学制为4年，2016年9月将通过普通高考体育类招生和国家体育总局运动训练专业招生100—150人。

4月19日 广州市召开“两学一做”学习教育工作会议。按照中央、省委的部署要求，对广州市开展“两学一做”学习教育进行安排部署。会上传达学习习近平总书记关于“两学一做”学习教育重要指示精神和中央、省有关会议精神。

△是日 由国务院新闻办公室主办的“外国人看中国——创新中国”代表团到穗考察。来自欧盟驻华代表团、西班牙、埃及、匈牙利、韩国等14个国家

和国际组织 20 余位驻华大使、外交官、负责人和外籍专家重点参观广州创新企业——广电运通公司。

4 月 22 日 市政府与思科系统国际有限公司合作框架协议在穗签署，思科中国创新中心总部落户广州。思科中国创新中心总部项目拟建于广州国际创新城启动区的核心区，毗邻广州大学城。该项目将专注于 IoE（万物互联）/IoT（物联网）业务的创新业务，发挥思科在网络技术领域的资源优势，和合作伙伴一起成立创新应用研发中心，搭建万物互联云平台，并联合其国内及全球合作伙伴加速转型和创新，建设高标准智慧产业体系，致力于打造年产值规模超 1000 亿元人民币的世界一流的园区——思科（广州）智慧城项目。

4 月 23 日 由全国报纸自办发行协会主办、广州日报报业集团承办的全国报纸自办发行协会第七届会员代表大会在广州召开。来自全国各地的近 200 名会员单位代表围绕“创新转型，融合发展”主题，共商报纸自办发行的改革与创新大计。

4 月 29 日 广州市召开民营经济工作座谈会，听取民营企业家对发展民营经济的意见建议，研究部署推动广州民营经济发展上水平。会议指出，当前广州正聚焦建设国际航运、航空、科技创新三大战略枢纽，厚植传统优势，增创新的优势，广州发展的黄金期、窗口期、机遇期已经到来，广大民营企业要认真研究广州的发展机遇和政策，增强信心，乘势而上，激发企业家创业家精神，提升企业管理素质，执着创新发展，增强内生动力。

5 月 3 日 “我是广州青年，聚力广州发展”——广州青少年纪念五四运动 97 周年暨“互联网与广州青年发展”座谈会在广州广播电视台录制。4 日，“我是广州青年，聚力广州发展”——广州青少年纪念五四运动 97 周年暨 2016 年团员入团宣誓仪式在团　大广场举行。

5 月 7 日 国内首个低空无人机大赛，广州首届低空无人机大赛在中山大学大学城校区举行。此次大赛分为专业级无人机竞赛、消费类无人机竞赛和航模表演赛。而且，比赛还针对农用无人机专门开设比赛项目：农用植保无人机精准飞行测试——“保驾护航”。是日，由 13 家高校、企业发起的广州无人机产学研技术创新联盟正式成立。

5月13日 省人大常委会副主任张广宁率省人大常委会第一宣讲组到广州市，对落实省委《中共广东省委关于加强新形势下人大工作的决定》（简称《决定》）精神进行宣讲。张广宁指出，落实省委《决定》精神，要以习近平总书记关于人大工作的系列重要讲话精神为根本指导和基本遵循；要采取有力措施，确保《决定》精神真正落到实处。

5月15日 主题为"关爱孤残儿童，让爱洒满人间"的广州市第二十六次全国助残日活动在全国首个爱心公园——广州爱心公园（天河公园）举行。

5月15日至17日 广州市外经贸团在新西兰奥克兰市参加"广州—奥克兰—洛杉矶三城联盟"峰会开幕式、企业对接交流及系列大会论坛及分论坛活动。其间，新西兰创大和新西兰中国创新中心揭牌，市科创委与新西兰中国创新中心签订合作备忘录，共建"广州—新西兰创新创业合作直通车"。

5月21日至23日 中共中央政治局常委、中央书记处书记刘云山深入农村、社区、企业和学校，就基层党建工作和"两学一做"学习教育到广东调研。其间，到广州市国光电器股份有限公司调研。

5月23日 广州市召开司法体制改革试点工作动员会。市委副书记、政法委书记陈如桂强调，要充分认识推进司法体制改革试点工作的重大意义，大胆探索创新具有广州特色的具体改革举措，形成司法体制改革工作的"广州经验"。突出并尊重法官、检察官主体地位，真正让法官、检察官及其组建的办案团队依法独立履职。以推进员额制改革为抓手，严格入额遴选工作，确保业务水平高、司法经验丰富、能独立办案的优秀人才进入员额。加强组织领导，确保广州市司法体制改革取得实效。

5月26日 市政府、中国工程院合作委员会成立大会及院士专家咨询座谈会在穗举行。随后，主题为"广州建设国际科技创新枢纽"院士专家咨询座谈会在鸣泉居举行。市委书记任学锋、市长温国辉出席上述活动，听取院士代表围绕广州打造国家创新中心城市，建设国际科技创新枢纽的意见和建议。任学锋希望各位院士、专家充分发挥在科技创新和工程创新方面的推动作用，帮助广州提升创新发展能力和科学决策水平。广州市将充分研究吸收院士、专家所提的意见建议，努力把广州工作做得更好。

△是日 “听党话、跟党走，共圆中国梦”——广州市青少年党史国史教育活动启动仪式在越秀区少年宫小云雀剧院举行。启动仪式后，越秀区各级关工组织将围绕党史国史教育这个主题，以灵活多样的活动形式在青少年中开展党史国史教育。

5月31日 市长温国辉就市属国有企业改革创新发展工作到广汽工业集团、广州交投集团、广州地铁集团、广州越秀集团调研，并主持召开会议听取各企业改革创新发展情况汇报，就企业提出的问题和建议进行研究。

5月 国务院办公厅发布《国务院办公厅关于建设大众创业万众创新示范基地的实施意见》，广州高新技术产业开发区科学城园区被列为区域示范基地，正式纳入国家双创战略体系重点区域。

6月1日 少先队广州市第十二次代表大会在蓓蕾剧院举行。大会要求，全市各级少先队组织要深入学习贯彻习近平总书记系列重要讲话精神，深入学习贯彻中央对未成年人思想道德建设和少先队工作的重要要求，全面加强少先队自身建设。

6月5日 是日为世界环境日，市长温国辉发表《2016年“六五”世界环境日致广州全体市民的公开信》，倡议共建生态广州，共享绿色发展。他在公开信中透露，过去的一年，全市空气质量持续改善，2015年达标天数312天，比上年增加30天，PM2.5（细颗粒物）平均浓度下降20.4%。

6月14日 广州市知识产权区域布局试点工作启动会在市政府举行。市长温国辉、国家知识产权局副局长贺化出席会议并讲话。温国辉在启动会上指出，开展知识产权区域布局试点是广州市实施创新驱动发展战略的重要一环。市各级各有关部门要按照方案的分工要求，扎实推进试点工作。要摸清知识产权创造环境和知识产权产出现状的底数，确定产业区域集聚发展方向和资源配置方向。要加强组织领导，形成工作合力，确保试点工作取得实效。

△是日 全市首个“萤火虫服务站”在荔湾区西村街家庭综合服务中心启动。广州市巾帼志愿服务“萤火虫行动”爱心结对帮扶单亲困难家庭活动由市妇联主办，是贯彻落实国家、省、市有关精准脱贫战略部署的重要举措，旨在创新帮扶困难群体工作方式，通过深化巾帼志愿服务，撬动社会资源参与帮扶，引起更多

人对单亲困难母亲家庭的关注与支持。

6月16日 粤港澳高校创新创业联盟在南沙香港科技大学霍英东研究院成立。同时，粤港澳大学生创新创业实习基地广东工业大学分基地揭牌仪式、粤港澳（国际）青年创新工场工业角及“红鸟创”校友俱乐部启动仪式、粤港澳（国际）青年创新工场第三方合作机构入驻仪式举行。

6月18日 首届“一带一路”·新海丝路世界文化交流会暨全球爱国青年领袖论坛发布会在广州番禺宝墨园举办。来自全球30多个国家和地区的华人华侨和国内多家侨资企业的负责人以及社会各界人士共1000多人出席。

6月19日 第七届羊城国际粤剧节闭幕。此届粤剧节8天共举办13场国际粤剧精品展演、51场全球粤剧私伙局大联展以及5场艺术家专场演出，近万名粤剧艺术家和爱好者登台表演，逾20万观众进场观看。同日晚，《红的归来》（广州粤剧院红豆粤剧团新作）在广东演艺中心首演。

6月21日 市人社局与市委组织部联合印发《关于全面深化事业单位人事制度改革的指导意见（2016—2020年）》。该指导意见提出：全面推行聘用合同制，完善竞聘上岗制；探索灵活的事业单位工资制度；鼓励科技人员离岗创业等措施。广州事业单位人事制度改革打出组合拳。

6月30日 广州市庆祝中国共产党成立95周年大会召开。市委书记任学锋出席大会并讲话，副书记温国辉主持会议，常委王世彤宣读《中共广州市委关于表彰优秀共产党员、优秀党务工作者和先进基层党组织的决定》，市领导为受表彰的先进集体和优秀个人代表颁奖。

7月1日 市委、市人大常委会、市政府、市政协机关分别组织收看收听庆祝中国共产党成立95周年大会。市委、市人大常委会、市政府、市政协领导班子成员参加。

7月4日 广州市重大人才项目——“菁英计划”留学项目公派出国留学人员名单正式公示。该计划瞄准广州市经济、社会发展的重点领域，选派优秀青年人才到教育、科技发达国家和地区（不含港澳台地区）公认的一流高校及其相关专业，师从国际学术界有较大影响力的导师攻读博士学位或进行联合培养；通过跟踪管理，培养各领域的拔尖人才。

7 月 20 日　广州港务局和市环保局联合举行绿色港口行动计划启动大会。现场，全球五大国际班轮公司和 10 家港航企业代表共同签署《广州港航绿色公约》。首批共有 83 家港航企业和挂靠广州港的班轮公司，总计 488 艘船舶自愿加入绿色公约行动，积极响应港口节能改造和船舶使用低硫燃油的倡议。

7 月 21 日　广州空港经济区总部经济园招商签约活动在空港经济区举行。包括云南红土航空、翼通商务航空、航湾酒店资产管理分公司、广州新科宇航科技有限公司、春秋航空股份有限公司等在内的 6 家公司签约进驻。预计至 2020 年底，园区可引入 30 家国内外航空总部型或临空关联企业。

7 月 28 日　广汽集团自主创新驱动发展大会在广汽研究院举行。市委常委周亚伟，市国资委、市工信委、市科创委等部门相关领导，中国工程院院士钟志华、郑南宁、瞿金平、毛新平、陈清泉，广汽集团董事长张房有、总经理曾庆洪等集团领导，以及投资企业领导、媒体记者等 500 余人出席大会。大会以“创新驱动・自主腾飞”为主题，旨在践行创新驱动发展战略，引领广汽自主研发、自主品牌事业腾飞。会上，广汽集团展示自主创新事业 10 年来重要的研发成果，并发布广汽自主研发中长期发展规划。

7 月 31 日　城市轨道交通系统安全与运维保障国家工程实验室在广州地铁总公司成立。广州地铁成为全国轨道交通行业中首个牵头建设国家工程实验室的企业。

8 月 4 日至 5 日　市委召开十届九次全会。全会研究部署城市规划建设管理工作，审议《中共广州市委　广州市人民政府关于进一步加强城市规划建设管理工作的实施意见》《关于中国共产党广州市第十一次代表大会的决议》。市委书记任学锋代表市委常委会作工作报告，并在全会结束时作总结讲话。市长温国辉就《中共广州市委　广州市人民政府关于进一步加强城市规划建设管理工作的实施意见》（稿）起草情况作说明。

8 月 10 日　2016 年上半年“广州金融”新闻发布会举行。2016 年上半年广州市直接融资余额超过 1.2 万亿元，同比增长 52%，增速超过上海、北京、深圳，位居全国第一。

8 月 11 日　中澳新自由贸易产业园招商签约活动暨开工动员大会在广州空港

经济区举行。8家企业签署进驻意向协议，中澳新自由贸易产业园将引进更多澳大利亚、新西兰特色企业落地，打造标杆园区。

8月16日 市委宣传部、市社科联、中国国际电视总公司、中央新闻纪录电影制片厂（集团）联合出品，亚太日报社等联合摄制的纪录片《穿越海上丝绸之路》在北京举行新闻发布会。

8月19日 市政府办公厅印发《广州国家自主创新示范区建设实施方案（2016—2020年）》，加快推进广州国家自主创新示范区建设，发挥广州在珠三角自创区的龙头带动作用。

8月21日 里约奥运会闭幕，中国代表团广州籍运动员陈艾森、林跃获跳水男子双人10米跳台金牌，陈艾森获单人10米跳台金牌，刘诗雯获乒乓球女子团体金牌，李丹收获女子蹦床铜牌，冯珊珊获女子高尔夫球铜牌，张富升在男子25米气手枪速射项目中名列第四名，雷声、马剑飞在男子花剑团体项目中获得第五名，华天获得马术男子个人比赛第八名。

8月22日 市委理论学习中心组在市委举办广州学习论坛，邀请亚洲基础设施投资银行行长金立群作《建设"一带一路"战略枢纽城市，提高开放型经济水平》专题报告。市委书记任学锋希望亚投行把广州作为重要的战略合作伙伴，在加强基础设施建设、促进区域互联互通和经济一体化、推动广州企业"走出去"等方面加强合作。

8月26日 广州南沙国际邮轮母港战略合作项目举行动工仪式。该项目包括3宗地块，总占地面积约24万平方米，总建筑面积约90万平方米，拟建设一个10万总吨和一个22.5万总吨的邮轮泊位。

9月1日 市政府办公厅印发《广州市生态文明建设规划纲要（2016—2020年）》。纲要提出，2020年广州PM2.5的浓度要下降到30微克/立方米以下，城市空气质量优良天数占比86%。同时，将在森林城市、绿色城市、生态城市建设方面取得重大进展，基本破解"垃圾围城"等城市生态难题。

△**是日** 省政府官方网站公布《关于广州市服务贸易创新发展试点实施方案的批复》，原则同意《广州市服务贸易创新发展试点实施方案》。批复提出，市政府作为服务贸易创新发展试点工作的责任主体，要切实加强组织领导，健全部

门协作机制，明确责任分工，完善配套政策措施。要坚持深化简政放权、放管结合、优化服务等改革，积极探索适应服务贸易创新发展的体制机制，着力构建法治化、国际化、便利化营商环境，重点在完善服务贸易管理体制、扩大服务业双向开放力度、培育服务贸易市场主体、创新服务贸易发展模式、提升服务贸易便利化水平、优化服务贸易支持政策、健全服务贸易统计体系、创新事中事后监管举措等方面先行先试，深入推进粤港澳服务贸易自由化。

9月2日 “友爱在车厢，羊城‘通’真情”活动拉开帷幕。活动期间，市民只需将在公共交通领域发现的友爱互助行为拍下来并发送到相关微信公众号，就有机会获得“友爱在车厢30周年”主题活动专属限量版羊城通卡。

9月5日 是日为首个“中华慈善日”，市公益慈善联合会、慈善会联手打造的首届广州慈善榜发布。广州捐款数额最高的慈善单位是星河湾集团，捐赠1.13亿元；捐款最踊跃的“慈善达人”刘小钢，个人捐赠412万元。同日，广州市首个“慈善乡村”——增城区增江街大埔围村揭牌。

9月6日 市供给侧结构性改革工作推进会召开。会议指出，要紧紧围绕国际航运、航空、科技创新三大战略枢纽建设，进一步提升产业结构、市场活力、发展质量效益，实现经济平稳健康发展，加快培育形成经济发展新的动力源和增长极。

9月7日 市治水办公布广州51条重点整治河涌开工和完工情况，截至2016年8月31日，列入《广州市水更清建设方案》的51条河涌治理工程已全部开工，开工率为100%，工程总体完成率为66%。其中广佛16条跨界河涌治理工程总体完成率为63.2%。

9月9日 市纪委召开推进派驻机构全覆盖改革大会。新组建的36家派驻机构包括35家市纪委派驻机构和1家市纪委派出机构，其中综合派驻30家、单独派驻5家，实现对市委办公厅、市委组织部、市委宣传部、市委统战部、市人大机关、市府办公厅等115家市一级党和国家机关派驻监督全覆盖。

9月13日 2017年《财富》全球论坛落户广州新闻发布会在广州塔举行。是日中午，市委书记任学锋在花园酒店会见美国时代公司首席内容官兼《财富》杂志主编Alan Murray（穆瑞澜）一行。任学锋表示，广州将与《财富》方保持密切沟通，扎实做好各项筹备工作，确保论坛取得圆满成功。希望以举办论坛为契机，推动双方进一步拓展合作领域、提升合作水平。

△**是日** 由市政府、市科创委倡议发起的大数据商用趋势论坛暨广州大数据产业协同创新联盟成立大会在广州大厦举行，并为广州大数据产业协同创新联盟和大数据产业研究院成立揭牌，为大数据专家颁发聘书，为理事单位颁发牌匾。

9月15日 省长朱小丹在粤港合作联席会议后的新闻发布会上表示，将在南沙最优质的地块中划出一个专门区域，打造成粤港深度合作示范区，这个地方只引进香港企业，并争取尽快实质性启动示范区的建设。

9月19日 市国资委牵头制订的《关于推动市属国有企业加快创新驱动发展的若干意见》印发。按照意见，广州将率先建立国资国企创新投资基金（母基金），指导成立地方国企第一个创新战略联盟，并在人才引进使用、创新资金扶持、创新机制完善等方面进一步加大力度，着力加快新技术、新产业、新模式发展，加快形成以创新为主要引领和支撑的产业体系与发展模式，全面增强国有经济的可持续发展能力。

9月23日 中国青年创业就业基金会与广州市天河区人民政府签订战略合作框架协议书。该项目旨在尝试在街道要打造青年创业社区，从而在促进青年就业的同时推动城市产业创新，试图成为广州创新驱动的有效推动力。全省首个中国青年创业社区落户广州市天河区。

9月26日 市委书记任学锋主持召开市委全面深化改革领导小组第十一次会议。会议审议通过《广州市贯彻党的十八届五中全会、省委十一届五次全会及市委十届七次全会重要改革举措实施规划（2016—2020年）》《关于建设高水平大学的实施意见》和《推进农村普惠金融发展实施方案》，听取文化体制改革专项小组工作情况汇报，研究部署下一阶段全面深化改革工作。

9月27日 国际航运枢纽基础设施建设一号工程——广州港深水航道拓宽工程开工建设启动大会在港口中心举行。广州港出海航道是世界上最繁忙的黄金水道之一，也是广州港、东莞港、深圳西部港区的生命线，总投资27.43亿元，为历史之最。全部拓宽完工后，这条水上“高速公路”将可容纳世界最大邮轮和集装箱船进出港区，届时将吸引更多国际航线，让广州成为重要的国际航运枢纽。

9月28日 广州市2016年第一批户籍家庭公共租赁住房摇号预配租仪式暨首次来穗务工人员公租房摇号配租仪式在市房地产大厦礼堂举行。经过系统摇号，5222户户籍家庭获预配租公租房，138户来穗务工人员获配租公租房。

10月11日 华南现代服务业交易中心揭牌仪式在番禺万达文化活动中心大楼举行。该交易中心将成为广州市现代服务业发展的一个重要载体。通过这个载体，镶嵌广州市先进制造企业，打造更强更长的上下产业链和服务链；引进全球高端服务资源，引导国内服务资源走向世界；同时也为国际、国内创新创业要素提供交流、交易、互联互通的空间，建设全省乃至华南地区产业新高地。

10月12日 团市委主办、市青年就业创业服务中心承办的2016年广州市大众创业万众创新活动周之“青创汇”广州青年创新创业系列活动启动。是日，“勇闯事业”创业社区青年就业创业孵化基地揭牌。

10月12日至15日 世界城市和地方政府联合组织第五届世界大会暨“世界地方和地区政府领导人峰会”在哥伦比亚首都波哥大举行。同期，第三届广州国际城市创新奖进行初评，并公布15个入围城市名单。其间，市长温国辉和波哥大市市长恩里克·潘纳罗萨分别代表两市签署《广州市与波哥大市加强友好交流与合作备忘录》。波哥大成为广州第二十八个国际友好合作交流城市。温国辉先后出席城地组织世界理事会会议、第五届世界大会闭幕大会。在城地组织世界理事会会议上，广州市第四次当选为城地组织联合主席城市，温国辉当选为主席。

10月17日 国务院副总理汪洋考察第120届中国进出口商品交易会（广交会），并主持召开全国外贸工作座谈会。汪洋强调，当前世界经济贸易环境更加严峻复杂，广交会也面临前所未有的机遇和挑战，要深入贯彻落实习近平总书记对广交会的重要指示和李克强总理的批示精神，牢固树立发展新理念，居安思危、奋发图强，创新体制机制、商务模式，更好地支持企业开拓市场、做强品牌，为促进外贸回稳向好和结构优化升级作出更大贡献。

10月27日 第十二届北京国际金融博览会在北京开幕。广州市组织金融代表团，以“广州金融，与你一起创新”为主题参会，重点展示广州现代金融服务体系和区域金融中心建设成果。

10月30日 市委召开全市传达学习贯彻党的十八届六中全会精神大会。市委书记任学锋强调要认真学习领会、坚决贯彻落实中央全会精神和习近平总书记重要讲话精神，衷心拥护、坚决维护习近平总书记的领导核心地位，更加紧密地团结在以习近平同志为核心的党中央周围，更加坚定地维护以习近平同志为核心的党中央的权威，更加自觉地在思想上政治上行动上同以习近平同志为核心的党中央保持高度一致，坚定不移推进全面从严治党，按照中央和省的决策部署扎实做好广州各项工作。

11月14日　市委宣传部、市社科联、中国国际电视总公司、中央新闻纪录电影制片厂（集团）联合出品的8集纪录片《穿越海上丝绸之路》在中央电视台四套播出。22日上午，市委宣传部、市社科联联合召开纪录片《穿越海上丝绸之路》座谈会。

11月15日　在广州创新创业展上，广州市工业转型升级发展基金有限公司举行揭牌仪式。广州基金首席投资官、广州工业基金董事长林耀军与工商银行、民生银行、珠江人寿、平安信托等12家金融机构签订战略合作框架协议，以15亿元政府引导基金撬动了360亿元金融资本，广州工业转型升级发展基金375亿元的母基金战略合作扬帆起航，吹响全面深入助推广州工业转型升级的号角。

11月17日　2016年“互联网+航运创新”大会在穗举行。会上，华南首个航运综合信息平台正式发布。这是一个为整个航运生态圈提供智慧服务的综合信息平台，功能涵盖订舱、船舶交易、船公司运营、风控管理、安全考评与诚信评价等诸多业务。

11月18日　广船国际为瑞典Götland航运公司建造的1600客/2300米车道双燃料豪华客滚船“VISBO”号下水，该船总长199.99米，宽25.2米，船速达28.5节，是目前世界上速度最快、最节能环保的客滚船。

11月23日　市委召开全面深化改革领导小组第十二次会议。学习贯彻党的十八届六中全会和省委十一届八次全会精神，传达学习中央和省委全面深化改革领导小组有关会议精神，审议通过《广州市系统推进全面创新改革试验三年行动计划（2016—2018年）》《关于进一步推进价格机制改革的实施意见》《中共广州市委　广州市人民政府关于加快广州空港经济区开发建设的意见》，听取党的建设制度改革专项小组工作情况汇报，研究部署下一阶段改革工作。

11 月 24 日 市委十届十次全会召开。会议的主要任务是深入学习贯彻党的十八届六中全会和习近平总书记重要讲话精神，以及省委十一届八次全会精神，总结 2016 年广州市主要工作，部署广州全面从严治党工作和 2017 年重点工作，动员全市干部群众，紧密团结在以习近平同志为核心的党中央周围，努力开创广州全面从严治党和各项事业发展新局面。会议表决通过《中国共产党广州市第十届委员会第十次全体会议决议》。

11 月 25 日 市国资国企创新战略联盟暨国资国企创新投资基金在广州国际金融中心正式挂牌。为提升广州市属国企的核心竞争力，充分发挥其实施创新驱动发展和建设国家创新中心城市的引领和表率作用，市政府、市国资委提出打造鼓励国企创新的“三个一”工程，即“出台一个政策，打造一个联盟，落地一个基金”。其中，“出台一个政策”——《关于推动市属国有企业加快创新驱动发展的若干意见》于 9 月 19 日正式出台。此次同时成立广州市国资国企创新战略联盟和创新投资基金，标志着“三个一”工程顺利落地，也标志着“十三五”时期国资国企实施创新驱动发展的大幕全面揭开。

11 月 27 日 由共青团广州市海珠区委主办的“传承 · 专业 · 发展”广州展会志愿服务交流会在琶洲广交会展馆举行。在会上，全国首本展会志愿服务领域的服务指南《广州展会志愿服务指南》正式发布。

12 月 5 日至 8 日 中国人民对外友好协会、世界城市和地方政府联合组织、世界大都市协会、市政府共同举办的第三届广州国际城市创新奖及 2016 广州国际城市创新大会在广州举行，同期举办广州国际创新节。7 日，全体大会在四季酒店举行。广州奖各奖项揭晓：玻利维亚拉巴斯获网络人气城市奖，中国义乌获特别推荐项目奖；韩国松坡区、埃及卡柳比亚、美国波士顿、丹麦哥本哈根和玻利维亚拉巴斯获颁广州国际城市创新奖。是日晚，“创新之城”第三届广州奖颁奖典礼在珠岛宾馆举行。

12 月 6 日 市政府主办的“广州企业对话《财富》世界 500 强”企业对话会在北京举行。来自广州的企业家代表和世界 500 强驻京代表共 250 人，齐聚一堂，共同就“开放的思维，创新的基因”展开对话。

12 月 8 日至 9 日 美国国际数据集团（IDG）主办、IDG 与广州市科创委共同举办的“2016小蛮腰科技大会——全球移动开发者大会暨互联网高层论坛”在广州四季酒店举行。大会基于人工智能、信息科技和移动互联网平台，旨在促进国内外科学技术厂商、专业人士、科研机构和企业用户进行前沿技术交流，就科技产业链进行商业模式探讨、智能终端升级和移动应用推广，为更多业内人士提供探索和寻求人类共同发展、合作共赢的契机。

12月9日 国家发改委印发《加快城市群规划编制工作的通知》，在跨省级行政区城市群方面，2017年拟启动珠三角湾区城市群等规划编制。珠三角湾区城市群规划将把珠三角九市（广州、深圳、珠海、佛山、中山、东莞、肇庆、江门、惠州）和香港、澳门作为整体来考虑，建立和保持合理的协作分工关系。

12月15日至16日 中国城市规划协会主办，中国城市规划协会规划展示专委协办的第三届第二次规划展示年会在福州规划馆召开。会上，广州市城市规划勘测设计研究院负责完成的《广州市“三规合一”“一张图”规划》荣获2015年度全国优秀城乡规划设计奖一等奖第一名。

12月26日至29日 中国共产党广州市第十一次代表大会在市委礼堂召开。大会选出十一届市委委员、候补委员和十一届市纪委委员，通过关于十届市委报告的决议，批准市委书记任学锋代表十届市委所做的《把握历史新机遇，践行新发展理念，推动国家重要中心城市建设全面上水平》的报告。大会认为，报告认真贯彻中央和省委精神，全面总结市第十次党代会以来的工作，深入分析当前发展形势和存在问题，深刻概括市委工作的主要经验，明确提出今后5年工作的指导思想、奋斗目标和主要任务，顺应人民期盼，符合广州实际，鼓舞人心、催人奋进，实事求是、切实可行，是指导全市各项工作的纲领性文件。

12月27日 广州空港经济区首个飞机租赁项目以SPV（特殊目的载体）方式引进飞机交付仪式在空港经济区举行，标志着广州空港经济区已打通飞机租赁全业务流程。此外，广州空港经济区在单机公司注册、通关、纳税服务等方面已摸索出一套便捷、高效的“广州空港模式”，可以为企业提供良好的经营环境，广州空港经济区已跻身飞机租赁产业的“高地”行列。

12月28日 广州市印发《科技创新领域简政放权改革方案》。为深化科技创新领域“放、管、服”改革，形成充满活力的科技管理和运行机制，进一步推进简政放权和优化科技管理流程，提高财政科技资金使用绩效，广州市立足科技创新工作的客观规律和实际需求，制定出台该改革方案。按照科学简政、合理放权、有效监管的总体思路，对科技创新管理各个环节进行集中梳理，逐一提出针对性改革举措，积极破解长期以来困扰科技创新工作的沉疴积弊，创新科技管理模式，健全监督评价机制，实现科学简政、合理放权、有效监管。

12 月 29 日 市委十一届一次全会召开。全会选举中国共产党广州市第十一届委员会常务委员会委员和书记、副书记；审议通过中国共产党广州市纪律检查委员会第一次全体会议选举产生的常务委员会委员和书记、副书记人选。会议选举任学锋为广州市委书记，刘连生当选市纪委书记。

2016 年 广汽集团获得代表世界顶级智能汽车水平的科研联盟美国移动交通中心（MTC）组织认可，成为国内车企中仅有的两家组织成员之一。是年，广汽无人驾驶汽车两次参加国家级竞赛，均名列前茅，并完成全程无人在车的自动驾驶试验。

△**是年** 广州市实现地区生产总值 19610.94 亿元，比上年增长 8.2%。其中，第一产业增加值 240.04 亿元，下降 0.2%；第二产业增加值 5925.87 亿元，增长 6%；第三产业增加值 13445.03 亿元，增长 9.4%。三次产业增加值的比重为 1.22∶30.22∶68.56。第二、三产业对经济增长的贡献率分别为 23% 和 77%。

2017 年

1 月 4 日至 8 日 市政协十三届一次会议在广州白云国际会议中心召开。会议期间，市委书记任学锋等市委和市政府领导出席会议并参加分组讨论，与委员协商议政。会议听取并赞同市长温国辉所作的政府工作报告，赞同市中级人民法院工作报告、市人民检察院工作报告。会议审议批准政协第十二届广州市委员会常务委员会工作报告、提案工作情况的报告。刘悦伦当选为市政协主席。

1 月 5 日至 10 日 市十五届人大一次会议召开。会议表决通过关于《广州市人民政府工作报告》《广州市 2016 年国民经济和社会发展计划执行情况与 2017 年计划》《关于全面加强水环境治理和保护工作的议案》《关于推进教育、文化、卫生、体育、民政领域民生基础设施规划与建设的议案》等决议。会议选举陈建华为市第十五届人民代表大会常务委员会主任，选举温国辉为市长。

1 月 7 日 广州市互联网医院在广州国际生物岛正式发布上线。这是北上广深的第一家互联网医院，也是唯一一家由政府推动成立的互联网医院。互联网医院不仅是一家具有资质的实体医疗机构，还是一个能提供在线医疗服务和远程会诊服务的在线诊疗平台，为老百姓提供精准预约、在线复诊、远程会诊、电子处方、延伸医嘱、送药上门等服务。广州市互联网医院与微医平台上 26 万名专家、7200 组专家团队和众院士领衔的 10 个专病远程会诊中心实现无缝连接。

1 月 20 日 市住建委印发《广州市新就业无房职工公共租赁住房保障办法》。为加快实施人才强市战略，改善新就业无房职工居住条件，为新就业无房职工在就业初始阶段提供过渡性、周转性住房支持，广州市将新就业大学生、青年专业技术人员和基本公共服务行业从业人员等被纳入公租房保障范围。

1 月 22 日 广州地铁举行“轻生活·智出行”云支付全线网仪式。广州由此成为全国第一座地铁全线网覆盖手机支付购票功能的城市。

2 月 13 日 阿拉伯联合酋长国迪拜交通局宣布，是年 7 月迪拜将成为全球第一个允许载客无人机运营的城市，而采用的机型是中国研制的“亿航 184”。作为全球第一款可载客的无人驾驶飞机，由总部位于中国广州的亿航智能技术有限公司自主研制，旨在提供中短途日常交通运输解决方案。

2 月 16 日 市政府印发《广州市系统推进全面创新改革试验三年行动计划（2016—2018 年）》。该行动计划坚持以价值创新为引领，以推动科技创新为核心，以实现创新驱动发展转型为目标，以破除体制机制障碍为主攻方向，充分发挥广州国家自主创新示范区与南沙自贸区“双自联动”的突出优势，统筹推进经济社会和科技领域改革，从 6 个方面共提出 29 项改革事项、80 项重点工作任务。

2 月 24 日 广州市召开 2017 年重点项目及城建工作会议。会议正式披露 2017 年建设系统多项重点工作及项目。广州 2017 年将重点推进高快速路、市政路桥、轨道交通、公路建设、园林绿化、水务建设、城市更新、综合管廊等 908 个项目。据悉，908 个项目（含续建、新开工、改建、开展前期工作的项目）中包含市本级统筹项目 417 个、各区统筹项目 491 个。

2 月 市政府办公厅印发《广州市人民政府关于创新重点领域投融资机制鼓励社会投资的实施意见》《广州市推进政府和社会资本合作试点项目实施方案》，公布首批六大类共 28 个 PPP（政府和社会资本合作）试点项目名单。

△是月 经中共中央批准，广州市委书记任学锋任广东省委副书记。

3 月 1 日 富士康增城第 10.5 代显示器全生态产业园区项目举行动工仪式，这标志着广州在落实“中国制造 2025”、振兴实体经济上迈出重要一步。该项目总投资 610 亿元，是改革开放以来广州单笔投资额最大的先进制造业项目，对广州乃至广东振兴实体经济，加快创新驱动，抢占新一代电子信息产业新高点有重要的意义。该项目将搭建高清面板生产、智能电视制造及销售全产业链，预计年产值近千亿元。

3 月 5 日 十二届全国人大五次会议召开。国务院总理李克强在《政府工作报告》中提出粤港澳大湾区建设。粤港澳大湾区多中心协作发展的格局，广州进一步加快国家中心城市建设，凭借国际商贸中心和区域行政中心便利条件，积极参与粤港澳大湾区融合发展进程，服务国际开放和国内改革两个大局。

3月10日 南沙区土地开发中心发布招标公告，粤港深度合作区启动区（一期）进行土地平整招标，标志着占地20万平方米的粤港深度合作区即将正式开发建设。按照南沙自贸区的规划，粤港深度合作区启动区位于南沙枢纽区块内部。整个南沙枢纽区块面积为10平方公里，定位是粤港融合发展试验区，将重点发展资讯科技、金融后台服务等，打造粤港澳生产性服务发展基地。

3月14日 市政府主办的“2017广州《财富》全球论坛华盛顿推介会”在美国华盛顿特区举行。会上，副市长蔡朝林介绍广州在建设国际交通枢纽、现代商都上的探索，盛邀在美的世界500强企业参与2017广州《财富》全球论坛。包括通用电气、美赞臣、赛默飞等近百家美国领先企业代表，与科大讯飞等来自广州的企业代表共话“开放的思维，创新的基因”。随后，广州驻美国硅谷、波士顿办事处举行揭牌仪式，标志广州首批驻国外办事处正式成立。

3月25日 市委书记任学锋在海南博鳌和香港特区行政长官梁振英会面，主要讨论两个方面内容：一个是香港和广州如何可以一起做好李克强总理在今年的政府工作报告里面提出，研究制定粤港澳大湾区城市群的规划工作；第二方面，就是香港和广州如何可以一起“走出去”，去“一带一路”沿线国家，推动5个互联互通。

3月28日 2017年中国广州国际投资年会全体大会及19个专题分论坛在广州白云国际会议中心举行。这是市委、市政府宣传推介广州，向世界讲述广州故事、传播广州声音的重要平台。大会的主题是“枢纽网络与科技创新”，紧扣广州的城市定位和发展战略。来自政商各界的嘉宾将共同探讨广州在枢纽型网络城市战略下，如何加快高端要素集聚，引进新产业和新企业，进一步优化市场化、法治化、国际化营商环境，推动城市新一轮发展。大会同时发布广州形象片《花开广州·盛放世界》（Guangzhou，Flower City in Bloom）5分钟版。

4月7日 国家发改委制定印发《2017年国家级新区体制机制创新工作要点》，其中，广州南沙新区的工作要点为深化粤港澳深度合作探索，推动建设粤港澳专业服务集聚区、港澳科技成果产业化平台和人才合作示范区，引领区域开放合作模式创新与发展动能转换。

4 月 10 日 市人才工作领导小组会议召开。会议审议并原则通过《广州市高层次人才认定办法》《广州市高层次人才服务保障实施办法》《广州市高层次人才培养资助实施办法（修订稿）》。会议强调要在构建人才创新创业环境上下功夫，加快形成高端高质高新现代产业新体系；深化干净整洁平安有序城市环境建设，促进房地产业健康稳定发展，进一步提升城市生活环境；着力搭建有利于人才成长的平台和载体，特别是要吸引归国留学人员，进一步营造更加公平友善的人才生态环境。要坚持党管人才，推动广州人才工作全面上水平。

4 月 19 日至 20 日 香港特别行政区行政长官梁振英率团就粤港澳大湾区城市合作在穗调研考察。市委书记任学锋、市长温国辉与梁振英一行座谈。任学锋表示，穗港经济互补性强，合作基础好，香港在国际化和专业人才、高端服务等方面有独特优势。新形势下两地合作领域更广、空间更大，特别是南沙开发建设，为两地开展更高水平合作提供新平台。希望以“一带一路”和自贸区建设为契机，创新合作机制，发挥各自优势，在科技创新、产业转型升级、城市规划建设管理、营商环境建设等方面加强合作，携手参与全球资源配置，实现共同发展。

4 月 24 日 市委常委会会议召开，传达学习全国宣传部长座谈会精神，部署贯彻落实工作，审议并原则通过《中共广州市委关于贯彻落实〈广东省党的问责工作实施办法〉实施意见》《中共广州市委关于加强和改进新形势下党校工作的实施意见》。会议强调，要广泛深入宣传习近平总书记治国理政新理念新思想新战略和对广东工作重要批示精神，加强理论武装，做大做强正面宣传，更好凝聚团结奋进的强大正能量。

5 月 2 日 2017 年广州《财富》全球论坛组委会成立暨工作动员大会在市政府召开。据介绍，广州市成立论坛组织委员会，决定论坛筹备重大事项，统筹指挥论坛筹备工作。同时成立论坛执行委员会，下设两个直属机构和 9 个工作团队。前阶段，已印发总体工作方案，落实论坛关键事项，启动 500 强企业走访邀请，开展论坛路演推介活动，并在广州打造《财富》头脑风暴科技大会（国际版）。3 日，2017 年广州《财富》全球论坛志愿者招募暨“文明广州青春志愿行动”启动。

5月3日 市政府办公厅印发《广州市教育事业发展第十三个五年规划（2016—2020年）》。该规划包括“十二五”发展回顾、面临形势与挑战、发展战略、发展目标、主要任务、改革举措、保障措施和专项工作等八部分内容。按照规划目标，到2020年，广州将以“全面上水平、全国有影响”要求，秉持“为每一位学生的全面发展和终生幸福”的教育理念，打造世界前列、全国一流、广州特色、示范引领的现代化教育，为广州经济社会发展提供强大的人才支撑、智力服务和创新动力源。

5月4日 市人社局组织召开2016年国务院批准享受政府特殊津贴人员座谈会。会议资料显示，目前广州市有全职院士4人，“国家百千万人才工程”国家级人选9人，享受政府特殊津贴人员399人，其中2016年享受政府特殊津贴人员16人。市属博士后工作站（分站）、流动站共95个，创新实践基地78个，在站博士后362人。

5月9日 市委召开全面深化改革领导小组第十五次会议。传达学习中央全面深化改革领导小组第三十三次、三十四次会议和省委全面深化改革领导小组第二十四次、二十五次会议、全省改革试点工作推进会精神，审议并通过《广州市全面深化改革2017年工作要点》《广州市2017年十二项重点改革项目》《市委全面深化改革领导小组会议年度安排》《广州市南沙新区产业园区开发建设管理局设立和运行规定》和《广州市南沙新区明珠湾开发建设管理局设立和运行规定》。

6月1日 广州市召开新时期精准扶贫精准脱贫攻坚工作会议。副市长黎明传达全省农村工作暨扶贫开发工作会议精神，通报广州市2016年精准扶贫精准脱贫工作情况并对2017年工作作出具体部署。市长温国辉强调，要认真学习贯彻中央和省关于精准扶贫精准脱贫工作的决策部署，增强扶贫工作的责任感和使命感。要肯定成绩，更要正视问题。要突出重点，精准施策，以绣花功夫扎实推进精准扶贫精准脱贫攻坚工作。

6月14日 市环保局向广州华润热电有限公司颁发全市首个国家版排污许可证，标志着广州正式实施固定污染源“一证式”管理。国家版排污许可证的核发，将为落实排污单位环境保护主体责任，规范排污行为，环保部门依证监管，最终将排污许可制建设成为固定污染源环境管理的核心制度，有机衔接各项环境管理制度，实现“一证式”管理奠定坚实的基础。

6月24日 2017首届中国创新大会在穗开幕。此届大会由国务院发展研究中心、广东省政府指导，中国经济时报社、广东省发展研究中心主办，国新传媒股份有限公司承办，以“创新创造未来”为主题，邀请有关国家部委、广东省领导、世界和中国500强企业家代表、知名专家学者等1000多人参加，共同探讨推动中国智能科技与互联网创新、经济投资创新、汽车智造创新、文化产业创新和医药健康创新等。

6月29日 由广东省发展改革委、广东省港澳办、广东省社科院和南方财经全媒体集团共同发起组建的粤港澳大湾区研究院在广州成立，首部大湾区研究报告同时发布。粤港澳大湾区研究院将通过“政府＋媒体＋金融＋智库”的方式深化粤港澳合作，为大湾区经济发展提供智力支持，助推广东省构建开放型经济新体制。

6月 市长温国辉接受新华社记者专访，介绍穗港合作成果和两地携手参与粤港澳大湾区建设情况。温国辉表示，广州处在粤港澳大湾区A字形结构顶端和中部，是大湾区核心枢纽城市，广州和香港将更紧密合作，在大湾区建设中发挥核心城市的引领和带动作用。粤港澳大湾区城市群应携手参与“一带一路”建设，利用各类国际交流合作平台，与“一带一路”沿线国家加强设施畅通、贸易联通、金融互通、信息和文化沟通，促进经贸深度合作，推动湾区城市融入全球城市网络。

△是月 全球化与世界城市研究组织（GaWC）公布2016年世界级城市排名，共有361个世界城市入选。广州位列第四十位，首次进入世界一线城市行列。

7月27日 市委召开全面深化改革领导小组第十六次会议。会议传达学习中央全面深化改革领导小组第三十五次、三十六次、三十七次会议和中央财经领导小组第十六次会议精神，及省委全面深化改革领导小组第二十六次会议精神，审议并通过《中国共产党广州市委员会工作规则》《关于在深化国有企业改革中坚持党的领导加强党的建设的实施意见》《关于加快发展现代职业教育的实施意见》。会议指出，习近平总书记明确要求北京、上海、广州、深圳等特大城市率先加大营商环境改革力度，加快建设开放型经济新体制，为广州进一步建设市场化、国际化、法治化营商环境，更好发挥国家重要中心城市的示范引领作用提出新的更高要求、注入强大动力。

8月10日 国内首列发往越南河内的中越班列从白云区大朗站开出。这是继2016年白云区开通中欧班列、南亚班列以来，从大朗货运站首发的又一列跨国班列。标志着白云区作为“一带一路”倡议的重要支点，在发展铁路产业经济上又迈出坚实的一步。

8月11日 广州市召开供给侧结构性改革工作推进会，市长温国辉出席会议并讲话。会上，市有关部门和区政府就推进“放管服”改革、优化营商环境、发展先进制造业和创新型经济、加强引资引技引智、金融降杠杆强服务防风险、建设对外开放门户枢纽等进行发言。温国辉强调，要认真贯彻中央和省的部署，狠抓重点任务落实，从加快补齐关键领域短板，帮助企业降低成本，大力振兴实体经济，提高金融服务实体经济水平，促进房地产市场平稳健康发展等方面下手，坚定不移深化供给侧结构性改革。

8月19日 国内首个政府主导的户外艺术节——广州国际户外艺术节首期艺人评选大会在正佳演艺剧院举行，23组表演艺人及团队通过评选，成为广州首批持证表演艺人。

8月31日 广州无线电集团科技创新大会暨2017年新一代信息技术院士高峰论坛在穗举行。中科院院士孙家栋、欧阳钟灿、尹浩，中国工程院院士尤政、方滨兴、廖湘科、于全、樊邦奎，加拿大皇家科学院院士沈学民9人受聘担任广州无线电集团院士工作站顾问。同时，广电研究院、广电平云资本平台宣布成立。

9月9日 市府办公厅印发《加快广州跨境电子商务发展若干措施（试行）》（穗府办〔2017〕36号）。该措施共提出26条措施，主要从引进和培育跨境电子商务主体、建设跨境电子商务园区、打造跨境电子商务公共服务平台、加快跨境电子商务物流发展、创新跨境电子商务金融服务体系、加快跨境电子商务人才引进培养、创新跨境电子商务监管和服务制度、强化保障机制8个方面对跨境电子商务产业进行扶持。

9月12日 市委政法委和广州地铁集团联合主办的全国首个“地铁安全日”启动仪式在人民公园举行，并设定每年9月第二周的星期二为广州“地铁安全日”。

9 月 19 日 2017 年广州国际花卉艺术展暨世界花卉协会年会在广州大剧院开幕。这是世界花卉协会成立 34 年来首次在中国举行。

9 月 20 日 广东省广州市绿色金融改革创新试验区在市政府揭牌。6 月 23 日，中国人民银行等七部委联合下发《广东省广州市建设绿色金融改革创新试验区总体方案》，明确在广州市花都区率先开展绿色金融改革创新试点。这是广东省继珠三角金融改革、南沙金融改革、自贸区金融改革之后第四个国家级区域金融改革项目，也是华南地区唯一一个绿色金融改革创新试验区。

10 月 9 日 市纪委、市教育局和广州日报报业集团主办的“追风好少年·广州好家风熏陶营”上线，约 17 万人报名学习。据统计，开营以来，来自 900 多所中小学的 20 多万家庭报名参加好家风熏陶营活动，总打卡作业达到 113 万份，总评论数达 50 万条，总点赞数约 1050 万次，总页面访问量约 5500 万次，共有 278 万人访问熏陶营的页面。全市掀起学习广州好家风的热潮，不少学员在课程结束后，还通过留言的方式表达对熏陶营的不舍与感谢。

10 月 16 日 广州市召开新一版城市总体规划编制工作部署推进大会。广州被国家住建部列为 15 个城市总体规划编制试点城市之一，将围绕“两个一百年”发展目标，在全球城市体系中谋划提升广州战略定位。

10 月 20 日 天河区港澳青年创业服务中心暨天河区港澳青年之家在天河区人才港揭牌成立，这是全市首个港澳青年之家。天河区港澳青年之家设立青年公寓、创业基地和实习基地作为功能配套服务基地，为来天河求学、创新、创业等港澳青年提供创新创业、学习交流、实习就业以及安居乐业等四大服务指导，努力打造成为港澳青年在天河展示才华、实现抱负的“圆梦之家”。

10 月 28 日 广州市召开传达贯彻党的十九大精神大会，对全市学习宣传贯彻党的十九大精神进行部署。会议要求，全市各级党组织和党员干部要把学习宣传贯彻党的十九大精神作为首要政治任务，迅速掀起学习宣传贯彻党的十九大精神热潮，准确领会把握党的十九大精神的思想精髓和核心要义，坚定不移用习近平新时代中国特色社会主义思想武装头脑、指导实践、推动工作，切实把思想统一到党的十九大精神上来，把力量凝聚到实现党的十九大确定的各项任务上来，坚定自觉地把党的十九大各项决策部署落到实处。

11月2日 省委书记李希到越秀区瞻仰中共三大会址纪念馆。随后，李希到东湖新村社区与基层党组织负责同志、老党员和社区群众座谈，听取党建情况介绍，了解社区党委开展党的十九大精神学习宣讲、基层党建引领基层治理等工作情况。

△**是日** 市委常委会会议召开，传达学习十九届中央政治局会议和中央政治局第一次集体学习会议精神以及省委常委会会议精神，对深入学习宣传贯彻党的十九大精神作进一步部署；听取十一届市委第一轮巡察情况汇报，部署下一步工作。会议强调，要把学习宣传贯彻党的十九大精神作为当前和今后一个时期的首要政治任务，作为当前工作最重要的"纲"紧紧抓在手中，按照中央和省委统一部署，在全市开展大学习大培训，加大宣传宣讲和调研督导力度，着力在学懂弄通做实上下功夫，切实把广大干部群众的思想统一到党的十九大精神上来，把力量凝聚到实现党的十九大确定的各项任务上来。

11月6日 市委书记任学锋率市委常委班子到越秀区瞻仰中共三大会址纪念馆和中共中央机关旧址春园纪念地，重温入党誓词。

11月9日 粤港澳大湾区研究院发布《2017年中国城市营商环境报告》，根据软环境（权重25%）、市场环境（权重20%）、商务成本环境（权重15%）、基础设施环境（权重15%）、生态环境（权重15%）、社会服务环境（占10%）6个指标测算，广州、北京、深圳、上海、重庆位居前5名。

11月11日 广州再生医学与健康实验室揭牌仪式在第十届广州国际干细胞与再生医学论坛现场举行。实验室总部设在广州国际生物岛，规划建设总面积1650亩，是依托中国科学院建设的唯一一家实验室。主要依托广州生物院和粤港澳地区的相关优势科研力量建设，联合美国、新加坡、西班牙等国内外优势研究单位，从基础研究与国际合作、临床研究与转化、产业发展与产业促进三大板块布局建设全链条的协同创新机制和体系。

11月13日 广州市正局级主要领导干部学习贯彻党的十九大精神专题研讨班开班。在市委礼堂，市四套班子成员、全市局以上单位及市管企业主要负责同志共230多人聆听市委书记任学锋所作的专题辅导报告，对党的十九大报告、对习近平新时代中国特色社会主义思想有更深刻的理解，对如何贯彻落实好党的十九大精神有更深刻的认识。

11 月 16 日 广州地铁集团和腾讯公司在万胜围地铁站联合宣布广州地铁乘车码上线试运行，广州成为全国首个上线地铁乘车码的城市。

11 月 21 日 “2017 中国工业互联网大会”在穗召开，大会以“工业互联，智造转型”为主题。会议期间，有关各方分别签署《广东省经济和信息化委、广州市人民政府、广州开发区管理委员会共建广东省工业互联网产业示范基地合作协议》《广州市人民政府、三一集团、树根互联技术有限公司战略合作框架协议》。

11 月 24 日 粤港澳大湾区健康医疗大数据产业发展峰会在南沙开发区举行。国家健康医疗大数据产业发展主力军的中电数据服务有限公司携手 IBM、腾讯、飞利浦、红杉宽带、国调基金等多家健康医疗大数据产业生态联盟成员，分享国家试点工程建设经验，研讨南沙健康医疗大数据产业发展模式。中电数据与南沙开发区管委会签署国家健康医疗大数据粤港澳大湾区应用示范工程合作协议。

11 月 30 日 市委常委会会议召开，传达学习省委十二届二次全会精神，部署贯彻落实工作。会议强调要按照全会部署要求，结合学习《习近平谈治国理政》第二卷和贯彻习近平总书记对广东工作重要指示批示精神，结合“不忘初心，牢记使命”主题教育和“两学一做”学习教育，深入开展“大学习、深调研、真落实”活动，着力在学懂弄通做实上下功夫，在抓好基层学习贯彻上下功夫，推动党的十九大精神学习宣传贯彻往深里走、往实里抓。

11 月 世界第一艘 2000 吨级纯电池推动载重船舶在广州整体吊装下水，填补世界同吨位内河双电驱动散货船的空白。该船采用高性能锂电池作为全船的动力源。船上安装有重达 26 吨的超级电容 + 超大功率的锂电池，整船电池容量约为 2400 千瓦时，相当于 30—50 台电动汽车电池容量。船舶在满载条件下，航速最高可达时速 12.8 公里，续航力可达 80 公里。在航行全程不消耗燃油，碳、硫等废气污染物及 PM2.5 颗粒实现零排放，达到《内河绿色船舶规范》绿色船舶Ⅲ最高等级标准，将来可推广到内河的各种船型上。

12 月 6 日至 8 日 2017 年广州《财富》全球论坛在广州举行。此届论坛的主题为“开放与创新：构建经济新格局”。7 日晚，广州市欢迎酒会在广州塔二楼平台举行。1180 架无人机编队从海心沙静静起飞，分别组成“财富”“开放”“创新”“I❤GUANGZHOU”等字眼，点亮了广州塔夜空，广州用“科技舞蹈”表达对2017年广州《财富》全球论坛的欢迎，也向世界展示“广州智造”的实力。据组委会统计数据显示，此届论坛参会企业388家，来自36个国家和地区的1100余名中外各界代表出席。其中，参会世界500强企业152家，世界500强企业全球副总裁以上高层代表118人。为期3天的论坛期间，共举办55场会议活动。

12月14日 广州市召开推进“四标四实”（标准作业图、标准地址库、标准建筑物编码、标准基础网格，实有人口、实有房屋、实有单位、实有设施）深化城市精细化管理工作会议。

12月15日至17日 广州市十五届人大二次会议在广州白云国际会议中心举行，市人大常委会主任陈建华主持开幕大会。大会通过《广州市第十五届人民代表大会第二次会议选举办法》。会议依法选出85名广东省第十三届人民代表大会代表。根据法律规定，上述85名代表的资格，须提请广东省第十二届人民代表大会常务委员会代表资格审查委员会确认。

12月28日 地铁四号线南延段、九号线一期、十三号线首期和十四号线知识城支线4条地铁新线开通试运营。4条新线开通后，广州地铁线路达13条，总里程为390.6公里。同日，三号线高增站、四号线庆盛站开通使用。

12月30日 由12家企事业单位组成、总资产达153亿元的广州市公共交通集团有限公司在黄埔区萝岗会议中心揭牌成立，标志着广州市国有公共交通资源优化整合基本完成。

2017年 广州制定《广州国家自主创新示范区空间规划（2016—2025年）》，推动将广州国家自创区范围由广州高新区“一区五园”（面积37.34平方公里）调整为“一区十九园”（面积442.88平方公里），研究制定《广州国家自主创新示范区先行先试政策意见》，建立“双自联动”发展机制，推动国家自主创新示范区与自由贸易试验区联动发展。

△**是年** 广州加强重大创新平台建设。在新材料与高端制造产业领域分别获批组建国家先进高分子材料产业创新中心、国家印刷及柔性显示创新中心2家国家级产业创新中心。全市新增国家级工业设计中心3家，省级工业设计中心16家。

并获批建设全国最大全省首个广东省区域细胞制备中心。

△**是年** 广州市围绕 IAB 等战略性新兴产业先后布局一批具有国际知名度、影响未来产业格局的重大平台：引进华为软件开发云广州创新中心、科大讯飞华南人工智能研究院、美国冷泉港实验室；组建广州广电研究院、广州国际人工智能产业研究院、北昊干细胞与再生医学研究院。

△**是年** 广州市实现地区生产总值 21503.15 亿元，同比增长 7%。其中，第一产业增加值 233.49 亿元，下降 1.0%；第二产业增加值 6015.29 亿元，增长 4.7%；第三产业增加值 15254.37 亿元，增长 8.2%。三次产业的比重为 1.09∶27.97∶70.94。第二、三产业对经济增长的贡献率分别为 20.9% 和 79.3%。

2018年

1月3日 广州市城投集团与中国人寿保险集团公司在穗签署合作协议，共同设立规模为100亿元的广州城投发展基金，专门用于广州重大基础设施建设和重点功能片区开发。

1月5日至6日 市委十一届四次全会召开。会议的主要任务是：坚持以习近平新时代中国特色社会主义思想为指导，深入学习贯彻党的十九大和中央经济工作会议、中央农村工作会议精神，贯彻省委十二届二次、三次全会精神，总结2017年工作，部署2018年和今后一个时期工作。会议表决通过《中国共产党广州市第十一届委员会第四次全体会议决议》。全会强调，要坚持以习近平新时代中国特色社会主义思想总揽广州工作全局，建设实力广州、活力广州、魅力广州、幸福广州、美丽广州，建设成为向世界展示习近平新时代中国特色社会主义思想的重要“窗口”和“示范区”，到2020年高质量高水平全面建成小康社会，到2035年奋力建成社会主义现代化先行区，到21世纪中叶全面建成中国特色社会主义引领型全球城市。

1月7日 市环保局发布2017年广州地区大气环境检测数据，2017年广州市实现PM2.5达标（35微克/立方米），达标天数增加34天，成为国家中心城市及地区生产总值超万亿、常住人口超千万的省会城市中率先实现PM2.5达标的城市，全面完成国家“大气十条”空气质量改善终期考核目标任务。

1月10日至13日 市政协十三届二次会议在广州举行。会议听取广州市政协第十三届常务委员会工作报告及关于提案工作情况的报告，通过政协十三届二次会议决议。大会宣读了《关于表彰广州市政协十三届一次会议以来优秀提案和先进承办单位及个人的决定》，对《关于铸造航空产业发展新优势　助力打造广州国际航空枢纽的建议》等 14 件单位优秀提案、《加快推进互联网与制造业融合发展的建议》等 16 件委员优秀提案和市委办公厅等 16 个先进承办单位以及方声洪等 17 位先进个人予以表彰。市委书记任学锋、市长温国辉、市人大常委会主任陈建华出席大会，并祝贺大会顺利召开。

1 月 11 日至 15 日　市十五届人大三次会议在广州白云国际会议中心世纪大会堂举行，市长温国辉向大会作政府工作报告。大会通过《广州市第十五届人民代表大会第三次会议选举办法》，选举产生广东省第十二届人民代表大会代表。会议表决通过关于广州市人民政府工作报告的决议、关于广州市 2017 年国民经济和社会发展计划执行情况与 2018 年计划的决议、关于广州市 2017 年预算执行情况和 2018 年预算的决议、关于广州市人民代表大会常务委员会工作报告的决议。会议选举刘连生为市监察委员会主任。

1 月 14 日　2018 年首届中国智慧社会发展大会暨第二届新型智慧城市发展高峰论坛在北京召开，广州公安的“警民通”app 及政务微信平台入选 2017 年新型智慧城市优秀惠民应用案例 50 强并入编《2017 新型智慧城市应用案例汇编》。

1 月 15 日　广州金融首次境外推介会——2018 年穗港金融合作推介会在香港举办。穗港两地业内人士围绕广东自贸试验区以及粤港澳大湾区等政策深入交流，全面推进穗港两地更宽领域、更多层次、更高水平的深度合作，共同打造中国乃至全球有影响力的金融发展高地。

1 月 16 日　广州市召开监察委员会成立大会。按照中央和省委部署要求，广州市积极稳妥推进改革试点工作，市区两级监察委员会按期挂牌成立，标志着广州市改革试点工作取得重要阶段性成果。会后，市领导、市纪委监委领导班子成员参加市监察委员会挂牌活动。

1 月 23 日　2017 年中国（广州）国际创新创业大赛总决赛在广州白云宾馆举行。来自英国、德国、韩国、以色列等国家、地区的 10 支创新团队参加决赛。创新团队纷纷聚焦广州当前大力发展的新一代信息技术、人工智能、生物医药等产业和新能源、新材料等产业，经过激烈角逐，最终以色列的微型人造胰腺项目、美国的原子锻造纳米技术在汽车刹车系统中的应用项目、德国的四维光学传感器 4D MMS 项目分别获得前 3 名。本届大赛首创龙头企业技术悬赏模式，13 家广州龙头企业发布 33 个项目共计 2300 万美元悬赏，在全球范围内挖掘优秀创新技术和团队。

2 月 2 日 中国南方航空公司与美国波音公司在广州签署战略合作协议，合作的客改货项目落户广州空港经济区。根据协议，双方将在维修技术转让、支持项目、管理培训等方面开展战略合作。维修技术转让及支持项目主要包括 737NG 客改货生产线、787 支援中心、777/787 起落架大修及飞机部件、复合材料修理等内容。此次合作涉及的大部分维修技术是波音公司首次向中国转让，均属于飞机 MRO（非生产原料性质的工业用品）行业的高端项目。

△是日 全国首张增量房增值税电子普通发票在穗发布并实现电子票证互通。电子发票在增量房交易领域的落地，对降低房地产行业经营成本，节约社会资源，营造健康公平的税收环境有着重要意义。

2 月 8 日 市工业和信息化工作会议召开。会议资料显示，广州在全国一线城市中首个获批“中国制造 2025”试点示范城市，创建全省首个国家制造业创新中心，入围全国数字经济“五大引领型城市”。

2 月 21 日 市旅游局发布数据，春节黄金周期间全市共接待游客 1561.10 万人次，同比增长 17.85%；旅游业总收入 111.25 亿元，同比增长 12.81%，创历史纪录；对 6000 名来穗游客进行的抽样调查数据汇总结果显示，游客对广州旅游的满意率达 99.5%。

2 月 23 日 《广州南沙开发区管委会与诺贝尔奖获得者科学联盟战略合作框架协议》《广州南沙开发区管委会与理查德·约翰·罗伯茨爵士共建微生物组研究所合作意向书》在市政府签署。

2 月 28 日 在位于广州越秀区文明路的中共广东区委旧址纪念馆，全省首个区级以宣讲习近平新时代中国特色社会主义思想为主旨的讲习所——新时代越秀讲习所揭牌成立。

3 月 7 日 国家主席习近平参加十三届人大一次会议广东代表团审议时要求广东“四个走在全国前列”。这是习近平总书记对广东、广州提出的新的更高要求，是在新时代做好广东、广州各项工作的重要遵循。全市上下把学习宣传贯彻习近平总书记在广东代表团重要讲话精神，作为当前和今后一个时期的头等大事和首要政治任务，以高度的政治责任感，提高站位，确保习近平总书记重要讲话精神在广州落地生根、开花结果。

3 月 13 日 新时代红色文化讲习所启动暨首场宣讲活动在中共三大会址纪念馆举行。华南师范大学马克思主义学院院长陈金龙教授为广州大学的学生做主题为“科学认识和把握习近平新时代中国特色社会主义思想”的首场宣讲，并回答学生们的提问。

3 月 14 日 新时代红色文化讲习所在广州农民运动讲习所旧址开讲。市委党校副校长尹德慈以“不忘初心，牢记使命”为主题，作“新时代红色文化讲习所”在农讲所的首场主题宣讲，现场与学生们互动交流。

3 月 22 日 市政府印发《广州市加快 IAB 产业发展五年行动计划（2018—2022 年）》。该计划明确广州市将打造 10 个 IAB 产业重点价值创新园区，涉及广州市 7 个区。计划提到未来 5 年发展总体目标——到 2022 年，广州成为影响全球、引领全国的 IAB 产业集聚区，建成世界显示之都、国际软件名城、国际一流的人工智能应用示范区和具有全球影响力的生物医疗健康产业重镇。

4 月 9 日 广州市召开坚决全面彻底肃清李嘉、万庆良流毒影响等 5 项重点工作督导动员会，部署对坚决全面彻底肃清李嘉、万庆良流毒影响，深入开展扫黑除恶专项斗争，全面深化基层正风反腐专项治理，深入推进水环境治理和大气污染防治，全面加强基层党的建设 5 项重点工作实施督导。

4 月 17 日 市政府印发《广州市汽车产业 2025 战略规划》。规划提出，到 2025 年，广州市汽车总产能达 500 万辆，力争产销规模居中国汽车制造基地第一，力争实现汽车制造业年产值 1 万亿元。广州市新能源汽车产能达 100 万辆，进入国内前 3 位。智能网联汽车进入世界先进行列。

4 月 26 日 广州市首个镇级新时代讲习所在花都区炭步镇塱头古村正式揭牌成立。活动上，炭步镇与花都区委党校签订为期 3 年的干部培训协议，将充分利用双方资源，实现资源共享，帮助机关下属事业单位、农村党员加强党性锻炼及提升基层工作能力，努力推动干部培训工作再上新台阶。

4月 广东省省长马兴瑞在博鳌论坛表示，粤港澳大湾区的规划即将出台，完全有条件有信心把它打造成世界级的湾区。要把香港、澳门、广州、深圳打造成一个综合的、世界级的科技创新中心。

5月3日 市委常委会会议召开，深入学习习近平总书记“三农”思想和关于建设好生态宜居美丽乡村的重要指示精神，以及全省乡村振兴工作会议精神，研究部署全市乡村振兴工作。会议强调，各级各部门要认清广州实施乡村振兴战略的良好基础、优势条件以及存在的问题，学习借鉴浙江等地先进经验，制定广州市农村人居环境整治三年行动计划和实施乡村振兴战略三年行动计划（2018—2020年），高质量落实乡村振兴各项任务。

5月16日至17日 香港特别行政区行政长官林郑月娥率团到广州考察。市委书记任学锋、市长温国辉陪同并座谈。任学锋对林郑月娥一行表示欢迎。他希望穗港更紧密携手，建设广深港科技创新走廊，推动金融发展、交通衔接、专业服务、人才培养、青年创业等方面实现优势互补、互利共赢。在广州期间，林郑月娥一行先后考察二沙岛艺术公园、海心沙、花城广场、珠江两岸亮化工程、广州迈普再生医学科技公司、盈盛智创科技（广州）公司、博厚健康科技股份公司、天河区港澳青年之家创业基地、琶洲互联网创新集聚区、南沙区庆盛高铁站等。

5月24日 市委常委会会议召开，传达学习全国生态环境保护大会及省委常委会会议精神，部署贯彻落实工作。会议强调，要全面贯彻落实中央及省的部署要求，突出问题导向，坚持源头防控、标本兼治，结合深化建设干净整洁平安有序城市环境，推进生态文明体制改革，抓实抓细抓好生态文明建设。全面推动绿色发展，大力推进产业结构、能源结构、运输结构优化调整，发展壮大节能环保、清洁生产、清洁能源等产业。

6月2日至3日 广州市半导体座谈会、广州半导体高峰论坛召开，广州市半导体协会宣布正式成立。广州大举加快用“芯”谋局的步伐，为IAB计划补上关键环节。

6月5日 中央第五环境保护督察组进驻广东省开展环境保护督察“回头看”。省委、省政府印发《关于禁止环保“一刀切”的通知》，明确要求，中央环保督察组进驻期间，严格避免环保“一刀切”，严禁紧急停工停业停产，既要切实解决生态环境问题，又要维护生产经营者的合法权益，保障人民群众的正常生产生活。

6月6日 官洲生命科学圆桌会开幕。是日，广州国际生物岛建设推进工作会议举行，14 个项目集中签约揭牌动工，国际生物医药专家齐聚官洲，为广州生命科学产业发展建言献策。

6月11日 市委常委会（扩大）会议召开，专题传达学习贯彻省委十二届四次全会精神。会议强调，学习贯彻省委十二届四次全会精神，必须坚持以习近平总书记重要讲话精神为统领，以更高站位、更大担当、更实作风，突出重点、解决难点，形成创新点、找到平衡点，奋力开创广州工作新局面。

6月22日 市委常委会会议召开，传达学习习近平总书记关于脱贫攻坚工作重要指示精神、中央巡视工作领导小组贯彻落实《中央巡视工作规划（2018—2022 年）》推进会及省委常委会会议精神，部署贯彻落实工作。会议强调，习近平总书记关于脱贫攻坚工作的重要指示，是打赢脱贫攻坚战的根本遵循。要按照中央和省的部署要求，真抓实干、埋头苦干，实打实硬碰硬做好东西部扶贫协作、对口支援和省内对口帮扶工作。加强巡察机构队伍规范化建设，夯实巡察工作组织基础。各级党组织要落实全面从严治党主体责任，领导干部要履行“一岗双责”，抓班子带队伍，力度不减、节奏不变、尺度不松推进正风肃纪反腐，巩固优化风清气正干事创业的政治生态环境。

上半年 广州全市完成地区生产总值 10652.98 亿元，增长 6.2%，比一季度提升 1.9 个百分点。其中第一、二、三次产业增加值分别为 101.14 亿元、3032.07 亿元和 7519.77 亿元，分别增长 0.8%、6.6% 和 6.1%。全市规模以上工业增加值和总产值分别为 2100.99 亿元和 8693.44 亿元，分别增长 7.4% 和 6.0%，全市社会消费品零售总额 4488.94 亿元，批发和零售业商品销售总额 30909.26 亿元，同比分别增长 7.8% 和 11.7%。城市和农村居民年人均可支配收入分别为 31540 元和 13972 元，分别增长 8.1% 和 10.3%，增速均高于同期 GDP 增长水平。

后　记

为纪念党的十一届三中全会召开和实行改革开放40周年，中共广州市委党史研究室在历年编写的《中共广州党史纪事（1919.5—2006.12）》《广州解放60年大事记（1949—2009）》《广州改革开放30年大事记（1978—2008）》的基础上，于2015年启动了《广州改革开放40年大事记（1978.12—2018.6）》的编写工作。本书立足于广州经济社会发展的全局，立足于广州的改革、开放和发展，全面回顾了40年改革开放的伟大实践，充分展示了40年来广州市经济、政治、社会、文化、生态文明等方方面面所取得的令人瞩目的伟大成就，详细记录了40年来人民群众的生活变迁，突出体现了40年来广州人民解放思想、敢闯敢试、勇于创新的精神风貌。

参加本书编写工作的人员及其分工如下：

廖惠霞：1978年12月至1988年12月，并负责全书策划和统稿；

卢玉华：1989年1月至1998年12月；

罗玲：1999年1月至2008年12月；

和盂：2009年1月至2018年6月，并负责整理全书资料和对全书内容进行增补修订。

中共广州市委党史研究室主任李汉强在本书的编写过程中，审阅了全部书稿，提出了指导性的意见，并作出修改；副主任陈穗雄审阅了书稿。

在征集资料和编写过程中，得到中共广州市委办公厅、广州市人民政府办公厅、广州市国家档案局、广州市人民政府地方志办公室等部门以及党史专家、学者的支持和帮助，我们在此表示衷心的感谢。鉴于改革开放的历史内容十分丰富，涉及的领域十分广泛，事件和人物十分繁多，限于我们的眼界和水平，书中难免有不够准确、不够全面和粗浅疏漏之处，敬请党史工作者和各界读者给予批评指正。

编　者

2018年11月